UNE JUSTICE POLITIQUE

DU MÊME AUTEUR

La provocation (avec Daniel Voguet & François Salvaing - Éditions Sociales, 1980)

Portrait des chambres régionales des comptes (avec Bénédicte Boyer – LGDJ, 1997)

Le fonctionnaire et le juge pénal (avec Florence Rault – Papyrus, 1998)

Pour l'amnistie (Stock, 2001)

RÉGIS DE CASTELNAU

UNE JUSTICE POLITIQUE

DES ANNÉES CHIRAC AU SYSTÈME MACRON, HISTOIRE D'UN DÉVOIEMENT

L'ARTILLEUR

Je tiens ici à remercier et à rendre hommage à Anne-Sophie Chazaud qui d'une certaine façon m'a tracé la voie pour la réalisation de ce travail. D'abord, en me donnant l'exemple avec la publication de son brillant et indispensable ouvrage sur la liberté d'expression. Ensuite, en me gratifiant d'une écoute attentive et encourageante tout au long de la rédaction de ce livre. Et enfin, en assurant avec créativité l'indispensable pensum de la relecture.

ISBN : 978-2-8100-0996-1

16 rue Vézelay – 75008 Paris

www.lartilleur.fr

Sommaire

II. 2005/2015, l'aggravation des dérives

Avertissement
Pourquoi ce livre ?

Une longue carrière d'avocat m'a permis d'exercer une profession indispensable à la vie de la cité. Au-delà de son caractère passionnant et de l'aspect gratifiant que permet la contribution à l'exercice de la justice, élément essentiel d'une République démocratique, ce métier installe à un poste d'observation assez exceptionnel. Ayant tenté, dans les différentes phases de ma carrière, de penser cette pratique, je me suis interrogé progressivement sur ce qui travaillait la société au sein de laquelle j'évoluais, accomplissais ma mission et exerçais mes compétences. Il se trouve qu'après l'adoption des grandes lois de décentralisation de 1982 et 1983 qui ont profondément modifié l'organisation et le fonctionnement institutionnel de la France, j'ai été amené à accompagner ce processus de transformation dans une relation privilégiée de conseil et de défense avec l'État et les collectivités publiques, c'est-à-dire avec le monde politique dans l'acception noble que peut avoir ce terme. Tout en y développant une expertise spécifique, j'ai pu ainsi assister à un certain nombre de bouleversements qui ont affecté cette sphère publique.

La France est un pays particulier, carrefour de populations au départ hétérogènes dont un État fort a voulu et réussi à faire un peuple. La Révolution française, théorisant le changement de souverain pour confier au peuple la mission d'exercer la souveraineté, poursuivait finalement les mêmes objectifs d'unité nationale. C'est ainsi que jusqu'à la fin du XXe siècle notre pays s'est caractérisé par une régulation administrative bien supérieure à la régulation juridique. Sous la pression de plusieurs facteurs convergents, ce mode de fonctionnement a connu des évolutions et des transformations assez considérables. La régulation par le droit a joué un rôle toujours plus important, modifiant en profondeur les rapports entre les différents acteurs et en particulier entre le peuple et ses représentants, sous le regard des juges et de la presse, troisième et quatrième pouvoirs devenant essentiels. Nous ne traiterons pas ici des causes de ces évolutions, que sont la mondialisation, le néolibéralisme transnational, la supranationalité affaiblissant la souveraineté, les mutations sociologiques et culturelles affectant les élites, etc., mais nous essaierons d'en examiner certaines des conséquences.

En particulier avec une description du combat qui a opposé le pouvoir judiciaire au monde politique pour aboutir à un affaiblissement drastique de celui-ci. L'indépendance de la justice vis-à-vis des deux autres pouvoirs séparés, exécutif et législatif, était, à son détriment, plus que relative. Mais se sont déroulés dans notre pays au début du XXIe siècle toute une série d'événements qui ont vu le corps des magistrats soutenu par la presse mener un combat d'émancipation qui a pris la voie d'un affrontement avec la classe politique. Le paradoxe étonnant est que cette émancipation, cette indépendance obtenue, auraient dû être le moyen de l'impartialité qui est le fondement même de la justice rendue. Mais finalement le contraire s'est produit en particulier dans le domaine de la justice pénale, qui a choisi spontanément de se mettre au service d'un pouvoir minoritaire de domination. Pour y avoir assisté d'une certaine façon aux premières loges, c'est cette histoire que nous allons essayer de raconter, ce processus que nous allons tenter de décrire, en imaginant, programme très ambitieux, les premières mesures qui permettraient d'emprunter la voie d'une restauration de la justice répressive dans sa véritable fonction.

Ce livre est celui d'un avocat, c'est-à-dire de quelqu'un formé au débat contradictoire, moyen d'élaboration fondamental de la vérité judiciaire, et l'ayant utilisé toute sa vie. C'est donc l'exposé d'une thèse dont la présentation vise à emporter la conviction. Il faut l'assumer et cette thèse qui est la mienne, fruit d'une expérience, d'une pratique et de recherches, est évidemment subjective et doit être discutée, commentée, et si nécessaire réfutée.

Prologue
À quoi sert la justice pénale ?

L'objectif de cet ouvrage est de faire toucher du doigt un phénomène très préoccupant, qui a vu la justice pénale de notre pays accepter d'être dévoyée et de poursuivre des objectifs politiques au détriment de sa mission fondamentale.

Mais comment peut-on définir cette mission fondamentale ?

Depuis l'Antiquité, la justice pénale a été le moyen pour le souverain d'exercer le monopole de la violence légitime en disposant du pouvoir sur les corps. C'est-à-dire fixer et faire exécuter une sanction à l'égard de ceux qui ont transgressé la règle sociale.

On ne reviendra pas ici sur l'histoire de la mise en place de la justice pénale dans les sociétés modernes à partir des principes du droit romain, pour sortir des mécanismes de justice privée encore présents dans les sociétés médiévales. On ne s'étendra pas non plus sur les développements théoriques de la pénologie mais en rappelant cependant qu'un des premiers fondements de la sanction judiciaire repose sur « la théorie de la rétribution » d'Emmanuel Kant selon laquelle la justification de la peine se fonde sur un pur principe rétributif qui s'enracine dans la loi du talion : rendre le mal pour le mal. Punir celui qui a commis un crime est une action juste en elle-même.

Historiquement, pour passer de la justice privée (œil pour œil, dent pour dent) à la justice publique, il fallut transférer à l'État devenu titulaire de la violence légitime la créance que possédaient les victimes. En lui donnant les deux compétences de la vengeance et de la réparation. La vengeance, c'est la punition, au profit de l'ensemble de la société avec la justice pénale. La réparation, ce sont les indemnisations uniquement matérielles données aux victimes de la faute, avec la justice civile. Depuis le XIXe siècle, les choses ont évolué et il faut aujourd'hui compléter le principe de rétribution par celui de la dissuasion (C. Beccaria ; J. Bentham) et plus récemment par la correction.

Dans tous les cas, la question de la vérité des faits et de leur déroulement est fondamentale puisque c'est sur cette vérité factuelle particulière que va reposer la décision judiciaire avec sa force obligatoire.

La vérité judiciaire n'est pas vérité historique, vérité scientifique ou même vérité philosophique, car le droit se distingue ici par l'étendue de son contenu normatif : il cerne lui-même les contours de la vérité qu'il recherche et conditionne à la forme de cette recherche, l'élaboration du récit vrai. C'est cette vérité juridique et judiciaire qui est recevable au regard de l'application des règles de droit.

Dans la mesure où l'État possède par principe mais aussi du fait de sa puissance un énorme pouvoir sur les individus, l'impératif de la préservation et de la protection de l'innocent est à l'origine de la mise en place d'un strict formalisme que l'on retrouvait même dans le « Code de procédure pénale » soviétique en sachant l'utilisation qu'en firent Staline et ses séides. La légitimité d'un jugement implique que la « vérité judiciaire » qui en est le fruit soit élaborée à partir d'une organisation et d'un fonctionnement particulier de la justice et du respect d'un certain nombre de règles. De façon parfaitement logique, le déroulement des procédures judiciaires repose sur le principe de défiance vis-à-vis du juge, tout simplement parce que celui-ci est un humain avec ses faiblesses, sa subjectivité, ses opinions et ses passions. Ce seront donc tous les outils de l'impartialité, que sont l'indépendance, l'inamovibilité, la collégialité, le double degré de juridiction, la proscription des contradictions d'intérêts, le secret des enquêtes et des délibérations, l'égalité des armes entre l'accusation et la défense, le rôle des avocats, avec leurs privilèges. À quoi s'ajoutent les principes fondamentaux tels que : présomption d'innocence, charge de la preuve à l'accusation (c'est-à-dire à l'État), bénéfice du doute, etc., le tout permettant de traiter les risques de subjectivité et de partialité du juge dans le prononcé de ses décisions ayant l'autorité de la chose jugée.

Plaçons-nous sous l'éclairage de Rudolf von Jhering, juriste allemand, fondateur à la fin du XIXe siècle de l'école moderne sociologique et historique du droit. Selon Jhering, le droit n'est pas sa propre fin, il est le moyen d'atteindre un but qui est le maintien, la conservation et le développement de la société. Il insiste sur le caractère coercitif indispensable à l'existence du droit, en disant qu'une règle de droit sans contrainte « c'est un feu qui ne brûle pas, c'est un flambeau qui n'éclaire pas ».

Protecteur des droits des justiciables, Jhering considérait ce formalisme comme un principe essentiel. « Ennemie jurée de l'arbitraire, la forme est la sœur jumelle de la liberté », disait sa célèbre formule. C'est cette forme qui acte les principes dont le respect garantit le déroulement d'un débat contradictoire. Le juge, afin que tous les points de vue puissent s'exprimer librement, va se trouver contraint par des règles strictes dont l'inobservation priverait la décision de toute légitimité.

Malheureusement, en France, y compris dans le corps des magistrats, on a toujours préféré l'ordre à la justice. Un innocent en prison, c'est un désordre, voire un inconvénient, un coupable en liberté une abominable injustice, alors que dans une justice digne de ce nom, ce devrait être le contraire. Et l'on entend tous les jours glapir contre ces avocats qui exigent le respect des règles de procédure, et proférer, surtout par les politiques, la phrase : « Il faut faire confiance à la justice », alors même que c'est la dernière des choses à faire… et à dire. Entendons-nous bien, il ne s'agit pas de mettre en cause personnellement et par principe les magistrats du siège, mais de rappeler que cette défiance est normale puisqu'inscrite dans les textes. Lorsque j'enseignais à l'université, je disais toujours à mes étudiants : « Méfiez-vous de la justice, précisément parce qu'elle est rendue par des gens comme moi. »

Alors comment cette compétence si particulière de l'État doit-elle fonctionner ? Quels sont ses objectifs et le périmètre de ses compétences ?

La justice pénale est saisie de faits commis par des citoyens, faits qui sont susceptibles de recevoir une qualification pénale, c'est-à-dire le constat par le juge d'une transgression des règles souverainement adoptées et qui figurent soit dans le Code pénal, soit dans les textes voisins. Ceux-ci doivent être antérieurs bien sûr à la commission de la faute, précis, et prévoir les peines correspondantes. Toute la procédure est destinée à aboutir à la « vérité judiciaire », c'est-à-dire la réalité incontestable aux yeux du juge des faits examinés. La juridiction du siège, composée de magistrats indépendants et impartiaux, doit établir cette réalité et prononcer à l'égard de la personne poursuivie et d'elle seulement les sanctions prévues par les textes. En utilisant son pouvoir d'appréciation en application du « principe d'individualisation des peines », pour en fixer le quantum.

Il est malheureusement nécessaire de rappeler ces points d'une banalité confondante, lorsque l'on entend s'exprimer un populisme judiciaire parfois partagé au plus haut niveau. La justice pénale n'est donc pas là pour contrôler l'action d'un gouvernement, reconnaître un statut de « victime », permettre de « faire son deuil », de se « reconstruire », abattre un adversaire politique ou économique, faire triompher des causes idéologiques ou culturelles, régler des comptes personnels, etc. Son intervention est simple à définir : elle juge des individus, et doit, à l'aide de ses outils, établir des faits et en tirer les conséquences. C'est tout, et c'est absolument énorme.

Et l'expérience montre que si on lui assigne des objectifs qui ne sont pas les siens, cela ne peut se faire qu'au détriment du respect des règles et des principes et par conséquent des libertés fondamentales.

On ne retiendra pour l'illustrer que deux exemples significatifs de ceux qui militent pour ces dévoiements et qui illustrent ce dont sont capables des gens dont on aurait pu attendre un minimum de décence. Et démontrent à quel point le mal est profond.

Il y a tout d'abord Jacques Toubon, énarque, ancien garde des Sceaux et nommé par François

Hollande « Défenseur des droits », qui vient de quitter ce poste sous les acclamations des belles âmes. Soucieux de gagner son paradis en se faisant pardonner son passé droitier, il a fait siennes toutes les balivernes sociétales du moment, n'hésitant pas le 27 novembre 2017 à réclamer officiellement le renversement de la charge de la preuve en déclarant : « En cas de harcèlement sexuel, c'est à l'auteur des faits de démontrer devant la justice qu'il n'y a pas eu harcèlement. » Pure et simple abomination ouvrant la voie au pire des arbitraires d'un « Défenseur des droits » bien mal nommé.

Il y a ensuite Juliette Méadel, ancien ministre socialiste de François Hollande, docteur en droit, avocate de formation et ancienne élève de l'ENA, qui rejoint Jacques Toubon dans ses délires, après l'acquittement de Georges Tron par la cour d'assises de Bobigny. « Accusations de viol : Georges Tron acquitté. Verdict désespérant pour le droit des victimes. Le doute ne doit pas bénéficier aux accusés ! C'est le retour du droit de cuissage ? » a-t-elle twitté. Traitant cette triste saillie par la dérision, un de ses contradicteurs lui avait fourni la bonne réponse : « Au nom de #MeToo, il faut aussi établir que la détention est la règle et la liberté l'exception, que la peine n'a pas besoin d'être prévue par un texte, que la loi plus sévère est toujours rétroactive. » Mettrons-nous fin au droit de cuissage par ces moyens ? On ajoutera qu'il faudrait prévoir également pour faire plaisir à cette juriste originale, que le lynchage sans procès soit la seule solution envisageable en cas d'accusation de viol ou d'agression sexuelle.

Ces deux exemples démontrent l'absence totale de scrupules chez des élites dont il ne serait pas sérieux de prétendre qu'elles ne savent pas qu'elles piétinent les principes fondamentaux en prenant la pose pour flatter tel ou tel courant militant. Ces méthodes sont partagées, que ce soit par les politiques démagogues ou des journalistes ignorants, tous n'étant guère soucieux des libertés publiques.

Il n'y a pas lieu d'être surpris par conséquent de la facilité qu'il y a eu à mettre en place un système judiciaire pénal dévoyé, au service d'un courant politique et aujourd'hui contraire à ce qu'exige une démocratie digne de ce nom.

C'est l'histoire de cette mise en place que nous nous proposons de décrire.

Introduction

Pour un observateur attentif, l'examen de la situation de la justice en France produit surprise et incompréhension. Il y a d'abord la fin de la confiance dans l'institution judiciaire dont toutes les études d'opinions font état. Une opinion publique très défiante, vis à vis de magistrats partageant avec politiques et journalistes le rejet dont ils font l'objet. Ensuite, les expériences de ceux qui souhaitent accéder à la justice, de ceux qui la pratiquent au quotidien, et de ceux qui essaient de la rendre, renvoient l'image d'un service public à l'abandon, voire en complète déshérence[1], faute de moyens. Le budget de la justice, parent pauvre des trois pouvoirs séparés, a toujours été trop faible dans notre pays. La situation s'est encore aggravée, la France étant de ce point de vue le très mauvais élève de l'UE.

Mais, paradoxalement ou pas, les affaires judiciaires occupent une place considérable dans l'actualité, les

1. www.lgdj.fr/justice-une-faillite-francaise-9782275057200.html

médias audiovisuels, la presse écrite et les réseaux déversant quotidiennement un flot quasi ininterrompu d'informations. Il y a évidemment d'abord la passion ancienne pour le fait divers, que la communication moderne permet d'assouvir massivement. Ensuite, la justice est appelée à intervenir dans tous les débats sociétaux, le prétoire devenant une caisse de résonnance inédite, mais également le lieu où se tranchent les questions qui agitent l'opinion, dans un climat où s'active un incontestable populisme judiciaire. Et avec, surtout, l'investissement par la justice pénale du champ politique de façon quasi systématique, alors qu'elle n'a rien à y faire. Mais voilà, un processus entamé il y a une trentaine d'années a vu la magistrature faire le choix de son émancipation, alors qu'auparavant et depuis le début du XIXe siècle elle vivait une indépendance très relative vis-à-vis de l'exécutif et du législatif. Mais le problème est qu'elle l'a fait en déclarant la guerre à la classe politique. Un combat qui s'est fait par une alliance avec la presse et grâce à l'appui de l'opinion publique qui, de façon contradictoire d'ailleurs, lui déléguait la mission de faire rendre gorge « aux puissants ». Malheureusement, nous l'avons dit et nous le répéterons tout au long de ce livre, il existe en matière judiciaire une règle invariable selon laquelle, si l'on assigne à la justice des objectifs qui ne sont pas les siens, cela ne peut se faire qu'au détriment du respect des principes, des libertés publiques et même de l'application de la loi. Le paradoxe étant que, depuis trente ans, « l'indépendance » incontestablement acquise durant cette période a produit le contraire de l'objectif qu'elle prétendait poursuivre. En effet, alors qu'elle n'est normalement que l'outil nécessaire, le levier indispensable permettant de garantir l'impartialité du juge, cette exigence d'indépendance invoquée par les magistrats à la moindre critique est devenue le paravent d'une partialité quasiment revendiquée[2].

L'instrumentalisation politique de la justice pénale a connu plusieurs phases.

– Elle fut tout d'abord utilisée par les magistrats eux-mêmes pour accroître le pouvoir judiciaire en empiétant sur les deux autres, exécutif et législatif. Cela leur fut d'autant plus facile qu'ils étaient soutenus par l'opinion publique et bénéficiaient de l'appétit de la classe politique pour la démagogie moralisante combinée à son complexe de culpabilité consécutif à la corruption des « années fric ». Qui la conduira plus souvent qu'à son tour à se passer elle-même la corde au cou.

– Ce fut ensuite son utilisation directe par les politiques, dans un contexte d'alternance, comme arme contre leurs adversaires. Accuser un concurrent politique de malhonnêteté est plus facile que de mener un combat programme contre programme.

2. www.wikistrike.com/article-le-mur-des-cons-du-syndicat-de-la-magistrature-117344154.html

À ce petit jeu, s'il est difficilement contestable de nier que la droite fut la première à s'en servir, ce fut très souvent ensuite la gauche politique qui y a eu massivement recours. Pour des raisons sociologiques et idéologiques, celle-ci a bénéficié au sein de l'appareil judiciaire d'une certaine complaisance, lui permettant ainsi de mener contre Jacques Chirac puis Nicolas Sarkozy des combats judiciaires quasi permanents. L'arrivée au pouvoir de François Hollande s'est accompagnée d'une véritable rationalisation de cet usage de la justice au service de ses intérêts politiques. Certaines des accusations concernant l'existence de « cabinets noirs » n'étaient pas toutes sans consistance, nous y reviendrons.

– Enfin, Emmanuel Macron, successeur politique puis institutionnel de François Hollande, a pu arriver au pouvoir grâce à l'appui de la haute fonction publique judiciaire organisant sans barguigner la disqualification de François Fillon, son principal adversaire à l'élection présidentielle. Mais il y a plus : après avoir pudiquement fermé les yeux sur les irrégularités commises en faveur d'Emmanuel Macron, l'essentiel du corps des magistrats s'est rallié à celui-ci, lui permettant ainsi de compléter encore la rationalisation hollandienne. Où une autorité judiciaire apporte son plein soutien à un pouvoir exécutif pourtant minoritaire dans le pays, ce soutien devenant indispensable à l'exercice d'un pouvoir à la légitimité fragile…

La particularité de la situation de la justice pénale française au service du président de la République Emmanuel Macron réside dans la spontanéité de sa mise à disposition. Il n'est plus nécessaire d'utiliser le téléphone et les consignes discrètes pour qu'elle déploie un zèle parfois étonnant, donnant même souvent l'impression d'aller au-devant de ce que pourraient souhaiter ceux qui exercent le pouvoir aujourd'hui.

Et cette justice pénale le fait en jouant un triple rôle :

• Tout d'abord, dans un système où l'argent joue un rôle prépondérant et où les notions d'intérêt public ou général ont quasiment disparu, elle s'affaire à protéger les amis politiques pour leur épargner les soucis que pourraient leur valoir les mises en cause pénales. D'Alexandre Benalla à Richard Ferrand, en passant par Muriel Pénicaud, Patrick Strzoda, Alexis Kohler, Ismaël Emelien, Lionel Lavergne, François Bayrou, Sylvie Goulard et Jean-Paul Delevoye, la liste des proches ayant bénéficié de la mansuétude de l'appareil judiciaire est désormais très longue.

• Il s'agit ensuite de faire peser sur les adversaires et sur l'opposition une pression judiciaire permanente comme l'ont démontré les affaires Fillon, Le Pen, Mélenchon, et d'autres moins connues. Gare à ceux qu'Emmanuel Macron considère comme des adversaires !

• Enfin, le corps des magistrats a mis à la disposition du président de la République un outil qui lui a permis de déployer une répression brutale du mouvement social, des Gilets jaunes d'abord, puis des luttes contre le projet de réforme des retraites : utilisation massive de procédures d'urgence en grande partie illégales, milliers de condamnations d'une sévérité complètement inhabituelle. Mais aussi parquets et juges du siège refusant d'exercer la mission républicaine de contrôle de l'usage de la violence par les forces de l'ordre. Cette passivité – quand elle n'était pas couverture – a été perçue comme un encouragement et a débouché sur un niveau de violences policières qui a stupéfié tous les observateurs, en France comme à l'étranger.

La situation de notre pays est par conséquent aujourd'hui à la fois étonnante et inquiétante sur le plan institutionnel. Les trois pouvoirs, exécutif, législatif et judiciaire, qui devraient être séparés, ne font plus qu'un. À l'Assemblée nationale transformée en pathétique chambre d'enregistrement, on trouve une majorité composée de simples exécutants qui votent en cadence et sans états d'âme les textes voulus par le Président, y compris les plus liberticides. Au point que la situation relève de la description même qu'en a faite Emmanuel Macron : « Une dictature, c'est un régime où une personne ou un clan décident des lois... » La justice, quant à elle, pour des raisons sociologiques, idéologiques, économiques et politiques, est désormais le principal outil de répression au service du pouvoir exécutif. On ajoutera à la fusion de ces trois pouvoirs la mise à la disposition d'Emmanuel Macron de l'essentiel du quatrième, à savoir la grande presse audiovisuelle et écrite.

Si l'on suit à la lettre l'article 16 de la Déclaration des droits de l'homme et du citoyen[3], la France n'a plus aujourd'hui de Constitution.

L'objectif du présent ouvrage sera, avant d'opérer un diagnostic précis, de décrire depuis les premiers scandales de la fin des années 1990 le processus qui a permis la mise en place de cette aberration antidémocratique. Comment et pourquoi cela s'est-il passé ainsi ?

Nous reviendrons d'abord dans une première partie sur les mutations politiques des années 1980 et 1990 après la victoire de François Mitterrand, avec la disparition des partis politiques de masse au profit des partis de cadres, l'explosion de leurs dépenses et l'utilisation de la corruption de la décision publique comme moyen principal de leur financement, pour ensuite décrire l'explosion du système et l'adoption de la réforme du financement public des partis, d'une portée considérable, qui a mis le système politique français sous surveillance et à la merci du juge (Ire partie).

Il conviendra ensuite de procéder à la description concrète des évolutions sociologiques, idéologiques et politiques de la magistrature, des rouages du dispositif

3. www.conseil-constitutionnel.fr/le-bloc-de-constitutionnalite/declaration-des-droits-de-l-homme-et-du-citoyen-de-1789

en action. Il sera nécessaire d'essayer de comprendre les raisons de la politisation du corps des magistrats et de ses interventions dans le champ politique en faveur d'un camp dans les années 2010 et du rôle joué par François Hollande dans ce dévoiement (IIe partie).

La troisième partie, quant à elle, se penchera sur les conditions de l'arrivée d'Emmanuel Macron à la présidence de la République, et la dimension de « coup d'État judiciaire » l'ayant permise. Qu'il s'agisse de la passivité des organes juridictionnels de contrôle face aux considérables irrégularités de sa campagne ou de l'utilisation directe de la juridiction pénale d'exception constituée par l'alliance du Parquet national financier et du Pôle d'instruction financier pour disqualifier son principal concurrent. Il faudra également examiner le « système Macron » ou comment le ralliement spontané de l'appareil judiciaire au bloc élitaire et à la personne même du Président a créé une situation inédite. Et l'examen détaillé du fonctionnement de ce système devra permettre de mesurer la gravité d'une situation qui ne permet plus de considérer que la démocratie française fonctionne réellement dans le cadre d'un État de droit.

La conclusion s'attachera à identifier les voies possibles d'une rupture, sachant qu'une évolution ou de simples réformes ne permettraient pas de restaurer un pouvoir judiciaire digne de ce nom et adapté à la démocratie que devrait être la France.

I. Rapports politique et justice : 1980-2000, les vingt ans qui ont tout changé

Chapitre 1
Automne 2020
– Paysage pendant la bataille

Un refus obtus de l'autocritique

À l'automne 2020, la justice française donnait une image complètement chaotique et se retrouvait au centre de débats furieux la mettant en cause. Il y avait bien sûr la question de son fonctionnement marqué par la lenteur, la bureaucratie et la gabegie, conséquences de sa déshérence budgétaire, que la crise liée à la pandémie a aggravée de façon particulièrement insupportable, mais l'opinion publique lui reprochait d'être responsable par son laxisme de l'explosion d'une délinquance insupportable à la population, une connivence politique criante avec le pouvoir en place pour la répression des mouvements sociaux, et d'accepter plus largement de jouer le rôle d'instrument politique au service d'Emmanuel Macron. Face à ces mises en cause le corps des magistrats faisait preuve d'un corporatisme assumé pour rejeter tout ce qui pouvait ressembler à une critique ou une mise en cause de ses comportements. Jusqu'à un affrontement violent dans les termes avec le ministre de la Justice lui-même, pendant que les études d'opinion témoignaient les unes après les autres de la dégradation régulière du lien entre la population française et sa justice. Reflets d'une défiance dont les organisations syndicales faisaient porter la responsabilité à tout le monde, hommes politiques, journalistes, avocats et même ministre venant d'arriver, sans mesurer l'effet que le refus obtus de l'autocritique et cette revendication d'intouchabilité avaient dans l'opinion publique.

Un printemps chaotique

Au mois de mai précédent, au moment de la sortie du confinement, notre pays vivait des heures assez extraordinaires, donnant le spectacle d'un affaissement sans précédent de l'État. Nous eûmes d'abord la présentation d'Adama Traoré, petit mafieux des quartiers transformé en héros immaculé ; une garde des Sceaux violant hardiment la séparation des pouvoirs à la demande du chef de l'État en proposant de recevoir en grande pompe la famille du délinquant ; un ministre de l'Intérieur annonçant que finalement, la loi qu'il devait faire respecter était à géométrie variable, et que certaines parties du peuple se voyaient dispensées de son application dès lors qu'il y avait de l'« émotion » ; une ville moyenne de province transformée en champ de bataille ethnique entre voyous tchétchènes et Marocains armés jusqu'aux dents, se réconciliant à la mosquée ; un refus de l'État au prétexte du « secret des affaires » de communiquer des informations sur sa gestion des masques sanitaires ; une explosion de la délinquance dans les cœurs de villes abandonnés à la violence. Comme si ce délitement de l'État n'était pas assez inquiétant, les Français ont pu également constater la crise qui frappait leur justice.

Quand Éliane Houlette avoue tout

Le 10 juin Éliane Houlette, ancienne patronne du Parquet national financier, entendue par une commission de l'Assemblée nationale, avait fait sous serment des révélations en forme d'aveux sur les conditions dans lesquelles s'était déroulé le raid judiciaire destiné à écarter le favori de l'élection présidentielle de 2017 au profit d'Emmanuel Macron. Mme Houlette, avec une certaine ingénuité, avouait tout de go que le pouvoir politique était intervenu directement et indirectement à tout moment dans la procédure déclenchée contre François Fillon au mois de février 2017. Tout le monde le savait, mais la principale concernée le reconnaissait. Il devenait alors difficile de prétendre, contre l'évidence, que la justice avait fonctionné normalement. Commença alors une cacophonie faite d'affrontements entre magistrats et en particulier entre Catherine Champrenault et Éliane Houlette se renvoyant la balle pour des raisons obscures. Et l'intervention de Jean-Michel Hayat[1], ancien président du tribunal de Paris, devant la même commission d'enquête et affirmant toujours sous serment : « Je précise ici sous serment que je n'ai jamais désigné Serge Tournaire, sous ma présidence, dans un dossier concernant ou susceptible de concerner – je préfère employer cette expression-là – M. Nicolas Sarkozy. Jamais. » Déclaration non seulement complètement fausse, mais risible lorsque l'on sait qu'en dehors de la fameuse affaire « Paul Bismuth », Serge Tournaire, grand chasseur de Sarkozy, a été systématiquement nommé dans la plupart des dossiers concernant celui-ci.

Quand Éliane Houlette trace les avocats

Le 25 juin, nous apprenions qu'une dizaine des pénalistes français les plus connus[2], souvent défen-

1. www.lepoint.fr/justice/le-juge-tournaire-et-les-affaires-sensibles-jean-michel-hayat-rectifie-ses-propos-10-07-2020-2383866_2386.php

2. www.lepoint.fr/justice/exclusif-affaire-paul-bismuth-l-enquete-cachee-24-06-2020-2381671_2386.php

seurs de membres de l'opposition politique concernés par des procédures judiciaires, avaient été tracés, surveillés, voire écoutés, par le même PNF dans une enquête préliminaire secrète ayant duré six ans ! Épisode invraisemblable et indigne d'une démocratie normale par la violation grossière du secret professionnel des avocats, il sera pourtant justifié par le remplaçant d'Éliane Houlette à la tête du PNF, Jean-François Bohnert, qui, trouvant tout cela formidable[3], et marchant vaillamment sur les traces de son prédécesseur, affirmait que « le PNF n'est à aucun moment sorti des clous [...] à partir du moment où les magistrats aussi bien que les policiers [...] ont respecté les termes du Code de procédure pénale, il n'y a rien à dire ». Il y avait pourtant beaucoup à dire, puisqu'en effet aucune juridiction supérieure ne pouvait contrôler ce fameux « respect des termes » : procédure secrète, sans avocat, sans débat contradictoire, dans la plus totale opacité et conclue par un classement sans suite, dossier enfermé dans une armoire. Au point où il en était, Jean-François Bohnert aurait pu ajouter le traditionnel « Circulez, il n'y a rien à voir ». Très gênée, Nicole Belloubet, alors garde des Sceaux, se sentit obligée de saisir l'inspection générale des services judiciaires, car comme toutes les grandes administrations de l'État,

3. www.msn.com/fr-fr/actualite/france/affaire-des-%C3%A9coutes-le-parquet-national-financier-n-est-pas-sorti-des-clous-dit-son-chef/ar-BB16bUnB?ocid=spartan-dhp-feeds

la justice a elle aussi son corps de contrôle. Nous apprîmes pendant l'été que Mme Houlette avait sans aucun complexe purement et simplement refusé d'être entendue par l'inspection, préférant donner une interview à Paris Match. Les mauvais esprits ne manquèrent pas de lui rappeler qu'elle avait qualifié de « comportement mafieux » l'usage de leur « droit au silence » par des prévenus. Le rapport fut publié mi-septembre et exprimait exactement le même avis que le nouveau patron du PNF avec cette délicieuse formule : « Les enquêteurs n'ont pas exposé excessivement la vie privée et le secret professionnel. » En forme là aussi d'aveu car la question n'était pas de savoir si la vie privée et le secret professionnel avaient été exposés mais s'ils avaient été violés, ce qui aurait constitué des infractions pénales. Par conséquent, « pas exposé excessivement », cela veut bien dire violer. Même le magazine *Le Point*[4], pourtant peu suspect d'extrémisme, fut abasourdi : « Écrit par des magistrats, ce rapport d'inspection noie le poisson sous des considérations essentiellement techniques et juridiques, au risque de donner le sentiment de couvrir les agissements du PNF. Précisons que Mme Éliane Houlette, qui dirigeait ce parquet spécialisé au moment des faits, a refusé d'être auditionnée par les inspecteurs. »

---

4. www.lepoint.fr/societe/enquete-parallele-du-pnf-l-inspection-judiciaire-botte-en-touche-15-09-2020-2391943_23.php

Très contrarié, l'ordre des avocats de Paris décida de reprendre son action en responsabilité contre l'État. Le nouveau garde des Sceaux, lui-même concerné par les violations mais qui retira sa plainte lors de sa nomination place Vendôme, décida de lancer une enquête administrative pouvant déboucher sur des poursuites disciplinaires, déclenchant les hurlements habituels des organisations syndicales, et Éliane Houlette réitéra son refus en forme de bras d'honneur de déférer aux convocations.

Kohler blanchi, Fillon noirci

Juste avant cet été meurtrier, la presse nous avait appris la manipulation d'une procédure dirigée contre Alexis Kohler, secrétaire général de l'Élysée et proche d'entre les proches du Président. Manipulation organisée à la suite d'une intervention d'Emmanuel Macron lui-même pour permettre de blanchir Kohler[5] d'accusations semblant pourtant fondées. Le PNF avait été saisi d'une plainte de l'association Anticor pour des soupçons de prise illégale d'intérêts, c'est-à-dire d'avoir mélangé l'intérêt général au nom duquel il agissait lorsqu'il était

5. www.francetvinfo.fr/politique/affaire/affaire-alexis-kohler/affaire-kohler-une-note-d-emmanuel-macron-pour-versee-au-dossier-pour-defendre-son-conseiller-seme-le-trouble_4020153.html

fonctionnaire à Bercy avec ses intérêts particuliers dans une entreprise privée appartenant à sa famille. Les éléments fournis par la presse étaient tout de même assez préoccupants pour l'ancien membre du cabinet d'Emmanuel Macron au ministère de l'Économie devenu ensuite secrétaire général de l'Élysée. Mandaté par le parquet, un commissaire de la brigade de répression de la délinquance économique avait réalisé une enquête et produit en juin 2019 un rapport « accablant » pour Alexis Kohler. Qui, bien que n'étant pas partie à l'enquête, celle-ci n'étant pas contradictoire, en fut, semble-t-il, quand même informé. Toujours est-il que quelques jours plus tard, au début du mois de juillet, son avocat versait au dossier du PNF une attestation rédigée et signée par le chef de l'État en exercice, dans laquelle Emmanuel Macron fournissait ce qui ressemblait à un alibi à son collaborateur ! Le commissaire, disait la presse[6], aurait alors produit un autre rapport aux conclusions diamétralement opposées, sur la base duquel le PNF déclara la procédure sans suite. Épisode stupéfiant où l'on voit un président de la République en exercice intervenir dans une procédure judiciaire en cours, intervention dont la presse insinue lourdement qu'elle aurait eu pour conséquence la mise hors de cause d'Alexis Kohler. On imagine les réactions si

6. www.francetvinfo.fr/politique/affaire/affaire-alexis-kohler/affaire-kohler-une-note-d-emmanuel-macron-pour-versee-au-dossier-pour-defendre-son-conseiller-seme-le-trouble_4020153.html

Nicolas Sarkozy, alors Président, s'était permis ce genre de privautés.

Et dans le même temps tombaient les lourdes condamnations infligées par le tribunal correctionnel de Paris aux époux Fillon dans l'affaire qui avait débuté en pleine campagne électorale de la présidentielle 2017. Force était de constater l'importance des peines pour l'homme qui n'avait jamais été condamné, et auquel il n'était pas reproché des actes de corruption, de fraude fiscale, de blanchiment organisé, de posséder des avoirs à l'étranger ou des trucages de marchés publics. Et le quantum des peines allait au-delà des réquisitions du parquet, et de façon beaucoup plus sévère qu'habituellement dans ce type d'affaires. Clairement, le sens qu'avait cette décision n'était pas l'expression d'une volonté de moraliser la vie publique mais bien celle de valider le raid judiciaire de 2017. En dédouanant à la fois le PNF de Mme Houlette et le Pôle d'instruction financier qui avait participé à la curée. On entendit des cours de morale et quelques redresseurs de torts ignorants, affirmant que la peine était justifiée au regard des impératifs de la morale publique et de la lutte contre la corruption. Personne de sérieux ne pouvait être dupe.

Mélenchon de nouveau sur le gril

Vint alors à nouveau le tour de Jean-Luc Mélenchon. *Le Canard enchaîné* faisait état d'une enquête préliminaire du parquet de Paris visant Jean-Luc Mélenchon et quelques dirigeants de son parti. Rappelons-nous qu'il avait déjà goûté à l'arbitraire avec la fameuse perquisition à l'occasion de laquelle, douloureusement surpris, il manifesta une colère bruyante et justifiée, pour laquelle il fut condamné par le tribunal correctionnel de Bobigny en raison du traumatisme infligé aux fonctionnaires chargés d'opérer le raid. Ayant compris ce qui se passait, Jean-Luc Mélenchon s'était mis à critiquer l'instrumentalisation de la justice à des fins politiques. Cela avait dû en vexer quelques-uns, et on pouvait avoir l'impression qu'il fut décidé de le rappeler aux convenances en lui faisant apprendre par la presse l'existence d'une enquête préliminaire du parquet de Paris le concernant.

Quel était donc le problème ? Mélenchon et quelques autres devaient des dommages et intérêts pour préjudice moral aggravé aux fonctionnaires de police traumatisés par la bruyante réaction mélenchonienne à la perquisition. La direction de La France insoumise, considérant que c'était le parti qui avait été visé par le raid judiciaire, prit la décision de régler non pas les amendes, mais les dommages-intérêts qui sont des créances civiles. Le procureur de Paris, lui-même choisi personnellement pour ce poste par Macron après une procédure étrange, aurait-il pensé qu'il y avait là un gisement pour mettre la pression sur Mélenchon ?

La qualification avancée par le parquet pour justifier son enquête était de qualifier d'« abus de confiance » ce règlement, alors qu'un premier examen permettait pourtant de le qualifier de « parfaitement licite[7] ». Il est pour le moins curieux d'être obligé de rappeler qu'un parti politique n'est pas une entreprise commerciale avec des actionnaires. Et qu'il est totalement libre de la détermination et la mise en œuvre de sa stratégie politique, et naturellement des dépenses que celle-ci nécessite. Que le parquet s'ingère et veuille contrôler la pertinence des choix d'une organisation politique est tout simplement invraisemblable. Les seuls contrôles possibles sont ceux qui, effectués par la Commission nationale des comptes de campagne, portent sur les dépenses de campagne électorale dont les montants sont vérifiés et non leur nature. C'est la véracité des chiffres qui permettent de vérifier si le compte de campagne ne dépasse pas le plafond fixé par la loi. Souvenons-nous que Nicolas Sarkozy avait été poursuivi pour le règlement par l'UMP de l'amende mise à sa charge pour le dépassement du

7. www.legifrance.gouv.fr/affichCodeArticle.do?cidTexte=LEGITEXT000006070721&idArticle=LEGIARTI000032035237

plafond de ses comptes de campagne 2012. Il avait bien évidemment fait l'objet d'un non-lieu.

Les fuites, toujours elles, apprenaient que l'enquête portait également sur un « détournement de fonds publics » car la somme aurait été payée avec la dotation publique dont La France insoumise bénéficie. Si c'était bien pour cela que le parquet recommençait à cibler Jean-Luc Mélenchon, il s'agissait une nouvelle fois d'une absurdité juridique ! Lorsqu'ils sont arrivés dans la caisse du parti, les fonds deviennent immédiatement des fonds privés. Et c'est la même chose en ce qui concerne les remboursements par l'État des frais de campagne. Ce n'est pas la première fois que des magistrats essaient de s'arroger ainsi le contrôle politique des partis par ce biais en prétendant qu'il s'agit de fonds publics sur la gestion desquels ils auraient un droit de regard. Cette nouvelle atteinte à la liberté politique était comme par hasard dirigée contre un leader de l'opposition.

Dupond-Moretti navigue à la godille

À la surprise générale, Éric Dupond-Moretti, avocat talentueux et pugnace devenu très médiatique, a été nommé garde des Sceaux début juillet 2020 à l'occasion d'un changement de Gouvernement au casting particulièrement lugubre et auquel il fallait apporter un peu de piment en y introduisant les deux représentants de la société du spectacle qu'étaient Bachelot et Dupond-Moretti. On se doutait bien que le nouveau ministre était plein de bonnes intentions mais qu'il n'aurait pas l'occasion de faire grand-chose d'utile, ayant du mal à échapper à ce qu'Emmanuel Macron voulait, c'est-à-dire avoir sous la main une caution sans pouvoir. Il fut d'ailleurs rappelé très rapidement aux convenances. Par exemple avec la fameuse polémique « Obono » autour du texte de *Valeurs actuelles* à l'occasion de la publication duquel il avait immédiatement tweeté à l'adresse de la députée France insoumise : « On est libre d'écrire un roman nauséabond, dans les limites fixées par la loi. On est libre aussi de le détester. Moi je le déteste et suis à vos côtés. » C'est-à-dire qu'il considérait qu'il n'y avait pas d'injures racistes. Dès le lendemain, première grosse couleuvre, le procureur de Paris, son subordonné, nécessairement après concertation avec l'Élysée, décidait quand même d'ouvrir une enquête préliminaire contre l'hebdomadaire. Deuxième reptile à avaler ensuite, aucun des membres de son cabinet de ministre n'ayant été choisi par lui mais par l'Élysée, il avait décidé d'y recruter lui-même une magistrate respectée. Qui fut mise dehors trois jours plus tard…

Ayant du mal à renoncer au battage médiatique autour de sa personne, auquel il avait pris goût, Dupond-Moretti fut prolixe sur les sujets secondaires, provoquant à chaque fois des polémiques inutiles, ou bien s'ingénia à prendre l'opinion publique à rebrousse-poil. En réclamant par exemple le rapatriement des djihadistes de nationalité française partis rejoindre le terrorisme islamiste au Moyen-Orient, ou en s'ingérant dans la procédure judiciaire Traoré. Sur la question essentielle pour les Français de la montée de l'insécurité, il qualifia leur perception de l'augmentation de la violence de « fantasme ». Pour ensuite s'opposer publiquement au ministre de l'Intérieur tentant par la communication de traiter les problèmes politiques posés à Emmanuel Macron par l'explosion de la délinquance. Le tout donnant de la justice l'impression d'un navire piloté à la godille.

Les magistrats détestent leur nouveau garde des Sceaux

La nomination d'Éric Dupond-Moretti au poste de garde des Sceaux a provoqué une grande surprise dans l'ensemble du monde judiciaire. Dans un premier temps, les raisons du chef de l'État apparaissaient comme le fruit d'une volonté de donner un peu de piment communicationnel à un changement de Premier ministre et de Gouvernement particulièrement insipide. Le choix se porta sur deux représentants de la société du spectacle, Roselyne Bachelot et Éric Dupond-Moretti. Malheureusement pour ce dernier, cette nomination fut vécue par la magistrature comme une véritable agression. D'abord pour des raisons dues à la personnalité du nouveau ministre, avocat médiatique qui n'a jamais hésité à mettre en cause publiquement des magistrats dès lors qu'il avait à s'en plaindre. Il y a ensuite le constat nécessaire des rapports catastrophiques entre magistrats et avocats, à partir d'une dégradation commencée depuis déjà quelques années et ayant pris récemment une tournure plus que préoccupante. Des incidents sérieux se multiplient dans tous les tribunaux témoignant d'un climat pénible. La grève des avocats déclenchée au moment de la loi sur les retraites fut très mal vécue par les juges du siège, car créant des perturbations insupportables dans l'organisation de leur travail. Aussi la nomination d'Éric Dupond-Moretti fut ressentie comme une agression, et toutes ses initiatives et déclarations comme autant de provocations. Les choses s'aggravèrent nettement avec l'affaire de la fameuse enquête du PNF mettant des avocats sous surveillance. Éliane Houlette bénéficiait d'un soutien massif du corps pour ses bravades et son refus de rendre des comptes sur des faits que tout le monde savait assez graves. Les magistrats français mesurent mal que ce refus systématique de rendre des comptes qui est malheureusement un trait trop fréquent chez eux exaspère l'opinion publique, et les met en situation de justifier l'injustifiable, comme ce fut le cas par exemple au moment des affaires Fillon et du « mur des cons ». La goutte d'eau qui fit déborder le vase fut la décision d'Éric Dupond-Moretti de nommer une avocate[8] à la tête de l'École nationale de la magistrature. Cela déclencha un hourvari corporatiste d'une ampleur assez stupéfiante, et provoqua, événement assez rare, l'intervention conjointe de la première présidente de la Cour de cassation et du procureur général[9] auprès de celle-ci. Malheureusement, comme lors du précédent de l'affaire Fillon, l'invocation grandiloquente de principes indiscutables était mise au service d'une défense corporatiste de comportements éminemment critiquables. Impartialité, dignité, sérénité, présomption d'innocence avaient bon dos : la défense d'Éliane Houlette et la revendication d'une forme d'irresponsabilité des magistrats dont nous allons décrire certains comportements dans ce livre étaient bien l'objectif premier. La lecture des commentaires des lecteurs du *Monde* dans lequel figurait leur tribune était révélatrice, et en disait long sur cette déconnexion qui existe désormais entre les Français et leur justice.

L'actualité judiciaire nous offrait donc en ce début d'automne le spectacle d'un chaos tout à fait excep-

8. www.rtl.fr/actu/politique/ecole-nationale-de-la-magistrature-nathalie-roret-1ere-femme-non-non-magistrate-proposee-a-la-direction-7800822847

9. www.lefigaro.fr/flash-actu/les-deux-plus-hauts-magistrats-de-france-inquiets-de-la-situation-de-l-institution-judiciaire-20200929

tionnel et destructeur. Et il y avait de quoi être étourdi.

Les quelques éléments que nous venons de rappeler, choisis parmi d'autres, illustrent pourtant les conséquences délétères du ralliement politique à Emmanuel Macron des magistrats français. Plus besoin de pressions, de consignes, voire d'ordres : parquets et juges du siège déploient un zèle impressionnant pour protéger ses amis, poursuivre ses adversaires et réprimer ceux qui, utilisant leur liberté constitutionnelle, le contestent dans la rue. Une des conséquences inévitables est que le corps des magistrats, quoi qu'il en pense et en dise, en se mettant au service du bloc élitaire, s'est coupé du bloc populaire, c'est-à-dire de la partie majoritaire de la Nation, qui s'en défie désormais lourdement. Et viendra nécessairement le moment où celle-ci demandera des comptes.

Cette crise très sérieuse, sinon grave, est le fruit d'un processus maintenant trentenaire qui a vu la justice française, tentant de s'émanciper du pouvoir exécutif, mener un combat contre la classe politique. Et parvenir à cette émancipation en assurant son indépendance, mais pour en faire paradoxalement l'instrument d'une partialité politique qu'elle a fini par mettre résolument au service d'Emmanuel Macron. C'est l'histoire de ces trente années que nous allons d'abord essayer de raconter, pour ensuite, en décrivant le système, tenter d'en isoler les ressorts et d'imaginer enfin les évolutions qui permettraient d'échapper à cette dérive qui emmène la justice française dans l'impasse.

Chapitre 2
Fin des partis de masse et corruption politique massive

Sur le plan de l'organisation politique, la France de l'an 2020 est séparée par un abîme de celle de 1985. Les champs politiques et institutionnels ont été bouleversés, à commencer par la destruction méthodique de la Constitution de la Ve République changée plus d'une vingtaine de fois pour ne faire survivre du texte initial que 30 articles sur les 90 qu'il comporte aujourd'hui. En ce qui concerne l'organisation de la vie politique, la France a connu plusieurs séismes aboutissant à une véritable révolution juridique de grande ampleur accouchant d'un système entièrement nouveau.

La fin des partis de masse

Les partis politiques existent dans les pays industrialisés depuis la seconde moitié du XIXe siècle. Le triomphe économique et politique de la bourgeoisie s'est accompli notamment par la mise en place de ces structures spécifiques. Pour les libéraux, les citoyens agissent individuellement et contribuent par leur vote à la désignation de leurs gouvernants, dans les formes prévues par une Constitution. À côté de cette contribution individuelle et juridique, conséquence de l'application du principe de souveraineté nationale attribuée au peuple, il est prévu un autre mode de participation par l'intermédiaire de structures de socialisation particulières. Le parti politique, qui est l'une d'elles, a fait l'objet d'une reconnaissance démocratique à la fois dans la pratique mais aussi désormais dans la Constitution de 1958.

La France a tardé à accepter cette nouvelle forme d'organisation et de rapport au pouvoir d'État. C'est seulement à partir de la IIIe République que le phénomène a pris de l'ampleur. Après la création du Parti radical en 1901, de l'ancêtre du PS en 1905 à la veille de la Première Guerre mondiale, pas moins de neuf partis seront représentés à la Chambre des députés et participeront à l'« Union sacrée ». L'entre-deux-guerres verra le succès des partis de masse, qui se confirmera dans l'immédiat après-guerre où les adhérents se compteront par millions au début des années 1950. Maurice Duverger popularisera la distinction entre partis de masse et partis de cadres, caractérisant bien la situation française, distinction qui permettra de rendre compte de la transformation pendant les années 1980 et 1990 de ces outils indissociables de la démocratie représentative.

Paradoxalement, alors que leur importance était considérable, jusqu'en 1958 les partis politiques étaient en France complètement absents sur le plan juridique. Avant cette date charnière, le principe était celui de la liberté totale d'organisation. Il avait fallu un arrêt de la Cour de cassation pour décider qu'un parti politique, même non déclaré, même non doté de la moindre structure juridique, possédait quand même une personnalité morale. Les Constitutions des IIIe et IVe Républiques n'y faisaient aucune référence, ce qui impliquait une absence totale de réglementation de leurs structures. La défiance gaulliste à l'égard des partis explique les débats qui ont précédé l'adoption de l'article 4 de la Constitution de 1958, lequel inscrit pour la première fois dans la loi fondamentale le concept même de « partis politiques ». L'avant-projet préparé autour de Michel Debré prévoyait que « les groupes ou formations qui présentent des candidats aux élections ou qui ont une activité politique peuvent se constituer librement. Ils doivent cependant se déclarer et déposer leurs statuts. Et rendre compte annuellement de leurs ressources et de leurs dépenses au Conseil constitutionnel qui est habilité à vérifier la sincérité des déclarations produites ». Cette première tentative d'encadrement fut nettement refusée par tous les courants politiques en dehors du parti gaulliste, au profit d'une rédaction considérée comme plus conforme à la tradition française et au respect de la liberté d'organisation.

La fin des trente glorieuses, enclenchée par la crise économique de 1973, entraîna des bouleversements de tous ordres. Et depuis cette période, les partis politiques ont progressivement et totalement changé de nature, de fonctions et d'objectifs dans leur rapport à l'idéologie, à l'organisation interne et au processus électoral. Le dernier en date, créé par Jean-Luc Mélenchon, est carrément devenu « gazeux ».

Sur le plan idéologique d'abord, l'effondrement d'un marxisme ossifié par le phénomène stalinien a singulièrement dégagé le terrain. Les positionnements idéologiques sont devenus de plus en plus flous permettant l'avènement d'une « fausse alternance » à partir de 1981 où de grands blocs qualifiés par Philippe Séguin d'« épiceries se fournissant chez le même grossiste » se partageaient le pouvoir pour y mettre en œuvre peu ou prou la même politique. La perte d'une certaine transcendance a banalisé socialement le phénomène « parti », le faisant sortir de la sphère philosophique pour le faire entrer dans la sphère du droit.

Sur le plan de l'organisation ensuite. Les partis de masse capables de mobilisations considérables voyaient affluer les citoyens pour lesquels l'adhésion était à cette époque un acte social fort et identitaire. Jusqu'à la fin des années 1970, claironner son nombre d'adhérents faisait partie du rituel de la vie d'une organisation. Dans les années 1980, les militants se sont évanouis et, contraints et forcés, les anciens partis de masse sont devenus, pour survivre, des partis de cadres : sans idéologie, sans adhérents, ils n'étaient plus là que pour faire élire, assurer des carrières, et devinrent exclusivement des « machines électorales ».

Effet pervers, la tyrannie du signe sur le sens, qui caractérise la communication toute-puissante, n'a pas épargné la vie politique. Et c'est ainsi que dans les années 1980 les dépenses des partis ont explosé, car l'autre caractéristique de la communication moderne est qu'elle est hors de prix. Payer les permanents, entretenir les réseaux, mais surtout financer des campagnes, beaucoup de campagnes, cela coûte cher, très cher au parti privé de cotisants. Auparavant militants, donateurs, mécènes, entreprises, Moscou, voire CIA, les contributeurs ne manquaient pas et les besoins étaient moindres. L'expédient de la corruption, avec ses commissions occultes et ses emplois fictifs, était déjà nécessaire.

Dans les années 1980, il devint principal.

Les besoins

Les importantes évolutions politiques que nous avons décrites ont eu de lourdes conséquences dans le domaine électoral.

Le gommage des différences idéologiques personnalise à outrance les élections et pas seulement à cause de l'importance de la présidentielle : que l'on pense aux caractéristiques du « communisme municipal » où l'on voit le parti faire parfois des scores ridiculement bas, alors qu'un bon maire communiste rassemble de confortables majorités sur son nom. La décentralisation multiplie des élections à enjeux, un président de Conseil général ou de région, le maire d'une grande ville a souvent plus de pouvoir qu'un ministre. Le président de la région Île-de-France gère un budget annuel de plus de 5 milliards d'euros. Le PIB du département des Hauts-de-Seine est supérieur à 90 milliards d'euros…

De multiples élections donc, à forts enjeux de pouvoir, à faible enjeu idéologique, et cela sur fond de bipolarisation de la vie politique, deux grands blocs se partageant désormais les postes. Or ces combats vont se gagner à la marge des déplacements de voix assez faibles, chaque bloc politique bénéficiant d'un socle en général solide et les voix qu'il convient de récupérer sont celles qui fluctuent passant de l'un à l'autre à chaque élection. Les spécialistes de marketing le diront, ces points sont les plus difficiles à gagner et c'est sur eux que doivent porter les efforts. D'où l'importance de la communication qui devient tyrannique dans les années 1980.

Panneaux d'affichage partout, utilisation massive de la télévision, du mailing, du phoning, l'effet de mode et de surenchère jouent à plein pour le plus grand plaisir de quelques gourous autoproclamés. Dans le sillage de Jacques Séguéla qui s'attribue sans être contredit le mérite de l'élection de François Mitterrand avec l'invention du fameux slogan « La force tranquille », les publicitaires voient arriver cette manne avec gourmandise. Ils vendent leurs services très chers à des néophytes travaillant dans l'urgence et peu regardants sur le coût. Pourtant il faut bien trouver l'argent quelque part.

Chacun veut avoir son journal : national, luxe réservé à quelques-uns, plus généralement local, régional ou départemental. Tous ces organes à l'intérêt relatif et à durée de vie brève coûtent une fortune, ne dégagent bien sûr aucune rentabilité, si ce n'est qu'ils peuvent parfois vendre de l'espace publicitaire à des entreprises complaisantes et à des tarifs sans aucun rapport avec un lectorat fréquemment minuscule.

Il faut également, faute de militants, trouver et rémunérer des permanents. La fin des partis de masse a privé les organisations politiques d'une main-d'œuvre indispensable et auparavant quasiment gratuite. La solution passera par le salariat, mais aussi et surtout par les fameux « emplois fictifs », des emplois au service de l'organisation mais payés par d'autres.

Les années de folie

C'est ainsi qu'il faudrait qualifier, du point de vue de la corruption, la période qui court du début des années 1980 à 1995. Années de folie, donc, très différentes en cela des époques précédentes et des années qui vont suivre, car s'il est vrai que la corruption de la décision publique est à peu près aussi ancienne que les sociétés organisées, elle a pris des formes originales durant ces quinze ans. Une période qui se clôt en 1995, année de la dernière grande modification du nouveau système juridique. On ne connaîtra après qu'ajustements et clarifications jurisprudentielles.

Enfin, en 1995, c'est la fin de l'ère Mitterrand qui porte une lourde responsabilité dans la faillite morale de cette période. Et il y eut aussi la bataille que l'élection de son successeur entraîna, au sein de la droite où chaque camp veut avoir son trésor de guerre et symétriquement à gauche bien sûr avec le fameux jeu des tendances du PS. L'on n'avait pas tort à l'époque de dénoncer le poids trop lourd de l'élection présidentielle sur la vie politique française et l'effet pervers du coût faramineux des campagnes.

Partis et corruption politique : de l'artisanat à l'industrie

Si les besoins financiers des partis sont importants depuis toujours, faire commerce de la décision publique pour y pourvoir n'a pas toujours été essentiel. Car il y a d'abord eu le temps des militants : à l'époque prospère des partis de masse, on cotise et on y met même souvent un point d'honneur. Les partis de gauche s'appuient sur des couches sociales peu fortunées mais fidèles. La droite peut, quant à elle, compter sur le soutien du monde économique et, à leur façon, les patrons cotisent aussi. Les partis de gauche, surtout le PCF, bénéficient des reversements de leurs élus cédant à leur organisation une part non négligeable de leurs indemnités.

En outre à cette période la dimension sociologique et culturelle de l'engagement politique amène les partis à s'inscrire dans un réseau de solidarité croisée avec les mondes syndical, mutualiste, associatif, culturel ou coopératif qui donnent également leur quote-part directement ou indirectement. Par des versements financiers ou des prises en charge de dépenses. Depuis les années 1960, le monopole trentenaire de la droite sur le pouvoir d'État change cependant la donne. En effet les partis qui gouvernent bénéficient souvent des moyens d'un État guère impartial, et la contrepartie financière à la décision publique commence à être utilisée. Exportations d'État, urbanisme et immobilier sont des domaines où s'implante profondément la corruption politique. Quant aux grands marchés à l'exportation, notamment la vente de matériel militaire (par exemple), ils permettent de substantiels retours par la technique des « rétrocommissions ». En principe versée aux dirigeants du pays acheteur, une commission fiscalement déductible verra une partie revenir discrètement dans les caisses d'un parti.

Pourtant, le système est encore à la fois artisanal, et centralisé. L'alternance de 1981 va bouleverser la donne. D'importantes modifications politiques, idéologiques, économiques et institutionnelles vont imposer des évolutions qui vont faire émerger un phénomène nouveau : le financement politique par le recours systématique à l'illégalité et à l'infraction pénale. Nous l'appellerons, par commodité, « corruption politique », par opposition à la corruption personnelle, bien que ces deux phénomènes soient fréquemment mélangés, ceux qui sont chargés de récupérer l'argent étant tentés de se servir au passage, mais il est cependant essentiel de les distinguer.

Pour la droite, le réveil est douloureux. La gauche exige sa place dans ces appareils, on discute quotas de journalistes, de hauts fonctionnaires, de dirigeants d'entreprises nationales. Les vainqueurs veulent les places, leur part et bien sûr les avantages qui les accompagnent. Les entreprises privées qui, pour exercer leurs activités économiques, ont besoin d'une façon ou d'une autre de la décision publique (marchés, commandes, autorisation, permis de construire...) sont contraintes de procéder à une double révision. Tout d'abord, ceux qui tiennent le manche ont changé et il est nécessaire de composer. En second lieu, l'alternance, au contraire de ce qu'on avait fini par croire, fonctionne plutôt bien, il faudra donc être gentil avec tout le monde et le patronat apprendra vite.

Le contexte économique lui aussi est totalement bouleversé. Depuis 1973, les sociétés occidentales traversent une crise économique de grande ampleur qui s'accompagne d'un chômage massif. La société civile est affectée en profondeur. Le tissu social se déchire, l'espace public se déstructure et par suite les valeurs collectives s'affaissent.

L'état de grâce qui suit l'arrivée de la gauche au pouvoir est de courte durée. Mobilisations politiques et syndicales, scepticisme, montée puissante de l'individualisme, perte des solidarités collectives affectent les comportements quotidiens. Progressivement les citoyens se détournent de la cité, en laquelle ils ont perdu confiance, et on peut parler à l'instar de nombreux sociologues d'une véritable démobilisation morale.

Le triomphe de l'ultralibéralisme individualiste modifie également le paysage idéologique. Le fond en est assez simple : intérêt général identifié à l'efficience du marché, haine de l'État-providence, individualisme et culte de l'argent. La France n'est pas épargnée et, comme ailleurs, la morale publique vole en éclats. C'est le temps des « Mozart de la finance », des promoteurs à cigares, des fonctionnaires pantoufleurs incompétents, des maires à chaussures bicolores et des Bernard Tapie, improbable saltimbanque poussé par François Mitterrand et soutenu par les banques.

Aujourd'hui, ce passé, pas si lointain, est occulté ou refoulé, sauf quand il s'agit de vilipender quelques boucs émissaires commodes. Pourtant, faire de l'argent vite et à tout prix est alors le *nec plus ultra* de la mode. La probité devient le comble de la ringardise.

Dans le domaine institutionnel se produit une mutation de grande ampleur avec l'adoption en 1982 des lois de décentralisation dont la paternité revient à Gaston Defferre, reprenant le projet du général de Gaulle rejeté en 1969. En tenant cet engagement électoral, la gauche entame un processus de transformation institutionnelle d'envergure qui rompt avec une centralisation jacobine vieille de deux siècles. Fruit d'une évolution antérieure, cette décentralisation bouleverse le système pyramidal à la française.

La dépense publique se disperse puisque 75 % de l'investissement public en dehors du budget de défense est le fait des collectivités locales. La décision publique se décentralise et beaucoup d'argent circule.

Contrairement à ce que prétendront certains procureurs de circonstance, c'est là une grande réforme démocratique, d'ailleurs plébiscitée par les Français dans un premier temps. Et il faut tordre le cou à un poncif : la décentralisation n'a pas inventé la corruption politique, elle l'a décentralisée ! Dans cette nouvelle situation institutionnelle, comment les partis et les hommes politiques se sont-ils organisés pour satisfaire leurs besoins de financement ? De quels outils se sont-ils dotés et quelles furent les techniques utilisées ?

Les outils

Ils sont nombreux et variés. Tout d'abord, à tout seigneur tout honneur, les bureaux d'études centralisées pour les partis de gauche qui avaient souhaité, en fait pour moraliser le financement politique occulte, créer des structures qui dépendraient étroitement de la direction du parti comme Urba pour le PS et le Gifco pour le PCF. Pour éviter les tentations et le « coulage » local, elles furent confiées à des militants sûrs et moralement indiscutables. Ces organismes qui bénéficient auprès des instances locales d'une légitimité certaine perçoivent des sommes souvent considérables des entreprises attributaires de décisions publiques favorables. Ils règlent leurs dépenses propres et rétrocèdent le solde au parti. Soit directement, soit par la prise en charge directe de factures : location de salles, factures d'imprimeurs, factures de banquets républicains, publicité, salaires de permanents, etc.

Ces bureaux d'études nationaux sont souvent concurrencés par des structures locales, comptables précisément des besoins locaux, mais aussi par des officines plus douteuses qui prospèrent grâce à la division des partis. Au PS, chaque courant veut avoir sa propre pompe. Et même le RPR et le PCF, organisations pourtant très centralisées, doivent composer. Les partis centristes quant à eux ne sont pas moins gourmands, mais moins organisés, et la corruption personnelle y est alors plus importante.

Chacun sait aujourd'hui que ce système repose avant tout sur un consensus frauduleux qui impliquait que tout le monde devait avoir sa part. Rappelons-nous la phrase attribuée à François Mitterrand recevant Loïk Le Floch-Prigent fraîchement nommé P-DG d'Elf, formidable pompe à finances politiques de la République : « Veillez à ne léser personne. » À la région Île-de-France, les marchés de construction des lycées donnaient lieu à des répartitions des commissions entre partis au prorata de leur représentation dans les assemblées délibérantes !

Ces systèmes frauduleux mais tolérés favorisèrent l'émergence à côté des bureaux d'études « officiels » de personnages inclassables à l'honnêteté parfois approximative, intermédiaires multicartes chargés d'assurer une sorte de fluidité au système.

Les techniques

Il y a quatre grands supports de corruption politique : les marchés publics, qualifiés à juste titre d'« autoroutes de la corruption », les délégations de service public, l'urbanisme commercial et « les emplois fictifs ».

Pour garantir à la fois la liberté et l'égalité d'accès à la commande publique pour l'achat aux meilleures conditions par l'administration, une réglementation considérable a été mise en place, notamment au travers du fameux Code des marchés publics. Ces procédures reposent sur l'appel d'offres qui s'adresse aux concurrents et l'adjudication par l'attribution du contrat au mieux-disant. Les entreprises intéressées font parvenir à la commission *ad hoc* leurs propositions sous enveloppes fermées. La commission ouvrira toutes les enveloppes lors de la même séance pour choisir la meilleure offre.

Cette description vraiment très schématique permet de définir le principe de base de la corruption : le choix de l'adjudicataire ne se ferait plus selon les critères de la qualité de son offre par rapport à celle de ses concurrents, mais parce que pour remporter le marché, elle paie l'autorité qui prend la décision, celle-ci devenant de ce fait une véritable marchandise. C'est là que se situe le fameux pacte de corruption réprimé par l'article 432-11 du Code pénal qui sanctionne celui qui se fait payer pour « accomplir ou s'abstenir d'accomplir un acte de sa fonction, de sa mission, de son mandat ou facilité par sa fonction, sa mission ou son mandat ».

Voilà pour le principe car il y a en fait énormément de façons de truquer les marchés publics et beaucoup de corrompus possibles.

La corruption politique, celle qui guette les partis, a rationalisé le système au travers de ces bureaux d'études qui leur sont liés. Une collectivité locale programme une série de travaux au cours d'un exercice budgétaire ? Le bureau d'études ami prévient les entreprises amies, à charge pour elles de se répartir les marchés. Parce qu'il faut préciser que dans ce joli système, à la corruption s'ajoutent les ententes ! Auxquelles les professionnels du BTP participent en amont, ce qui est finalement beaucoup plus confortable qu'une vraie concurrence. Le lauréat est ainsi prédésigné et comme par hasard, à l'ouverture des plis, son offre se trouve être la meilleure. Une grande entreprise avait même inventé un logiciel rédigeant automatiquement les offres des concurrents à partir de la sienne propre, lorsqu'elle se savait choisie à l'avance. Il n'y avait plus qu'à les envoyer à ces concurrents complaisants pour qu'ils les glissent dans les enveloppes et participent sagement à l'appel d'offres ainsi truqué. À charge de revanche évidemment.

Tout cela permettait une gestion prévisionnelle de la corruption et certains bureaux d'études en venaient même à fixer des objectifs chiffrés en début d'année à leurs racketteurs politiques qualifiés de commerciaux !

Et puis, les années 1980 furent celles de la constitution des mastodontes français dans le domaine des services publics de l'eau, des déchets et des transports, ces entreprises devenant des opérateurs mondiaux de premier plan comme la Générale des eaux, la Lyonnaise des eaux, ou encore Bouygues. À ceux-là, la corruption politique convenait très bien. Quant à l'urbanisme commercial, totalement corrompu depuis l'origine, c'est un des fleurons les plus spectaculaires de ces années de folie.

En 1973, sous la pression des petits commerçants, le Parlement avait adopté un texte appelé « loi Royer » qui soumet toute ouverture d'une enseigne commerciale de plus de 1 000 m^2 de surface de vente à une autorisation préalable. Cette autorisation était délivrée par une commission départementale composée de vingt membres nommés par le préfet sur des critères politiques et professionnels, et en cas d'appel de la décision, c'est le ministre du Commerce qui tranchait après avis d'une commission nationale composée sur les mêmes bases que la commission départementale. Malheureusement, les besoins politiques aidant, l'ensemble du système a été rapidement dévoyé. Tout s'achetait. Chaque voix en commission départementale était tarifée soit pour approuver l'implantation d'un nouvel hypermarché, soit pour voter contre, à la demande d'un concurrent soucieux de se préserver. *Idem* au niveau national. Quant au ministre… une décision d'implantation d'hypermarché pouvait justifier une commission occulte pour son parti allant jusqu'à l'équivalent de plusieurs millions d'euros !

Enfin parmi les techniques utilisées il en existe une qui contrairement à une idée reçue ne figure pas dans le Code pénal, c'est celle qui est qualifiée familièrement d'« emplois fictifs ». Cela consiste à payer quelqu'un à ne rien faire, ce qui est profondément immoral mais répandu bien au-delà du domaine qui nous occupe. En politique, une entreprise amie, une mairie, ou encore une mutuelle étudiante vont embaucher des gens dont les tâches réelles sont sans rapport avec l'intitulé de leur fiche de paie. Et qui en général ne mettront jamais les pieds dans la société qui officiellement les salarie. Ces emplois n'ont aucun intérêt direct pour l'employeur officiel, mais ne sont jamais gratuits : ils correspondent toujours à un renvoi d'ascenseur lié à des décisions publiques favorables, passées ou à venir. Il fut un temps où les bureaux de l'avenue Kléber de la Générale des eaux, devenue Veolia, étaient remplis d'anciens parlementaires, de maires battus, on y vit même, paraît-il, d'anciens ministres.

Ce tour d'horizon ne serait pas complet si l'on ne revenait pas brièvement sur les rétrocommissions. Elles concernent essentiellement les marchés à l'export de matériel militaire et les grandes sociétés pétrolières. Comme celle de Karachi qui vient enfin de connaître un premier épilogue judiciaire, et qui concernait la campagne d'Édouard Balladur en 1995, il y a également la fameuse affaire des frégates de Taïwan qui a probablement donné lieu à un retour de commissions d'un montant appréciable, cette fois-ci dit-on au profit du PS. Cette affaire-là ne concernait pas Nicolas Sarkozy, elle a donc peu intéressé la justice…

La particularité de ces rétrocommissions est qu'elles étaient en général versées depuis l'étranger, de préférence dans des pays au solide secret bancaire.

Les corrupteurs et les corrompus

Un aspect ne peut qu'étonner l'observateur : si la corruption est stigmatisée, parfois avec violence, c'est par la dénonciation des seuls corrompus ; les corrupteurs sont quant à eux présentés comme de pauvres victimes d'un abominable racket. Les grands groupes n'ont pas traversé, c'est le moins que l'on puisse dire, des années de vaches maigres et les propriétaires de ces entreprises devenus de puissants acteurs internationaux figurent parmi les premières fortunes professionnelles françaises.

Tout ce petit monde n'a pas été victime de la corruption politique, il en a largement profité. Une vraie concurrence eût été beaucoup moins confortable et n'aurait pas permis une expansion aussi spectaculaire.

Les corrompus peuvent se classer en deux catégories : les honnêtes et les malhonnêtes. Les honnêtes, dont le symbole pourrait être Gérard Monate, le patron d'Urba, ancien syndicaliste policier à la morale irréprochable, ces honnêtes donc dominent la première période de 1980-1988. Il existe aussi, bien sûr, une corruption personnelle mais l'essentiel à l'époque se fait pour la « cause ».

C'est à partir de 1988 que les choses évoluent et s'enveniment puisque l'air du temps s'y prête : les héros sont les voyous flamboyants, les *golden boy* limite, les marchands de biens milliardaires à 20 ans. La spéculation est le comble de la modernité. On assiste à la fois à la financiarisation accélérée de l'économie, à l'explosion boursière qui commence et à l'euphorie immobilière. La France connaît un mécanisme classique et récurrent de gonflement de bulles spéculatives.

Cette masse d'argent, ces fortunes rapides, font tourner les têtes. Surenchère des corrupteurs et effondrement moral, certains franchissent facilement la ligne et considèrent que la politique est un moyen comme un autre de faire fortune. Ils ne sont pas majoritaires, mais ils vont tout pourrir. De plus en plus, les bureaux d'études perdent le contrôle de la situation.

Le volet « amnistie » de la loi de 1990 voulait faire la distinction entre financement politique et enrichissement personnel. Sur le plan moral, c'était bien le moins ; sur le plan pratique, ce ne fut pas si simple. En ces temps de fin des idéologies, de mutation des partis, de professionnalisation des mandats politiques, la frontière entre carrière politique et carrière personnelle s'est brouillée. Par conséquent celle qui sépare financements politiques et enrichissement personnel fut parfois difficile à trouver.

L'achat de costumes de grands faiseurs à des prix prohibitifs relève-t-il de la consommation personnelle ou de la stratégie d'image politique de quelqu'un comme Jack Lang ? L'achat et l'usage photographié pour Michel Noir d'un luxueux violoncelle étaient-ils un plaisir privé ou un acte opportun de promotion politique ?

Certes, il n'est pas question de confondre et encore moins d'assimiler un Gérard Monate, ancien syndicaliste policier et financier occulte du PS à l'indiscutable probité, et un Patrick Balkany, déjà maire de Levallois-Perret, mais il s'agit simplement de souligner que corruption politique et corruption personnelle sont à ce moment-là inextricablement mêlées. Et pour les juges à qui l'opinion publique va demander de mettre fin à ce système, le démêlage sera difficile, long et compliqué à opérer.

Parce que finalement, ce drôle de fonctionnement complètement illégal mais toléré jusqu'au plus haut niveau de l'État a fini par devenir, la crise économique et le chômage de masse aidant, insupportable au citoyen. L'opinion publique, réveillée, exigeant des comptes, la fête prit fin assez brutalement et vint alors le temps des juges.

Chapitre 3
Loi de 1990 et nouveau Code pénal : la reddition des politiques

La lecture de ce chapitre qui va décrire les changements juridiques qui marqueront la fin des années fric sera nécessairement rébarbative pour le non-juriste. Mais il nous est apparu indispensable de présenter le dispositif mis en place à la fin de cette période de folie car deux choses doivent être bien comprises. D'abord, ce sont les hommes politiques eux-mêmes qui dans un souci d'expiation ont mis en place les outils qui permettront de les martyriser. Ensuite, ces affaires politico-judiciaires qui continuent jour après jour à occuper l'actualité sont aussi le fruit de cette inflation normative et pour les comprendre, autant connaître les règles que l'on reproche aux hommes politiques d'avoir violées.

Les étincelles qui mirent le feu à la plaine

L'arrivée de la gauche au pouvoir en 1981 après trente ans d'opposition vit des couches nouvelles investir les salons de la République. Les années fric, au cours desquelles la morale publique avait reculé, suscitèrent des appétits et l'on vit un certain nombre de personnalités se précipiter fébrilement au banquet. Le RPR et le PCF étaient des maisons bien tenues, et si elles pratiquaient aussi le racket politique, les choses étaient en général contrôlées d'assez près. Chez Jacques Chirac, la verticalité de l'exercice du pouvoir permettait d'éviter une trop grande évaporation due à la corruption personnelle. Au PCF, le centralisme démocratique et une certaine culture de la clandestinité constituaient un incontestable garde-fou. Ce n'était pas le cas chez les centristes et surtout au Parti socialiste où la multiplicité des courants faisait que chacun se considérait comme indépendant pour se constituer son trésor de guerre, multipliant les intermédiaires et les occasions de corruption personnelle. Raison pour laquelle la direction du parti avait décidé la création d'Urba-Gracco et en avait confié la responsabilité à Gérard Monate, cet ancien policier à la probité personnelle inattaquable.

L'incendie commencera avec l'affaire dite « du Carrefour du développement ». À la faveur de l'alternance, Michel Aurillac, nouveau ministre de la

Coopération de Jacques Chirac, succède en 1986 au socialiste Christian Nucci. Il va découvrir un détournement de fonds de plus de 30 millions de francs en examinant les comptes de l'Association du Carrefour du développement. Le rapport des enquêteurs de la police judiciaire fut en effet accablant pour Christian Nucci qualifié de « donneur d'ordre qui n'ignorait pas le cheminement de ces fonds profitant de rétrocession en espèces ».

La gauche revenue au pouvoir en 1988 fit alors tout pour enliser ce dossier qui connut des péripéties rocambolesques de toutes natures sur lesquelles on ne s'étendra pas mais qui laissèrent dans l'opinion une trace indélébile.

C'est dans cette ambiance qu'éclata l'affaire Urba du nom du bureau d'études pompe à finances du Parti socialiste. Deux inspecteurs de police marseillais étaient tombés lors d'une perquisition sur ce que l'on appellera plus tard les « cahiers Delcroix », du nom de ce collaborateur du bureau d'études Urba qui notait scrupuleusement toutes les opérations de racket politique décrivant par exemple la répartition des fonds obtenus par les commissions sur les marchés publics : 30 % pour le PS, 40 % pour les charges de la société et 30 % pour les élus locaux. Et bien sûr tout ceci postérieurement à la loi de 1988 montrait que les affaires continuaient et que la loi de 1988 n'avait rien changé des pratiques de corruption politique. La presse l'ayant révélé, l'effet sur l'opinion publique fut absolument désastreux, toutes les manipulations politiques pour tenter d'éteindre l'incendie furent vaines, et l'on demanda à Michel Rocard de remettre la loi sur le financement des partis politiques sur le métier et de l'assortir d'une loi d'amnistie visant à effacer les infractions de corruption politique commises avant sa promulgation. Le Premier ministre de l'époque s'acquitta de la corvée, et le 15 janvier 1990, premier d'une longue série, un texte fut voté par le Parlement. Cette loi qui s'inspirait de principes radicalement nouveaux pour la France était bien sûr accompagnée de cette amnistie dont l'idée même était totalement rejetée par l'opinion et les magistrats au sein desquels elle provoqua un nouveau scandale.

La loi de 1990, un bouleversement juridique

À quelques unités près, la classe politique accepta une capitulation sans condition.

Depuis 1990, pas moins de huit lois ont progressivement défini le régime de plus en plus contraignant du financement politique, avec en particulier la loi du 19 janvier 1995 interdisant les contributions des personnes morales qu'elles soient de droit public ou de droit privé. Ce dispositif considérable, toujours modifié pour l'aggraver, sera précisé au fur et à mesure et de façon souvent chaotique par la jurisprudence. Il est organisé autour de trois principes : tout d'abord, financement public des partis et des candidats aux élections ; ensuite, limitation des dépenses électorales ; enfin, contrôle strict assorti de sanctions par les autorités administratives et judiciaires.

Ce bouleversement mérite d'être détaillé, si fastidieux soit l'exercice, car cette description permet d'établir l'importance du changement et même de poser la question de sa compatibilité avec l'article 4 de la Constitution de 1958[1]. Et surtout, il permet de comprendre comment la classe politique a créé elle-même les conditions de sa propre mise sous tutelle. Puisque désormais contrairement à ce que dit la Constitution, les partis politiques « n'exercent plus leur activité librement ».

C'est désormais l'État qui va financer sur fonds publics les partis politiques. Attribuée en premier lieu aux partis représentés au Parlement, en fonction de leur importance, la dotation est répartie depuis 1990 en deux fractions égales : la première établie à partir des résultats obtenus aux élections à l'Assemblée nationale par des partis ayant présenté des candidats dans au moins cinquante circonscriptions ; la seconde attribuée aux partis bénéficiaires de la première fraction, en fonction du nombre de

1. www.legifrance.gouv.fr/affichTexteArticle.do?idArticle=LEGIARTI000019240999&cidTexte=LEGITEXT000006071194&dateTexte=20080725

parlementaires élus. Ce système qui aboutissait à favoriser les partis en place a été complété en faveur des partis non représentés à l'Assemblée nationale par la loi de 1995.

En deuxième lieu, les dépenses de campagne sont plafonnées en fonction de l'importance de la population des circonscriptions. Pour l'élection municipale d'une ville de 45 000 habitants, le plafond des dépenses de campagne de la liste s'élèvera à quelque 40 000 euros au premier tour, ce qui représente dans les faits à 1/10e des dépenses qui se pratiquaient auparavant !

L'utilisation de certains moyens de communication coûteux est encadrée ou interdite. Le premier objectif était donc de faire dépenser moins... L'élection ne devant plus se jouer à coups de débauche d'affiches, de paillettes, de nouveaux textes venant sans cesse baisser sensiblement les plafonds des dépenses de campagne. La contrepartie de cet encadrement consistera en un financement public des campagnes des candidats. Le remboursement forfaitaire par l'État des dépenses de campagne est étendu aux mandats locaux en 1995, intégral jusqu'à une somme égale à 50 % du plafond de campagne à condition que le candidat obtienne au moins 5 % des voix.

Quant au financement privé des campagnes par les personnes physiques il est plafonné à 7 500 euros. Les contributeurs ayant atteint ce niveau seront fort nombreux chez les soutiens d'Emmanuel Macron, donnant une indication intéressante sur leur sociologie.

Mais pour lutter efficacement contre la corruption, il fallait que les liens entre les mondes économique et politique soient rompus. Dans un premier temps la loi de 1990, en limitant les dons des entreprises, avait abouti au paradoxe de les légaliser et de les reconnaître dans leur principe et permettait ainsi le financement politique par les entrepreneurs. Or comme le disait un grand patron de l'époque : « Si les entreprises contribuent à financer les partis, c'est qu'elles y sont contraintes (ce qui est mal), ou qu'elles y ont intérêt (ce qui est pire). » En 1995 Philippe Séguin alors président de l'Assemblée nationale apporta sa pierre à l'édifice en faisant adopter une loi proscrivant radicalement le financement direct ou indirect par les personnes morales (entreprises, collectivités publiques ou associations). Ce brutal coup d'arrêt, dont certains prétendirent qu'il était prématuré, allait être à l'origine de bien des déboires.

L'ensemble du dispositif législatif de financement des partis et des candidats était placé sous la surveillance de la Commission nationale des comptes de campagne et des financements politiques (CNCCFP). Cette énième autorité administrative indépendante contrôle les comptes présentés annuellement par les partis politiques, et les comptes de campagne. Elle contrôlait aussi les déclarations de patrimoine des élus, puisque désormais un certain nombre de fonctions électives oblige à une déclaration de ce type en début et en fin de mandat. Cette compétence a été transférée à la Haute Autorité pour la transparence de la vie politique, structure créée par François Hollande après l'affaire Cahuzac.

La commission avait des pouvoirs étendus, comme celui de rejeter au besoin après l'avoir réformé un compte de campagne dépassant le plafond ou comprenant des dons interdits. Ce qui prive le candidat du remboursement de ses dépenses de campagne. À cette sanction économique s'ajoute une sanction électorale, la commission dans ces mêmes cas pouvant saisir le juge administratif compétent qui peut annuler l'élection et prononcer l'inéligibilité du candidat. La CNCCFP peut également saisir le procureur des infractions qu'elle a constatées puisque la répression pénale du droit du financement politique est particulièrement développée.

De quelques effets pervers sur la nature même des partis politiques

La commission publie tous les ans un épais document de près de quatre cents pages qui comprend les comptes des partis au titre de l'exercice annuel. La lecture de ces rapports permet de constater que la part de l'État dans le financement de la vie politique est devenue massive, et ce poids trouve son origine dans la réduction quasi générale des budgets en raison de la disparition des militants et de l'interdiction du financement par les milieux économiques.

Finalement la volonté d'assainissement des relations entre l'argent et la politique a mécaniquement accéléré la transformation des partis en machines électorales au profit de leur cadre. Ils ne sont plus que des organisations visant à assurer des carrières et obtenir suffisamment de voix aux élections pour remplir les caisses.

Autre conséquence, les partis ainsi réglementés sont apparus comme de nouvelles personnes juridiques, des sujets de droit, fichés, répertoriés, financés, bref, mis sous tutelle administrative. L'expression n'est pas trop forte, lorsque l'on a vu tous les problèmes politiques relevant soit de scissions, soit d'exclusions venir se régler devant le juge. Cette transformation de l'activité politique en fonction de son financement s'observe aussi dans les travers habituels de la réglementation puisque plus de deux cents partis ou groupements politiques dont un grand nombre n'ont été constitués que pour bénéficier d'un financement public déposent leurs comptes annuellement à la Commission nationale !

Le financement public, remplaçant le financement propre (dans un seul sens du terme...), a eu des conséquences nombreuses dont certaines ne sont pas anodines. Le nouveau régime favorise une surévaluation de la compétition partisane aux élections législatives. En effet chaque accord de désistement peut faire perdre de l'argent aux partis qui s'effacent, l'aide financière annuelle de l'État étant calculée en grande partie par rapport au nombre de députés élus. Par ailleurs compte tenu des conditions d'attribution du financement public, il est évident que le système favorise les grands partis en place au détriment des courants de pensée naissants. Sur les deux cents partis déposant leurs comptes à la CNCCFP, seule une cinquantaine bénéficient en fait du financement public.

Pour en arriver à ce résultat, quel prix les politiques ont-ils dû payer ? Un prix élevé au regard de la perte de crédibilité qu'ils ont subie devant le juge pénal et par conséquent devant l'opinion publique. Situation qu'ils ont d'ailleurs largement et consciencieusement contribué à créer. La corruption de la vie publique dans les années 1980 n'était censée s'expliquer que parce que la France était un des rares pays à ne pas s'être doté d'une législation sur le financement politique. Avec cette réforme, on allait voir ce que l'on allait voir. Malheureusement, se placer ainsi sous l'œil du contrôleur en contrepartie des moyens qu'il vous donne, principe parfaitement normal, aboutissait pour l'homme politique à un changement de statut. Et les hommes politiques n'étaient plus des personnes soucieuses de l'intérêt public, mais des délinquants en puissance.

Malheureusement encore, malgré cette tentative d'assainissement, de « tous pourris », continua à prospérer, nourrissant mécaniquement une course à la virginité sans issue, et les politiques, plus soucieux d'affichage que de réelles bonnes pratiques, continuèrent à se passer plusieurs cordes au cou.

D'abord laver plus blanc et se mettre la tête sur le billot

Après les polémiques, les scandales, les lynchages médiatiques du début des années 1990, certains essayèrent de desserrer l'étau. Rappelons que la loi sur le financement public des partis fut votée par le Parlement à l'unanimité. Il y avait donc un consensus politique pour essayer de redorer les blasons ternis. C'est dans ces conditions et sur l'insistance du Premier ministre d'alors Pierre Bérégovoy que furent adoptés plusieurs textes ayant vocation à faire obstacle à la corruption.

Le premier chantier fut celui de la commande publique. Celle-ci se divise en deux parties, les marchés publics qui relèvent du code du même nom, qui font l'objet de procédures de mise en concurrence et d'adjudication au « mieux-disant » sur la base de critères définis au préalable. En plus des marchés, il y a ce que l'on appelle les « contrats voisins », parmi lesquels la fameuse « délégation de service public », qui avec les marchés publics était le réservoir de la corruption.

Les marchés publics visés par le code furent l'objet d'un premier traitement en janvier 1991. Mais le législateur connaissant, et pour cause, très souvent les techniques du financement occulte savait bien que la corruption pénalement répréhensible dans l'attribution des marchés était très difficile à établir. Il fallait en effet prouver le lien de causalité entre un versement et l'attribution du marché, ce que l'on appelle le « pacte de corruption ». On a donc fabriqué une nouvelle infraction, le fameux délit de favoritisme qualifié par ses promoteurs d'« infraction obstacle ». Il sanctionne la fourniture d'« un avantage injustifié » (l'attribution du marché) par la violation des règles destinées à garantir la liberté et l'égalité d'accès à la commande publique. Repris par l'article 432-14 du nouveau Code pénal promulgué en 1994, le texte sera systématiquement et régulièrement modifié pour l'aggraver.

Il y a aussi les délégations de service public, permettant à la puissance publique de confier à des entreprises privées des missions qualifiées de « service public ». Cette technique contractuelle était une création prétorienne mise au point par le Conseil d'État, caractérisée par la possibilité pour les maîtres d'ouvrage public de contracter de gré à gré. Avant la loi de 1993, on ne rencontrait le terme que dans les jurisprudences administratives, mais jamais dans la loi. Cela avait permis aux grands opérateurs des métiers principaux, eau, déchets, transports, un développement considérable directement lié à une pratique massive de la corruption politique. Le Parlement adopta la première « loi Sapin anticorruption » promulguée en 1993, texte marqué par son caractère proclamatoire, l'envie compulsive de se faire bien voir et d'obtenir le pardon. Ce texte contenait également un certain nombre de dispositions visant les comptes des partis politiques, la réglementation de l'urbanisme commercial, et les activités immobilières. Malheureusement, s'il fut voté à l'unanimité, assorti d'engagements croix de bois, croix de fer, les mauvaises habitudes avaient la vie dure. Il fallut reprendre le chantier.

Puis laver plus blanc que blanc : le nouveau Code pénal

Dans la plupart des pays développés, on assiste depuis une trentaine d'années à l'émergence d'un phénomène significatif : le recours au juge pénal pour traiter de questions qui auparavant relevaient d'autres modes de règlement. La vie des affaires, les relations de travail, des accidents de toutes sortes, et désormais l'exercice de l'action publique voient le droit pénal être utilisé pour traiter les problèmes qui se posent. Ce que Philippe Muray qualifiait d'« envie de pénal », caractérisée par une sacralisation des victimes, et la recherche constante de boucs émissaires. La presse à qui ces évolutions fournissent de la copie pousse à la roue et fatalement l'on se retrouve avec une demande sociale qui éloigne le juge de sa mission. Dans les affaires médiatisées il n'est plus là pour établir une vérité judiciaire, et user de la violence légitime pour punir une faute, mais on lui demande d'aider les « victimes » à faire leur deuil, à se reconstruire et surtout de leur reconnaître le statut tant désiré de « victime » qui remplace aujourd'hui celui de citoyen responsable. Les hommes politiques, qui ont incontestablement beaucoup à se faire pardonner, appartiennent par définition au troupeau des « tous pourris », et l'opinion pour se passer les nerfs va demander au juge d'exécuter de temps à autre celui qu'on lui jette en pâture. Il se passe alors un phénomène étrange : les hommes publics, qui devraient pourtant savoir que la foudre pénale, accompagnée du lynchage médiatico-judiciaire, est une terrible épreuve, passent leur temps, pour redorer leur blason, à voter des textes de plus en plus sévères, probablement persuadés que ça tombera sur le voisin. Et que peut-être on pourra en profiter pour mettre la tête du concurrent sous l'eau.

La France disposait, grâce à des légistes de l'Ancien Régime de très haut niveau et à la volonté de Napoléon, d'outils juridiques assez extraordinaires pour un pays de droit écrit comme la France, à savoir le

Code civil et le Code pénal, tous deux chefs-d'œuvre d'écriture, de clarté et de concision. Le Code pénal avait été promulgué en 1810, et avait évidemment subi beaucoup d'évolutions au fur et à mesure des changements de la société. On a cependant décidé d'en faire un nouveau qui fut promulgué le 22 juillet 1992 par François Mitterrand et rentra en application le 1er mars 1994. Les travaux préparatoires démontrent les trois objectifs recherchés par les auteurs de la réforme : édicter un code plus clair, plus expressif et plus efficace. Il est aujourd'hui assez évident que ces objectifs n'ont pas été atteints et c'est un euphémisme de dire que ce texte n'est pas bien rédigé, le souci de bien faire amenant à prendre parfois des libertés avec la rigueur, la précision, la clarté si ce n'est la simple rationalité. Mais surtout, il s'offre comme une parfaite chambre d'écho à la volonté proclamée d'un processus de moralisation de la vie publique. Et comme souvent désormais, la fonction de la loi est moins de construire des dispositifs normatifs que d'être le masque de l'impuissance administrative de l'État qui se gargarise de l'adoption de textes dont la première vertu est d'être proclamatoires et la deuxième de porter le nom de leur rapporteur. Combien de fois avons-nous entendu un élu se plaindre d'être poursuivi sur la base d'un texte qu'il jugeait absurde alors même que, parlementaire, il l'avait bien voté.

S'automutiler pour être pardonné : les infractions-vedettes

Antérieurement à la promulgation du nouveau code, en plus d'un siècle et demi, un certain nombre d'infractions spécifiques aux agents publics avaient été adoptées et incorporées dans celui de 1810. Mais cette fois-ci, elles ont été rassemblées dans un chapitre au titre qui en disait long : des « atteintes à la probité », et ont toutes été aggravées par rapport à leur définition et leur périmètre antérieur. Elles ont parfois été renommées histoire – disent les mauvaises langues – de fournir des incriminations sonores, en montrant ainsi que l'on serait impitoyable… au final avec soi-même. C'est ainsi que l'« ingérence » est devenue « prise illégale d'intérêts », le « détournement de fonds publics » « détournement de biens publics », ce qui change tout et permet d'incriminer celui qui quitte son bureau de maire en oubliant d'y laisser le stylo Bic fourni par la commune. Histoire de faire bon poids, le législateur toujours soucieux de donner des gages en a créé de nouvelles qui ont toutes eu les mêmes caractéristiques : d'abord mal rédigées et donc difficiles à interpréter par la jurisprudence et ensuite modifiées à de nombreuses reprises toujours dans le sens de l'aggravation.

Examinons-en quelques-unes qui témoignent des risques qui pèsent sur les décideurs publics. Certaines de ces infractions sont d'une gravité relative parce que du fait de leur champ d'application singulièrement large, elles se commettent tous les jours. Elles sont à la gestion publique ce que la prose était à M. Jourdain. Leur répression n'est donc pas une fin en soi, mais aurait plutôt dû être un rappel à l'exigence morale et déontologique. Malheureusement, si vous donnez au contrôleur des moyens supplémentaires de contrôler et d'incriminer, il va se faire un plaisir de les utiliser.

La prise illégale d'intérêts n'est donc que l'originel délit d'ingérence, mais avec un champ d'application matériel et personnel considérablement élargi. Peuvent ainsi se rendre coupables de l'infraction les personnes privées pour peu qu'elles travaillent dans une entreprise chargée d'une mission de service public. L'article 432-12 du Code pénal réprime le cumul des casquettes privée et publique sans qu'il y ait à démontrer que cette confusion des genres ait entraîné un quelconque avantage pour la personne privée. La décision publique doit avoir été prise exclusivement pour des motifs d'intérêt public et ne doit pas encourir le soupçon d'avoir été polluée par un intérêt privé. Le code réprime donc non des actes précis et volontaires, mais une situation. Celle où l'élu s'est placé en risquant de faire douter moins de son intégrité personnelle ou de sa probité que de son impartialité. On prendra un exemple qu'il serait de mauvaise foi de prétendre qu'il a été choisi au hasard. Alain Juppé, adjoint aux finances de la Ville de Paris, était chargé à ce titre de la gestion du patrimoine privé de la commune. Il s'était autoattribué un logement confortable au loyer très raisonnablement modéré dans un des quartiers les plus agréables, et avait fait bénéficier des membres de sa famille des mêmes avantages. Rattrapé par la patrouille, en l'occurrence *Le Canard enchaîné*, sa situation devint très inconfortable. À l'époque, le procureur du lieu, bien ennuyé et ne voulant pas la mort du pécheur par ailleurs Premier ministre, publiait un communiqué habile par lequel, reconnaissant l'infraction, il annonçait un classement conditionnel si l'élu en question déménageait, ce que, toujours droit dans ses bottes, il fit assez piteusement. La façon dont la Ville de Paris logeait depuis longtemps famille, amis et compagnons était notoire, mais ne semblait gêner personne. À partir d'un moment elle devint insupportable à l'opinion publique, et comme elle était illicite il fallut y mettre fin.

Le délit de favoritisme, appelé aussi dans une terminologie ronflante dont la presse raffole « délit d'octroi d'avantage injustifié », avait pour objet avoué et justification première la prévention de la corruption. Les marchés publics stigmatisés à juste titre étaient un des outils principaux du financement politique illégal, mais encore une fois, force est de constater que l'infraction de corruption est difficile à prouver puisqu'il faut établir le fameux pacte. Les spécialistes ont pensé à juste titre qu'il serait plus facile de réprimer la violation d'une règle procédurale et mettre ainsi en place une véritable prévention. Le monde de l'achat public va payer un lourd tribut à cet utilitarisme juridique. Les règles prévoyant appels d'offres et adjudication étaient d'abord destinées à faire jouer la concurrence, celle-ci devant être nécessairement « libre et non faussée », vous diront les croyants. Malheureusement la défiance vis-à-vis de la sphère publique a abouti à un système dont l'objectif principal est de surveiller l'acheteur, nécessairement corrompu. Et pour assurer cette surveillance ce fut la bousculade et une grande concurrence, cette fois entre les chevaliers blancs. Corps de contrôle, préfets, contribuables locaux, candidats évincés, opposants politiques, tout le monde surveille l'élu dans sa maison de verre et guette son erreur. Et comme la presse qui n'y comprend pas grand-chose est avide de pilori, l'acheteur public aura de plus en plus tendance à choisir non pas le moins-disant, c'est-à-dire globalement la meilleure offre, mais le « moins-risquant ».

Le catalogue des angoisses

Toujours dans le « nouveau Code pénal » on trouve le fameux chapitre des « atteintes à la probité » rempli d'infractions anciennes aggravées et nouvelles aux contours parfois indéfinis. Il y a la corruption passive et le trafic d'influence qui sanctionnent le fait de monnayer son pouvoir soit pour prendre une décision, soit pour user de son influence. La définition de la forme de la rémunération est très large : « solliciter d'agréer, sans droit, directement ou indirectement, des offres, des promesses, des dons, des présents ou des avantages quelconques ». La notion d'avantages quelconques recouvre tout : donner quelques informations privilégiées sur une procédure en cours et solliciter ensuite un service pour soi-même relèvent de la corruption. Autre exemple, donner un avis favorable à une entreprise dans une commission d'appel d'offres, pour ensuite accepter de celle-ci un cadeau ou une invitation, se rattache au trafic d'influence. En fait tout ce qui tourne autour de la décision publique devient suspect, et ceux qui y participent devront non seulement être irréprochables mais également ne donner prise à aucun soupçon, celui-ci pouvant se révéler meurtrier.

Le détournement de biens (article 432-15) est la nouvelle version de l'ancien détournement de fonds publics qui ne concernait auparavant que les comptables du Trésor : « Le fait par une personne dépositaire de l'autorité publique ou chargée d'une mission de service public, d'un comptable public, dépositaire public ou de l'un de ses subordonnés de détruire, détourner ou soustraire un acte, un titre, ou des fonds publics ou privés, ou effet, pièce ou titre en tenant lieu, ou tout autre objet qui lui a été remis en raison de ses fonctions ou de sa mission est puni de dix ans d'emprisonnement et de 150 000 euros d'amende. » On voit que le législateur a absolument tenu à ne rien oublier ! Il ne s'agit donc pas seulement de détourner des fonds publics ou privés, mais d'affecter à un autre usage que celui prévu toutes les choses remises à l'agent public en raison de ses fonctions. Utiliser le week-end sa voiture de fonction, se faire rembourser indûment un repas au restaurant, rapporter son ordinateur professionnel à la maison, tous ces comportements peuvent tomber sous le coup de ce texte. Il est l'équivalent, dans la sphère publique, du célèbre abus de biens sociaux applicable aux entreprises privées. La Cour des comptes pour l'État, et les chambres régionales des comptes pour les collectivités contrôlent désormais minutieusement les avantages personnels que s'accordent éventuellement élus et fonctionnaires. C'est d'autant plus dangereux que le responsable ne sera pas exonéré si l'un de ses subordonnés commet l'infraction. Le législateur exige en effet qu'à l'honnêteté scrupuleuse il ajoute une vigilance irréprochable : « Lorsque la destruction, le détournement ou la soustraction par un tiers des biens visés à l'article 432-15 résultent de la négligence d'une personne dépositaire de l'autorité publique ou chargée d'une mission de service public [...] celle-ci est punie d'un emprisonnement et de

15 000 euros d'amende », nous dit l'article 432-16. Voilà donc, innovation extraordinaire, une atteinte involontaire à la probité, sans aucune intention frauduleuse. L'article 121-3 du code nous précise pourtant le principe fondamental qu'il n'y a pas d'infraction sans intention de la commettre, c'est le fameux « élément moral ». Mais ce principe essentiel ne s'applique pas aux responsables publics considérés comme susceptibles de commettre des détournements de biens publics sans le savoir. Rappelons ce qui était arrivé au maire quasi bénévole d'une petite commune de sept cents habitants, qui n'avait pas remarqué que son unique secrétaire de mairie avait commandé, soi-disant pour l'école du village, mais en fait pour elle-même, un peu de matériel hi-fi, un four à micro-ondes et quelques livres. Il fut poursuivi pour complicité, mais réussissant à prouver sa bonne foi, seule sa négligence fut donc retenue. Ce qui lui valut pour cet abominable forfait 5 000 euros d'amende, et au passage cinq ans d'inéligibilité !

La concussion est une infraction, qui consiste pour un agent public à percevoir ou à se faire verser des sommes ou des « droits » qu'on sait ne pas être dus. L'article 432-10 du Code pénal réprime celui qui s'attribue abusivement ou simplement accepte une rémunération illégale, une indemnité en dehors des clous, un logement de fonction, des remboursements de frais abusifs, cherchant ainsi à satisfaire un intérêt personnel. Mais il réprime aussi « ceux qui ordonnent de percevoir des contributions, impôts ou taxes publiques » indues mais aussi le fait de faire l'inverse, c'est-à-dire d'exonérer de la perception de sommes dues à l'État. On peut penser aux membres du cabinet de François Hollande à l'Élysée se précipitant à Bercy pour tenter de faire exonérer Edwy Plenel et *Mediapart* de ses redressements fiscaux et des pénalités afférentes.

Les peines automatiques, c'est plus pratique

Nous ferons un petit détour par un texte dont il a fallu l'intervention de la CEDH pour nous débarrasser. L'ancien article L7 du Code électoral prévoyait une inéligibilité automatique pour des candidats ayant fait l'objet auparavant d'une condamnation pénale. La France a pour habitude de signer tout un tas de conventions internationales, pour ensuite ne pas en appliquer les principes. L'inéligibilité, par conséquent la privation des droits civiques, est une peine qui doit être impérativement prononcée par un juge après un débat contradictoire. La Cour de cassation avait longtemps refusé de se plier à cette règle, et il fallut une longue bataille pour qu'elle soit contrainte de s'incliner. Cet épisode est très intéressant, car cette revendication d'une inéligibilité automatique et définitive pour les citoyens ayant subi une condamnation pénale fait l'objet d'un consensus impressionnant. Elle est soutenue par les magistrats, nous l'avons vu, mais aussi par l'opinion publique et la presse. Et dans un mouvement désormais classique d'automutilation, les politiques rivalisent de démagogie en réclamant l'adoption d'une telle mesure. Témoignant ainsi de la faiblesse de la culture démocratique dans un pays comme le nôtre, alors même que cette revendication est une hérésie juridique devenue serpent de mer. Mais qu'à cela ne tienne, puisqu'il faut se faire aimer, échapper personnellement au « tous pourris », ne nous arrêtons pas aux principes fondamentaux. Plutôt bombarder le Parlement de propositions de loi allant dans ce sens et finissant fort normalement à la corbeille.

C'est une question intéressante en ce qu'elle est complètement révélatrice à la fois de la fureur anti-élus et de l'envie compulsive de prendre la pose pour se faire pardonner. Les tenants de cette mesure veulent donc inscrire dans la loi l'obligation d'un casier judiciaire vierge pour pouvoir se présenter à une élection. Rappelons d'abord un des principes fondamentaux du suffrage universel : pour être éligible, il faut être électeur. Et tout citoyen français dispose du droit de vote, et par conséquent se trouve être éligible. On peut le priver de ses droits fondamentaux, comme on peut le faire de la liberté avec la prison, mais l'inéligibilité est une peine. Et comme toutes les peines, dans une société régulée par le droit, elle va devoir être prononcée par un juge après une procédure contradictoire régulière. Et fixée dans le respect du principe de personnalisation et de proportionnalité de la peine. Tout ceci résulte de la Déclaration des droits de l'homme, de la Constitution, et de la Convention européenne des droits de l'homme. Excusez du peu. Il n'y a pas de peines automatiques, celles-ci étant proscrites.

L'immunité parlementaire, un privilège ?

L'immunité parlementaire qui existe dans toutes les démocraties représentatives est la conséquence du principe de la séparation des pouvoirs. Posée par Mirabeau en 1789 lors du « serment du Jeu de paume », elle est rattachée au statut des parlementaires et a pour objectif de les protéger dans le cadre de leurs fonctions des mesures d'intimidation venant du pouvoir politique, garantissant ainsi leur indépendance ainsi que celle du Parlement. En application de ce principe, leur personne est « inviolable ». Sans rentrer dans le détail des évolutions historiques dans notre pays qui a connu tant de situations institutionnelles différentes, on rappellera simplement qu'elle établit normalement deux règles : l'irresponsabilité qui protège le parlementaire de toute poursuite pour des actions accomplies dans l'exercice de son mandat et l'inviolabilité qui fait qu'un parlementaire ne peut être poursuivi qu'après la mainlevée de son immunité par ses pairs. Ces éléments fondamentaux vont se rétrécir comme peau de chagrin, et une réforme de 1995 a supprimé la nécessité d'un vote de l'Assemblée pour prononcer la mainlevée au profit d'une simple décision du bureau de celle-ci. Quant à la jurisprudence, elle n'a pas été en reste, on se rappelle le règlement de comptes de la magistrature vis-à-vis d'Henri Guaino[2], coupable d'avoir osé critiquer l'attitude d'un juge d'instruction, ou la mésaventure de François Fillon, voyant une escouade d'enquêteurs aimablement invités à entrer par le président socialiste Bartolone se précipiter pour perquisitionner son bureau de l'Assemblée.

Nous nous arrêterons ici dans l'énumération fastidieuse des infractions publiques aggravées ou ajoutées au nouveau Code pénal de 1994, il y en avait pourtant encore beaucoup. Le durcissement de l'appareil normatif de surveillance et de punition a été voulu et voté par ceux à qui il sera ensuite appliqué. Mais il sera également aggravé par la justice, qui, s'appuyant sur l'opinion publique et une alliance passée avec la presse, va utiliser les textes que les politiques lui ont fournis complaisamment. Ce fut un des outils du travail d'émancipation entrepris par les magistrats vis-à-vis des deux autres pouvoirs, exécutif et législatif.

2. www.lemonde.fr/societe/article/2015/10/22/henri-guaino-condamne-a-2-000-euros-d-amende-pour-avoir-outrage-le-juge-gentil_4794962_3224.html

Chapitre 4
Le temps des juges

Thierry Jean-Pierre ouvre le feu

Le traitement judiciaire de l'affection dont souffrait la France n'aura pas l'ampleur et la violence du choc italien que l'on connaît sous le nom de *mani pulite*, une « opération mains propres » qui procédera au début des années 1990 à une purge massive du personnel politique, à la disparition des grandes organisations de la démocratie chrétienne et du Parti socialiste, et à l'avènement de Silvio Berlusconi.

En France, ce fut plutôt une « opération mains moites », sorte de décimation où de loin en loin des politiques seront pris dans des tourmentes médiatiques et judiciaires plus ou moins violentes, histoire de faire réfléchir les autres. Cette activité judiciaire récurrente est devenue chronique depuis près de trente ans. Même si elle a pris une tournure très particulière avec la chasse au Sarkozy après son élection à la présidence, aggravée pendant le mandat de François Hollande, et organisée avec soin comme outil politique décisif de son système par Emmanuel Macron. C'est le sujet de ce livre.

À la fin des années 1980, l'irruption soudaine de la justice sur le terrain de la corruption comme outil de financement de l'activité politique va avoir des conséquences considérables. Elle va enclencher des processus qui perdurent encore aujourd'hui, et qui ont profondément affaibli le monde politique et, partant, sa capacité à gouverner.

Les premiers feux furent allumés notamment par Thierry Jean-Pierre. Juge d'instruction se présentant comme socialiste déçu et choqué par l'amnistie de 1990, il entreprit de régler un compte qui apparaîtra rapidement personnel avec la direction du Parti socialiste et surtout avec François Mitterrand. À partir d'un dossier d'accident du travail, le juge d'instruction du tribunal du Mans recueillit dans des conditions discutées et discutables un témoignage selon lequel l'entreprise où avait eu lieu l'accident ne pouvait consacrer des sommes suffisantes à la sécurité, étranglée qu'elle était par le racket des partis politiques ! La ficelle était grosse mais avec l'appui des médias, elle fonctionna. Sa cible étant le Parti socialiste, Jean-Pierre était totalement soutenu par l'opposition de droite et par l'opinion. Il faut dire que son gibier principal était le bureau d'études Urba que tout le monde connaissait depuis la découverte des fameux cahiers Delcroix, décrivant en détail le système. Mais les élus socialistes voulurent faire ça à l'ancienne en tentant d'étouffer le dossier.

Beaucoup se réjouissaient du nouveau front ouvert par Thierry Jean-Pierre, malgré ses méthodes parfois peu orthodoxes. Notre justicier avait en effet tendance à s'autosaisir, ce qui est interdit, mais la Cour de cassation, exaspérée par les réactions des politiques et les tentatives de pressions, fermait les yeux. Pour faire bonne mesure on flanqua alors Thierry Jean-Pierre d'un procureur marqué à droite qui le suivait dans ses équipées et lui délivrait au fur et à mesure des réquisitoires supplétifs manuscrits sur papier d'écolier quadrillé !

C'est de cette façon qu'il tombera un jour sur le prêt consenti à Pierre Bérégovoy pour l'achat de son appartement dans le 16e arrondissement. On sait comment s'est terminée la chasse à l'ancien Premier ministre socialiste.

Très peu des dossiers de Thierry Jean-Pierre connaîtront une fin judiciaire normale, c'est-à-dire un jugement au fond. Mais peu importe, le front était ouvert et d'autres vont prendre le relais. Thierry Jean-Pierre se lançant pour sa part dans de nouvelles aventures : celles des livres à fort tirage, des conférences avec son ami Jacques Vergès, mais aussi celles de la politique et directement cette fois. Pas exactement à gauche, puisqu'il rejoindra les listes de Philippe de Villiers pour être élu au Parlement européen.

On peut classer les affaires traitées postérieurement en trois catégories : les procès du système de corruption politique avec les bureaux d'études dédiées, les procès du mélange des genres impliquant Alain Carignon ou Michel Noir et enfin des procédures qui mijotent parfois interminablement comme les HLM de Paris ou l'affaire Elf.

Emmanuelli, Carignon et Noir : les politiques sacrifiés

Il y eut d'abord et surtout le procès Urba de Saint-Brieuc, jugé en appel à la cour de Rennes. Affaire exemplaire à plus d'un titre en raison tout d'abord de l'attitude des politiques : Henri Emmanuelli, ancien trésorier du PS, apprit par la presse sa mise en examen. Protestation immédiate main sur le cœur, tollé, démission dans la foulée de son poste de député pour une réélection triomphale. Il n'est pas sûr que ce choix stratégique ait été très judicieux. Car cette réélection n'apportait rien, ne prouvait rien, et Jacques Médecin ou Patrick Balkany par exemple ont toujours été réélus triomphalement. La bataille judiciaire doit se mener sur le terrain judiciaire et c'est vraiment prendre les magistrats à rebrousse-poil que de leur opposer le suffrage universel. Exaspérés, leur détermination en sera renforcée. L'affaire sera instruite par le conseiller Renaud Van Ruymbeke que l'on retrouvera plus tard au Pôle d'instruction financier et lors du procès devant le tribunal de Saint-Brieuc, et c'est bien la corruption politique qui sera traitée. Le système des bureaux d'études sera passé au crible, et les arguments sur l'absence d'enrichissement personnel ou sur le fait que « tout le monde avait les mêmes pratiques » ne pèseront pour rien. Poursuivi pour recel et complicité de trafic d'influence, l'ancien trésorier du PS sera condamné à un an de prison avec sursis et 30 000 francs d'amende. Il fera appel de la condamnation pour la voir alourdie, le 13 mars 1996, par la cour d'appel de Rennes : dix-huit mois de prison avec sursis assortis de deux ans d'inéligibilité. Henri Emmanuelli, beaucoup de ses amis et même de ses adversaires, trouvèrent cette condamnation injuste et pourtant, force est de dire que la justice s'était tout de même montrée modérée. De cette corruption généralisée, seuls quelques dossiers furent examinés alors qu'il aurait pu y en avoir des centaines, et Henri Emmanuelli ne fut pas traité comme un bouc émissaire mais comme un symbole, voire un exemple. On en profitera pour rappeler que tous les dirigeants du PS connaissaient le système à commencer par Lionel Jospin et François Hollande, titulaires successifs du poste de premier secrétaire du parti. Ce fut un message fort pour le monde politique, et l'opinion publique. À cette occasion la justice réprimait un système condamnable, sanctionnait ceux qui le faisaient fonctionner mais considérait également nécessaire de punir ceux qui non seulement étaient au courant mais couvraient et organisaient la corruption politique.

La justice prit également dans ses filets un certain nombre d'élus locaux qui avaient mélangé corruptions politique et personnelle. Arrêtons-nous sur deux exemples spectaculaires et dont la charge symbolique fut importante. L'affaire Carignon entraîna la chute brutale d'un « hussard de la droite », quadragénaire brillant et choyé à qui un bel avenir était promis. Il avait pris à la gauche la mairie de Grenoble, avant de conquérir la présidence du Conseil général. Nommé ministre de la Communication dans le gouvernement Balladur en 1993, et la roche Tarpéienne étant toujours près du Capitole, il passa directement des palais de la République à la paille humide des cachots.

C'est Philippe Courroye, juge d'instruction à Lyon, qui mènera une offensive judiciaire très ferme contre celui sur lequel circulaient des rumeurs insistantes tant sur son train de vie que sur l'existence d'un système généralisé de corruption politique et personnelle. Alain Carignon ivre de ses succès ne mesura pas l'ampleur de cette offensive, ne comprenant pas que les temps avaient changé. Il sous-estimera avec une certaine candeur la gravité de ce qui lui était reproché, multipliant les erreurs de stratégie. Comme de s'obstiner à rester président du Conseil général de l'Isère alors même qu'il était en détention. Il le paiera très cher.

Il lui sera reproché des faits relatifs à la concession du service des eaux de la ville de Grenoble signée en 1989 avec une filiale de la Lyonnaise des Eaux. Constatant de nombreuses largesses accordées à Alain Carignon par la société attributaire, l'accusation considérait qu'elles étaient la contrepartie de la délégation de service public. Contrepartie destinée à un financement politique ou à l'usage personnel du maire de Grenoble ? Le 9 juillet 1996 la cour d'appel de Lyon répondit en ces termes : « Alain Carignon, élu du peuple depuis vingt ans, a bénéficié de la confiance d'une part de ses concitoyens, d'autre part des plus hautes autorités de l'État qui l'ont appelé à deux reprises à occuper des fonctions ministérielles... les éminentes tâches qui lui ont été dévolues auraient dû le conduire à avoir un comportement au-delà de tout soupçon... au lieu de cela Alain Carignon n'a pas hésité à trahir la confiance que ses électeurs lui manifestaient en monnayant le pouvoir de maire afin de bénéficier d'avantages matériels qui se sont élevés à 19 millions de francs. »

Pour complicité d'abus de biens sociaux, corruption passive et subornation de témoins, le maire de Grenoble fut condamné à cinq ans d'emprisonnement avec mandat d'arrêt à l'audience, 400 000 francs d'amende, cinq ans d'inéligibilité. Après avoir calculé le montant de la corruption au franc près, les magistrats délivrent une motivation cinglante et un peu étrange : « ... Il a ainsi commis l'acte le plus grave qui puisse être reproché à un élu... Un tel comportement est de nature à fragiliser les institutions et à faire perdre aux citoyens la confiance qu'ils doivent avoir en des hommes qu'ils ont choisis pour exercer le pouvoir politique... en outre au cours des débats son attitude devant le tribunal a consisté à mettre en cause d'autres hommes politiques élus et anciens ministres pour leur imputer des faits similaires à ceux dont il s'est rendu coupable, ce qui ne peut que contribuer à déstabiliser les institutions de l'État. » Donc, si on dénonce les autres, on déstabilise les institutions ? Corrompu c'est déjà inadmissible, mais « balance » ce serait une circonstance aggravante ?

On peut légitimement penser que par cet attendu la justice entendait donner sa définition de la morale politique. Mais en stigmatisant les propos d'Alain Carignon, elle a ajouté qu'elle n'entendait pas emprunter la voie italienne : il n'y aurait pas de stratégie des dominos. Car il y eut le bizarre refus d'impliquer le patron de la Lyonnaise des Eaux. Parce que, pour qu'il y ait un corrompu, il fallait qu'il y ait un corrupteur et un pacte. Or celui-ci fut scellé, nous disait la procédure, lors d'un déjeuner avec Jérôme Monod, patron de la Lyonnaise qui était donc le corrupteur. Ce pilier du système Chirac ne fut jamais inquiété.

Michel Noir représente un autre cas de figure. Le mélange des genres était pour lui moins net.

Flanqué d'un gendre actif entremetteur du RPR, il avait conquis en 1989 la mairie de Lyon. Se prenant à rêver d'un destin personnel encore plus large, il commit l'erreur de larguer les amarres d'avec son parti pour jouer une carte personnelle, s'exposant ainsi aux représailles de Jacques Chirac. Il avait donc créé ses propres structures politiques, nécessitant de l'argent, beaucoup d'argent, Pierre Botton y pourvoyant dans un mélange de dépenses politiques et personnelles, costumes, voyages, réceptions, achat prohibitif d'un violoncelle, etc. On avancera, pour justifier ces cadeaux, des raisons politiques, car chacun des achats était supposé contribuer à sa stratégie d'image, comme le prétendit Michel Noir. La sanction pénale après, là aussi, une instruction de Philippe Courroye sera moins sévère que pour Alain Carignon : prison avec sursis mais inéligibilité. C'est-à-dire la mort politique pour celui qui avait choisi un chemin solitaire. Comme celle du maire de Grenoble, l'affaire Noir fit grand bruit, les magistrats ayant embarqué au passage, pour faire bonne mesure, une star médiatique et quelques hommes d'affaires connus. Sous la pression, Pierre Botton avait donné Michel Noir, Patrick Poivre d'Arvor et bien d'autres. Il en sera payé d'une peine très sévère et le dossier fut soigneusement circonscrit.

Lorsque l'on regarde en arrière, on constate que l'activité judiciaire de la première moitié des années 1990 fut constante mais pas massive. La référence à la décimation s'impose une fois de plus, tant par le nombre de dossiers traités, que par les méthodes utilisées et par les résultats.

On ne voulait pas l'épuration, il fallait des exemples : ce constat est essentiel. Il n'y a pas eu en France d'opération « mains propres » pour plusieurs raisons dont l'une d'elles est que ceux qui auraient pu la mener ne l'ont pas voulu, choisissant d'agir brutalement mais de manière très ciblée. « Une justice pour l'exemple n'est jamais exemplaire », dit l'adage : ce fut le cas en l'espèce. Cela étant, les messages furent reçus, les sacrifiés abandonnés, la classe politique, rentrant la tête dans les épaules, adopta officiellement dans ses discours, sinon dans ses pratiques, l'impératif éthique. Par la suite, comme une sorte de supplice du goutte-à-goutte, ont fleuri d'autres dossiers se caractérisant par des durées interminables, des exploitations médiatiques opportunes et récurrentes, des résultats judiciaires insignifiants. Un des plus beaux exemples est celui des fameux HLM de Paris. Ouverte en 1992, il n'est pas sorti grand-chose d'une procédure qui a surtout servi à pourrir le deuxième mandat de Jacques Chirac, et au juge d'instruction Éric Halphen à se mettre en avant par des initiatives procédurales aussi illégales que spectaculaires. L'objectif, semble-t-il, était de se trouver une niche pour pantoufler, soit en écrivant des romans policiers, soit en sollicitant le suffrage des citoyens sans aucun succès. Mais le record a été atteint avec la fameuse affaire dite « de Karachi », qui se rapportait au financement de la campagne présidentielle d'Édouard Balladur en 1995. Manifestement destinée à accrocher Nicolas Sarkozy, qui occupait des responsabilités politiques auprès de lui, elle n'y est pas parvenue, mais cela a permis quelques scoops médiatiques dont les révélations étaient minutieusement articulées avec l'agenda politique de celui-ci. Et vingt-cinq ans plus tard (!), par une décision anachronique, une série de lampistes vient d'être condamnée à de très lourdes peines de prison ferme. Le motif étant que des rétrocommissions sur un marché d'armement à l'export avec le Pakistan auraient servi dans la campagne d'Édouard Balladur. Mettre vingt-cinq ans à rendre une décision, en jugeant des vieillards, n'est pas la marque d'une bonne justice.

La vérité judiciaire introuvable ?

La vérité historique n'a pas toujours bonne presse, les vérités juridiques et judiciaires non plus.

Ainsi, lorsque l'on se remémore cette période si particulière au cours de laquelle ont explosé « les affaires », on constate la dimension profondément politique, c'est-à-dire les enjeux de pouvoir qu'elle recèle. La disqualification de la classe politique, le basculement vers le « tous pourris », l'affaiblissement de la légitimité accompagné d'un abaissement du niveau moyen des élus, s'est produit grâce à l'alliance des juges et de la presse, du troisième et du quatrième pouvoir soutenus par l'opinion publique. De ce consensus « frauduleux », un « récit » s'est ainsi dégagé, fruit d'une instrumentalisation de la justice à des fins politiques. Parce que, dans cette séquence, chacune des trois parties poursuivait des objectifs politiques qui lui étaient propres. La magistrature voulait s'émanciper, être enfin indépendante et libérée de la tutelle du pouvoir politique. Les médias, constitués en quatrième pouvoir, voulaient peser sur la vie de la Cité en prenant le pas sur la classe politique. L'opinion publique quant à elle trouvait là la justification de son désengagement en exprimant son aversion pour ceux chargés de la représenter. En continuant pourtant à réélire sans problème ceux qui avaient eu le déplaisir de passer au tourniquet. Lors des élections municipales de 2001, pendant la troisième cohabitation, le Parti socialiste fit une grossière erreur d'analyse, en surestimant ses deux victoires à Paris et Lyon comme étant la preuve de l'existence d'un fort courant en sa faveur qui permettrait de voir la présidentielle 2002 sous les meilleurs auspices. Il n'y avait pas eu de vague rose, et une analyse précise des résultats démontrait au contraire une vague bleue. Un optimisme hors de propos incita sa direction à limiter ses arguments de campagne à la dénonciation des « affaires » concernant Jacques Chirac. Partant des réélections triomphales au poste de maire de Patrick Balkany à la réputation déjà très sulfureuse et au casier judiciaire garni, et de Jacques Mellick, fournisseur officiel d'alibi mensonger à Bernard Tapie, l'auteur de ces lignes dans le quotidien *La Tribune* : « s'imaginer qu'il suffit de brandir la "cassette Méry" pour battre Jacques Chirac en mai 2002 relève d'une singulière illusion ». Insulté par les soutiens de Lionel Jospin, il prit acte de la catastrophe du 21 avril et alla l'âme en paix voter Chirac au second tour.

Malheureusement, cette tendance à utiliser les ennuis judiciaires de ses adversaires, de ses concurrents, voire de ses rivaux, est devenue une mauvaise habitude, et le gommage des différences politiques et idéologiques entre « les épiceries se fournissant chez le même grossiste » a souvent remplacé le véritable débat. Le corrompu c'est l'autre, et si par malheur, pour lui, la foudre judiciaire lui est tombée dessus, on va prestement faire tout pour lui mettre la tête sous l'eau. Pire, l'expérience montre que, pour beaucoup d'affaires politico-financières déclenchées, il existait un ou plusieurs commanditaires soucieux de voir punir et affaiblir un adversaire. Ce furent les premières manifestations de la dérive qui aboutira au paroxysme du raid judiciaire contre François Fillon lancé pour permettre l'élection d'Emmanuel Macron.

Et nous répéterons encore et encore que lorsque l'on fixe à la justice des objectifs qui ne sont pas les siens, cela ne peut se faire qu'en en violant les principes et les règles. La justice n'est pas là pour faire des exemples, pour dispenser des cours de morale, ou pour choisir les hommes politiques qui doivent représenter la nation. Elle est là pour juger les fautes des personnes, établir des faits, les qualifier juridiquement, et leur appliquer la sanction qu'elles méritent dès lors qu'ils sont avérés. Ce que nous venons de décrire, qui est de toute façon un dévoiement, aussi respectables puissent paraître les intentions, va avoir des conséquences considérables.

Les chevaliers blancs vont laisser la place aux militants

Les années 1990 et 2000 furent celles des magistrats vedettes, des héros sur papier glacé, des justiciers David contre Goliath, à qui les circonstances, le hasard et la connivence gagnant-gagnant vis-à-vis de la presse permirent de flatter les narcissismes et aider à des carrières éditoriales ou politiques.

Parmi les chevaliers blancs, il est assez difficile de faire des catégories, ou des classements, chacun d'entre eux ayant ses qualités et ses défauts, ses compétences et ses incompétences. Et surtout bénéficiant souvent, pour des raisons corporatistes, de la protection des juridictions supérieures pour leurs acrobaties, et de la complaisance de la presse dans un système de fructueuse connivence.

Un certain nombre de magistrats ont très tranquillement utilisé les opportunités qui leur étaient offertes pour se mettre en avant et essayer de les utiliser comme accélérateur de carrière. Petit retour sur deux d'entre eux, exemples les plus spectaculaires de l'utilisation sans beaucoup de scrupules de leurs prérogatives judiciaires pour tenter de se construire une place dans la sphère politique.

Eva Joly la fausse valeur. Ancienne lauréate de concours de beauté norvégien, elle devint française par mariage et intégrera la magistrature en 1981, en réussissant un concours exceptionnel d'entrée à l'ENM, où, précisera-t-elle, annonçant d'une certaine façon la couleur : « Il n'y avait pas d'épreuve de culture générale et cela me convenait. » Après une carrière passablement grisâtre et sans relief, elle est nommée, très belle opportunité pour elle, juge d'instruction au pôle financier du tribunal de grande instance de Paris. Elle héritera ainsi d'un certain nombre d'affaires très médiatiques, où elle se signalera de différentes façons. Tout d'abord par une conduite assez déplorable de dossiers qu'elle sera pour certains incapable de mener au bout comme l'affaire Elf ou l'affaire des vedettes de Taïwan. Ensuite par des méthodes qui ont surpris le monde judiciaire par leur brutalité et amené Jacques Chirac alors président de la République à intervenir discrètement auprès de la hiérarchie du tribunal de Paris afin de mettre fin à ces comportements vis-à-vis de Loïk Le Floch-Prigent, son principal trophée. Dans les couloirs du palais, où comme ailleurs on ne prête qu'aux riches, on lui attribue à tort ou à raison la phrase de justification des détentions provisoires pression : « il faut bien attendrir la viande ». Enfin, en entretenant dans une sorte de consensus frauduleux des relations privilégiées avec les médias dont les mauvaises langues prétendaient qu'ils la couvraient d'éloges en échange d'informations privilégiées fournies en violation des règles. L'omerta médiatico-judiciaire rend tout ceci invérifiable, mais ceux qui ont un peu suivi tout cela savent à quoi s'en tenir.

Elle ouvrira aussi, nous l'avons dit, le dossier de l'affaire des frégates de Taïwan où il est question de rétrocommissions à l'export ayant bénéficié au Parti socialiste. Toujours encalminé, le dossier dort paisiblement dans un des placards du pôle financier. Arrive enfin la merveilleuse aubaine de l'affaire

Dumas-Deviers-Joncour, qui lui permit d'accrocher le président en exercice du Conseil constitutionnel, grande figure de la gauche mitterrandienne. Fouillant les alcôves, elle dénichera une sombre affaire de chaussures, et après quelques initiatives spectaculaires mises en scène comme la perquisition de son domicile, elle met Roland Dumas en examen, le contraignant à la démission. Procédure qui se terminera le 29 janvier 2003 par sa relaxe. Mais le mal était fait, d'abord pour Roland Dumas écarté des responsabilités qui lui avaient été confiées, mais surtout parce qu'elle se trouva intronisée par la presse, le champ médiatico-politique étant alors doté d'une nouvelle icône chargée de faire rendre gorge aux puissants et aux méchants. Statut d'icône dont Eva Joly entendait bien profiter. Elle quitta donc la magistrature et en parallèle de la publication de livres sans intérêt, de participation à tout un tas d'initiatives internationales grandiloquentes, elle se chercha activement des points de chute politiques, et professionnels. Après avoir hésité, elle jeta son dévolu sur l'écologie, ce qui lui permit d'accéder au statut confortable de parlementaire européen et donna à Daniel Cohn-Bendit l'idée saugrenue, adoptée par « les militants », d'en faire une candidate à l'élection présidentielle de 2012 où elle se couvrit de ridicule. Gardant cependant dans l'imaginaire de la gauche inconsistante le statut d'une spécialiste de la lutte contre la corruption.

Il serait pourtant nécessaire d'y regarder à deux fois avant de l'introniser ainsi.

Parce qu'il manque souvent une rubrique sur le CV de Mme Joly, celle qui décrit son passage comme conseiller du président Marc Ravalomanana entre 2004 et 2006[1]. Pour qui connaît un peu, et c'est le cas de l'auteur de ces lignes, l'histoire récente de Madagascar, c'est absolument sidérant. Ravalomanana, arrivé au pouvoir par un coup d'État en interrompant un processus électoral où il aurait été battu, était un des dirigeants les plus corrompus d'Afrique. Devenu rapidement l'homme le plus riche de Madagascar, il dirigeait le 123e pays mondial selon le classement inversé 2010 de Transparency International et son régime s'est particulièrement distingué en matière de népotisme et de détournements de fonds publics. Apportant une caution morale à un notoire prévaricateur – tout le monde économique de l'océan Indien appelait Ravalomanana « Monsieur 20 % » –, elle n'a jamais dénoncé publiquement cette corruption généralisée qu'elle ne pouvait décemment ignorer. Elle n'a pas non plus réagi à la condamnation à mort d'une dizaine de paysans malgaches, accusés de s'être opposés aux expropriations foncières du régime de Ravalomanana. Ni donné de la voix lorsque plusieurs personnalités politiques ont été expulsées du

1. www.atlantico.fr/decryptage/266315/eva-joly-madagascar-corruption-marc-ravalomanana-consultante-justice-24-heures-actu

pays car jugées hostiles au régime. Fort heureusement pour Madagascar, l'autocrate corrompu a été renversé par une révolte populaire en raison précisément de cette corruption massive. Eva Joly, qui n'avait rien vu, rien entendu et rien dit, était déjà partie.

Éric Halphen : le profiteur. La notice Wikipédia d'Éric Halphen lui attribue pour commencer un certain nombre de qualités : d'abord qu'il est magistrat, ce qui n'est pas contestable, puis en utilisant le fameux oxymore « juge anticorruption », puisqu'un juge par définition est un arbitre impartial et sûrement pas anti-quelque chose. Ensuite que c'est un homme politique, ce qui fait sourire, et enfin un écrivain, ce qui est hilarant. Parce qu'Éric Halphen, qui ne s'était pas signalé par une grande puissance de travail et végétait dans les profondeurs du classement, a bénéficié d'un concours de circonstances lorsqu'il était juge d'instruction à Créteil et qu'un dossier concernant les marchés des HLM de la Ville de Paris lui avait été confié. Il fut l'objet d'une manœuvre obscure et putride visant à le disqualifier en pleine période de deuxième cohabitation. Une occasion en or pour François Mitterrand de prendre sa défense au nom de l'indépendance de la justice et de lui donner ainsi le statut de martyr de gauche. Depuis ce moment-là, l'activité essentielle d'Éric Halphen a consisté à vaguement bricoler ses dossiers, et à surtout se mettre en scène par des initiatives spectaculaires parfois illégales et surtout complètement inutiles, ses dossiers passant plus souvent qu'à leur tour au laminoir de la Cour de cassation. Mais cela lui fournissait un passeport pour l'intouchabilité lui assurant rythme de travail paisible et perspectives politiques et médiatiques. C'est ainsi que très tranquillement, alors qu'il était toujours juge du siège et par conséquent tenu au strict devoir de réserve politique, il n'hésita pas à publier en pleine campagne présidentielle de 2002 un brûlot contre Jacques Chirac alors candidat à sa réélection. Probablement persuadé de la victoire de Lionel Jospin, il décida alors de se mettre en « disponibilité temporaire » de la magistrature pour se lancer en politique. La petite histoire raconte qu'Arnaud Montebourg le prit par la main pour l'amener à François Hollande alors premier secrétaire du PS afin qu'il lui trouve une circonscription parlementaire pour les législatives à venir. Hollande ayant prudemment décliné, Éric Halphen, changeant alors de cheval, soutint Jean-Pierre Chevènement caracolant alors dans les sondages, qui lui offrit complaisamment une candidature dans une circonscription considérée comme gagnable. Il s'y ridiculisa et décida alors de tenter sa chance en faisant publier des romans et des nouvelles. Permettant ainsi aux éditeurs de mesurer que le capital médiatique de justicier incorruptible ne faisait pas l'écrivain. Comme il fallait bien faire bouillir la marmite, Éric Halphen décida d'utiliser le parachute qu'il avait prudemment conservé et demanda sa réintégration dans la magistrature. Ce qui fut fait en 2007 à l'aide d'une affectation à la 3e chambre du tribunal de grande instance de Paris chargée des questions de propriété intellectuelle. L'appartenance à une collégialité imposant quand même de travailler un peu, il fit de nouveau donner ses soutiens médiatiques et prétendit que cette affectation, pourtant objectivement prestigieuse, n'était destinée qu'à l'écarter des dossiers sensibles. Peine perdue, notre preux chevalier continua à végéter, jusqu'à ce que se présente une nouvelle opportunité avec la candidature d'Emmanuel Macron qu'Éric Halphen rallia prestement en demandant une nouvelle fois une circonscription législative. Qui lui fut offerte et où malgré des circonstances extrêmement favorables il réussit à nouveau à se faire battre à plate couture par une candidate d'un PS pourtant en déroute. Qu'à cela ne tienne, Éric Halphen a réussi à se faire nommer juge d'instruction à Paris, certes pas au prestigieux et très politique « pôle financier », mais à un poste où l'on peut supposer qu'il rendra au système Macron les services qu'on attend de lui.

Renaud Van Ruymbeke : le chasseur scrupuleux. Nous dirons également quelques mots concernant un magistrat qui incarne bien les contradictions qui ont traversé le corps de la magistrature notamment chez ceux que la presse et l'opinion publique avaient intronisés comme chevaliers blancs. Incontestablement magistrat vedette, sensible à ce statut mais n'en jouant pas, d'une incontestable probité professionnelle, parfois écornée cependant par des convictions personnelles et politiques. Il était atypique parmi ces « justiciers » qui faisaient la une dans les années 1990 et 2000, mais aussi parmi les militants discrets aux forts engagements politiques qui vont leur succéder.

Voilà un magistrat de qualité, qui, malgré parfois des comportements limites, a réussi à tirer son épingle du jeu au cours d'une longue carrière qu'il a finalement terminée au pôle financier du tribunal de Paris. Issu d'une famille d'énarques, il avait préféré l'ENM et s'il a plusieurs fois laissé transparaître ses engagements à gauche, on peut difficilement lui reprocher d'avoir essayé de battre monnaie en utilisant sa gloire médiatique. Il s'était signalé au début de sa carrière dans une affaire qui concernait indirectement Robert Boulin alors ministre qui, victime d'une violente campagne de presse, se suicidera. Parmi les réussites, on citera l'affaire Emmanuelli précitée, la reprise de l'affaire Elf saccagée par Eva Joly et Laurence Vichnievsky. Pour les catastrophes, la fameuse affaire Clearstream, où il se fit proprement manipuler par l'État profond, et se permit quelques sérieux manquements à la déontologie professionnelle, voire à la loi[2]. Objet d'une procédure

2. http://archive.wikiwix.com/cache/index2.php?url=http%3A%2F%2Flci.tf1.fr%2Ffrance%2Fjustice%2Ftaubira-ne-reclamera-aucune-sanction-contre-le-juge-van-ruymbeke-7566155.html

disciplinaire que le Conseil supérieur de la magistrature (CSM) fit traîner en longueur, ses fortes sympathies à gauche lui firent bénéficier de la grande mansuétude de Christiane Taubira qui renonça à toute sanction.

Il sera par la suite chargé d'un grand nombre de dossiers financiers spectaculaires, comme la célébrissime affaire Kerviel qu'il réussira à démêler et à rendre claire, ce qui était un exploit. Moins heureux avec l'affaire Karachi qui traînait interminablement, il sera plus efficace avec l'affaire Cahuzac, et ne put aller bien loin dans l'affaire Richard Ferrand, puisque protection d'Emmanuel Macron oblige, il fut prestement dessaisi par la Cour de cassation. Ceux qui l'ont pratiqué lui ont reconnu une certaine objectivité et un grand professionnalisme. C'est dans les procédures contre le Front national qu'il laissera assez lourdement transparaître ses convictions politiques. Il prendra sa retraite doté d'une image de rigueur et de probité qu'ils ne sont pas très nombreux à partager dans le petit groupe de ces justiciers adulés par les médias et soutenus en général par l'opinion publique.

II. 2005/2015, l'aggravation des dérives

Chapitre 5
Les années 2000, la justice s'émancipe en se politisant

Ce chapitre entend porter un regard sur le corps des magistrats, non pour procéder à une analyse historique, sociologique ou technique exhaustive de la magistrature et de ses fonctionnements, mais pour décrire un certain nombre d'éléments qui éclairent ce qui s'est passé et ce qui se passe encore aujourd'hui. Toutes choses qui peuvent être considérées comme les symptômes, voire les causes des dérives dont cet ouvrage souhaiterait rendre compte. On y parlera de corporatisme, de la culture de l'ordre, de syndicalisation et surtout de politisation, en termes d'opinions mais aussi d'actions.

L'ENM : corporatisme et endogamie

À l'occasion du scandale déclenché il y a une quinzaine d'années par l'affaire d'Outreau, les organisations représentatives de la magistrature jusqu'aux élèves de l'École de Bordeaux nous avaient donné un spectacle permettant de mesurer l'importance du corporatisme au sein d'une institution qui devrait pourtant en être particulièrement indemne. Il faut relire toutes les prises de position et toutes les proclamations de l'époque pour mesurer à quel point la France est confrontée à un réel problème. La catastrophe judiciaire, dont le juge Fabrice Burgaud n'était pas le seul responsable, était simplement niée y compris par des personnalités dont on aurait attendu peut-être un peu plus de discernement. Les magistrats ne sont pas les seuls et toutes les professions organisées développent un corporatisme plus ou moins intense. Mais le problème est plus grave dans la magistrature où l'esprit de corps est un phénomène spécialement préjudiciable. Puisque la critique et la confrontation avec les collègues se doivent d'être les plus objectives possibles, la solidarité corporatiste ne doit pas y avoir la moindre place. Malheureusement, les fonctionnements des collégialités, des doubles degrés de juridiction, les rapports avec le parquet font trop souvent la démonstration que la solidarité, le désir de ne pas désavouer prennent le pas sur l'exigence d'impartialité. Ce n'est pas par hasard que dans le monde judiciaire les « chambres d'instruction », juridictions d'appel des décisions des juges du même nom, sont appelées par dérision « chambres de confirmation ». La volonté du législateur, lorsque fut créé au début des années 2000 le « juge des libertés » (JLD), était de séparer les fonctions d'investigation du juge d'instruction des prises de décision portant atteinte aux libertés fondamentales. Les praticiens, après vingt ans d'expérience, savent ce qu'il faut en penser, et la très grande majorité des décisions des JLD ne sont là que pour donner au juge d'instruction les moyens qu'il réclame. Ce corporatisme irrigue également les relations entre les magistrats du parquet et ceux du siège. Et c'est là un énorme problème, car cela porte un coup très sérieux à l'égalité des armes avec la défense lors du débat contradictoire, clé de voûte de la justice pénale. Pour les juges du siège, l'expression du parquet est beaucoup moins celle d'une partie au procès, que celle d'un collègue, d'un ami, d'un condisciple, voire – parce que cela est déjà arrivé – d'un conjoint. L'on avait par exemple appris avec stupéfaction, mais sans que cela ne gêne grand monde, que l'épouse du magistrat instructeur de Bordeaux dans l'affaire Bettencourt, l'épouse du grand chasseur de Sarkozy, appartenait au parquet du même tribunal. Rappelons qu'en application du principe de l'unicité du parquet, chacun de ses membres le représente en totalité lorsqu'il agit.

Ce corporatisme se construit évidemment à l'École nationale de la magistrature de Bordeaux où des étudiants en général frais émoulus de leurs études de droit viennent s'enfermer dans une espèce de ghetto pendant trois ans qu'ils quitteront à 26 ans avec un permis de juger. Disposant ainsi d'un pouvoir considérable et d'une très faible expérience sociale. S'ajoute à l'esprit de corps une certaine endogamie, fort normale et rencontrée dans bien d'autres métiers, mais ici parce que les étudiants fréquentent en général l'école à l'âge des installations dans la vie. Et ce phénomène renforce évidemment un très fort sentiment d'appartenance professionnelle, sociale, et économique.

Malheureusement, depuis une vingtaine d'années, l'incontestable émancipation de la justice vis-à-vis du pouvoir politique a contribué à nourrir chez les magistrats l'idée de constituer une communauté à part. En dehors des rapports avec les médias, les relations avec l'ensemble du corps social se sont dégradées, ce qui nourrit d'ailleurs, avec d'autres facteurs, la défiance vis-à-vis de la justice qui s'est installée dans l'opinion publique. Lorsqu'on les pratique, on a parfois l'impression que les magistrats français vivent dans un monde simple. Un monde où par exemple les avocats sont arrogants et complices des criminels qu'ils défendent, la réaction à la nomination d'Éric Dupond Moretti à la place Vendôme en étant une éclatante démonstration. Un monde où les magistrats sont infaillibles, devant bénéficier d'une protection absolue contre toute critique. L'anecdote consternante selon laquelle une promotion de l'ENM avait voté pour porter le nom de Fabrice Burgaud considéré comme le principal responsable de la catastrophe d'Outreau en est la triste illustration. Où le guet-apens dans lequel l'Union syndicale des magistrats, première organisation de la profession, avait fait tomber Henri Guaino pour avoir osé critiquer Jean-Michel Gentil, magistrat instructeur à Bordeaux et chargé de l'affaire Bettencourt sur laquelle nous reviendrons. Avec une hypocrisie consommée, le syndicat avait fait un soi-disant « signalement au parquet » pour demander des poursuites contre le député. Qui en violation de la liberté d'expression et de son immunité parlementaire fut condamné dans une décision ressemblant fort à un règlement de comptes. Il est d'ailleurs à noter que lorsque les organisations représentatives se lèvent comme un seul homme dès lors qu'un homme public se permet la moindre critique, elles le font d'abord par réflexe corporatiste.

Nous sommes pourtant en présence de ce qui est d'abord et avant tout une dévastatrice catastrophe professionnelle. Est-il exagéré de répéter que le rapport de confiance entre le peuple et sa justice est aujourd'hui profondément altéré ? C'est un véritable effondrement en une dizaine d'années, puisqu'un Français sur deux exprime désormais sa défiance[1]. Et face à cela, alors qu'il y a urgence, on nous oppose une attitude de déni privilégiant manifestement la

1. www.lexpress.fr/actualite/societe/justice/sondage-exclusif-la-defiance-des-francais-face-aux-juges_2104040.html

préservation de l'honneur du corps plutôt que la réflexion sur les erreurs et leurs causes. Cette tentation de l'enfermement, outre qu'elle ne peut en aucun cas, et au contraire, sauver l'honneur de la justice, rappelle tristement celle de ces officiers de l'armée française de la fin du XIXe siècle pour lesquels l'innocence du capitaine Dreyfus ne pesait pour rien face à la vision qu'ils avaient du caractère intouchable de l'institution.

La crise est d'autant plus sérieuse que notre justice pénale est interpellée dans son ensemble. Et pourtant la magistrature française est globalement composée de professionnels de qualité. Sur le plan individuel, on y rencontre une grande majorité de gens honnêtes et compétents. Comme partout, il y a des paresseux et des voyous mais le problème est que la majorité est incapable de contrôler cette minorité. Elle ne le peut, car les valeurs collectives portées par le corps des magistrats sont différentes des valeurs individuelles de ses membres et ne le permettent pas.

Cette dialectique individu-structure est à l'origine de cette curieuse schizophrénie que constatent les interlocuteurs des magistrats à l'occasion des propos de couloir. À chaque problème, ils vous assurent de leur consternation et se désolidarisent en privé. L'expression publique des institutions représentatives affirme le contraire.

En fait, le défi central auquel aurait dû être confronté l'appareil judiciaire français a été celui de sa capacité à être l'outil de régulation qu'exige aujourd'hui notre fonctionnement social. Longtemps courroie de transmission du pouvoir d'État, la justice s'est émancipée, devenant un pouvoir autonome. Notre justice est-elle à la hauteur de ses nouvelles missions ? La réponse est non. Les magistrats de notre pays ont hérité de l'État dont ils sont issus un sentiment d'infaillibilité. Non qu'ils se sentent individuellement infaillibles, mais ils ont le sentiment que le corps auquel ils appartiennent doit l'être. D'où l'incroyable difficulté à accepter ses propres erreurs et à les corriger.

Il y a enfin et surtout l'amour de l'Ordre. La culture judiciaire est malheureusement insuffisante chez nous. On le voit bien dès que l'on est en présence d'une « cause ». Nombreux sont ceux qui considèrent alors que « la fin justifie les moyens » et que la procédure, les principes, les droits de la défense sont autant d'obstacles à l'accomplissement de ce qui est, depuis toujours, vécu comme la mission sacrée : maintenir l'ordre. Un innocent en prison n'est pas une injustice mais un dommage collatéral sans beaucoup d'importance, un coupable en liberté, la pire des injures. La contradiction juge-justicier trouve son origine dans cette tradition de primauté de l'ordre sur la justice. La violence judiciaire infligée aux Gilets jaunes et aux mouvements sociaux en a malheureusement été la démonstration.

Juge du siège et autorité de poursuite : deux fonctions dans le même corps

Il existe en France une situation particulière qui résulte de l'histoire et de la dialectique mission de justice/maintien de l'ordre qui a profondément marqué les rapports d'un État administratif puissant avec la fonction judiciaire perçue plus souvent de part et d'autre comme étant là pour assurer le maintien de l'ordre public plutôt que comme un moyen de régulation juridique des rapports sociaux. C'était précisément le souci de Napoléon Bonaparte quand il prit la décision de rassembler dans un même corps juges du siège et procureurs. Ils appartiennent tous à la magistrature, passent le même concours d'entrée à l'ENM, reçoivent la même formation, prêtent le même serment et peuvent être ensuite affectés à l'une ou l'autre des fonctions : juger ou poursuivre. Il est d'ailleurs à noter que nombreux sont les magistrats à faire des allers-retours, ce qui apparaît souvent étrange aux homologues étrangers. Néanmoins, le rôle, le mode de nomination et les relations avec la Chancellerie diffèrent selon que le magistrat relève du siège ou du parquet.

Or, le métier de poursuivre n'est pas le même que celui de dire le droit. Avocat de la République, le ministère public doit exercer l'action publique c'est-à-dire poursuivre ceux qui ont transgressé la règle sociale et saisir le juge du siège des faits que celui-ci aura à qualifier et à sanctionner. Pour ce faire, il doit diriger les enquêtes, contrôler la police judiciaire en matière pénale et agir pour la défense de l'ordre public en matière civile.

Chargés de missions radicalement différentes, siège et parquet exercent donc des métiers nettement distincts. Comme le sont également leurs statuts, leurs modes de nomination et leurs rapports avec la chancellerie. Contrairement aux magistrats du siège qui sont inamovibles, les magistrats du parquet sont placés sous la direction et le contrôle de leurs supérieurs hiérarchiques et sous l'autorité du garde des Sceaux dont ils dépendent et qui peut, en outre, adresser des instructions aux procureurs généraux. Malheureusement, cette appartenance commune à la magistrature entraîne des effets délétères. Surtout que les passerelles entre les deux missions sont possibles et souvent utilisées. Comme le relevait Daniel Soulez-Larivière[2] : « Dans aucun pays au monde on ne pourrait voir un procureur devenir président de la même juridiction, non plus qu'un brillantissime

2. www.dalloz-actualite.fr/chronique/l-eternelle-question-de-l-independance-des-procureurs#. XzujPegzY2w

magistrat ayant fait toute sa carrière au parquet devenir premier président à la Cour de cassation après en avoir été le procureur général. »

Par conséquent, les risques de connivences, voire de collusions, existent et ils sont difficilement évitables. Tous les avocats pénalistes ont ressenti cette impression d'avoir en face d'eux un bloc composé de la collégialité et du parquet ensemble. Même s'il n'est pas nécessaire de prétendre que l'on ne rencontre pas de magistrats du siège qui s'efforcent de garder la distance nécessaire. Malheureusement, le lobby des magistrats soutenu par la presse milite depuis fort longtemps pour une évolution des missions des membres du parquet. Pour eux, le ministère public ne doit pas être réduit à une simple partie poursuivante alors que certaines de ses missions naturelles, au demeurant renforcées par la loi du 15 juin 2000 précitée, le portent vers la protection des libertés individuelles, notamment à travers le contrôle des gardes à vue, la visite des locaux de garde à vue et l'aide aux victimes. Le comportement des parquets, de haut en bas depuis l'arrivée d'Emmanuel Macron au pouvoir, montre à quel point cette présentation est une plaisanterie. Nous l'examinerons dans les faits en décrivant ce comportement mis spontanément au service du système Macron. Dans notre pays où la culture judiciaire est sommaire, on confond allègrement et parfois au plus haut niveau les fonctions de procureur et de juge du siège. De ce point de vue, la lecture de la presse est souvent atterrante. Malheureusement, tout ceci nourrit une revendication passablement perverse qui est celle de l'indépendance des parquets. Vieille revendication des organisations syndicales de magistrats, se nourrissant de la défiance vis-à-vis du monde politique, elle ne vise qu'à installer ce qui constituerait une hérésie républicaine et la porte ouverte à l'arbitraire dans le domaine des poursuites. Malheureusement, défendre une telle position vous expose immédiatement à l'accusation de ne pas vouloir d'une justice indépendante. Nous avons vu que la subjectivité inévitable de l'homme-juge devait être compensée par le formalisme des procédures et le respect rigoureux des principes, seuls à même de lui permettre d'approcher l'indispensable impartialité. Essayer à tout prix d'éviter cette subjectivité n'est pas l'expression d'une défiance personnelle, mais une vision réaliste des hommes et de leur rapport au réel. Le passage par l'ENM ne fait pas de vous, et heureusement d'ailleurs, un être éthéré, dénué de passion et d'émotion, sans idées politiques, et sans vision du monde. De la part des magistrats et de leurs organisations syndicales cette revendication n'est ni plus ni moins qu'une volonté de pouvoir, et de récupérer à leur profit une prérogative qui, dans un système de démocratie représentative, appartient au pouvoir exécutif légitime, à partir des lois votées par le pouvoir législatif également légitime. Les relais médiatiques de cette revendication se sont naturellement appuyés sur des décisions de la CEDH en leur faisant dire le contraire de ce qu'elles affirmaient. En France, les militants de cette cause prétendent avec une mauvaise foi confondante que les membres du parquet sont des magistrats, et font par conséquent partie de « l'autorité judiciaire », et que la Cour européenne exige qu'ils remplissent la condition d'indépendance. Alors que c'est exactement l'inverse, puisque la CEDH considère finalement que les membres du parquet ont beau avoir le statut de magistrat, ils ne sont pas une autorité judiciaire. Leur retirer ce statut et en faire des fonctionnaires comme partout ailleurs serait évidemment la solution républicaine qui présenterait de multiples avantages, dont celui au passage de permettre également à la France de disposer d'un système équivalent à celui de 99 % des démocraties[3].

Malheureusement, les résistances à cette clarification sont considérables. Le Conseil constitutionnel est allé dans ce sens en affirmant que « l'autorité judiciaire qui, en vertu de l'article 66 de la Constitution, assure le respect de la liberté individuelle comprend à la fois les magistrats du siège et du parquet ». Les magistrats du parquet font régulièrement valoir que leur rôle ne saurait se résumer à celui de simple accusateur public mais s'étend au contraire

3. www.dalloz-actualite.fr/chronique/l-eternelle-question-de-l-independance-des-procureurs#. XzpI8ugzY2w

à la défense de l'intérêt général. Depuis quelques années, le praticien constate que l'intérêt général est largement assimilé à celui du système Macron. Ces magistrats sont malheureusement soutenus par les médias et par des politiques inconséquents. Comme récemment Ugo Bernalicis, député LFI du Nord, président d'une commission parlementaire sur l'indépendance de la justice, incapable d'éviter la tarte à la crème, et sautant à pieds joints dans la marmite du contresens et de la niaiserie attristante : « Ugo Bernalicis souhaite que le parquet coupe "le cordon avec l'exécutif"[4] pour devenir plus impartial et plus humain ». On lui répondra qu'investir sur l'impartialité et l'humanité de Rémy Heitz, procureur du tribunal de Paris et procureur préféré d'Emmanuel Macron, ou celles de Catherine Champrenault, procureur à la manœuvre dans les raids judiciaires contre son parti La France insoumise, ne constituerait pas un placement très sûr. Nous sommes désormais à l'abri de celles d'Éliane Houlette qui a pris sa retraite. On se permettra une remarque, un conseil à Ugo Bernalicis, à propos du travail de sa commission. Celui de se plonger un peu dans la littérature et dans l'histoire. Pour constater que les quatorze ans passés au secret par Edmond Dantès au château d'If sont la conséquence d'une indépen-

4. www.liberation.fr/france/2020/08/12/la-justice-pourrait-etre-moins-soumise-et-disciplinee_1796674

dance du procureur Villard voulant personnellement se débarrasser de lui. Et quant à l'histoire, se rappeler le comportement du parquet au deuxième procès d'Alfred Dreyfus à Rennes et ses conséquences, avec la nouvelle et absurde condamnation de l'innocent capitaine. Ou apprendre que le parquet de Weimar fonctionnait de manière parfaitement indépendante, ce dont Adolf Hitler profita largement avec la mansuétude du procureur après sa sanglante tentative de putsch de 1923 requérant une peine très légère dont l'exécution confortable pendant quelques mois lui permit la rédaction de *Mein Kampf*. Puis la passivité des autorités de poursuite lorsque le parti nazi imposait sa terreur à la société allemande au début des années 1930, préparant ainsi la nazification rapide de l'Allemagne après l'arrivée du dictateur au poste de chancelier.

Cela étant pour notre pays, et au contraire de ce que prétend notre fringant parlementaire, la seule modernisation envisageable pour renforcer l'indépendance et par conséquent l'impartialité du juge du siège est bien la séparation radicale entre les deux fonctions et la mise à bas de la décision napoléonienne de les rassembler dans le même corps.

Le syndicalisme dans la magistrature

Il existait depuis fort longtemps des associations de magistrats, dont la vocation était vaguement syndicale, dans la mesure où au souci de représenter des intérêts communs, s'ajoutait aussi, la volonté de défendre et d'améliorer les intérêts particuliers des membres du corps. C'est dans ces conditions qu'après la Seconde Guerre mondiale fut créée l'Union fédérale des magistrats, histoire de parler d'une seule voix pour tenter de réhabiliter un corps qui ne s'était pas particulièrement illustré pendant la Seconde Guerre mondiale. Ce n'est pas être mesquin que de rappeler qu'il ne se trouva qu'un seul magistrat pour refuser de prêter serment de fidélité à Philippe Pétain, et que les créateurs des « sections spéciales », ces juridictions infâmes destinées à rejuger des communistes déjà condamnés pour les envoyer à l'échafaud et faire plaisir à l'occupant, n'eurent pas trop de soucis pour trouver des magistrats prêts à y siéger. L'examen du monument aux morts 1939/1945 de l'ancien palais de justice de Paris est lui aussi édifiant. La nécessité de reconstruire au plus vite un État limita au minimum l'épuration dans le corps, et l'on vit ainsi ceux qui avaient condamné les résistants faire de même sans état d'âme avec les collaborateurs. Les réformes de 1958 et la création de l'ENM, symétrique de celle de l'ENA treize ans plus tôt, produisant les mêmes effets pervers, allaient renforcer l'esprit de corps d'une magistrature jusque-là finalement assez hétérogène. La première organisation prenant la forme syndicale fut le Syndicat de la magistrature, souvent présenté comme un enfant des événements de Mai 68, alors que le processus qui aboutira à sa création était bien antérieur. Le fait syndical s'est alors imposé, d'abord par une reconnaissance de sa légitimité par le Conseil d'État, ensuite par la transformation de l'Union fédérale des magistrats en Union syndicale, et enfin la création d'autres organisations comme l'APM et aujourd'hui le syndicat Force ouvrière, le seul rattaché à une grande centrale nationale. Très vite, chacune de ces organisations s'installa dans un double rôle : organisation de défense des intérêts professionnels particuliers de ses membres, et structure d'intervention dans le champ politique. Créant une situation difficilement tolérable dans un dispositif institutionnel démocratique de séparation des pouvoirs. Et c'est ainsi que l'on a vu les syndicats de magistrats avec le soutien des médias intervenir et donner leur avis sur les sujets relevant du pouvoir exécutif, et, pire, sur le travail de Parlement chargé pourtant d'élaborer la loi que la justice doit ensuite appliquer. L'absence de séparation des juges du siège et des autorités de poursuite du parquet a aggravé ces dérives. Autant il serait logique que les procureurs, fonctionnaires hiérarchiquement soumis à l'exécutif, disposent d'organisations syndicales chargées de défendre leurs intérêts, autant cette situation pose un vrai problème de principe concernant les juges du siège. Il est tout de même assez stupéfiant de voir intervenir des syndicats de magistrats dans les élections et prendre parti pour les candidats. Pire, de constater que les dirigeants syndicaux, une fois leurs mandats achevés, rejoignent régulièrement ensuite différents partis pour exercer en leur nom des responsabilités électives parfois très importantes. Il ne faut pas être hypocrite, chaque organisation syndicale a un positionnement politique que chacun connaît, avec, à tout seigneur tout honneur, le Syndicat de la magistrature, adoptant toutes les positions du gauchisme culturel ambiant y compris dans son aversion pour les couches populaires, l'Association professionnelle des magistrats fournisseur de parlementaires et de membres de cabinets ministériels marqués à droite, jusqu'à l'Union syndicale des magistrats au centrisme gauchisant et parfois présidé par des militants socialistes déclarés. Ce mélange des genres fait peser de lourds soupçons sur l'impartialité des décisions rendues, et l'on comprend la réticence d'un Nicolas Sarkozy à être jugé par des gens qui ont signé des pétitions présentant son élection à la présidence de la République comme un danger pour la France. Nous avons examiné en détail la fameuse infraction de « prise illégale d'intérêts » qui réprime le fait d'exposer la décision publique au soupçon de n'avoir pas été prise pour des motifs d'intérêt général.

Et qui impose aux décideurs la plus grande prudence en proscrivant tous les liens d'intérêt privé direct ou indirect permettant de nourrir ce soupçon. Que dire alors des magistrats du siège dont la presse elle-même trouve normal que leurs décisions puissent être à ce point soupçonnables de partialité ? Revenons sur une petite anecdote particulièrement significative. Au cours de l'année 2016, alors que la campagne pour l'élection présidentielle avait déjà bien commencé, les médias nous racontent une drôle d'histoire. Un juge d'instruction appartenant au pôle financier et à la réputation irréprochable opérait entre autres dans le dossier Bygmalion mettant en cause plusieurs dirigeants du parti Les Républicains, pour des faits ayant eu lieu pendant la campagne présidentielle de 2012. Il y avait prononcé plusieurs mises en examen, mais demanda sa mise en disponibilité pour rejoindre, paraît-il, l'équipe de campagne de François Fillon, candidat du même parti ! Consulté, le président du tribunal de grande instance de Paris, notoirement lié au Parti socialiste, n'y avait vu aucun inconvénient, nous dit la presse. Curieuse conception des conflits d'intérêts.

Parallèlement à l'activité de ces organisations directement syndicales, un certain nombre d'associations se sont créées, et en général pas comme amicales de boulistes ou de pêcheurs. Mais plutôt pour rassembler des membres exerçant la même spécialité professionnelle. Elles se transforment rapidement en autant de groupes de pression, la plus puissante d'entre elles étant l'Association française des magistrats instructeurs, qui veille à la prospérité de cette fonction particulière dont raffolent les médias. Juste une citation pour illustrer cette dévotion, concernant Serge Tournaire, grand chasseur de Nicolas Sarkozy, devant lequel se pâment sans peur du ridicule les Plic et Ploc du « journalisme d'investigation », les célèbres Davet et Lhomme[5] : « Serge Tournaire. Regard acéré, profil émacié de rapace des tribunaux. Un type qui parle bas, agit fort. Un dur. » Ils n'ont pas ajouté par référence à Fernandel « un vrai, un tatoué », mais ce n'était pas loin[6]...

Comme nous l'avons déjà dit, le magistrat français se vit rarement comme un arbitre. Cela explique pourquoi la notion d'impartialité est, chez nous, à ce point secondaire. La partialité est même revendiquée, comme l'a démontré la catastrophique affaire du « mur des cons ».

L'indépendance au service de la partialité

Affaire qui débuta en avril 2013 avec le témoignage d'un journaliste en visite au siège du Syndicat

5. www.lemonde.fr/affaire-penelope-fillon/article/2017/03/13/affaire-fillon-le-juge-tournaire-choisi-pour-son-temperatement-offensif_5093634_5070021.html
6. www.youtube.com/watch?v=cZpNxLs4Xpg

de la magistrature et qui découvrit, effaré, l'existence, dans un local syndical ouvert à tous les vents, d'un panneau où étaient épinglées des photos de justiciables et d'autorités de l'État affublées du qualificatif de « cons ». Épisode qui a laissé dans l'opinion une trace cuisante et qui nourrit désormais une défiance quasiment impossible à dissiper. Le plus extraordinaire furent les réactions au sein de la magistrature où on n'entendit guère de critiques. Les organisations syndicales, tout en psalmodiant le mot « indépendance », n'hésitèrent pas à revendiquer la partialité pour ceux qui rendent la justice au nom du peuple français.

Tout d'abord on a pu constater cinq ans plus tard que l'urgence utilisée à l'encontre de François Fillon, et dont on nous prétendait contre l'évidence qu'elle était normale, est donc bien à géométrie variable. Ensuite, lorsque l'on voit comment le parquet s'est battu bec et ongles pour éviter toute suite judiciaire dans cette affaire du « mur des cons », obéissant sûrement à des réflexes de protection corporatiste, mais également allant au-devant des souhaits du pouvoir en place, on est sûr que le mal est vraiment profond.

Lorsque le scandale éclata, ce qui était parfaitement logique, le Conseil supérieur de la magistrature fut saisi en traînant des pieds par Christiane Taubira, garde des Sceaux à l'époque. Pour examiner l'aspect évidemment disciplinaire d'un tel manquement. Par un communiqué emberlificoté, le CSM a soigneusement refusé de se saisir du problème. Pendant que tranquillement Nicolas Blot, juge d'instruction, ancien secrétaire général de l'Union syndicale des magistrats, et Évelyne Sire-Marin, vice-présidente, ancienne présidente du Syndicat de la magistrature, publiaient ensemble dans *Le Monde* un texte de justification intitulé : « Mur des cons, les raisons d'un affichage[7] ». Au-delà de l'habituel plaidoyer corporatiste *pro domo*, ce texte nous offrait un assez joli collier de perles, dont certaines méritent vraiment un enchâssement. Jetons un coup d'œil sur les illustrations de ce corporatisme délétère et de la perte d'un certain nombre de repères quant à la nature de la mission de justice.

On trouvera, pour commencer, la mise en cause habituelle, et quasi routinière, de l'activité législative du Parlement. Montesquieu ? Connais pas ! « Une vingtaine de lois s'empilent ainsi jusqu'en 2012 : à chaque fait divers sa loi, à chaque problème de société sa sanction pénale, sans réflexion. » C'est vrai quoi ! Ces parlementaires de la République élus au suffrage universel pour élaborer et voter la loi, ils ne réfléchissent pas !

Et puis, la justification de l'existence du totem : « Ce "mur des cons" n'est-il pas la réaction affective, hystérique, magique, d'une partie de ce corps social en

7. www.lemonde.fr/idees/article/2013/05/07/mur-des-cons-les-raisons-d-un-affichage_3172105_3232.html

danger, celui des magistrats ? N'est-il pas une sorte de maraboutage de l'ennemi, un peu comme on enfonce des aiguilles dans la photo de son adversaire ? » Un corps social en danger ? Certes, tout est relatif, mais il semble pourtant qu'il y en ait, dans ce pays, d'autres nettement plus menacés et qui ont d'ailleurs commencé à le faire savoir. Les magistrats céderaient-ils à la concurrence victimaire ? Ensuite, il s'agirait d'une réaction : affective, hystérique et magique. L'auteur de ces lignes a croisé il y a longtemps un magistrat qui, présidant une chambre correctionnelle, tirait le thème astral des personnes qu'il allait juger. On pouvait l'espérer minoritaire, mais deux magistrats dirigeants syndicaux nous confirment que ce n'est pas le cas. Il y aurait donc des cours de vaudou à l'ENM, des marabouts comme enseignants ? Et si l'on comprend bien, les représentants de l'exécutif, du législatif et les justiciables, tous présents sur le mur, sont « des ennemis et des adversaires » ?

Malheureusement ce n'est pas fini, car vient la définition de l'impartialité portée par les deux plus grandes organisations syndicales.

« Une fois de plus, cette affaire va servir à défendre une conception abstraite et surannée de l'impartialité du juge, que sous-tend le code de déontologie des magistrats publié en 2010 par le CSM (Conseil supérieur de la magistrature) : le juge doit être transparent, sans sexe, sans opinion et sans engagement. » Comment des magistrats formés, disposant de hautes responsabilités, peuvent-ils proférer de pareilles énormités et revendiquer ainsi une impartialité à géométrie variable ? Personne ne demande à ce que les magistrats soient personnellement transparents, asexués, ou sans opinions politiques, mais que leurs décisions le soient ! Elles ne sont pas rendues à titre personnel, en tant que femmes (ou hommes), en tant qu'électeurs, ou en tant que militants, mais au nom du peuple français. Comment des gens de ce niveau, disposant de tels pouvoirs, peuvent-ils être à ce point étrangers à cette évidence ?

Cette revendication de la subjectivité et de la partialité, qui se nourrit d'une négation des principes qui fondent l'organisation de la justice, est particulièrement consternante autant qu'elle est révélatrice.

Ce texte recèle également un autre bijou qui, derrière la désinvolture d'expression, est quand même assez effarant. Parce que quelques jours après l'éclatement du scandale, et par l'intermédiaire de leurs anciens dirigeants, les organisations syndicales donnent les consignes.

« Bien sûr, les plaintes en diffamation, injure publique ou privée des malheureux nominés du "mur des cons" n'aboutiront à aucune condamnation pénale du SM, car il n'avait nulle intention de diffuser ces images strictement privées. » Bien sûr ? Alors circulez, puisque des magistrats vous disent qu'il n'y a plus rien à voir ! Le droit de la presse, puisque c'est de lui qu'il s'agit, est particulièrement délicat à manier et à interpréter. Les spécialistes de cette matière étaient partagés sur son application à ce cas d'espèce. Diffamation ou injure ? Bonne ou mauvaise foi ? Diffusion publique ou privée ? Il y avait tout de même matière à débat judiciaire, et il appartenait au juge de trancher. Eh bien, non, c'est tout vu. Deux éminents magistrats, qui se réclament de leurs précédentes responsabilités syndicales, nous ont déjà donné la décision. Il n'y aura pas de condamnation pénale. « Bien sûr ! » Parce qu'il ne doit pas y en avoir ? C'est vrai ça, à quoi bon un débat judiciaire contradictoire !

Hélas, la suite a montré que les consignes avaient été entendues puisque de son côté le parquet s'est démené pour éviter le renvoi de la responsable en correctionnelle. Quant au juge du fond, il n'a retenu qu'une seule injure et a condamné l'ancienne présidente du SM à 500 euros d'amende…

La seule véritable réponse que la République aurait dû donner à ce qui constitue un pur scandale aurait été les suites disciplinaires que méritait cette faute lourde.

Cet aveuglement qui finit par être une insulte au simple bon sens est pourtant une stratégie risquée pour le corps lui-même. Est-il sûr que l'opinion publique française s'en contente, alors qu'elle se méfie massivement désormais de sa propre justice ?

Que des dirigeants de syndicats de magistrats aient pu rédiger un texte aussi lamentable est un argument de plus pour demander que, corrélée à la séparation radicale des fonctions de juge du siège et d'autorité de poursuite, la suppression du syndicalisme dans la magistrature « assise » intervienne rapidement.

Alternance politique et allers-retours

L'alternance politique inaugurée avec la victoire de François Mitterrand en 1981 a favorisé la mise en place d'un système faisant de la politisation de la haute fonction publique judiciaire une donnée incontournable. Chaque changement de majorité, chaque arrivée d'un nouveau ministre place Vendôme, impliquaient de pourvoir les postes administratifs extrêmement importants sur lesquels celui-ci devait s'appuyer. Le secrétariat général du ministère est composé de sept services et de deux délégations destinées à apporter leur soutien aux grandes directions telles que la Direction des services judiciaires, la Direction des affaires civiles et du sceau, celles des affaires criminelles et des grâces, de l'administration pénitentiaire, ou à l'Inspection générale de la justice. En général, ces responsabilités sont confiées à des magistrats issus du corps. Pour les recruter, il est habituel que l'on se tourne vers des personnes de confiance dont on pense que les idées politiques sont proches de celles de la majorité au pouvoir. Et très rapidement, le Syndicat de la magistrature va devenir le vivier privilégié dans lequel les ministres de gauche vont piocher. La droite qui ne dispose pas de relais syndicaux aussi évidemment politisés que le SM aura plus de mal à recruter des candidats sûrs. Certes l'APM est très marquée à droite, mais elle est faiblement représentative, quant à l'USM largement majoritaire, son centrisme socialisant n'en fait pas un réservoir fiable. Une forme de règle non écrite veut qu'en cas de changement politique, les partants retournant dans le corps y bénéficient de promotions confortables. La mécanique est exactement la même qu'au Conseil d'État où, à chaque alternance politique, on assiste à un croisement de ceux qui filent dans les cabinets ministériels et ceux qui retournent au Palais-Royal. Après 1981, les magistrats les plus politisés que l'on retrouve au SM comprendront vite qu'un passage dans les services de l'administration centrale de la justice (MACJ) est la garantie d'un accès aux postes prestigieux de la hiérarchie, et fort souvent une voie royale vers la consécration de la Cour de cassation. Et c'est ainsi que l'appartenance militante au SM devient un ticket permettant plus facilement d'accéder à la haute fonction publique judiciaire, avec pour conséquence une surreprésentation de cette « gauche » en son sein. C'est d'ailleurs cette particularité qui permettra son ralliement massif à Emmanuel Macron. Ralliement sur lequel nous reviendrons et dont nous essaierons d'identifier les conséquences.

Dans un livre remarqué publié à l'automne 2019, et intitulé *Bloc contre bloc. La dynamique du macronisme*, le politologue Jérôme Sainte-Marie[8] a procédé à une description des segmentations politiques qui travaillent la société française au moment de l'arrivée d'Emmanuel Macron au pouvoir. Concernant le phénomène que nous venons de décrire, le mieux est de citer ce qu'il en dit, exposant que la haute fonction publique judiciaire fonctionne dans son rapport au pouvoir à l'image des autres corps de l'État.

« Il y a encore quelques temps, les promotions de Sciences Po, de l'ENA, de l'École nationale de la magistrature ou des grandes écoles de commerce ou d'ingénieurs produisaient des personnalités dont l'ambition comme les convictions pouvaient les orienter vers la gauche ou vers la droite. Y avait-il un immense fossé idéologique entre Laurent Fabius et Alain Juppé au milieu de leur carrière politique ? Sans doute pas, mais ils ne faisaient pas partie "de la même équipe". Lorsque l'un était aux affaires, il savait que l'autre pourrait un jour s'y trouver, ce qui incite à la prudence et constitue un solide adjuvant aux comportements républicains. [...]

Le clivage gauche-droite, dès lors qu'il recoupait de moins en moins les antagonismes fondamentaux de la société française, produisait derrière les apparences d'un combat parfois surjoué par les acteurs une forme

8. www.editionsducerf.fr/librairie/livre/18867/bloc-contre-bloc

d'apaisement. Ce temps n'est plus. Cela signifie également que les instances de contrôle – Conseil constitutionnel, Conseil d'État, Cour de cassation, Cour des comptes ou le Conseil supérieur de la magistrature, mais aussi dans un autre genre le Conseil supérieur de l'audiovisuel – cumulent désormais l'homogénéité sociologique et la convergence politique. Ce phénomène tient non seulement à la synthèse macronienne des deux libéralismes sur lesquels autrefois gauche et droite se divisaient, le libéralisme culturel et le libéralisme économique, mais surtout à l'affaiblissement de la perspective d'une alternance. »

Nous retrouverons cette explication lorsque nous aborderons le ralliement de la haute fonction publique judiciaire à la candidature puis au pouvoir d'Emmanuel Macron.

Chapitre 6
L'alliance justice-médias
contre la droite

Troisième et quatrième pouvoirs main dans la main

L'alliance justice-médias est une évidence tout au long des années qui vont de l'explosion de 1990 jusqu'à l'arrivée au pouvoir de François Hollande. Ce fut d'abord une alliance de circonstance, la magistrature dans sa partie la plus active entendant s'appuyer sur l'opinion publique et son outil d'information pour mener le combat de son émancipation.

Les journalistes vont également y trouver leur compte, l'affrontement entre le pouvoir judiciaire et le monde politique et le thème du « tous pourris » devenant un inépuisable sujet d'interventions multiformes. Au cours de ces années, le système d'organisation de la presse mis en place à la Libération en application du programme du Conseil national de la Résistance va voler en éclats. La presse écrite va connaître une crise qui aurait pu être mortelle et dont l'argent privé la sauvera, pour aboutir à la situation actuelle où une sorte de ploutocratie à base d'alliance entre le Capital et l'État domine l'ensemble. Comme dans les grands médias audiovisuels, où la libéralisation entamée dans les années 1980 a favorisé la constitution de mastodontes.

Mais cette alliance justice-médias utilisera prioritairement le vecteur de la presse écrite, les médias audiovisuels se contentant de suivre, dans un premier temps. Dans la presse écrite, le marketing va prendre une place de plus en plus importante, lequel orientera les choix rédactionnels, la lutte contre « les puissants » essentiellement identifiés dans la classe politique devenant un sujet en or. Le métier de journaliste lui-même va profondément évoluer, avec l'arrivée d'une part importante d'élèves issus des écoles de journalisme, les cursus de carrières devenant assez différents de ceux de la période précédente et la concurrence étant rude. Va s'installer une rivalité mimétique ainsi exprimée : « Si les journalistes passent de moins en moins de temps sur le terrain, ils en consacrent de plus en plus à lire, écouter et regarder ce que font les autres. Plus des titres sont en concurrence, plus ils tendent à faire la même chose. Le paysage des chaînes télévisées et celui des hebdomadaires nationaux fournissent des exemples éloquents de cette rivalité mimétique. Cette imitation contribue à ce que tous les médias s'accordent sur l'essentiel, notamment sur ce qui est digne de constituer un "événement" et ce qui ne l'est pas. »

La « mise en cause » d'un homme politique va ainsi devenir un événement à traiter en priorité, puisqu'il garantit, pense-t-on, le succès éditorial, mais présente également l'autre avantage de ne pas être très fatigant. Vont ainsi se multiplier les « journalistes d'investigation », se prétendant enquêteurs et justiciers et dont Edwy Plenel est l'exemple caricatural. Leur principal outil de travail est le téléphone portable à condition de posséder les bons numéros dans les carnets d'adresses et d'être rompus aux renvois d'ascenseur. Écoutons le regretté Pierre Péan, lui-même grand journaliste d'investigation, définir ces imposteurs : « Attendre sur son bureau les PV des juges, ce n'est pas ce que j'appelle de l'enquête, mais de la simple gestion de fuites. Le journaliste devient un pion, rentrant dans les objectifs des uns et des autres, devenant l'outil de vengeances ou de stratégies judiciaires. Je revendique de prendre l'initiative, je ne suis pas un auxiliaire de justice, je n'ai pas besoin de la justice pour déterminer le sujet de mes enquêtes. »

Pour former un couple, il faut être deux. Il y a donc les journalistes et, de leur côté, les magistrats qui ont largement profité du soutien des médias les présentant systématiquement comme de preux justiciers, ce qui procurait satisfactions d'amour-propre et brevets leur permettant d'aller ensuite monnayer des notoriétés souvent injustifiées. Nous avons parlé de ceux-là au chapitre 4, mais il y en eut d'autres, plus discrets, pour se servir de la presse et acquérir un statut d'intouchables permettant de poursuivre des objectifs politiques. En conduisant les procédures comme ils l'entendaient en dehors du système judiciaire classique, qui fonctionne normalement à base de collégialité, de double degré de juridiction et de respect scrupuleux des formes. Les magistrats des juridictions supérieures, y compris à la Cour de cassation, outre leur puissant corporatisme, hésitent souvent à mettre en cause les décisions des héros médiatiques par crainte de se faire accuser d'être soumis au pouvoir. Incontestablement, dans le passé, le soutien de la presse a été utile à certains pour parer les pressions politiques, mais aujourd'hui le pacte qui lie les magistrats et les journalistes a une fonction opérationnelle et directement politique comme l'affaire Fillon en a fourni l'éclatante démonstration.

L'outil principal qui permet la mise en œuvre de ce consensus frauduleux est la violation permanente du « secret de l'instruction » pourtant instauré par la loi. Les acteurs du pas de deux justice-médias passent leur temps à le déclarer de polichinelle, obsolète, ou carrément contraire à la liberté d'expression et d'information. Et par conséquent, il serait légitime de le piétiner malgré l'obligation légale. Cette stupéfiante désinvolture à l'égard d'un principe fondamental du procès pénal aboutit à ce que la violation de la loi par ceux qui sont chargés de la faire respecter finit par n'avoir aucune importance ! Le secret de l'instruction, qui concerne en réalité tout le processus de l'investigation judiciaire, de l'enquête préliminaire à l'ordonnance de renvoi devant le juge du fond, est pourtant un principe fondamental du procès pénal.

Tout d'abord, à quoi sert ce fameux secret dont tous ceux qui considèrent son application comme un obstacle à leur petit business (pour les uns), à leurs manipulations (pour les autres), passent leur temps à demander la suppression ? Avec l'argument classique et très souvent hypocrite qu'il s'opposerait aux libertés de la presse et d'expression garanties par l'article 10 de la Convention européenne des droits de l'homme. Eh bien tout simplement à protéger la présomption d'innocence, pierre angulaire fondamentale du procès pénal qui veut que l'on reste un citoyen de plein exercice jusqu'à ce qu'un tribunal en décide autrement. Rappelons que cette décision ne peut intervenir qu'après une procédure régulière, garantie elle aussi par l'article 6 de la même Convention européenne, reprenant les obligations de la Déclaration des droits de l'homme de 1789 incorporée à notre Constitution. Il est clair qu'il faut que ceux qui vont devoir arbitrer un débat contradictoire entre l'accusation, disposant des moyens de l'État, et la défense, assurée par les avocats, soient à l'abri de toutes les pressions y compris celles de l'opinion publique travaillée, voire manipulée par des circuits de communication devenus surpuissants. Il ne s'agit évidemment pas de censure, mais il a bien fallu rendre un arbitrage entre les libertés fondamentales d'expression et d'information et un principe absolu sans le respect duquel il n'est pas de fonctionnement judiciaire civilisé.

Comment le législateur français a-t-il rendu souverainement son arbitrage ? D'abord en inscrivant dans la loi l'article 11 du Code de procédure pénale : « Sauf dans les cas où la loi en dispose autrement et sans préjudice des droits de la défense, la procédure au cours de l'enquête et de l'instruction est secrète. » Pour la sanction de la violation du secret, la répression est prévue à l'article 226-13 du Code pénal : « La révélation d'une information à caractère secret par une personne qui en est dépositaire soit par état ou par profession, soit en raison d'une fonction ou d'une mission temporaire, est punie d'un an d'emprisonnement et de 15 000 euros d'amende. »

La combinaison de ces deux articles démontre que l'arbitrage du législateur a bien été rendu en faveur de la préservation d'une liberté individuelle fondamentale. Et le quantum des peines prévues établit la gravité de la violation. La jurisprudence s'est prononcée exactement dans le même sens. Il convient de rappeler les attendus d'une décision de la 17e chambre du tribunal correctionnel dans laquelle la juridiction avait estimé que si « les journalistes exercent une fonction de contre-pouvoir nécessaire dans une société démocratique et qu'ils étaient confrontés en l'espèce à une affaire d'État d'une nature exceptionnelle, les éléments soumis au secret de l'instruction ne pouvaient nécessairement qu'être parvenus entre leurs mains à l'aide de la commission d'une infraction ». Cette interprétation fut confirmée par la Cour de cassation.

Réaffirmant dans un arrêt récent que la confidentialité des pièces issues d'une information « était justifiée par les impératifs de protection des droits d'autrui, au nombre desquels figure la présomption d'innocence, par la préservation d'informations confidentielles et par la garantie de l'autorité et de l'impartialité du pouvoir judiciaire, si bien que la décision de la cour d'appel était justifiée au regard de l'article 10 de la CEDH ». Les choses sont claires, et pourtant ces dispositions sont allègrement violées tous les jours et en particulier dans les affaires politico-financières. Où dans la chasse aux méchants puissants nécessairement pourris, la fin justifie les moyens et l'arbitraire doit remplacer le respect de la règle. Et c'est ainsi que, par exemple, une nouvelle pratique de procédure pénale s'est instaurée sans que personne ne s'en émeuve, qui voit les journalistes être destinataires des pièces de procédure versées dans un dossier à l'instruction avant même que les avocats de la défense en aient connaissance. Encore bravo ! Les duettistes du *Monde* furent par exemple destinataires en urgence des premières pièces de l'enquête préliminaire concernant François Fillon quelques jours après son ouverture. Alors que ni celui-ci, ni ses avocats ne pouvaient y avoir accès puisque l'enquête préliminaire n'est justement pas contradictoire. Cet exemple est particulièrement intéressant dans la mesure où seuls les magistrats et les policiers chargés de l'enquête y avaient eu accès. Il est donc pour cette fois-ci impossible d'accuser des avocats, qui acceptent parfois de jouer ce rôle, de s'être comportés en petits télégraphistes pour favoriser l'opération de disqualification du candidat de la « droite républicaine ». La plainte pour violation du secret de l'enquête déposée par François Fillon dort paisiblement dans un des placards du château de la Belle au bois dormant. Où se couvrent de poussière toutes les plaintes déposées pour les mêmes infractions pénales probablement commises par des magistrats ou des enquêteurs, ceux-là mêmes qui violent la loi en prétendant veiller à son respect. Malheureusement, cette corruption-là qui disqualifie trop souvent autorités de poursuite et juges du siège ne semble gêner personne.

Il y eut certes des poursuites contre la juge d'instruction Isabelle Prévost-Desprez, accusée d'avoir violé le secret de l'instruction dans le dossier Bettencourt, devenu un champ de bataille de ses règlements de comptes avec le procureur Philippe Courroye. Après avoir été dessaisie du dossier au profit de Jean-Michel Gentil à Bordeaux, elle fut jugée par le tribunal correctionnel de la même ville pour violation du secret professionnel. Le procureur avait tonné : « Les charges sont nombreuses et accablantes. La pratique de la divulgation d'informations est habituelle chez Isabelle Prévost-Desprez, elle est même revendiquée. » Et *dura lex, sed lex*, il avait requis la peine terrifiante de 5 000 euros d'amende. C'était encore trop sévère : la magistrate prolixe fut relaxée.

À titre d'illustration, passons maintenant par un album de bandes dessinées où quelques cases racontaient une anecdote amusante. Richard Malka est un avocat virtuose en droit de la presse, conseil de *Charlie Hebdo* au moment du massacre, il nourrit une passion pour la bande dessinée, dont il est devenu un scénariste régulier. Dans une de ses séries, intitulée *Section financière*, on y rencontre une juge d'instruction aux méthodes particulières. On la voit, à la suite d'un interrogatoire un peu sportif, décrocher son téléphone pour appeler le journaliste d'un grand quotidien et lui proposer de lui en envoyer le procès-verbal en échange d'une recension élogieuse du livre qu'elle vient de publier. Tout ceci est évidemment de la pure fiction, ces choses-là ne se produisent jamais. Et ceux qui spéculent sur le modèle qui aurait inspiré Malka en seront pour leurs frais. Une bande dessinée n'est pas sonore, et on ne peut pas savoir si ce qu'on lit dans les bulles est dit avec un accent scandinave prononcé…

Du côté des journalistes, la concurrence est rude, que ce soit entre les organes de presse eux-mêmes ou les journalistes. La qualification de « journaliste d'investigation » permet, malgré la définition qu'en donne Pierre Péan, de se rengorger et de nourrir son amour-propre. Cela peut aller jusqu'à celle d'« enquêteurs » donnée par *Le Monde* à son duo de choc, les célèbres Davet et Lhomme, qualification qui vous propulse au niveau stratosphérique de Rouletabille, voire d'Hercule Poirot. L'ensemble des médias s'adonne à ce type de journalisme en fonction des circonstances, de ses objectifs commerciaux, et parfois, mais c'est peu fréquent malgré les affirmations la main sur le cœur, dans un souci de morale et d'intérêt public.

En dépit de la multiplication des sites numériques de dénonciation, et le fait que tous les grands médias puissent ponctuellement s'y adonner, il existe dans notre pays deux institutions incontournables. Dont les publications sont examinées avec gourmandise pour essayer d'y découvrir les choses inavouables commises par ceux que l'on n'aime pas, ou simplement pour satisfaire une curiosité bien naturelle pour les ragots. Il y a d'abord *Le Canard enchaîné* qui, depuis plus de cent ans, bombarde équitablement le champ politique, même si lui-même penche à gauche, et si l'affaire Fillon est venue singulièrement écorner cette réputation d'impartialité. Il y a ensuite le nouveau venu fondé par Edwy Plenel qui présente quelques caractéristiques particulières. Son artillerie est d'abord et avant tout dirigée vers les cibles de son fondateur, qu'il canarde avec acharnement, interpellant police et justice pour n'être pas assez diligentes dans la répression de ceux qu'il leur a jetés en pâture. On dit beaucoup d'Edwy Plenel qu'il est un policier contrarié : il faut croire qu'il est aussi un procureur rentré, comme l'avait montré la lettre courroucée adressée au parquet de Paris face à son inaction devant les révélations concernant Jérôme Cahuzac. Des rumeurs malveillantes prétendent également qu'il travaillerait à façon et à la commande. Personne ne peut évidemment croire une chose pareille.

Quoi qu'il en soit, en général pour les affaires politico-financières, ce sont plutôt par les enquêteurs, magistrats ou policiers que sont choisis les journalistes qui vont se faire les relais des informations, dont on souhaite qu'elles soient portées à la connaissance du public. Lorsque les instructions sont contradictoires et que par conséquent des avocats ont accès au dossier, il arrive aussi que ces derniers jouent ce rôle. Tous ces protagonistes vous jureront la main sur le cœur : « pas de ça chez nous ! ». Les victimes de ces indiscrétions auront beau protester, essayer de rétablir leur honneur et leur réputation bafouée, déposer des plaintes, tout ceci restera lettre morte.

Ceux qui ont eu l'occasion de consulter les dossiers du pôle financier ont d'ailleurs constaté qu'y figuraient en bonne place des coupures de presse voisinant avec les procès-verbaux d'interrogatoires ou de perquisitions, et les rapports d'expertise. Elles ont avantageusement remplacé les lettres anonymes qui permettaient à certains d'élargir leur saisine en se faisant délivrer par des procureurs amis des réquisitoires supplétifs. De quoi s'agit-il ? Il existe un principe selon lequel le juge du siège ne peut examiner que ce dont il est saisi par l'autorité de poursuite et ne peut pas sortir de lui-même de son champ d'investigation. S'il apprend l'existence de faits nouveaux susceptibles de recevoir une qualification pénale, il lui appartient d'en informer le parquet, à charge pour celui-ci de délivrer un nouveau réquisitoire et d'en saisir un juge d'instruction. Cela peut être un autre, mais dans ces affaires, c'est bien toujours le même à qui on donne les moyens d'aller fureter partout, grâce à des « supplétifs » à répétition. On a parlé des réquisitoires supplétifs dont bénéficiait Thierry Jean-Pierre, et à cette époque se pratiquait beaucoup l'envoi de ces lettres anonymes. Une fois encore de vilaines rumeurs évidemment mensongères font courir le bruit que certaines de ces lettres étaient sollicitées, personne ne le croira bien sûr. Le problème est que ces méthodes renvoyant à des périodes passablement déplaisantes qualifiées d'« heures sombres », devinrent un peu compliquées à assumer, les articles de presse ont alors pris le relais.

Mais ces violations du secret de l'instruction présentent, dans ces affaires, un autre intérêt : celui d'articuler l'agenda judiciaire et l'agenda politique. Très curieusement, ces dossiers qui donnent lieu à des instructions parfois interminables ressortent régulièrement dans la presse. Et lorsque l'on en observe attentivement la chronologie des indiscrétions réactivant le scandale, on constate très fréquemment qu'elles surviennent à des moments politiques particuliers. Serait-il excessif de penser que le hasard n'a pas grand-chose à voir là-dedans ? Nicolas Sarkozy en a été la victime régulière dans les affaires de Karachi, du financement libyen, Paul Bismuth, sondages de l'Élysée, Sarkothon et autres Bygmalion. Nous y reviendrons lorsque nous l'examinerons, mais arrêtons-nous par exemple à ce réquisitoire définitif du Parquet national financier rédigé manifestement dans l'urgence à la fin du mois d'août 2016, et notifié d'abord, comme l'exigent les règles non écrites du « Code de procédure pénale des affaires politico-financières mettant en cause Nicolas Sarkozy », aux duettistes du *Monde* déjà nommés puis, un peu plus tard, aux avocats de la défense. Le document signé par la patronne du PNF à l'époque était lardé de plus de cent trente-quatre fautes d'orthographe et de syntaxe grossières, et requérait le renvoi en correctionnelle de Nicolas Sarkozy pour des faits pour lesquels il n'était pas mis en examen ! La presse en fit naturellement des gorges chaudes, prit pour argent comptant l'énormité juridique, et passa de nouveau ses nerfs sur sa tête de Turc préférée. Il n'y avait pourtant aucune urgence de procédure à la délivrance de ce réquisitoire définitif puisque, pour la petite histoire, l'ordonnance de renvoi du juge d'instruction Serge Tournaire – Renaud Van Ruymbeke, cosaisi, refusant d'ailleurs de la signer – sera rendue six mois après…

Quel était donc l'intérêt de faire publier par la presse à ce moment-là ce réquisitoire bâclé et confus ? Tout simplement à l'évidence parce que Nicolas Sarkozy venait de lancer sa campagne électorale pour les primaires de la droite qui devaient se tenir quelques semaines plus tard.

Nous reviendrons sur ces différents points lorsque nous examinerons les affaires concernées et en particulier les différentes péripéties de la « chasse au Sarkozy », mais il faut à présent décrire un des outils judiciaires essentiels du système que nous avons choisi de présenter.

La création en France de juridictions spécialisées date du milieu des années 1970. Les juridictions régionales spécialisées (JRS) en matière économique et financière ou « pôles économiques et financiers » furent créées par la loi du 6 août 1975, puis une nouvelle loi a mis en place en 2004 les juridictions interrégionales spécialisées (JIRS) chargées de la lutte contre la criminalité organisée et la délinquance financière. Mais le centralisme français stimulé par quelques arrière-pensées a voulu que l'on installe une juridiction nationale dans ce domaine. Les affaires d'une grande complexité de corruption, d'escroquerie, de marchés publics frauduleux, de fraudes fiscales et de blanchiment devaient être traitées par une juridiction nationale.

Et c'est ainsi qu'au sein du tribunal de grande instance de Paris fut créé un « pôle financier » où plusieurs juges chargés de l'instruction furent nommés, mais aussi des magistrats du siège devant juger ces infractions (voir chapitre 7). La 32ᵉ chambre du tribunal a été installée pour accueillir en priorité ces dossiers. L'appartenance à ce pôle est assez prestigieuse et convoitée, et celui-ci a vu passer l'essentiel des vedettes médiatiques dont nous avons parlé. Mais il comporte aussi des magistrats compétents et plus discrets. Dans les années 2010, sa composition équilibrée au départ fut semble-t-il l'objet de soins particuliers, directs et indirects, de la part de François Hollande et il s'est au fur et à mesure transformé, grâce à quelques magistrats militants systématiquement choisis pour instruire les dossiers sensibles, en une redoutable machine de guerre contre la droite et en particulier Nicolas Sarkozy à partir de son élection en 2007. Ce sont les magistrats instructeurs, dans une quasi-opacité, qui ont la maîtrise de l'agenda, et qui décident des mesures qui rythment la procédure et sa médiatisation. La création du Parquet national financier en 2013 viendra compléter le dispositif au début du mandat de François Hollande.

Quand la Cour de cassation aménage les chemins

Dans le dispositif judiciaire français, la Cour de cassation occupe la place d'une juridiction suprême mais n'intervient que sur l'application du droit. Ses pouvoirs d'interprétation de la loi sont donc décisifs et sa jurisprudence a joué, dans le processus que nous décrivons, un double rôle. Tout d'abord, elle a été assez peu regardante sur les acrobaties procédurales d'un certain nombre de justiciers, finissant tout de même par censurer les plus grossières. Mais c'est plutôt au travers de certaines de ses décisions de principe qu'elle a permis les évolutions et a fourni à l'appareil judiciaire les moyens de son dévoiement.

Examinons deux exemples qui caractérisent cette intervention qu'il ne serait pas raisonnable de présenter comme le fruit d'une décision concertée. Il s'agit plutôt d'une tendance lourde qui permet un déséquilibre dans la séparation des pouvoirs et ouvre la porte à une politisation de la justice. Il y a d'abord la destruction méthodique du secret professionnel de l'avocat, entérinée par la Cour de cassation, que nous illustrerons également par ce qui en est le fruit, la volonté de domestiquer la défense. Ensuite la mise en place d'une jurisprudence qui permet au juge judiciaire, en qualifiant de « fonds publics » l'argent manié par les parlementaires, de s'arroger ainsi le contrôle de la façon dont ils organisent leur travail.

Feu le secret professionnel de l'avocat

Le secret professionnel des avocats n'est plus qu'un souvenir. Les antisarkozystes avaient longuement ricané sur la mésaventure de Nicolas Sarkozy et de son avocat, communiquant entre eux par l'intermédiaire d'un téléphone portable acheté sous un autre nom. Ce n'était pourtant que la résultante d'une prise de conscience au sein de la profession d'avocat et en particulier chez les pénalistes. Tout le monde sait très bien dans la profession que désormais le seul moyen de respecter la confidentialité normalement exigée, excusez du peu par la Constitution, est de parler en face-à-face avec son client. Et on ajoutera, avec les acrobaties de la Cour de cassation dans l'affaire Bettencourt, que ce n'est même pas sûr.

Qu'est-ce que le secret professionnel de l'avocat ? Pourquoi les principes judiciaires exigent-ils depuis fort longtemps que ce qui relève de la communication entre un avocat et son client soit frappé d'un secret absolu ? Rappelons encore une fois que l'État moderne s'arroge le pouvoir d'exercer la violence légitime. Prérogative qui porte atteinte à la liberté et à l'intégrité de l'individu. L'acceptabilité sociale de la décision prise et la protection des innocents imposent que le mis en cause soit assisté par quelqu'un qui l'aidera à rétablir un peu l'équilibre entre le Léviathan qu'est l'État et le citoyen seul.

En France, depuis la Révolution, on n'aime pas beaucoup les avocats. Sans forcément aller aussi loin que Couthon qui disait pendant la Terreur : « Un avocat ? Les coupables n'y ont pas droit, les innocents n'en ont pas besoin. » Dans un pays de tradition étatique forte, on préfère, nous l'avons déjà dit, l'ordre à la justice. Et chez nous, pour un nombre croissant de magistrats, mais aussi pour l'opinion, les avocats sont souvent perçus comme des complices.

Pourquoi un secret professionnel ? Celui-ci répond à deux objectifs. Tout d'abord, il s'impose à l'avocat dont personne, pas même le client, ne peut le relever. Cela va asseoir la confiance de celui qui s'en remet à lui pour le défendre. Il aura la certitude que rien de ce qu'il dira à son conseil ne pourra se retourner contre lui, et cette confiance est indispensable à la mission de défense. Ensuite, le secret s'impose également aux autorités de poursuite et aux juges. L'établissement de la « vérité judiciaire » doit se faire loyalement. Sinon l'exercice de la violence légitime devient illégitime.

En système anglo-saxon, ce secret est absolu et protégé depuis longtemps comme relevant de l'ordre public. En Angleterre, cette protection est reconnue depuis le XVIe siècle. Elle a été confirmée encore récemment par une décision de la Chambre des lords de 1995 affirmant « qu'aucune exception ne peut s'opposer au caractère absolu du privilège ». À l'objection, bien française, selon laquelle le secret ne devrait pas permettre aux avocats de commettre des infractions, le droit anglais répond : « L'intérêt général commande que ce secret soit absolu. S'il faut réprimer d'éventuelles infractions commises par les avocats, il faudra utiliser d'autres moyens de preuve que ceux que fournirait la violation du secret. »

En France le secret professionnel des avocats a fait depuis une vingtaine d'années l'objet d'une déconstruction méthodique. Soyons juste, la droite (la plus bête du monde ?) a la première ouvert le feu. Avec la loi Perben II affirmant en 2004 que : « Le Procureur de la République ou l'officier de police judiciaire peut requérir de toute personne, [...] susceptible de détenir des documents intéressant l'enquête, [...] de lui remettre ces documents, sans que puisse être opposée, sans motif légitime, l'obligation du secret professionnel. » Secret professionnel oui, mais à condition d'avoir un motif légitime établi. De règle, le secret devient l'exception. Bravo à ces hommes politiques de droite, militants de ces mesures qui ensuite pousseront eux-mêmes des cris d'orfraie quand ils seront victimes des mesures qu'ils ont réclamées à grand bruit et fait adopter.

La pratique de l'instruction à la française et la Cour de cassation ont poursuivi ce travail.

La pratique tout d'abord, qui a vu se multiplier les perquisitions dans les cabinets d'avocats, les saisies d'ordinateurs et autres écoutes téléphoniques, créant une insécurité totale dans la relation avocats-clients. Jusqu'au juge d'instruction de l'affaire Bettencourt à Bordeaux qui, avant de mettre l'ancien président de la République en examen avait fait convoquer son avocat par la police (!) sur commission rogatoire pour exiger que celui-ci lui remette son agenda professionnel pour le verser au dossier ! Les privautés procédurales de Jean-Michel Gentil n'ont pas ému grand monde. C'est qu'avec Nicolas Sarkozy, il est vrai que si l'on respecte la loi et les principes, on ne va pas s'en sortir.

La pratique ensuite des écoutes téléphoniques qui, par le jeu des transcriptions, donnent une information tronquée et coupée de son contexte. La justice en a fait une nouvelle reine des preuves. Mettre un avocat sur écoute, c'est délicat, alors ce sera le client. On transcrit les conversations avec son conseil, puis enquêteurs et juges d'instruction prennent connaissance du contenu. Et décident ensuite ce qui relève du secret et ne doit pas être versé au dossier ! Ouf, la morale est sauve, les transcriptions des conversations confidentielles ne seront pas dans le dossier. Mais tout le monde les aura lues…

La Cour de cassation n'y a vu aucun problème. Et a trouvé une autre astuce pour affaiblir encore ce maudit secret. Par un arrêt du 31 janvier 2012, elle a validé le versement au dossier de l'affaire Bettencourt de la transcription (effectuée par le parquet !) des enregistrements clandestins et strictement illégaux du majordome. Et notamment d'une conversation entre Mme Bettencourt et son avocat. La Cour nous indiquant benoîtement que ces transcriptions ne sont pas en elles-mêmes « des actes ou des pièces de l'information, au sens de l'article 170 du Code de procédure pénale, et comme tels, susceptibles d'être annulés, mais des moyens de preuve qui peuvent être discutés contradictoirement ». Donc, si l'on fait un enregistrement pirate ou un cambriolage pour voler les lettres échangées par l'avocat et son client, et que l'on envoie le tout à la police ou au juge, c'est bon ? Dites, amis journalistes, votre secret des sources ne serait-il pas le prochain sur la liste ?

Plus récemment encore, il y a eu l'arrêt rendu par la chambre d'instruction de la cour d'appel de

Paris dans l'affaire concernant la surveillance téléphonique dont a été l'objet Thierry Herzog. Avocat personnel de Nicolas Sarkozy depuis toujours, et fort occupé depuis que pour certains la chasse judiciaire à ce dernier est devenue quasiment un métier à plein temps. La Cour a considéré que le secret professionnel était réservé exclusivement à la relation unissant un avocat et un client mis en examen. Joli, non ? Il suffit d'attendre un peu, de ne pas mettre en examen et comme cela on est tranquille, plus embêté par cet horrible secret professionnel. La Cour de cassation a trouvé cela formidable.

Les avocats pénalistes français, qui essaient de s'adapter tant bien que mal à cette disparition, sourient quand on leur parle de l'article 6 de la Convention européenne des droits de l'homme et du nécessaire respect des règles organisant « le procès équitable ».

Surveiller les avocats ?

Et, histoire d'alourdir encore la barque, le Conseil constitutionnel y est allé de son coup de pied de l'âne. En 2015, le Parlement à majorité socialiste a voté la « Loi sur le renseignement ». Cette loi de surveillance de masse a suscité – y compris bien au-delà de nos frontières – critiques et inquiétudes. Et elles n'ont guère été apaisées par Bruno Le Roux, président du groupe socialiste à l'Assemblée, affirmant benoîtement que si le texte était attentatoire aux libertés, ce n'était pas grave puisqu'il suffisait de voter pour les socialistes qui en feraient une application bienveillante !

Ce texte prévoit la conservation et l'utilisation par l'administration de « métadonnées » relatives à toute l'activité de tous les citoyens sur Internet. Le débat a porté sur le fait de savoir jusqu'où l'État pouvait aller dans la collecte et l'utilisation de ces données, qui ne disent rien du contenu même des communications mais renseignent complètement sur leur contexte : qui appelle qui, à quelle heure, où, qui envoie des e-mails à qui, de quelle taille, avec des pièces jointes ou non, chiffrés ou non. Devant le Conseil constitutionnel, le Gouvernement a soutenu que l'avocat n'avait pas droit au secret des correspondances avec ses clients, en dehors du contenu même des correspondances. L'exécutif peut connaître l'identité des clients, la fréquence, l'heure ou le lieu des communications. Merci monsieur Hollande, message reçu. Car c'est le président de la République, adepte des petites ruses ayant bien évidemment pris ses précautions à l'avance, qui a saisi le Conseil. Celui-ci ne l'a pas déçu en affirmant, et c'est le pire, que le secret professionnel des avocats ne faisait pas partie des libertés protégées par la Constitution, et relevait par conséquent du domaine de la loi (et de la jurisprudence bien sûr...). Mort et enterré.

Les parlementaires chargés de mission de service public ?

À la suite de la publication par *Le Canard enchaîné* d'un article mettant en cause le choix par François Fillon, alors parlementaire, de son épouse comme attachée parlementaire, le Parquet national financier s'est précipité pour soi-disant contrôler la réalité du travail de celle-ci au profit de son député de mari. Le Pénélopegate repose au plan juridique sur la possibilité donnée au juge judiciaire de contrôler la façon dont les parlementaires français utilisent l'argent mis à la disposition des Assemblées auxquelles ils appartiennent pour exercer leur mandat. Il y a là un vrai problème d'application du principe de la séparation des pouvoirs. Le parlementaire doit disposer d'une totale liberté pour exercer les responsabilités que le suffrage universel lui a confiées sans qu'aucun des deux autres pouvoirs séparés, exécutif et judiciaire, puisse venir l'entraver. Vis-à-vis de l'exécutif, c'est l'immunité parlementaire dont nous avons déjà parlé et qui s'est réduite comme peau de chagrin. Vis-à-vis du judiciaire, c'est aussi l'immunité, mais également l'interdiction d'appliquer des mesures attentatoires à sa liberté sans l'autorisation de l'Assemblée à laquelle il appartient. Les deux Chambres du système parlementaire français gèrent leur dotation financière sous leur propre responsabilité, et en organisent l'utilisation y compris avec des procédures de sanctions internes. Normalement, le juge ne devrait rien avoir à y faire. Comprenons-nous bien, il ne s'agit pas de dire que députés et sénateurs peuvent faire n'importe quoi, et commettre des infractions pénales. Si l'un d'entre eux utilise la dotation pour financer un trafic de drogue, il sera poursuivi... pour trafic de drogue. S'il achète un local qu'il met à la disposition d'une prostituée, il sera poursuivi... pour proxénétisme, etc. Parce que, c'est l'évidence, s'il n'est pas exactement un citoyen comme les autres, le statut de parlementaire n'offre pas un brevet pour commettre des infractions. Mais si l'on peut considérer comme moralement déplaisant le fait d'embaucher des membres de sa famille comme collaborateur parlementaire, ou au contraire le trouver justifié par l'exigence de confiance qu'implique un tel rapport, il est clair qu'aucune interdiction légale n'existait avant 2017 et bien sûr aucune infraction pénale le sanctionnant ne figurait dans le Code pénal. On ajoutera, ce qui n'est pas sans intérêt, que cette pratique était massivement utilisée par les parlementaires bien sûr, le reproche concernant François Fillon était de savoir si son épouse et ses enfants avaient fourni un travail réel au service du celui-ci pour l'exercice de sa mission. C'est une question délicate puisqu'elle nécessite de se pencher sur la façon dont le parlementaire organise son travail. Ce qui normalement ne devrait pas être de la compétence du juge en application du principe de séparation des pouvoirs. C'est bien la raison pour laquelle cette faculté de contrôle appartient à l'assemblée elle-même. Mais la Cour de cassation, soutenue d'ailleurs par l'opinion publique, ne l'a pas entendu de cette oreille. Dans son souci de donner au juge les moyens d'avoir barre sur les parlementaires et à notre sens en violation de ce fameux principe de séparation des pouvoirs, la Cour de cassation a réalisé une opération jurisprudentielle indispensable à la liquidation judiciaire du candidat Fillon.

Comment s'est-elle déroulée ?

Le Canard enchaîné avait lancé un feuilleton relatif à l'utilisation par les sénateurs UMP de sommes destinées à la rémunération de leurs assistants et secrétariats, sur lequel le parquet s'était jeté avec gourmandise dès lors qu'il s'agissait de parlementaires de droite, et que le contexte du « tous pourris » permettait toutes les acrobaties procédurales. Après une enquête préliminaire et l'ouverture d'une information judiciaire, certains parlementaires furent mis en examen pour « détournement de fonds publics », délit dont nous avons déjà parlé, codifié à l'article 432-15 du Code pénal et qui ne concerne que certains types d'agents publics. La première condition pour que l'infraction soit constituée est que les faits soient commis par « une personne dépositaire de l'autorité publique ou chargée d'une mission de service public, un comptable public, un dépositaire public ou l'un de ses subordonnés… ». Rappelons encore une fois que le droit pénal est soumis aux principes constitutionnels *Nullum crimen sine lege* (pas de crime sans loi) de spécialité et d'interprétation strictement restrictive. Alors, pour pouvoir poursuivre les parlementaires dans le maniement de leur argent, il a fallu les rattacher à l'une des catégories visées dans le texte répressif. Un député ou un sénateur n'est pas dépositaire de l'autorité publique, il n'a d'autres pouvoirs que ceux de voter la loi et de contrôler l'action du Gouvernement.

Alors, pour donner au juge les moyens jurisprudentiels de piétiner la séparation des pouvoirs, la Cour de cassation, avec une joviale mauvaise foi, va considérer que les parlementaires sont des personnes « chargées d'une mission de service public ». Ceux qui pensaient, comme l'auteur de ces lignes, que « mission de service public » voulait dire mission au service du public en seront pour leurs frais. Les fonctionnaires sont au service du public et c'est même leur raison d'être, les ministres, les élus municipaux, départementaux, régionaux sont au service du public auquel ils fournissent des prestations dans tous les domaines. Et il faut ajouter les personnes privées à qui l'autorité publique a confié une délégation de service public. Par exemple le gestionnaire d'un camping municipal, ou le gérant du restaurant du bois de Boulogne titulaire d'un tel contrat voient leurs clients devenir alors des « usagers du service public », notion abondamment précisée par la jurisprudence du Conseil d'État. Les parlementaires n'assurent aucun service ni direct ni indirect au public, et les citoyens qui les ont élus et qui devront exécuter les lois qu'ils adoptent ne sont pas des usagers ! Dans un arrêt du 27 juin 2018 la Cour de cassation va d'abord donner sa définition de la mission de service public : « Est chargée d'une mission de service public au sens de l'article 432-15 du Code pénal la personne qui accomplit, directement ou indirectement, des actes ayant pour but de satisfaire à l'intérêt général. » Et en assimilant la notion de service public à celle d'intérêt général, la Cour de cassation se livre à une interprétation complètement extensive au contraire des principes du droit pénal. Et le revendique d'ailleurs dans une motivation ébouriffante : « Justifie sa décision la chambre de l'instruction qui, pour reconnaître à un sénateur la qualité de personne chargée d'une mission de service public au sens du texte précité, énonce, notamment, que cette notion doit être interprétée largement (ah bon ?), que le sénateur, comme le député, vote la loi, détenant à ce titre une parcelle d'autorité publique, et que les parlementaires sont autorisés à visiter à tout moment les locaux de garde à vue, les établissements pénitentiaires et les centres éducatifs fermés ainsi que les lieux de rétention administrative et les zones d'attente, en application de l'article 719 du Code de procédure pénale, qui permet aux élus de la Nation de vérifier que les conditions de détention répondent à l'exigence de respect de la personne humaine. » La référence à la possibilité donnée aux parlementaires de visiter les lieux de détention comme preuve d'une mission de service public, il fallait y penser ! Députés et sénateurs ont effectivement ce droit, mais qui n'est pour eux qu'un droit d'information ne leur donnant aucune autre possibilité que celle de s'en servir dans l'exercice de leur double mission de vote de la loi et de contrôle du Gouvernement.

Mais il fallait bien trouver la solution pour valider le raid judiciaire contre François Fillon, le moins que l'on puisse dire c'est que la haute juridiction ne s'est pas embarrassée du respect des principes pour le faire.

Devenue cible principale de l'instrumentalisation de la justice à dessein politique, la droite y compris parmi ses dirigeants de plus haut rang va devoir payer son tribut. En commençant par « le meilleur d'entre eux ».

Alain Juppé ne comprend rien

Petit retour en arrière au cœur des années 1990 où, comme une réponse du berger à la bergère, après les soucis judiciaires d'Henri Emmanuelli, ce fut à la droite de goûter aux joies des lynchages médiatico-judiciaires.

Alain Juppé, « le meilleur d'entre nous », comme le qualifiait imprudemment Jacques Chirac, commença sa carrière politique dans les années de l'argent fou. Propulsé rapidement par son parrain à des responsabilités importantes, il retint de cette période que les mauvaises habitudes étaient parfaitement normales. Il va le payer cher.

Il était un gibier facile, ses traits de caractère et ses comportements ne firent qu'aggraver les choses, et Jacques Chirac n'est pour rien dans ses mésaventures si ce n'est de l'avoir adoubé et toujours soutenu politiquement. Parce qu'Alain Juppé doit tout à Jacques Chirac qui lui a mis le pied à l'étrier, l'a protégé, lui a trouvé une circonscription sur mesure, et l'a ensuite nommé Premier ministre. Nous l'avons dit, sur les quinze ans des années folles, la droite dut se contenter de deux petites années à la tête de l'État, la gauche y passant treize ans, en bénéficiant entre autres de la manne des rétrocommissions de contrats à l'export et de l'appui bienveillant des grandes sociétés nationales. En contrepartie, la Ville de Paris devint une forteresse fournissant au RPR les commissions sur les marchés publics et les emplois fictifs de permanents. Alain Juppé occupait alors le poste stratégique d'adjoint aux finances de la Ville depuis 1983, et depuis 1988 celui de secrétaire général du RPR.

Concernant sa mise en cause, les choses se sont passées en trois temps. Tout d'abord, il avait bénéficié en pleine campagne électorale de l'appui gratuit de l'afficheur JCDecaux inondant Paris d'affiches dans les fameuses « sucettes », vantant un de ses livres. Cela fit beaucoup grincer, et pourtant n'eut aucune suite, ce qui suscita quelques aigreurs. La revanche intervint rapidement avec *Le Canard enchaîné*, qui souleva le problème de la gestion du domaine privé de la Ville de Paris, quelques jours après sa nomination comme Premier ministre par Jacques Chirac au printemps 1995. Comme adjoint aux finances de la capitale, Alain Juppé avait la surveillance et l'administration de cette gestion, et les fonctionnaires lui en rendaient compte, afin qu'il puisse prendre les décisions d'affectation des logements. Et c'est là qu'on constata qu'il avait une conception particulière de son mandat public, puisqu'il l'utilisait pour loger des membres de sa famille, et lui-même au passage, dans des logements parisiens de qualité à des loyers défiant toute concurrence. Tout juste si certains des baux ne portaient pas deux fois la signature de l'adjoint aux finances, une fois comme bailleur une autre fois comme locataire…

La « prise illégale d'intérêts » était constituée, la polémique fit rage, et le procureur de Paris qui subit de fortes pressions trouva une solution élégante. Probablement soucieux de ne pas perturber le début de mandat de Jacques Chirac, il constata la réalité de l'infraction commise auparavant par le nouveau Premier ministre mais proposa un classement sans suite sous condition. Qu'Alain Juppé déménage de son duplex de 170 m^2 avec parking de la rue Jacob dans le 6e arrondissement. Obligé d'obtempérer, celui-ci se considéra comme victime d'une horrible injustice. Il vint dire à la télévision qu'il était « droit dans ses bottes », ne voyant pas où était le problème, puisqu'il aurait pu bénéficier d'un logement de fonction, et qu'il était bien gentil d'avoir payé un loyer, même faible, à la Ville de Paris. On appréciera la qualité de l'argument et l'imperméabilité à tout raisonnement juridique de base. Cette rigidité arrogante laissera des traces dans l'esprit de beaucoup de magistrats.

La troisième étape de ce chemin de croix bifurqua de la polémique politico-juridique vers l'épreuve judiciaire elle-même, qu'Alain Juppé aborda avec, malheureusement pour lui, la même inconscience. Affaibli par son humiliation des élections législatives après la dissolution de 1997 où il fut brutalement débarqué entre les deux tours au profit de Philippe Séguin pour essayer en vain de sauver les meubles, il devint une cible tentante.

La gauche au pouvoir, le moment était venu de se faire le RPR et de prendre la revanche sur les avanies de Thierry Jean-Pierre aboutissant à la tragédie Bérégovoy. Les magistrats du tribunal correctionnel de Nanterre ne se firent pas prier pour mener une instruction tambour battant et, en 1999, Alain Juppé fut mis en examen pour « abus de confiance, recel d'abus de biens sociaux, et prise illégale d'intérêts ». Il sera renvoyé début 2004, et avec lui dans la charrette une fournée de dirigeants, secrétaires et autres trésoriers, occultes ou pas, du RPR de l'époque où il était secrétaire général puis président du parti, mais aussi, et c'était l'essentiel du problème, adjoint aux finances de la Ville de Paris pendant la même période. Au centre des incriminations, il y avait la question des « emplois fictifs » de la Ville de Paris, c'est-à-dire des fonctionnaires payés sur fonds publics mais qui travaillaient exclusivement pour le parti. La nécessaire adaptation à la loi de 1990 et le temps à mettre fin aux mauvaises habitudes auraient peut-être fourni quelques arguments pour limiter les dégâts. Malheureusement, toujours verrouillé dans la conviction de sa propre supériorité et son inculture juridique, Alain Juppé considérait la procédure comme une injure personnelle infondée, ce qui l'amena à développer une stratégie d'audience suicidaire.

Il commença par prendre de haut les magistrats du siège en invoquant sa légitimité politique opposée à leur légitimité judiciaire. Il nia ensuite les évidences, choix particulièrement malheureux, et ce d'autant que dans ce genre d'affaires les amitiés politiques ne comptent plus pour les coprévenus. Chacun pour soi et « c'est pas moi, c'est l'autre » sont les seuls mots d'ordre, d'autant plus quand le chef vous lâche. Alain Juppé, ayant trouvé indigne de son rang de paraître régulièrement aux audiences, ne s'y présenta que trois fois en trois semaines… Les absents ayant toujours tort, il vaut mieux faire attention quand vos oreilles sifflent, et lorsqu'on est face à des magistrats qui tiennent le manche avec votre avenir entre leurs mains, la prudence élémentaire invite à être au moins courtois.

Résultat, ce fut un massacre ; dix-huit mois de prison avec sursis et une inéligibilité fixée à dix ans ! Grâce à une astuce dont je ne sais pas lequel des trois magistrats eut l'idée, mais qui permit de proclamer cette énorme durée non pas en prononçant la sanction, mais en constatant qu'elle l'était de fait par l'application de l'article L-7 du Code électoral. Cet article, aujourd'hui abrogé, prévoyait une peine automatique de cinq ans d'inéligibilité portés à dix ans pour les parlementaires. Ce cataclysme provoqua la sidération au sein de la droite politique, témoignant une fois de plus de sa difficulté à appréhender le rôle et le fonctionnement de l'institution judiciaire. Je me rappellerai toujours la réflexion d'un membre de l'entourage me disant : « Cette condamnation est incompréhensible, la présidente du tribunal est dame catéchiste. »

Partant de si haut, la cour d'appel de Versailles, même si elle avait été portée à l'indulgence, ne pouvait guère que colmater. La décision rendue à la fin de l'année 2004 ramena les choses à de plus justes proportions, la peine de prison fixée à quatorze mois avec sursis et l'inéligibilité à un an. Cela étant, les attendus en disent long et méritent une petite citation : « Il est particulièrement regrettable qu'au moment où le législateur prenait conscience de la nécessité de mettre fin à des pratiques délictueuses qui existaient à l'occasion du financement des partis politiques, M. Juppé n'ait pas appliqué à son propre parti, dont il était le secrétaire général à l'autorité incontestée, les règles qu'il avait votées au Parlement… Il est également regrettable que M. Juppé, dont les qualités intellectuelles sont unanimement reconnues, n'ait pas cru devoir assumer devant la justice l'ensemble de ses responsabilités pénales et ait maintenu la négation de faits avérés ». Alain Carignon a dû se sentir moins seul.

L 'histoire du fusible Alain Juppé condamné pour protéger Chirac est une… légende. Il n'a été victime que de ses propres agissements et de son comportement.

Pschitt, abracadabrantesque,
Jacques Chirac stoïque

Jacques Chirac, arrivé à la mairie de Paris en 1977, la transforma en un porte-avions destiné à permettre son arrivée à la présidence de la République. Pour ce qui le concerne personnellement, son premier mandat de 1995 à 2002 fut assez paisible puisque la calamiteuse dissolution de 1997 lui imposa une cohabitation de cinq ans où l'essentiel de son activité fut d'inaugurer les chrysanthèmes. En revanche, la perspective de l'élection présidentielle de 2002, pour un quinquennat cette fois-ci, relança la machine médiatico-judiciaire. Lionel Jospin et les socialistes se dispensèrent d'une campagne politique en se contentant d'agiter le spectre des affaires pour battre Jacques Chirac. On sait ce qu'il en advint, cette stratégie inepte amenant celui-ci, cassette Méry et « frais de bouche » ou pas, à être élu avec 82 % des voix au second tour, et à récupérer son immunité présidentielle. Les habituels m'as-tu-vu de la politique comme Arnaud Montebourg et Noël Mamère continuèrent à en faire leur fonds de commerce politique, accompagnés de loin en loin par Jack Lang donnant tout son sens à l'expression « culot d'acier ». Chirac fut interpellé assez systématiquement par les journalistes lors d'entretiens télévisés et traita ces mises en cause avec une sorte de mépris assorti de mots inventés qui faisaient la joie des gazettes. Pendant ce temps les seconds couteaux du système de financement du RPR passaient au tourniquet des procédures avec plus ou moins de bonheur. Privé de son immunité à partir du 16 juin 2007, Jacques Chirac fut alors confronté à certaines procédures dont une seule aboutit à un jugement quatre ans plus tard et quinze ans après les faits, à la suite d'une audience à laquelle l'ancien Président « souffrant de troubles neurologiques sévères et irréversibles » ne put participer. Jacques Chirac dans une ambiance de gêne générale fut condamné, malgré des réquisitions de relaxe du parquet, à deux ans de prison avec sursis. Il ne fit pas appel et on n'en parla plus. Il est vrai que depuis l'arrivée à l'Élysée de Nicolas Sarkozy, la gauche politique et judiciaire disposait d'une formidable tête de Turc, qui allait devenir la grande star de la piste du cirque médiatico-judiciaire.

La nature du risque judiciaire pour les politiques : le prix de la mise en cause

Il faut bien comprendre que pour un homme politique le risque pénal est moins celui d'une condamnation au bout d'une longue procédure que celui de la mise en cause initiale et de ses conséquences.

Les hommes publics ont tous des rapports particuliers avec leur image et leur amour-propre. Une simple accusation peut tout remettre en cause, surtout qu'elle sera nécessairement utilisée par ses adversaires et ses ennemis. Il y a d'ailleurs un assez étonnant paradoxe, qui montre que les plus acharnés se recrutent en général dans le même camp. Avoir le pénible honneur des colonnes de *Mediapart* ou du *Canard enchaîné*, et c'est l'aller simple pour quelque chose qui ressemble à l'enfer.

Et peut se terminer dans la tragédie. Pour illustrer le caractère délétère de cette pratique constante du cirque judiciaire, nous prendrons l'exemple d'un homme de gauche en décrivant ce qui est arrivé à Jean Germain qui s'est donné la mort. Comme Robert Boulin et Pierre Bérégovoy avant lui. Et probablement pour les mêmes raisons.

Universitaire passé à la politique, il fut pendant presque vingt ans un maire de Tours manifestement apprécié. Brutalement battu dans le tsunami bleu de mars 2014, l'affaire judiciaire qu'on lui avait jetée dans les jambes n'avait pas dû arranger les choses. Il avait dû subir les informations partielles, exagérées, outrées, voire mensongères, qu'une presse moutonnière fournissait. Celles qui permettent de gonfler les baudruches pour le grand plaisir de médias en mal de copie et d'amis politiques, ceux dont il y a tout à craindre, enchantés des ennuis du concurrent. Celles qui servent aussi les adversaires bien sûr, pas très regardants à l'approche des échéances. Mais aussi d'une justice où certains ne sont pas mécontents de temps en temps de faire des cartons permettant de sortir de l'anonymat, ou de prétendre au statut du chevalier blanc. Monnayable par la suite sous forme de mandats électoraux comme nous l'avons montré au chapitre 4.

Comme souvent dans les affaires politico-judiciaires, les choses ont commencé par une lettre anonyme. Outil bien commode, dont la justice française raffola un temps. Et il faut savoir que ces délations viennent souvent de son propre camp politique. Avec la fin des idéologies, l'engagement n'étant plus que la gestion d'une carrière, il n'y a plus de militants, que de la concurrence et des règlements de comptes. Rappelons-nous Arnaud Montebourg, enjoignant Roland Dumas alors président du Conseil constitutionnel avec cette adresse : « Si vous êtes toujours socialistes, démissionnez ! » Cela en dit long sur l'apiculteur, surtout quand on sait que Roland Dumas avait mis le pied à l'étrier au jeune avocat aux dents longues. Dans l'affaire Germain, un nom de corbeau circulait avec insistance. Je ne sais pas si c'est à raison, mais en tout cas spontanément c'est de ce côté-là, le camp des amis politiques, que se sont tournés tous les regards et pas vers les opposants.

Que reprochait-on à Jean Germain ?

Ce fut l'« affaire des mariages chinois », où quatre autres personnes, dont une de ses relations, Lise Han, furent mises en examen, notamment pour escroquerie et détournement de fonds publics.

Il avait mis en place avec cette personne originaire de Taïwan un projet touristique un peu tordu : proposer à des couples chinois un « mariage romantique à la française » en Touraine, comprenant une cérémonie de mariage symbolique, sans portée légale, à la mairie de Tours et des visites des châteaux de la Loire. Pour ce faire, Lise Han fut embauchée par la mairie pour s'occuper du projet. Le problème est qu'elle était également gérante de la société privée Lotus Bleu, qui organisait les cérémonies. Fort classiquement on retrouve là avec cette double casquette notre prise illégale d'intérêts. La cible constituée par cet universitaire à la longue carrière d'élu socialiste était trop tentante, et malgré ses protestations d'innocence, Jean Germain sera mis en examen pour complicité.

Sa bonne foi était probable, et dans une ville de cette taille on pouvait lui appliquer le précepte romain *de minimis non curat praetor* (le chef ne s'occupe pas des détails). Et puis il ne faut pas se tromper non plus, on peut être comme Jean Germain, professeur de droit constitutionnel et de finances publiques, et ne pas disposer, comme l'essentiel des hommes politiques, d'une solide culture juridique et surtout judiciaire. Cela permet souvent à des profiteurs sans scrupules de faire leur beurre dans le sillage de ces cumulards multicartes, et Jean Germain en a probablement été victime.

Cela méritait-il une procédure pénale ? Probablement pas, mais le fait est qu'il en est mort. Alors que son procès devait débuter le 7 avril 2015, il s'est donné la mort le matin même dans sa voiture à proximité de son domicile. Dans une de ses lettres d'adieu lue par son avocat, Jean Germain disait sa souffrance et n'avoir pas supporté l'injustice et le déshonneur dont il se sentait accablé.

C'est en cela que l'affaire de l'ancien maire de Tours est exemplaire car elle permet de comprendre ce que veut dire « mise en cause » pour un homme public. Les éventuelles inconséquences de Jean Germain méritaient-elles une procédure pénale ? Nous ne saurions répondre, mais constatons simplement qu'il en est mort. Répétons-le, ce que l'on appelle pour eux le « risque pénal » n'est pas une éventuelle condamnation à la fin de la procédure. C'est tout ce qui précède, campagnes de presse, rumeurs, calomnies, mensonges, lettres anonymes qui ruinent non seulement l'honneur et l'estime de soi, mais rompent brutalement le lien à la population que vous représentiez. Les élus veulent le pouvoir et les ors, mais souvent, ils aiment aussi les gens et veulent que ceux-là les aiment.

Et puis il y a la violence de la justice. Qui est chose relative mais constitue pour l'homme normal, celui pour lequel la délinquance ne fait pas partie de l'univers de vie, une agression surprenante et douloureuse. La garde à vue est une expérience éprouvante, une perquisition à son domicile pulvérisant l'intimité, un moment très pénible. Le constat face à la machine judiciaire, qui connaît mal les conditions concrètes de la gestion publique, que l'innocence et la bonne foi ne protègent de rien, provoque une surprise accablée.

Autre conséquence de la « mise en cause », c'est que soudain vous avez attrapé la peste. Tous vos amis, vos obligés, vos protégés vous tournent le dos. Quand ils n'y tirent pas. Immédiatement toutes les personnes impliquées vous chargent. Bien sûr, vous étiez le chef, vous avez tout organisé et eux n'ont fait qu'obéir.

Alors, pour ceux-là, ce qui vous arrive n'est pas contagieux, mais vous pourriez en mourir. Ce qui serait une bonne chose, cela libérerait des places. L'amitié, le respect, la déférence, la flatterie, voire la flagornerie, tout cela disparaît tout d'un coup. Les mains ne se tendent plus, les visages se ferment et se détournent. Les petits complots se nouent. « Le bateau risque de couler, il vaudrait mieux le jeter par-dessus bord. » Et quant à cela s'ajoute la perte d'une élection et que celle-ci vous est naturellement imputée, la solitude est totale. Comme celle de Pierre Bérégovoy, suicidé le 1er mai 1993 après les « mises en cause » de Thierry Jean-Pierre pour les conditions d'acquisition de son appartement parisien, et la catastrophe des législatives dont ses amis le rendaient responsable.

Les dirigeants socialistes ont eu après le suicide de Jean Germain la réaction que l'on pouvait attendre. Avec une absence totale de vergogne, ils vinrent alors déplorer la « pression judiciaire sur les élus ». En oubliant bien sûr leurs propres agissements, et leur utilisation systématique de l'instrumentalisation pénale tous azimuts contre en particulier Jacques Chirac puis Nicolas Sarkozy.

Après le drame, les médias avaient regardé pendant quelques jours le bout de leurs chaussures avant de reprendre les bonnes habitudes. Ne nous plaignons pas, nous avons échappé pour cette fois au prêche de frère Plenel justifiant les chasses à l'homme, qui constituent son petit business.

Les réseaux irrigués par le poison du « tous pourris » s'en sont quant à eux donné à cœur joie. Cracher anonymement sur un cadavre peut être pour certains quelque chose de délectable. On y a trouvé ce genre de commentaire expéditif : « Jean Germain est un lâche, la preuve qu'il était coupable, un innocent n'aurait pas fait ça, pourquoi avoir eu peur de l'audience ? »

Jean Germain aurait-il eu peur de l'audience ? Évidemment, et à juste titre. Pas parce que les magistrats du siège sont méchants, mais parce que la justice n'est pas une partie de plaisir. Et l'audience pénale lorsqu'on est poursuivi, une épreuve, encore plus difficile si on a été un homme public. Comme l'a dit Malraux, l'homme est un petit tas de secrets, et ces secrets vont être dévoilés et décortiqués en public. Jean Germain aurait probablement dû s'expliquer sur sa relation avec sa collaboratrice taïwanaise et peut-être d'autres choses dont il ne voulait pas que ceux qui l'aiment les connaissent. Le précédent terrifiant de l'audience dans l'affaire du Carlton de Lille pouvait légitimement inquiéter. Pendant des journées entières on y a décrit, décortiqué les pratiques sexuelles des uns et des autres, raconté le détail des parties fines et débattu pour savoir si le fait pour une femme d'accepter la sodomie constituait une preuve de la prostitution. Le tout pour aboutir à un jugement de relaxe précédé de réquisitions également de relaxe, choses dont chacun savait depuis le début qu'elles étaient inévitables. Mais cela ne faisait rien, le public, la presse, et les militants excités s'étaient bien amusés.

Jean Germain n'a pas voulu s'asseoir « sur le banc d'infamie » comme on le décrivait aux enfants de sa génération. Il devait avoir la conviction que sa bonne foi ne serait pas reconnue. Conviction construite pendant une instruction qui, comme d'habitude dans ce genre d'affaires, ne fut probablement qu'à charge. Qu'il serait traîné dans la boue et surtout traité de voleur par les ignorants qui sont les plus nombreux. Il n'avait pas le cuir assez épais. Face à la meute, tout le monde n'est pas équipé comme Nicolas Sarkozy ou Dominique Strauss-Kahn.

Chapitre 7
François Hollande et la finalisation du système

François Hollande et ses amis ont largement utilisé les opérations médiatico-judiciaires contre Nicolas Sarkozy, Président en exercice et futur candidat à sa réélection, que Hollande espérait bien affronter. Dans une vidéo terriblement gênante diffusée sur Canal+, on le voit encourager Edwy Plenel à poursuivre son futur adversaire de ses assiduités : « Alors tu n'as pas encore arrêté le délinquant ? » Plenel est manifestement très gêné, et mesurant son impair filmé, le futur Président essaie piteusement de se raccrocher aux branches. Séquence meurtrière qui en dit long et expliquera pourquoi, une fois au pouvoir, François Hollande sera aux petits soins pour son délateur préféré. Mais toujours craignant le retour de Sarkozy, et soucieux de protéger ses amis, il va encore améliorer l'outil. Pour cela il commencera par confier la place Vendôme à une opportuniste politique sans principes, Christiane Taubira, qui coiffera la mise en place du dispositif.

Christiane Taubira : le Camp du Bien se permet tout

L'arrivée de Christiane Taubira place Vendôme fut une surprise. Voilà une personnalité politique originaire de Guyane au parcours particulièrement sinueux, votant la confiance au gouvernement Balladur en 1993, rejoignant son ami Bernard Tapie sur la liste soutenue par François Mitterrand et destinée à détruire Michel Rocard aux élections européennes de 1994, pour ensuite se présenter à l'élection présidentielle 2002, contribuant à la catastrophe de la candidature de Jospin relégué derrière Jean-Marie Le Pen. Après une traversée du désert d'une dizaine d'années, au sein du groupuscule des radicaux de gauche, elle reviendra brusquement à la lumière avec son arrivée au ministère de la Justice. Pour le monde judiciaire, ce fut une surprise et ce d'autant que Mme Taubira montra très vite qu'elle se moquait comme d'une guigne de ce qu'était la mission fondamentale d'un garde des Sceaux et qu'elle était surtout là pour se mettre en scène et satisfaire un narcissisme souvent boursouflé et ridicule. Mais apparut assez vite le calcul de François Hollande avec la nomination de celle qu'on présentait faussement comme une grande conscience de gauche, que le *mainstream*, à son grand plaisir, s'employa à transformer en icône. François Hollande savait très bien ses trahisons à venir, ses petits soins pour son amie la finance, et la poursuite du travail de démolition de l'État-providence à la française, et aussi que sa victoire électorale était d'abord et avant tout la défaite de Nicolas Sarkozy. Que les couches populaires allaient vite comprendre que le « hollandisme révolutionnaire » cher à Emmanuel Todd resterait une chimère. Alors Christiane Taubira fut préposée aux diversions politiques en commençant par le psychodrame bizarre du mariage homosexuel où elle multipliera systématiquement les poses provocatrices afin d'exciter en général avec succès les représentants les plus sommaires de l'opposition, en essayant non sans résultat, et à l'aide de nombreuses saillies grandiloquentes et faussement poétiques, de se fabriquer dans l'opinion de gauche une statue d'humaniste à grande conscience, parfaitement usurpée pour ceux qui ont eu l'occasion de la pratiquer de plus près. Mais elle avait également une autre mission, moins connue celle-là, parfaire le système d'instrumentalisation politique de la justice au service de François Hollande. Cela lui fut d'autant plus facile qu'elle entretient spontanément des rapports parfois très élastiques avec le respect de la loi et des principes, d'abord bien sûr au service de la criminalisation de l'opposition de droite et en particulier de Nicolas Sarkozy, mais également en n'hésitant pas au passage à utiliser ses responsabilités publiques pour des règlements de comptes personnels.

Nous reviendrons plus loin sur l'affaire « Paul Bismuth », un des épisodes de cette chasse au Sarkozy dont certains magistrats se sont fait une spécialité. Mais arrêtons-nous sur une séquence qui illustre le rôle assigné à Christiane Taubira dans les affaires mettant en cause les adversaires de François Hollande.

Serge Tournaire, juge d'instruction du pôle financier, a essayé pendant plusieurs années, et jusqu'à présent sans y parvenir, de démontrer que Nicolas Sarkozy aurait perçu pour sa campagne électorale de 2007 une somme de 50 millions d'euros de la part de l'ancien président libyen Mouammar Kadhafi. De façon que n'importe quel juriste de droit pénal sait abusive, il a mis sur écoute téléphonique l'ancien président de la République identifié comme premier leader de l'opposition pendant plus de huit mois ! Celui-ci et son avocat, sachant les pratiques devenues habituelles de violations grossières du secret professionnel, avaient pris la décision de communiquer par l'intermédiaire d'un téléphone portable souscrit sous un autre nom. Et pas nécessairement parce que Nicolas Sarkozy et son conseil savaient qu'ils étaient sur écoute. À cette époque, chez les avocats pénalistes, tout le monde était conscient qu'il fallait prendre toutes les précautions possibles pour préserver ce secret professionnel, qui est tout de même une liberté fondamentale. En tout cas, peu importe à ce stade, puisque ce stratagème fut facilement éventé et que les conversations entre l'ancien président de la République et son avocat ont pu de nouveau être enregistrées avec la bénédiction postérieure de la Cour de cassation comme nous l'avons vu au chapitre précédent. Sur la base d'une des transcriptions, une information judiciaire pour corruption à l'encontre de Nicolas Sarkozy et de son avocat fut ouverte. Une très vive polémique s'ensuivit au cours de laquelle les amis politiques de l'ancien Président accusèrent le pouvoir exécutif de manipulations et d'avoir été régulièrement informé par les magistrats des investigations et de ces fameuses écoutes. Et Christiane Taubira d'être à la manœuvre d'une opération de déstabilisation politique de l'opposition. Elle vint sur les plateaux de télévision répondre sans rire qu'elle n'était au courant de rien de ce qui concernait Sarkozy, et que la justice était scrupuleusement indépendante et impartiale. C'était à l'évidence un mensonge grossier. Christiane Taubira était bien entendu destinataire de toutes les remontées d'informations dont on pouvait imaginer avec quelle gourmandise tout ce petit monde prenait connaissance. Les aveux postérieurs d'Éliane Houlette à propos de l'affaire Fillon ont bien montré ce qu'étaient et ce que sont toujours ces pratiques. Gênée, la garde des Sceaux crut bon de faire une conférence de presse au cours de laquelle on la vit brandir devant caméras et appareils photo[1] un document censé être celui qu'elle avait reçu et dont elle disait qu'il ne l'informait que de l'existence des écoutes et pas de leur contenu. Malheureusement, nouveau mensonge assez ridicule, puisque ledit document photographié par les journalistes présents fut ensuite analysé et on pouvait y lire la transcription de ces écoutes. Preuve s'il en était besoin que, malgré la négation des évidences, l'exécutif hollandien était à la manœuvre, et Christiane Taubira préposée à cette tâche peu reluisante.

L'association Anticor est une personne morale constituée en 2003 en application de la loi de 1901 par Éric Halphen, magistrat intermittent, avec l'objectif proclamé de réhabiliter la démocratie représentative, par la promotion de l'éthique en politique et la lutte contre la corruption et la fraude fiscale.

Cette structure a été très active sur les questions de corruption publique, développant une stratégie d'information et d'activités médiatiques à base de rédactions de chartes éthiques, d'organisation de colloques, de délivrance de labels et de remises de prix. Sa composition et ses engagements l'ont fait identifier comme étant proche du Parti socialiste. Et il apparaissait que Christiane Taubira était membre du comité de parrainage de l'association. Quelques recherches permettaient de constater son implication dans beaucoup

1. www.francetvinfo.fr/politique/affaire/sarkozy-sur-ecoute/ecoutes-de-sarkozy-comment-taubira-a-plante-sa-defense_550757.html

de manifestations organisées par Anticor, témoignant d'une certaine et incontestable proximité.

Christiane Taubira étant garde des Sceaux, Anticor a été agréée depuis mars 2015 par le ministère de la Justice en vue de l'exercice des droits de la partie civile au titre de l'article 2-23 du Code de procédure pénale pour un certain nombre d'infractions relevant pour l'essentiel du chapitre des atteintes à la probité du Code pénal. Cet agrément a été renouvelé le 15 février 2018 pour trois ans. Elle est aussi agréée depuis le 27 janvier 2016 par la Haute Autorité pour la transparence de la vie publique (HATPV) ce qui lui permet de saisir cet organisme si elle a connaissance de situations contraires aux lois du 11 octobre 2013 sur la transparence de la vie publique.

Ces deux agréments ont donné à l'association des pouvoirs extrêmement importants, en particulier celui de déclencher les procédures pénales et de s'y constituer partie civile. C'est-à-dire que pour lancer des poursuites pénales, l'autorité qu'est le parquet a perdu son monopole public au profit d'une structure purement privée. En droit pénal français, les victimes peuvent déposer des plaintes avec constitution de partie civile si le parquet néglige de diligenter les poursuites lui-même. Dans ce cas, l'institution est tenue de nommer un juge d'instruction. Mais pour que cette plainte avec constitution de partie civile soit recevable, la victime doit justifier d'un préjudice, condition de l'intérêt pour agir. Ce n'est pas le cas avec l'association agréée qui dispose d'un intérêt par définition. On peut s'interroger sur la pertinence de cette disposition qui fait intervenir dans le débat contradictoire un acteur associatif privé sans lien direct avec l'infraction. C'est le statut d'Anticor qui a développé une activité de parquet privé considérable et dont on peut dire aujourd'hui, qu'elle est sa principale raison d'être. Avec une autre observation à la lecture détaillée de ses interventions pour constater que celles-ci sont essentiellement dirigées contre la droite politique, le Parti socialiste et ses amis étant souvent préservés.

Anticor sera à l'origine d'une plainte contre X le 10 février 2010 pour délit de favoritisme puis d'une plainte complémentaire le 9 octobre 2012 pour délit de favoritisme et détournement de fonds dans le cadre de l'affaire des sondages de l'Élysée, sur laquelle nous reviendrons et qui impliquait Patrick Buisson, alors conseiller du président Nicolas Sarkozy. Celui-ci fit état du caractère critiquable de la situation de la ministre de la Justice Christiane Taubira au regard de l'infraction de « prise illégale d'intérêts », puisqu'elle faisait toujours partie du comité de parrainage d'Anticor. Les liens entre Christiane Taubira ministre de la Justice, dont les services étaient chargés de la procédure judiciaire impliquant Patrick Buisson, et l'association privée partie civile à cette procédure faisaient apparaître un mélange des genres justifiant l'application de l'article 432-14 du Code pénal relatif à la prise illégale d'intérêts. Par un communiqué empreint de sa boursouflure habituelle, la garde des Sceaux oubliant la dignité de sa fonction reconnut la situation et même la revendiqua.

« Décidément, tout s'en va, emporté par les torrents de trivialité. Ils avaient bien de la chance, les contemporains d'Émile Zola. Car derrière ce titre tonitruant, J'ACCUSE, asséné pour prendre fait et cause pour le Capitaine Dreyfus, il y avait une littérature éblouissante, un courage politique et physique, une éthique de la justice, une conception exigeante de la liberté, d'abord pour l'autre, et un consentement à l'altérité dans un climat politique survolté.

Aujourd'hui où ce qui est minuscule fait grand tapage en tombant, ce détournement du cri de tonnerre de Zola résonne pathétiquement comme un couic de déroute. Avoir été membre du comité de parrainage lors de la création d'Anticor sans être encore membre de l'association témoigne à la fois du sens de l'engagement citoyen dans la responsabilité politique, et de la place qu'occupe la vigilance citoyenne dans la vitalité de la démocratie.

La Justice accomplit son œuvre, par l'office des magistrats qui requièrent et jugent au nom du peuple français, en conscience et conformément aux dispositions du Code pénal. Pas de place pour le désarroi qui se déguise en incantation littéraire. »

Patrick Buisson déposa plainte avec constitution de partie civile entre les mains du doyen des juges d'instruction de Paris contre « Mme Taubira et tous autres » des chefs de prise illégale d'intérêts et recel de ce délit. La motivation de la plainte était simple, puisque Mme Taubira était conduite, par ses fonctions ministérielles, à assurer l'administration et la surveillance de l'ensemble des magistrats, qu'ils soient du siège ou du parquet, ceux-ci étant en outre placés sous sa subordination directe, et ce alors qu'elle était par ailleurs toujours membre à titre privé du comité de parrainage d'Anticor. Quiconque a quelques lumières sur les responsabilités personnelles des décideurs publics constate que l'infraction était constituée. Malgré cela, l'instruction dormit d'un sommeil paisible jusqu'à ce que Christiane Taubira soit entendue le 5 octobre 2016 par la juge d'instruction sous le statut de témoin assisté ! La prévisible ordonnance de non-lieu fut rendue quelques mois plus tard et confirmée par la chambre d'instruction.

Ajoutons le problème relatif à la délivrance de l'arrêté donnant à Anticor l'agrément pour ester en justice et agir en tant que partie civile. Celui-ci date du 19 février 2015 et il est signé de… Christiane Taubira, toujours membre de son comité de parrainage. Rappelons que pour que l'infraction de prise illégale d'intérêts soit constituée, il n'est pas nécessaire de prouver l'existence d'un passe-droit ou d'un traitement privilégié, mais simplement que la décision publique puisse encourir le soupçon d'avoir été polluée par des soucis d'intérêts privés. Mais cette évidence pénale n'a pas troublé grand monde, il ne fallait surtout pas égratigner l'icône.

Ces épisodes ne sont pas mineurs, ils sont la mesure de la façon dont le camp du bien se considère comme exonéré de l'application de la loi commune et bénéficie pour cela d'une immunité de la part de ceux qui en sont pourtant les serviteurs chargés de son respect.

Écraser l'infâme… au mépris de la justice et du droit

Il y a enfin l'affaire Anne-Sophie Leclère à l'occasion de laquelle notre grande conscience de « gauche » a tranquillement instrumentalisé des magistrats complaisants pour régler de petits comptes personnels.

Anne-Sophie Leclère n'a pas eu de chance. Déjà, elle habite déjà au milieu des invisibles, au fin fond des Ardennes, une ville de sept mille habitants qui n'a jamais vu passer un touriste et où les immigrés sont rares, elle y exploite un magasin d'articles de pêche qui la fait vivre chichement. Histoire de se retrouver un horizon, elle s'est imaginé un petit avenir politique et a décidé de se présenter aux élections municipales sous l'étiquette Front national. Le système, Christiane Taubira en tête, lui a rappelé vertement que les petites gens sont priées de rester à leur place.

Repérée par les équipes de France Télévisions, ce service public toujours prompt à ricaner sur la

France périphérique, elle a été sollicitée pour la réalisation d'un reportage la concernant. Il faut dire qu'elle constituait un gibier facile dans la mesure où quelques mois auparavant elle avait publié sur sa page Facebook un infect montage photographique comparant Christiane Taubira à un singe. Elle n'en était pas l'auteur et l'avait rapidement retiré. C'est donc en toute bonne foi et probablement flattée qu'elle accepta la réalisation de ce reportage. La malheureuse !

À la fin du tournage, et alors qu'elle pensait les enregistrements terminés, comme elle l'affirmera par la suite, elle eut la surprise de voir la journaliste lui mettre sous le nez une capture d'écran de sa page Facebook comportant l'horrible photo. Quelques bafouillis plus loin, elle proférait pour se justifier, se croyant dans une conversation privée, une détestable imbécillité : « Je préfère la savoir dans un arbre qu'au ministère de la Justice. »

Naturellement, la diffusion du reportage comportait cette triste perle, et ce fut fort normalement un petit scandale. Le fait que Christiane Taubira ait toujours joué la carte « femme et noire » dans les polémiques qu'elle s'est ingéniée à provoquer n'excuse rien. Parfaitement conscient, le Front national se débarrassa prestement du problème en excluant l'analphabète politique. La publication de la photo et la phrase de justification, même en privé, étaient inadmissibles et indiscutablement condamnables.

C'est la raison pour laquelle le parquet de Paris se rapprocha de la ministre pour savoir si elle entendait donner une suite et se constituer partie civile. La réponse fut négative. En parallèle elle enclencha une discrète manœuvre indigne d'un garde des Sceaux en exercice.

Le parti politique Walwari, fondé par Christiane Taubira et domicilié à sa permanence de Cayenne, au sein duquel deux de ses fils ont des responsabilités dirigeantes, lança devant le tribunal correctionnel de Cayenne une citation directe en correctionnelle à l'encontre d'Anne-Sophie Leclère. Pour faire bon poids, Walwari a fait de même à l'encontre du Front national, pourtant personne morale ! Rappelons que la citation directe est la saisine par un particulier de la juridiction sans intervention du parquet, sans enquête préliminaire, sans instruction, sans débat contradictoire pour arriver directement à l'audience. Mais encore faut-il être recevable à le faire, ce qui n'était absolument pas le cas de ce parti politique, puisque c'était Christiane Taubira personnellement qui était insultée.

Le bagne (judiciaire) de Cayenne

Deuxième énormité, en matière de droit de la presse dont relève l'infraction alléguée, la poursuite des personnes morales est interdite. Troisième surprise, Christiane Taubira, garde des Sceaux en exercice, a donné à Walwari son autorisation écrite, indispensable du fait de son statut de victime ! En toute indépendance et objectivité n'est-ce pas, le parquet local s'est empressé d'appuyer les demandes de Walwari. Anne-Sophie Leclère, n'ayant pas les moyens de payer les services d'un avocat pour se rendre en Guyane, ni de s'y rendre elle-même, a donc été jugée en son absence. Cela n'a pas du tout gêné la collégialité du tribunal ni le parquet local, transformant l'audience en véritable guet-apens. Et il s'est trouvé une juridiction française pour prendre une décision hallucinante, comportant une liste interminable de violations de la loi, des principes et du droit constitutionnel à un procès équitable. Et le tribunal a prononcé un jugement en forme de tract politique ridicule[2]. Trois magistrats transformés en militants violèrent tranquillement leur serment en foulant aux pieds la loi dont ils sont chargés statutairement d'assurer le respect.

Tout cela en dit long sur le niveau de dégradation de l'esprit républicain de certains magistrats. Sur le plan du respect des principes et dans la volonté d'une bonne administration de la justice, la compétence du tribunal de Cayenne aurait dû être soigneusement évitée. Le contexte guyanais, ainsi que

2. www.vududroit.com/2014/07/affaire-taubira-juger-ou-militer-il-faut-choisir/

le reconnaîtra de façon assez extraordinaire la décision, ne garantissait pas la sérénité des débats. Le devoir du parquet, mais aussi du tribunal, était de solliciter auprès de la Cour de cassation le « dépaysement » de l'affaire. L'éloignement géographique rendait également difficile pour la prévenue, mais aussi le Front national cité comme coauteur (!), de mettre en place une défense digne de ce nom. En ce qui concerne l'ex-candidate, l'obstacle matériel était probablement insurmontable. On dit que le choix d'un avocat métropolitain s'imposait, il semble que l'ensemble des avocats guyanais aurait refusé de prendre cette défense en charge. Dans une procédure de cette nature, cette présence de proximité était pourtant indispensable. Dans ce cas, les avocats guyanais successeurs de Gaston Monnerville se sont singulièrement déshonorés. Par conséquent, aucune défense digne de ce nom, que ce soit de Mme Leclère ou du Front national, n'avait pu être mise en œuvre. *Exit* le principe constitutionnel du « droit au procès équitable » dont une abondante jurisprudence a bien défini les contours. La procédure de Guyane ne le respectait pas. Les conditions d'une justice sereine n'étaient pas réunies et la défense nécessaire au débat contradictoire arbitré par le juge n'a pas pu se mettre en place. Les magistrats qui ont statué n'ont pas eu les moyens d'appliquer le principe de « personnalisation des peines » ne sachant pas qui était Mme Leclère, quelle était son histoire, les raisons de son acte, etc.

Quand les jugements deviennent des tracts

Les juges de Cayenne n'hésitèrent pas à consacrer un barbarisme juridique : la responsabilité pénale collective, puisqu'il est dit précisément que : « attendu que si le FN n'est pas l'auteur matériel de l'infraction, il sera démontré qu'il y a participé par instigation et fourniture de moyens ; qu'il est évident que l'infraction commise par Mme Leclère aurait eu un retentissement sans commune mesure si elle n'avait pas été candidate du Front National aux élections municipales de Rethel ». Donc si on comprend bien, les partis politiques doivent être pénalement responsables des infractions commises par leurs militants, candidats ou élus, du fait de la notoriété que donne cette appartenance, à l'infraction commise. Mais dites donc, le Parti socialiste aurait-il quelques inquiétudes à avoir pour les fraudes fiscales de Jérôme Cahuzac ? Autre facteur d'implication comme coauteur du Front national (qui avait immédiatement suspendu la candidate lorsqu'il a appris la publication raciste), les condamnations précédentes de Jean-Marie Le Pen. Petit détail, la loi interdit au juge ce genre de mise en cause des personnes morales.

Le tribunal retint également la responsabilité de ce parti dans la commission de l'infraction parce que : « en ne s'assurant pas des opinions républicaines (de son candidat)... Le Front national a participé aux délits commis par Madame Leclère ». Royalistes, anarchistes, partisans de la dictature du prolétariat, tous interdits d'élections ? Les partis auraient donc l'obligation, avant de présenter des candidats, de vérifier leur opinion profonde. Le jugement ne dit pas par quels moyens, police de la pensée, détecteur de mensonges, utilisation des neurosciences ? Autre facteur d'incrimination directe du Front national, le fait d'avoir un « programme visant à limiter l'immigration de façon drastique ». Ceux qui croyaient qu'il s'agissait d'une opinion politique pouvant librement s'exprimer dans un pays démocratique en seront pour leurs frais.

Voilà donc des magistrats qui, pour des raisons politiques, n'ont pas hésité à commettre des violations gravissimes de la loi, des principes et des libertés publiques : refus de relever l'irrecevabilité de la demande, refus de constater l'impossibilité d'exercice des droits de la défense, violation de la loi sur la presse relative aux personnes morales, instauration (grande première dans un droit français pourtant séculaire, et en dehors de toute base légale) de la responsabilité pénale collective ! Et bien sûr, à l'encontre de toute jurisprudence, une condamnation délirante à neuf mois de prison ferme pour

Mme Leclère et à des peines financières considérables pour le Front national. Cette décision insensée fut bien évidemment acclamée par les belles âmes pour lesquelles, contre le Front national ou Nicolas Sarkozy, la fin justifiait les moyens.

Pourtant, un certain nombre de questions auraient pu être posées. Comment est-il possible qu'une ministre en exercice, incontestablement insultée, n'ait pas utilisé les procédures spécifiquement prévues à cet effet ? Pourquoi ladite ministre n'a pas informé le parquet de Paris, qui s'était pourtant saisi de ce dossier, de l'existence de la procédure guyanaise à laquelle elle a incontestablement prêté la main ? Comment avait été choisie Anne-Sophie Leclère par France Télévisions pour son reportage et comment se fait-il que l'émission disposait d'une capture d'écran datant de plusieurs semaines auparavant ? Et comment les magistrats de Cayenne ont-ils pu à ce point manquer à leur devoir ?

Tout ceci fut lamentable et en dit long sur les valeurs républicaines de la « grande dame » Taubira. Nous savions déjà, comme l'a déploré son successeur place Vendôme, que nous avions eu une garde des Sceaux plus mobilisée par son statut d'icône dans la perspective d'une restructuration de la gauche que par la mission qui lui avait été confiée. Mais surtout tout ceci démontre à quel point « le camp du Bien » auquel Christiane Taubira pense appartenir a tous les droits, ainsi que les magistrats qui ont osé cette forfaiture, sans encourir la moindre critique, la moindre inspection des services judiciaires, la moindre saisine du CSM. De la même façon que l'évidente prise illégale d'intérêts commise par Christiane Taubira, mélangeant ses responsabilités publiques et ses petits règlements de comptes privés, n'a jamais eu la moindre conséquence judiciaire.

Fort heureusement, la justice s'est ressaisie, mais discrètement. En appel, le jugement de Cayenne a été non pas réformé mais purement et simplement annulé[3]. Par la constatation du caractère irrecevable de la procédure initiée par le parti politique et que Mme Taubira avait approuvé en tant que personne privée. En parallèle, le parquet de Paris, probablement mortifié par tant de désinvolture et de manigances, avait décidé de poursuivre sa propre procédure et a fait citer Anne-Sophie Leclère devant le tribunal correctionnel de Paris, le président de celui-ci rappelant à l'audience sa surprise que Mme Taubira n'ait pas jugé bon de prévenir ledit parquet de la procédure de Guyane. La juridiction a rendu une décision après cette fois-ci le plein exercice des droits de la défense, conforme au droit et à la jurisprudence[4]. Anne-Sophie Leclère a été condamnée à 3 000 euros d'amende avec sursis…

3. www.causeur.fr/justice-christiane-taubira-anne-sophie-leclere-33482.html

4. www.lepoint.fr/justice/taubira-comparee-a-un-singe-l-ex-candidate-fn-condamnee-a-3-000-euros-avec-sursis-28-09-2016-2071955_2386.php

Démonstration a été ainsi faite qu'avec un socialiste à la présidence de la République, l'instrumentalisation de la justice à des fins politiques et les règlements de comptes personnels pouvaient être la règle et qu'il se trouvait, en plus de parquetiers complaisants, des juges du siège transformés en militants politiques prêts à y participer.

Edwy Plenel et ses amis

On ne détaillera pas ici la longue carrière d'Edwy Plenel si ce n'est pour rappeler qu'il s'était fait dès le départ une spécialité de journaliste « dénonciateur », les méchantes langues disent « délateur », spécialité particulière habillée du nom de « journalisme d'investigation ». Expression un peu galvaudée parce que trop utilisée à tort et à travers et remplacée aujourd'hui par beaucoup plus chic avec « lanceur d'alerte ». Tout à sa vision policière de l'Histoire, héritée de sa formation trotskiste, Plenel a toujours utilisé les tribunes dont il disposait à des fins tactiques et personnelles, sans s'embarrasser de beaucoup de scrupules. Dominique Baudis et tant d'autres en ont fait les frais avant qu'avec la création de *Mediapart* il mette en place lui aussi une sorte de parquet privé destiné à alimenter les lynchages médiatico-judiciaires dirigés en général contre les ennemis du prince. Il n'est que de se rappeler comment, dans l'affaire Cahuzac, Plenel adressa une lettre ouverte courroucée au procureur de Paris pour sa lenteur dans la mise en œuvre des poursuites contre la cible qu'il lui avait désignée. Comme prévu, il accompagnera vigoureusement l'instrumentalisation hollandienne de la justice, mettant à la disposition du Parti socialiste ses compétences de petit télégraphiste. Cette proximité le mit à l'abri d'un certain nombre de soucis qu'auraient pourtant mérités les libertés qu'il avait prises avec l'application de la loi.

Effectivement les gazettes expliquèrent un beau matin que comme un vulgaire Sarkozy avec son Sarkothon tant moqué, Edwy Plenel organisait un « Plenelthon », un appel aux dons, afin de lui permettre de faire face à un redressement fiscal assez salé. Et pour émouvoir le chaland, il proclamait avec un culot d'acier qu'il était victime d'une vengeance de l'Élysée pour l'affaire Cahuzac. Culot d'acier, car chacun sait les rapports privilégiés entretenus par François Hollande avec l'ancien rédacteur en chef du *Monde*, qui en ont fait une des pièces indispensables du système d'instrumentalisation de la justice. Rappelons-nous cette fameuse vidéo qui a beaucoup circulé sur les réseaux où l'on entendait François Hollande pas encore Président encourager un Plenel gêné pour son acharnement à essayer « de faire mettre en prison » son futur adversaire de la présidentielle.

Celui que sur les réseaux on surnomme plus ou moins affectueusement « Moustache » a pu lancer *Mediapart*, son média numérique « pure player », grâce à une opération financière assez acrobatique, et qui n'a été possible qu'avec la complaisance initiale de l'administration fiscale.

De quoi s'agit-il ? Le fondateur de *Mediapart* s'est appliqué unilatéralement le taux réduit de TVA sur la presse (2,1 %) de son propre chef pendant plusieurs années.

Voilà une belle fraude fiscale, mais en matière de TVA, cela s'appelle aussi une escroquerie. En effet le commerçant vend ses produits TTC et donc le client sait que la TVA est comprise dans le prix payé. Et c'est bien lui qui paie cette taxe qui est un impôt indirect. Le commerçant vendeur n'est ainsi qu'un percepteur, qui travaille à cette occasion pour l'État à qui il doit remettre l'argent perçu qui ne fait qu'un transit d'un mois dans sa poche. Donc, au lieu du taux de TVA en vigueur (19,6 puis 20 %), *Mediapart* a appliqué dès sa création le taux réduit (2,1 %) applicable à la presse papier, et s'est mis la différence dans la poche. Deux victimes, le client et l'État. C'est la raison pour laquelle cette infraction, seule dans ce cas, fait l'objet de deux qualifications cumulables : fraude fiscale en application de l'article 1771 du Code général des impôts mais aussi escroquerie en application de l'article 331 du

Code pénal. La loi est claire et la jurisprudence est constante.

On peut discuter du bien-fondé de l'application d'une TVA réduite pour la presse numérique, mais dans l'attitude d'Edwy Plenel, ce qui posait un très sérieux problème, c'est qu'il considérait que la loi de la République était pour lui à géométrie variable et qu'il était autorisé à faire le tri, décidant ce qui lui était applicable ou pas. Cette revendication était, lorsqu'on y réfléchit, proprement sidérante. Et que Plenel, grand donneur de leçons, ait pu faire preuve d'une pareille désinvolture vis-à-vis du respect de la règle républicaine, manifestement avec l'espoir de l'impunité, dit des choses assez déplaisantes sur le fonctionnement du système médiatique ou politique auquel, quoi qu'il en dise, il appartient.

Les médias nous ont rapporté que le différentiel entre la TVA encaissée par *Mediapart* et celle restituée à l'État serait de près de 4 millions d'euros ! Les rôles des tribunaux correctionnels sont encombrés de fraudes de bien moindre importance. On pourrait ajouter aussi que disposer de cette trésorerie et de ce fonds de roulement pendant plusieurs années constitue un avantage concurrentiel incontestable.

Mais Edwy Plenel a de la chance. À notre connaissance, aucune procédure pénale n'a été engagée. Ensuite, grâce au zèle de ses amis au pouvoir, le gouvernement socialiste a saisi, sous les objurgations du patron de *Mediapart*, l'Assemblée nationale d'un texte prévoyant cette extension de la TVA réduite à la presse numérique. Cela pouvait apparaître discutable dans la mesure où la presse numérique et la presse papier n'ont rien à voir en termes de produits et de contraintes. Les représentants de la Nation ont décidé à l'unanimité la généralisation du taux réduit à toute la presse, dont acte, mais on constatera, à la lecture des travaux préparatoires, l'évidente volonté de faire une fleur à *Mediapart* en constatant par exemple le zèle des socialistes pour l'assortir d'une rétroactivité parfaitement inconstitutionnelle…

Cette affection ne se démentit pas. D'après les informations dont on dispose, *Mediapart* se vit quand même notifier un redressement de 4,2 millions d'euros, représentant le principal et les pénalités en particulier celles qui relevaient de la mauvaise foi, la fraude ayant été revendiquée haut et fort.

Une fois encore, on put constater que Plenel avait beaucoup d'amis. Il y eut d'abord une tentative socialiste d'amnistie législative[5] spécialement dédiée à lui, dont l'inconstitutionnalité était par trop évidente, il fallut alors y renoncer. Ensuite on put trouver un petit article dans *Le Canard enchaîné*, et lire que « l'Élysée n'a pas pu bloquer un redressement pour *Mediapart* ». D'après le journal, le ministre du Budget en personne (!) aurait déclaré : « Nous avons

5. www.lepoint.fr/medias/tva-sur-la-presse-en-ligne-l-assemblee-vote-une-amnistie-fiscale-04-12-2015-1987313_260.php

eu de multiples pressions aussi bien de l'Élysée que de parlementaires pour passer l'éponge sur les dettes fiscales de *Mediapart.* » À notre connaissance, Christian Eckert n'a jamais démenti.

Mais on était une nouvelle fois en présence de choses très graves. Ce qui s'appelait en droit pénal du « trafic d'influence ». À quel titre et pour quelle contrepartie des agents publics travaillant à l'Élysée ont-ils usé de leur influence pour faire obtenir cet avantage à Plenel ? Et on voyait nécessairement se profiler un sérieux problème qui aurait pu relever de l'application de l'article L 432-11 du Code pénal qui dispose : « Est puni de dix ans d'emprisonnement et de 150 000 euros d'amende le fait, par une personne dépositaire de l'autorité publique, chargée d'une mission de service public, ou investie d'un mandat électif public, de solliciter ou d'agréer, sans droit, à tout moment, directement ou indirectement, des offres, des promesses, des dons, des présents ou des avantages quelconques pour abuser de son influence réelle ou supposée en vue de faire obtenir d'une autorité ou d'une administration publique des distinctions, des emplois, des marchés ou toute autre décision favorable. »

Et ce d'autant qu'il n'est absolument pas nécessaire que la fameuse contrepartie ait été constituée d'argent. Donc si l'on comprenait bien, des fonctionnaires de l'Élysée intervenaient auprès du ministère du Budget pour que celui-ci prenne une

« décision favorable », à savoir éviter à *Mediapart* de rembourser 4 millions d'euros à l'État ? Rappelons qu'en droit pénal, la tentative est punissable même si elle n'a pas été suivie d'effet.

Il y a un deuxième problème pénal. L'objectif des amis élyséens de Plenel était que l'État ne perçoive pas ce qui lui était dû. Là, l'article L 432-10 est très désagréable : « … Est puni des mêmes peines (cinq ans de prison, 500 000 euros d'amende) le fait, par les agents publics, d'accorder sous une forme quelconque et pour quelque motif que ce soit une exonération ou franchise des droits, contributions, impôts ou taxes publics en violation des textes légaux ou réglementaires. » Charmants camarades, les amis élyséens de François Hollande auraient-ils essayé de faire plonger le ministre du Budget et ses fonctionnaires ?

On pouvait à ce moment-là se poser la question de savoir si Éliane Houlette, patronne du Parquet national financier, lisait *Le Canard enchaîné*. On constatera avec l'affaire Fillon qu'elle le lisait soigneusement, mais que les conséquences de ses lectures étaient différentes selon les orientations politiques de ceux qui avaient les honneurs des colonnes du palmipède.

Cet épisode assez extraordinaire qui voyait des hauts fonctionnaires violer la loi pour permettre à *Mediapart* de conserver 4 millions d'euros et d'en priver l'État, démontre l'importance d'Edwy Plenel dans le dispositif médiatico-judiciaire voulu par

François Hollande. Une fois François Hollande parti de l'Élysée, Edwy Plenel dont le journal tonne à longueur de colonnes contre la fraude fiscale des autres, a fini par être judiciairement rattrapé par la patrouille. Pour le détournement de TVA, l'administration lui avait notifié un redressement qu'il avait contesté devant les juridictions administratives. Le 12 novembre 2020, la Cour administrative d'appel de Paris rendait un arrêt confirmant le redressement et par conséquent la condamnation de Mediapart au remboursement des 3,3 millions d'euros détournés. Considérant qu'Edwy Plenel, sachant très bien ce qu'il faisait, était donc de mauvaise foi, Bercy avait assorti le redressement d'une pénalité calculée sur les bases habituelles pour ce genre d'infractions et fixée à 1,4 million d'€. La Cour de Paris a considéré que cette mauvaise foi établie, et confirmé la pénalité. Nous sommes donc en présence d'une décision juridictionnelle ayant l'autorité de la chose jugée établissant que Mediapart et son directeur ont bien commis une fraude fiscale. Et sont donc des fraudeurs.

Le 15 avril 2018, Emmanuel Macron avait accordé au palais de Chaillot une interview commune à Jean-Jacques Bourdin et Plenel. Citant une enquête de « Mediapart » selon laquelle le groupe de luxe Kering, aurait soustrait d'importantes sommes d'argent, au fisc français, ce dernier trouva astucieux de demander à Emmanuel Macron s'il comptait inviter *son ministre des Comptes publics à saisir la justice pour récupérer cet argent.* Comme le rapporte le site « Pure médias », le président de la république s'offrit le plaisir de moucher l'imprudent : « "*Quand la justice voit un article de presse comme celui que 'Mediapart' a révélé, elle lance immédiatement un contrôle fiscal*" a ensuite observé Emmanuel Macron. Sourire aux lèvres, Edwy Plenel en a profité pour glisser "*Heureusement que la presse est là*". "*Vous l'avez peut-être expérimenté, je crois d'ailleurs que par le passé vous avez pu en souffrir parce que vous même aviez décidé de vous affranchir des règles fiscales motu proprio et l'administration fiscale vous a contrôlé*"a alors lancé le chef de l'État. » Manifestement très vexé, le patron de Mediapart répondit : « *C'est totalement mesquin. Nous ne sommes pas des fraudeurs* ». Eh bien si, c'est aujourd'hui une réalité juridiquement établie.

La fameuse affaire « Cahuzac », du nom de ce ministre socialiste du Budget, chargé de la lutte contre la fraude fiscale et mis à terre pour… fraude fiscale, fut déclenchée par *Mediapart*, qui poursuivit le ministre fraudeur jusqu'à sa chute avec acharnement. L'épisode ayant eu incontestablement un coût politique pour François Hollande, ceux qui souscrivent à l'impartialité d'Edwy Plenel ont trouvé là un argument pour contester l'existence d'une connivence. L'examen de ce qui s'est produit et surtout les conséquences que sut en tirer le président de la République montrent que cela n'est pas si sûr.

L'affaire Cahuzac, une aubaine ?

Il faut être prudent car, dans les débats d'aujourd'hui, le fait de rechercher des intentionnalités dans le comportement des hommes, et de s'interroger sur leurs conséquences dans l'Histoire, expose à l'accusation disqualifiante de « complotiste ». Comme par exemple, considérer que l'arrivée au pouvoir d'Emmanuel Macron est le fruit d'une opération politique rondement menée et disposant de moyens importants.

Pour avoir assez bien connu les « années fric » et les méthodes de financement des partis et de la corruption personnelle, l'affaire Cahuzac a tout de même un goût étrange. Nommé par François Hollande ministre du Budget dès son élection, Jérôme Cahuzac était incontestablement un exemple de petit marquis arrogant comme le courant Rocard en produisait. Il était doté d'une réputation assez sulfureuse, et on lui attribuait un rôle dans la constitution et la gestion du « trésor de guerre » du courant auquel il appartenait. Il y fit d'ailleurs allusion au moment de son procès, ce qui suscita une levée de boucliers offusqués par cette atteinte portée à quelqu'un que la mort avait rendu inattaquable. On lui prêtait également un rapport à l'argent d'où les scrupules étaient absents, de tout cela personne ne peut croire que ses amis du PS, François Hollande, ancien premier secrétaire du parti en tête, l'ignoraient. Si l'on ajoute des traits de caractère marqués par l'arrogance et la brutalité, cela en faisait un ministre très vulnérable surtout si on le chargeait de la « lutte contre la fraude fiscale ». Pourquoi pas, par exemple, François Bayrou garde des Sceaux chargé d'une nouvelle loi sur la morale publique malgré une batterie de casseroles impressionnantes ?

Lorsque l'affaire éclata, tout le monde regarda ailleurs, joua les étonnés, mania les pincettes publiquement, mais dans les couloirs nombreux furent ceux qui s'exclamèrent : « Mais enfin, tout le monde savait ! » Seule Cécile Duflot le fit publiquement dans un livre sur son expérience[6] ministérielle qui affirmait que « des responsables politiques, ministres ou députés, savaient depuis longtemps ». Dûment tancée, elle dut aller ramer dans les médias pour essayer d'atténuer, mais ses contorsions avaient le goût de la confirmation.

---

6. www.lefigaro.fr/politique/le-scan/couacs/2014/09/01/25005-20140901ARTFIG00243-affaire-cahuzac-duflot-embarrassee-apres-avoir-ecrit-que-des-ministres-savaient.php

L'exécution de Jérôme Cahuzac par *Mediapart* commencée au début du mois de décembre 2012 était-elle le fruit d'une commande ? Il serait aventureux de répondre à cette question, car cette « commande » d'un missile médiatique aux fins de permettre l'ouverture d'une procédure judiciaire ne prend pas toujours une forme explicite. Cela se passe plutôt par la remise à un journaliste ami des éléments d'un dossier dont on espère qu'il fera, en fonction de ses propres intérêts, l'usage souhaité. De toute manière, ce scandale en début de mandat a fourni à François Hollande une formidable opportunité et lui a permis de boucler le système judiciaire destiné à protéger ses amis et surveiller ses ennemis.

Cela étant, l'obus lancé contre le ministre du Budget était manifestement à fragmentation car ce fut un carnage. On ne reviendra pas en détail sur les différents épisodes et en particulier l'épouvantable séquence de l'Assemblée nationale où le ministre, face à la représentation nationale, vint les yeux dans les yeux jurer de sa bonne foi. *Mediapart* fit durer le plaisir en pratiquant la stratégie de la mèche lente, mais Plenel finit par s'agacer de la lenteur du parquet à se saisir de ses propres réquisitions, en adressant à François Molins une lettre ouverte comminatoire[7] et savoureuse. Qu'il convient de citer pour illustrer

7. https://blogs.mediapart.fr/edwy-plenel/blog/291212/affaire-cahuzac-la-lettre-de-mediapart-au-procureur-de-la-republique

le climat dans lequel cette affaire s'est déroulée et mesurer ce que la presse s'autorise : « Saisi par nos soins de ces mêmes questions, le ministère de la Justice nous a fait savoir que la réponse vous appartenait, l'actuel garde des Sceaux ayant pour principe de ne pas donner d'instruction au parquet dans des dossiers individuels et affirmant qu'en cette matière, le parquet est indépendant, et donc totalement libre de ses décisions. »

Jérôme Cahuzac fut d'abord contraint de démissionner de son poste de ministre du Budget, soi-disant pour préparer sa défense, puis s'en vint avouer devant les juges d'instruction désignés après l'ouverture par le parquet de l'information judiciaire demandée par Edwy Plenel.

Alors, aubaine ou coup monté, finalement la question est secondaire au regard du résultat obtenu par François Hollande : l'installation d'un dispositif national complet facile à contrôler et à qui on va confier une mission directement politique de protection d'un pouvoir impopulaire et minoritaire.

Prétendant mettre en place les outils, définitifs bien sûr, pour imposer à la classe politique une morale publique irréprochable, le nouveau président de la République va confier à sa garde des Sceaux Christiane Taubira la mission d'élaborer et de faire adopter plusieurs textes soi-disant pour favoriser « la transparence et la moralisation de la vie publique ». Ils comprendront une collection de mesures techniques et d'obligations concernant les élus, mais vont surtout servir à créer les trois outils qui viendront compléter le Pôle d'instruction financier pour mettre en place une juridiction d'exception à compétence nationale.

Il y aura tout d'abord le fameux Parquet national financier installé le 1er mars 2014, qui traitera les affaires d'une grande complexité pour lesquelles il aura compétence sur tout le territoire français. Il pourra donc passer par-dessus la tête des parquets territorialement compétents ou des juridictions interrégionales spécialisées (JIRS) et récupérer à son initiative les enquêtes qui l'intéressent. De cette prérogative, l'expérience montre qu'il saura s'en servir. L'équipe prévue n'est pas très étoffée puisqu'elle ne comprend que dix-huit magistrats qui seront dirigés pour un premier mandat de six ans par Éliane Houlette qui, elle non plus, ne décevra pas.

Il y aura ensuite l'Office central de lutte contre la corruption et les infractions financières et fiscales (OCLCIFF). Le service, qui appartient à la Direction centrale de la police judiciaire, est composé de plus de quatre-vingts policiers, gendarmes et agents de la direction générale des finances publiques, fonctionnaires assermentés à qui le PNF peut faire appel pour mener ses enquêtes préliminaires.

Et enfin, le 9 septembre 2014 voit la mise en place de la 32e chambre correctionnelle du tribunal de grande instance de Paris dédiée aux affaires traitées par le PNF et le Pôle d'instruction financier. Il existe ainsi une juridiction nationale, aux niveaux du parquet, de l'instruction et du jugement. La soi-disant nécessaire spécialisation a été le prétexte pour parer le risque de la dispersion des affaires sur l'ensemble du territoire national en fonction des compétences territoriales des différents tribunaux. Il existe dans le fonctionnement de la justice un principe fondamental : « On ne choisit pas son juge. » Celui-ci héritera des dossiers en fonction de ses différentes compétences, parmi lesquelles la principale est la compétence territoriale, *ratione loci* (compétence territoriale), nous dit le latin. Il existe cent soixante-treize tribunaux judiciaires en France, et trente-six cours d'appel, dispositif très difficile à contrôler.

François Hollande en profita aussi pour mettre en œuvre une autre idée, celle de la création d'une Haute autorité administrative chargée de surveiller de très près la classe politique. Confié à des mains amies, cela pouvait s'avérer très utile. Par un décret du 16 juillet 2012, il demanda un rapport à une commission de rénovation et de déontologie de la vie publique présidée par l'ancien Premier ministre Lionel Jospin. Ce choix était ironiquement judicieux, lorsque l'on pense que Lionel Jospin a menti pendant toute sa carrière politique puisqu'il est arrivé à la tête du PS alors qu'il appartenait à une autre organisation politique, et que, dirigeant du parti pendant les années fric, il avait assisté à tout et savait tout. Et si sa probité financière personnelle n'était pas en cause, il connaissait probablement les différents systèmes sur le bout des doigts. L'affaire Cahuzac en ayant fourni l'occasion, la loi relative à la transparence de la vie publique du 11 octobre 2013 créa la HATVP sur la base des recommandations de la commission Jospin. Elle fut chargée de recevoir, contrôler et publier les déclarations de situation patrimoniale et les déclarations d'intérêts exigées de responsables publics dès leur accession à certains postes. Le non-respect de l'obligation ou la production de déclarations fausses ou mensongères constituent des infractions pénales. Et bien sûr, la Haute Autorité a un devoir de transmission au parquet des faits susceptibles de recevoir une qualification pénale dont elle aurait connaissance. Différents textes postérieurs ont encore accru ses pouvoirs. François Hollande nomma à sa tête pour six ans l'ancien procureur général auprès de la Cour de cassation Jean-Louis Nadal, ami proche et revendiqué du Parti socialiste, qui s'était très fréquemment assis sur le devoir de réserve pendant sa carrière. Réservant son hostilité à Jacques Chirac et à Nicolas Sarkozy, et ses attentions amicales à Martine Aubry puis au candidat François Hollande. Cette nomination fit sourire, voire souvent rire, dans les milieux judiciaires. À l'échéance de son mandat, Emmanuel Macron nommera Didier Migaud, ancien député socialiste que Nicolas Sarkozy avait trouvé astucieux de nommer à la présidence de la Cour des comptes, en donnant ainsi des verges pour se faire battre comme le démontrera l'affaire des « sondages de l'Élysée ».

L'homogénéité politique du dispositif ainsi mis en place saute aux yeux, avec Éliane Houlette qui a donné toutes les preuves à la tête du PNF, Catherine Champrenault, procureur général à Paris et réputée proche du couple Hollande-Royal, Jean-Michel Hayat, président du tribunal de Paris et ancien membre du cabinet de Ségolène Royal, et enfin Serge Tournaire, chasseur officiel de Nicolas Sarkozy, et Aude Burési, militante du syndicat de la magistrature pas spécialement marquée à droite…

En se débattant dans le marécage dans lequel il finirait par s'enfoncer au printemps 2017, François Fillon accompagné de ses amis avait prétendu à l'existence d'un « cabinet noir ». Pour recevoir un mélange de réfutations vertueuses et d'accusations bien senties de « complotisme ». Comment savoir ?

Alors, cabinet noir ou pas ?

Aussi la meilleure méthode pour tenter de répondre sans encourir de reproches de subjectivité serait probablement de la poser à des témoins dont l'objectivité serait moins sujette à caution. Et dont l'appartenance au *Canard enchaîné* penchant plutôt à gauche et attaché à son sérieux pourrait être une garantie ?

Olivia Recasens, Didier Hassoux et Christophe Labbé, tous trois journalistes au palmipède du mercredi, n'ont pas eu de chance. Ils s'étaient lancés dans la rédaction d'un ouvrage visant à décrire les petits secrets de François Hollande dans son utilisation de la police et de la justice, avec probablement pour objectif de montrer que celui-ci, en matière de manipulation, n'avait rien à envier à son prédécesseur à la présidence de la République. Le livre intitulé *Bienvenue place Beauvau* est assez passionnant et, trois ans plus tard, on en conseillera toujours la lecture car on y apprend des choses assez consternantes qui donnent des protagonistes et de la République qu'ils servent une image passablement cabossée.

Malheureusement pour eux, l'ouvrage parut au printemps 2017, en pleine affaire Fillon, et présentait le gros inconvénient de nourrir l'accusation que l'on était en présence d'une opération judiciaire visant à disqualifier le candidat de la droite. Bien sûr, le livre rédigé antérieurement n'en disait pas un mot, mais contenait des faits, donnait des noms, des confidences, des recoupements et des analyses permettant dès le premier chapitre d'acquérir la conviction de l'existence d'un « cabinet noir » à la manœuvre contre Fillon. La situation devint un peu gênante pour les auteurs puisqu'ils appartenaient au journal que certains accusaient d'être acteurs de la manœuvre. Ce dont *Le Canard* se défendait vigoureusement, défense cependant mise à mal par l'ouvrage de ses collaborateurs… On vit les trois malheureux se rendre sur les plateaux pour dire le contraire de ce qu'ils avaient écrit, et l'ouvrage passa rapidement à la trappe médiatique.

Retenons-en quelques citations qui vont permettre de connaître les informations et l'opinion de professionnels reconnus[8].

Dès l'introduction les auteurs annoncent la couleur d'une façon qui ne laisse guère place au doute et font part de leur conviction forgée lors de leur enquête : « Comme leurs prédécesseurs, mais avec moins de talent et de rouerie, Hollande, Valls, Cazeneuve et les autres ont joué avec l'appareil judiciaire à des fins souvent électorales. »

Le premier chapitre intitulé « La désarkozysation » comporte plusieurs intertitres dont un très explicite ainsi rédigé : « Un cabinet noir anti-Sarkozy ? ».

Il est ainsi répondu à la question de l'intertitre :

« Le retour aux affaires de ces chiraquiens nourrit bien évidemment le soupçon sarkozyste de l'existence d'un cabinet noir. Il n'est pas possible d'en apporter la preuve formelle. Comme il n'est pas possible de prouver le contraire ! Mais l'addition d'indices troublants et de témoignages étonnants interroge. Plusieurs observateurs bien placés dans l'appareil policier nous ont ainsi décrit par le menu l'existence d'une

8. Les numérotations des pages des citations retenues sont celles de la version numérique téléchargée avec la police d'origine.

structure clandestine, aux ramifications complexes, et dont le rayon d'action ne serait pas cantonné au seul renseignement territorial » (page 13).

Suit la description du rôle de Tracfin, le service de renseignements de Bercy dédié à la fourniture d'informations sensibles à l'Élysée. Suivie d'une explication très claire : « Afin d'allumer la mèche d'une affaire politico-financière, il suffit que Tracfin pêche au bon endroit, remonte dans ses filets une infraction, et la transmette officiellement à la justice. Ou officieusement un service enquêteur qui se chargera de mener une "enquête d'initiative" avant qu'un magistrat ne la reprenne à son compte » (page 13). Le tout, nous dit-on, sous le contrôle scrupuleux du directeur des affaires criminelles et des grâces (DACDG) de la place Vendôme, Robert Gelli « copain de chambrée » de François Hollande et Michel Sapin lors de leur service militaire, ancien membre du cabinet de Lionel Jospin et ancien procureur notoirement anti-Sarkozy. Et les auteurs d'enfoncer le clou (page 14) :

« "La DACDG n'est pas seulement l'œil de la chancellerie, c'est aussi un moyen de piloter discrètement les dossiers politiques sensibles", allègue un parquetier. Une pratique assumée par la chancellerie. Sur le papier, pourtant, c'en est fini de l'ère Sarkozy : il n'y a plus d'"affaires signalées", ces dossiers que le pouvoir exécutif surveille de près sur lesquels il intervient autant que de besoin par le biais d'"instructions individuelles" adressées aux magistrats. "En fait les choses se font plus subtilement, par exemple, sur l'opportunité d'ouvrir une information judiciaire, des consignes sont données mais oralement", nous précise un magistrat. Chaque fois, ce sont les mêmes juges d'instruction qui sont désignés pour les affaires qui intéressent le Château. Ils sont moins de cinq, dont on retrouve le nom dans tous les dossiers qui concernent Sarkozy. Des habitués de la méthode, des poupées russes. »

Page 15, François Hollande en prend pour son grade : « "Sarkozy, je le surveille, je sais tout ce qu'il fait", fanfaronne le Président devant 19 députés socialistes qu'il reçoit le 17 février 2014 à l'Élysée. "Hollande a toujours voulu garder un œil sur ses ennemis et même sur ses alliés de circonstance qui pourraient devenir ses adversaires", prévient en écho un éléphant socialiste qui a pratiqué à ses dépens l'ancien premier secrétaire du PS. »

Et page 18, on nous explique tranquillement la technique qui permet de protéger les amis : « Le Château est passé maître dans l'art de pousser ou ralentir le feu sous les casseroles judiciaires. Pour enterrer sans classer, il suffit de donner consigne de continuer à creuser en préliminaire ad vitam aeternam. Dans ce cas, le dossier reste sous le contrôle direct de la chancellerie. Et puis si les enquêteurs s'avèrent être des bras cassés plutôt que des Cadors… c'est l'enterrement de première classe assuré ! »

À la lumière du travail des trois auteurs, il est donc possible d'utiliser la formule assez hilarante tirée d'une publicité devenue virale à l'été 2020 : alors finalement, sous Hollande, cabinet noir ou pas ? Nous pouvons dire que « la question, elle, est vite répondue »…

« Ralentir le feu sous les casseroles » : Lamdaoui et Kader Arif bien tranquilles

Ils sont finalement assez nombreux qui ont bénéficié de la mansuétude de la justice à la demande de François Hollande dès lors que ceux-là pouvaient lui être utiles. Pour d'autres, cela relevait plutôt du genre de service qu'on rend aux amis et enfin, pour certains, de la nécessaire protection qu'on doit à ceux qui possèdent de lourds secrets.

Bienvenue place Beauvau nous a donné quelques noms surprenants de la première catégorie tels que Dominique de Villepin ou Jean-Louis Borloo, voire Jean-François Copé étonnamment indemne de l'affaire Bygmalion. La deuxième, quant à elle, comprend quelques petits et grands amis, bénéficiant de passe-droits sans beaucoup d'importance. La troisième est plus sérieuse en ce qu'elle démontre la capacité dont l'appareil judiciaire a fait preuve pour mettre François Hollande à l'abri.

Nous retiendrons deux exemples. Tout d'abord celui de Faouzi Lamdaoui, sorte d'intrigant spéculant sur son appartenance à la diversité pour exiger des contreparties en termes de responsabilités électives et commerciales, et ayant eu surtout l'intelligence de se rendre indispensable à François Hollande pendant ses traversées du désert en le faisant bénéficier d'un certain nombre de services. Devenu « conseiller pour la diversité » auprès de son patron à l'Élysée, il dut quitter son poste en raison de quelques soucis judiciaires. On ne rentrera pas ici dans les détails d'affaires particulièrement embrouillées, où des proches de Lamdaoui considérant avoir été escroqués avaient saisi la justice. Celle-ci ne se montra guère zélée, et de procédures bizarres en pertes de dossiers, tout s'est bien terminé pour l'ancien factotum. Des abus de biens sociaux, faux en écriture de commerce et autres fraudes fiscales, le tout dans une grande confusion, lui étaient reprochés. Pour une procédure financière de ce type afin d'en démêler les fils, une information judiciaire confiée à un juge d'instruction avec des expertises financières s'imposait. Le parquet préféra une citation directe en correctionnelle comme s'il s'était agi d'un vol de cyclomoteur. Arriva ce qui était prévisible, le tribunal fut contraint de constater l'irrégularité de la procédure et d'en prononcer la nullité. La cour d'appel saisie, après avoir fini par retrouver le dossier qui avait curieusement disparu, ne put que confirmer cette nullité, et Faouzi Lamdaoui sortit blanc comme neige de l'aventure après dix ans de procédure. Même *Libération* trouva cela étrange[9], et quant à l'avocat des plaignants, dépité, il considéra que le parquet semblait bien avoir « commis des nullités de procédure dans le seul dessein de protéger Faouzi Lamdaoui » et, invoquant un véritable « sabotage », il prétendit : « De tels manquements, aussi grossiers, n'ont pu être que volontaires. » Propos dont il convient prudemment de lui laisser la responsabilité…

L'affaire Arif est autrement plus sérieuse, et plus obscure aussi. Kader Arif, dirigeant socialiste de la Haute-Garonne, fut nommé secrétaire d'État dans le gouvernement Ayrault après l'arrivée de François Hollande à l'Élysée, puis ministre des Anciens Combattants dans le gouvernement Valls. Il fut contraint à la démission le 21 novembre 2014 à la suite de l'ouverture d'une enquête préliminaire portant sur des marchés attribués par son ministère et sur des marchés publics attribués par la région Midi-Pyrénées à plusieurs de ses proches, et en particulier ses frères. Une information judiciaire avait été ensuite ouverte au pôle financier, Kader Arif et des membres de sa famille furent mis en examen[10]. Ouvert depuis six ans, le dossier avance à un pas de sénateur, et les mauvaises langues prétendent que ce n'est pas par

9. http://www.liberation.fr/france/2017/01/12/affaire-faouzi-lamdaoui-proces-en-appel-suspendu_1540955

10. https://france3-regions.francetvinfo.fr/occitanie/haute-garonne/toulouse/toulouse-trois-proches-ex-ministre-kader-arif-mis-examen-affaire-awf-1259483.html

hasard. Les médias sont peu loquaces, Kader Arif battu aux législatives de 2017 ayant disparu de la circulation, en dehors de la région toulousaine tout le monde l'a un peu oublié.

Essayons avec beaucoup de prudence d'expliquer ce qui pourrait justifier cette discrétion et cette lenteur. Deux frères de Kader Arif dirigeaient une entreprise appelée AWF qui fut l'un des prestataires à la fois de la campagne des primaires socialistes aboutissant au choix de François Hollande et ensuite de celle de l'élection présidentielle. Pour voir leurs contrats rompus à un mois de l'échéance. Deux élus de l'opposition à la région Midi-Pyrénées avaient trouvé suspects un certain nombre de marchés attribués plus tard par la collectivité à AWF et, soupçonnant plusieurs délits de favoritisme, avaient adressé un signalement au parquet de Toulouse. Celui-ci aurait ouvert une enquête préliminaire, mais vit le Parquet national financier se précipiter et, fort de sa compétence nationale, récupérer le dossier. Cette célérité ne fit pas plaisir aux magistrats toulousains, nourrit quelques soupçons et fit circuler quelques rumeurs. Ayant débuté le 27 février 2014, l'affaire Bygmalion battait son plein, et à longueur de colonnes, la presse expliquait ce qui était soupçonné et imputé aux équipes de la campagne 2012 de Nicolas Sarkozy. Le petit jeu consistait, paraît-il, à sous-facturer les prestations fournies aux candidats et dont les montants devaient figurer au compte de campagne pour que celui-ci ne s'alourdisse pas trop et ne dépasse pas le plafond des dépenses imposé par la loi. Rappelons que le dépassement du plafond prive le candidat du remboursement de ses frais par l'État et lui fait subir une amende équivalant au montant des dépassements. D'après ce que l'on peut connaître de l'instruction rapportée par la presse, les prestataires de la campagne du candidat UMP auraient sous-facturé leur prestation pour rester dans l'épure. Et auraient ensuite récupéré la différence en facturant directement à l'UMP des prestations sans rapport avec la campagne et… imaginaires. Il faut rappeler qu'avant même l'affaire Bygmalion, le compte de Nicolas Sarkozy avait été rejeté pour un dépassement de 300 000 euros et le non-remboursement de ses frais par l'État avait obligé l'ancien Président à lancer le fameux Sarkothon.

Quel rapport avec l'affaire Arif ? Des rumeurs donnaient à entendre une histoire un peu similaire concernant le financement de la campagne de François Hollande. La société AWF aurait sous-facturé ses prestations figurant au compte de campagne et se serait ensuite « rattrapée » de son manque à gagner avec des marchés publics de complaisance. Il convient d'insister sur le fait qu'il ne s'agit que de rumeurs, mais elles sont alimentées à la fois par la célérité avec laquelle le PNF serait venu récupérer le dossier d'enquête et par l'incroyable lenteur avec laquelle l'instruction de cette affaire se déroule. Cette absence de clarté est d'autant plus gênante que les enjeux de ce dossier-là seraient très importants s'il s'agissait bien de ce scénario. Parce qu'en effet, si le compte de campagne de François Hollande avait été falsifié pour permettre le remboursement des frais par l'État, il s'agirait d'un détournement de fonds publics de 11 millions d'euros. Le manque à gagner versé par l'UMP aux prestataires de la campagne de Sarkozy provenait de fonds de l'UMP, c'est-à-dire privés. Si le versement de celui de la société AWF provenait de marchés publics de complaisance surfacturés, il s'agirait là aussi de fonds publics.

Pour l'instant, rien ne permet d'être affirmatif, et l'on peut espérer que cette hypothèse n'est pas la bonne. Et que la lenteur de l'instruction n'est que le fruit de la complaisance et de la volonté de protéger les amis de François Hollande devenu malheureusement une habitude sous son mandat.

Mais la cible principale du système Hollande que nous venons de décrire était évidemment Nicolas Sarkozy. Celui-ci, dès son arrivée à l'Élysée et malgré l'immunité, va bénéficier de traitements judiciaires nombreux et variés qui permettent de considérer qu'il a moins fait avancer la réglementation pénale en tant que président de la République que comme justiciable grâce à la jurisprudence issue de ses innombrables mises en cause…

Chapitre 8
La chasse au Sarkozy

De quoi la haine de Sarkozy est-elle le nom ?
Les raisons d'une déraison

« De quoi Sarkozy est-il le nom ? » Alain Badiou, philosophe maoïste, avait fait un retour remarqué sur le terrain politique avec la publication de ce pamphlet brillant. Sorti quelques mois après l'élection de Nicolas Sarkozy, l'ouvrage, s'il n'était pas très convaincant dans les réponses qu'il apportait à la question, fut la première manifestation d'une sarkophobie qui, dans l'accomplissement du quinquennat, allait atteindre des records. François Hollande et Emmanuel Macron démontreront par la suite que les records étaient faits pour être battus. Mais l'objectif de Badiou était l'explication d'une adhésion qui avait offert à Nicolas Sarkozy une élection assez large. Celle-ci n'était pas uniquement due à la nullité de la candidate que le Parti socialiste avait cru nécessaire de lui opposer. Pourtant, cette adhésion se transformera par la suite en un rejet massif qui donnait des écarts de vingt points avec François Hollande dans les sondages à deux mois de l'échéance de 2012. L'écart final réel fut étroit, car lorsque l'on est dans l'isoloir, le vote à une élection présidentielle redevient chose sérieuse. Pourtant, le rejet a finalement en partie fonctionné et l'élection de François Hollande est bien une élection par défaut. On aurait pu penser alors que la sarkophobie souvent primaire et parfois compulsive dont l'ancien Président avait été l'objet allait s'apaiser une fois celui-ci parti. Curieusement pas du tout ! Ce fut pire, comme l'a d'ailleurs également montré sa piteuse défaite à la primaire de la droite en novembre 2016. Et, encore aujourd'hui, il continue à exercer une trouble fascination pouvant confiner parfois à la névrose.

Il est nécessaire à ce stade de préciser que l'auteur n'a jamais été un partisan de l'homme politique Sarkozy et n'a jamais voté pour lui, ni envisagé de le faire.

Mais on ne peut être qu'interloqué par les réactions étranges que l'ancien Président continue à provoquer. Le feuilleton des différentes procédures pénales dont il a été l'objet, assorties de gardes à vue et mises en examen[1] à grand spectacle, permet

1. www.lefigaro.fr/politique/2014/07/07/01002-20140707ARTFIG00186-presidentielle-2012-sarkozy-vise-par-une-nouvelle-enquete-judiciaire.php

d'illustrer la typologie particulière de ses ennemis. Il est évident que l'ancien Président fait l'objet d'un traitement judiciaire particulier. La scansion chronologique des procédures qui, de près ou parfois de très loin, le concernent, la nature des incriminations, leur nombre, le caractère parfois complètement artificiel de celles-ci l'établissent suffisamment. Les acrobaties permettant de le rattacher à des affaires qui lui sont étrangères, tout cela montre bien qu'il est une cible prioritaire. Il y a de plus les libertés prises avec les principes du procès pénal équitable. Écoutes téléphoniques à large filet maillant dérivant, violation du secret professionnel des avocats, gardes à vue inutiles, mises en examen nocturnes (?). Les juges d'instruction dont on dit, sans qu'il y ait de réactions, qu'ils n'instruisent pas mais qu'ils « construisent » leurs dossiers, respectent aussi peu la présomption d'innocence que l'avait fait Sarkozy pour Colonna ou Villepin. Et oubliant tout sang-froid, certains le traitent publiquement de « malfaiteur ». Les autres seconds couteaux (voire premiers), n'étant pas en reste, n'exprimaient à cette occasion que leur peur de le voir revenir.

Et il y a aussi les gens de la famille. Ceux qui entendaient bien profiter de l'occasion. Qui ont bénéficié du règne, et pour lesquels leur ambition et l'aversion qu'ils ont pour le personnage qu'il a fallu supporter l'emportent sur la reconnaissance pour les prébendes reçues. Alain Juppé, piteusement défait aux législatives de 2007, dont on avait refait un ministre d'État, n'hésitera pas à accuser Nicolas Sarkozy de ne pas respecter l'État en critiquant la justice. Pour ceux qui se rappellent son attitude à l'audience du tribunal correctionnel de Nanterre, ou ses réactions lorsque le procureur de Paris lui avait demandé de déménager de la rue Jacob, cette intervention prend une certaine saveur. Il sera suivi sur ce terrain par Jean-Louis Debré, oubliant que, pour Jacques Chirac, il avait dit exactement le contraire[2]. Soyons charitables, et ne parlons pas de Xavier Bertrand. Quant à François Fillon, qui fut particulièrement actif y compris par des manœuvres déloyales pour faire tomber son ancien patron, il avait oublié la définition du mot « boomerang ».

Et puis, il y a les autres, tous les autres, tous ceux qui le détestent, sont encore et toujours terrorisés à l'idée de le revoir en politique et souhaitent le voir une bonne fois pour toutes en prison. Et trop souvent, avec des gens pourtant posés et rationnels, la discussion est impossible. Leur rapport au réel en est modifié. Lorsque l'on argumente sur l'instrumentalisation des médias et de la justice, lorsque l'on avance des faits ou des éléments concrets, des informations irréfutables, il y a toujours une explication. Le corporatisme des avocats, l'insoupçonnabilité évidente des magistrats du mur des cons[3], le

2. www.lepoint.fr/societe/jean-louis-debre-proces-chirac-inutile-pour-lui-et-pour-la-france-01-10-2010-1243678_23.php

3. www.causeur.fr/mur-des-cons-snj-france3-22298.html

caractère sacré du journalisme d'investigation, etc. Et l'on n'est pas loin d'entendre la phrase : « Avec Sarkozy, la fin justifie les moyens, on a le droit. » La lecture des commentaires d'articles ou de ceux publiés sur les réseaux sociaux, y compris de la part de gens par ailleurs intelligents et pondérés, renvoie plutôt à l'éructation qu'à la réflexion.

C'est cette troisième catégorie qui est la plus curieuse. Pour les deux autres, on ne voit s'exprimer au fond que des sentiments très humains. En revanche, on est interloqué par l'aversion provoquée par quelqu'un, certes peu sympathique, homme politique médiocre comme l'époque en produit, mais que l'on connaissait depuis déjà longtemps. Que son passage à l'Élysée ait pu en faire à ce point un repoussoir suscite une grosse interrogation. Serait-ce parce que, abaissant la fonction présidentielle, il a tué le premier corps du roi ? Son plus grand péché serait-il un régicide ?

Mais c'est là le premier argument que l'on peut mettre en avant, auprès des sarkophobes compulsifs. François Hollande, qui l'a remplacé dans la fonction, a été plus loin. D'abaissé, le premier corps du roi est passé à un état de décomposition avancée, et à la haine a succédé le mépris rageur, voire le dégoût. Quant à Emmanuel Macron, sa présence à l'Élysée est une telle incongruité que l'on est au-delà de la détestation.

Finalement Nicolas Sarkozy, pourtant une figure assez classique du champ politique, comme beaucoup de ceux que l'époque produit, dispose d'une singulière aptitude à provoquer de part et d'autre de l'échiquier des passions déraisonnables. Qui peuvent encore aujourd'hui interloquer. Parce que cette haine, nourrie d'un étonnant mélange de faits réels, de traits de caractère indiscutables, mais aussi d'inventions et de fantasmes, provoque des réactions à base de pertes de sang-froid, d'abandons du sens commun, il y a cette envie compulsive de l'éliminer ou de le punir quels que soient les moyens utilisés.

Nicolas Sarkozy n'aime pas les magistrats qui le lui rendent bien

Interrogé par Michel Drucker lors de l'émission de grande écoute *Vivement dimanche prochain* sur France 2, en octobre 2007, quatre mois après son arrivée à l'Élysée, Nicolas Sarkozy était revenu sur l'installation du nouveau président de la Cour de cassation, à laquelle il avait assisté et où il reprocha aux magistrats leur manque de diversité, en des termes qui furent perçus par le corps comme une insulte : « J'ai voulu être là pour bien montrer la confiance que je faisais à l'institution judiciaire et aux magistrats de France… Je regardais la salle, je voyais 98 % d'hommes […] qui se ressemblaient tous, mêmes origines, même formation, même moule, la tradition des élites françaises, respectables, bien sûr, mais pas assez de diversité. » Et répondant à la question du choix de Rachida Dati comme garde des Sceaux, il poursuivit : « J'ai voulu m'entourer de gens différents. J'aime cette différence... Je n'ai pas envie d'avoir le même moule, les mêmes personnes, tout le monde qui se ressemble alignés comme des petits pois, la même couleur, même gabarit, même absence de saveur. » Les petits pois sans saveur ont adoré. Il existait d'ailleurs déjà un passif entre Nicolas Sarkozy et les magistrats parce qu'en 2005, alors qu'il est ministre de l'Intérieur, il va s'opposer frontalement aux juges et à la justice en général, en commentant le meurtre de Nelly Crémel[4], l'épouse d'un officier de la DGSE tuée par deux hommes dont un récidiviste alors qu'elle faisait son jogging en Seine-et-Marne. Prétendant que le veuf de Nelly Crémel lui avait demandé comment l'État avait pu relâcher un monstre, Nicolas Sarkozy avait publiquement mis en cause le juge d'application des peines[5] concerné : « Moi, je le sais, que la justice est humaine [...] mais c'est pas parce que c'est humain qu'on ne doit pas payer quand on a fait une faute. [...] En Conseil des ministres ce matin, j'ai demandé au Président

4. www.lefigaro.fr/actualite-france/2013/03/22/01016-20130322ARTFIG-00596-sarkozy-et-la-justice-une-relation-conflictuelle.php

5. https://tempsreel.nouvelobs.com/politique/20060503.OBS6355/les-petites-phrases-de-sarkozy.html

de la République de demander au Garde des Sceaux ce qu'il allait advenir du magistrat qui avait osé remettre un monstre pareil en liberté conditionnelle. [...] Cette question que j'ai posée, il y a 62 millions de Français qui se la posent. [...] Moi, voyez-vous, je me sens du côté des victimes. » Le magistrat personnellement pris à partie avait répliqué avec une certaine justesse : « Ce sont deux juges d'application des peines et un conseiller de la cour d'appel qui ont pris la décision ensemble. Le parquet ne s'y est pas opposé et n'a d'ailleurs pas fait appel. [...] Les expertises psychiatriques étaient très favorables. Le prisonnier avait effectué plus de la moitié de sa peine, il avait le droit de sortir. »

Une autre fois ce fut le tribunal de Bobigny accusé d'être laxiste qui eut droit aux faveurs du locataire de la place Beauvau, après la violente agression de deux CRS dans une cité de banlieue en septembre 2006. En déplacement dans cette ville, Nicolas Sarkozy n'hésita pas : « Qu'on m'explique comment on empêche un délinquant de récidiver si on n'a pas le courage de le mettre en prison ? » lâche le ministre lors d'un déplacement à Bobigny. Cette intervention provoqua l'indignation du premier président de la Cour de cassation, Guy Canivet, parlant alors « d'atteinte à l'indépendance de l'autorité judiciaire et à la séparation des pouvoirs ». Nicolas Sarkozy devenu chef de l'État, alors que les controverses succédaient aux controverses, avait provoqué l'irritation des magistrats avec une proposition de création de jurys populaires dans les tribunaux correctionnels, perçue comme une défiance vis-à-vis du corps. Et puis il y eut l'assassinat de Laëtitia Perrais, en février 2011, dont Nicolas Sarkozy attribua la responsabilité aux dysfonctionnements de la justice. Sa charge provoqua une réaction vive des magistrats nantais[6] en charge du dossier qui cessèrent immédiatement le travail et décidèrent d'une semaine sans audiences. Mouvement de protestation qui gagna des dizaines de tribunaux dans toute la France.

Nicolas Sarkozy devint alors la tête de Turc quasi officielle des syndicats de magistrats. Le Syndicat de la magistrature lui donna la première place en l'épinglant sur le fameux mur des cons et multiplia les communiqués vengeurs, allant jusqu'à prendre l'initiative de plusieurs pétitions le mettant en cause ou demandant de voter pour son adversaire. L'Union syndicale des magistrats pourtant moins engagée politiquement que le SM finit par se joindre à ce concert et à prendre des positions allant bien au-delà du devoir de réserve des magistrats, qu'il s'agisse des membres du parquet ou de ceux du siège.

C'est pourquoi Nicolas Sarkozy devint une cible privilégiée de plusieurs vendettas judiciaires et se trouve être encore aujourd'hui le symbole fort du

6. https://tempsreel.nouvelobs.com/societe/20110204.OBS7529/sarkozy-et-les-magistrats-une-querelle-qui-va-crescendo.html

dévoiement de l'instrumentalisation de la justice pénale à des fins politiques. Comme l'avait relevé en son temps le bâtonnier de Paris, une « chasse au Sarkozy » s'est déclenchée dès son premier mandat, émaillée de violations graves et répétées des libertés publiques et des principes qui devraient guider le procès pénal.

Ce chapitre va tenter d'en raconter l'histoire.

Les affaires pendant son mandat : une stratégie indirecte pour cause d'immunité

L'immunité présidentielle prévue par la Constitution de la Ve République protège le Président de deux choses pendant son mandat. D'abord, il ne peut pas être poursuivi pour des infractions qu'il commettrait pendant l'exercice de cette responsabilité. Mais ensuite, on ne peut pas le poursuivre non plus pour des infractions antérieures à sa prise de fonction, et il est nécessaire d'attendre la fin de son mandat pour reprendre les poursuites. C'est cette interprétation qu'a donnée la Cour de cassation et qui fait que Jacques Chirac a pu être attrait devant les juridictions répressives à partir de 2007 pour des infractions commises antérieurement à 1995.

C'est la raison pour laquelle les magistrats affectés à la chasse ont utilisé une stratégie indirecte. C'est essentiellement la fameuse affaire dite « des sondages de l'Élysée ».

Patrick Buisson otage de la chasse au Sarkozy

Patrick Buisson, après une jeunesse marquée par un fort engagement maurrassien et anticommuniste, devint journaliste d'abord dans la presse d'extrême droite pour ensuite évoluer vers un parcours plus classique puisqu'il fut pendant six ans rédacteur en chef de l'ancien *Valeurs actuelles*. À partir de 1995, il devient conseiller politique d'un certain nombre de personnalités de droite comme Jimmy Goldsmith, Philippe de Villiers, Alain Madelin jusqu'à François Bayrou. Devenu par la suite homme de médias à multiples casquettes, on le verra se rapprocher de Nicolas Sarkozy dont il devint un conseiller écouté. Cela faisait déjà beaucoup pour une certaine gauche qui lui vouait une franche détestation. Qui va se transformer en exécration dès lors que l'orientation politique qu'il propose à Nicolas Sarkozy permet à celui-ci de gagner une élection présidentielle pourtant promise à la gauche deux ans auparavant après la victoire du « non » au référendum sur le Traité constitutionnel européen. Ayant prédit la victoire du « non » à 55 %, il considère que la droite républicaine peut récupérer une partie du vote Front national et il conseille à celui qui n'est encore que ministre de l'Intérieur une ligne « décomplexée » sur l'autorité, la morale, l'immigration, la délinquance, l'assistanat, Mai 68, l'identité nationale. Ayant récupéré 2,5 millions de voix sur Jean-Marie Le Pen par rapport à 2002 au premier tour, Sarkozy l'emporte facilement contre Ségolène Royal au second. Patrick Buisson le suit à l'Élysée où il devient conseiller rapproché du nouveau Président, lui apportant des prestations de conseils et d'études d'opinion. Cette double caractéristique d'homme issu de l'extrême droite et de proche et utile conseiller d'un Président détesté le transforme rapidement en cible prioritaire.

Il va donc devenir la victime d'une des premières offensives judiciaires contre Nicolas Sarkozy, dont il sera l'otage pour des raisons d'immunité présidentielle constitutionnelle au profit du Président.

L'affaire des sondages de l'Élysée est une affaire judiciaire qui concerne la commande de conseils politiques et d'études d'opinion par la présidence de la République à partir de 2008, qui commence avec la publication d'un rapport de la Cour des comptes en 2009 sur le budget de la présidence de la République, pour se poursuivre à partir du mois d'octobre 2012 avec une information judiciaire portant sur la régularité des marchés conclus entre l'Élysée et neuf instituts de sondage, pour d'éventuels faits de favoritisme, détournements de fonds publics, complicité et recel de ces délits.

Ce dossier présente jusqu'à la caricature toutes les caractéristiques de ces procédures dont l'objectif est d'abord et avant tout de mener un combat politique. On y retrouvera les mêmes acteurs, avec l'association Anticor, ce parquet privé prisé par la gauche, le juge d'instruction spécialiste de Nicolas Sarkozy, Serge Tournaire, une chambre d'instruction rapidement transformée en chambre de confirmation, une Cour de cassation soucieuse de trouver des astuces pour contourner la séparation des pouvoirs et, naturellement, une presse soigneusement alimentée en violations du secret de l'instruction avec un *Mediapart* chouchouté et soldat de première ligne[7], accompagné périodiquement du *Monde* et autres seconds couteaux.

Depuis Louis-Philippe, jusqu'à Nicolas Sarkozy, en passant par la IIe, la IIIe, la IVe et la Ve République, l'Élysée n'a jamais fait l'objet de contrôles de la Cour des comptes pas plus qu'il n'a été soumis à un quelconque droit de la commande publique. Ces pratiques se déduisaient simplement des conséquences que tous les juristes tiraient du statut particulier du dispositif occupé par le chef de l'exécutif. Et en ce qui concerne la Constitution du 4 octobre 1958, son article 67 dans sa rédaction de 2007 dispose : « Il ne peut, durant son mandat et devant aucune juridic-

7. www.*mediapart*.fr/journal/france/dossier/notre-dossier-laffaire-des-sondages-de-lelysee

tion ou autorité administrative française, être requis de témoigner non plus que faire l'objet d'une action, d'un acte d'information, d'instruction ou de poursuite. » Ce texte est l'application du principe de la séparation des pouvoirs exigée par l'article 16 de la Déclaration des droits de l'homme et du citoyen figurant en préambule de la Constitution.

L'absence de contrôle du fonctionnement du budget de l'Élysée par la Cour des comptes et la non-application du droit de la commande publique n'avaient jamais gêné personne et tout aurait pu se poursuivre d'une façon somme toute à la fois efficace et surtout cohérente avec les conditions dont doit bénéficier l'exercice des pouvoirs du chef de l'État dans le texte voulu par le général de Gaulle. Nicolas Sarkozy ne l'entendit pas de cette oreille et, soucieux d'apparaître comme lui aussi capable de laver plus blanc, il sollicita la Cour des comptes de venir contrôler l'Élysée. C'était à l'évidence et dès ce moment-là le meilleur moyen de faire entrer le loup dans la bergerie, ce qui ne manquera pas d'arriver et cet excès de zèle eut pour conséquence de lui poser la tête sur le billot, ou plutôt, immunité présidentielle aidant, celle de ses collaborateurs.

En 2008, la Cour des comptes procéda donc pour la première fois à un audit des comptes de la présidence de la République. Philippe Séguin, encore premier président de cette institution, avait accepté à reculons mais bien conscient des problèmes qui allaient se poser, il proposa à Emmanuelle Mignon, la directrice de cabinet, de sanctuariser une « liste civile » des dépenses sur lesquelles la Cour des comptes n'exercerait pas son contrôle. Il cita, paraît-il, en particulier les sondages et les conseils politiques qui nécessitaient évidemment un niveau de confiance absolument renforcé entre le chef de l'État et les prestataires. Nicolas Sarkozy refusera cette proposition.

En 2009, la Cour ayant fait son travail, elle publiait un rapport sur l'exécution du budget en relevant un certain nombre de faits qui, à ses yeux, posaient des problèmes et en particulier les modalités de passage et d'exécution de conventions passées avec la société Publifact appartenant à Patrick Buisson. Celles-ci ne suivaient pas la procédure correcte d'appel d'offres, et sa mission lui permettait de facturer sans contrôle postérieur des études d'opinion à l'Élysée, ce que la Cour considérait comme « exorbitant au regard des règles de l'exécution de la dépense publique ». Il y avait d'autres critiques fort normales d'ailleurs pour un travail de cette nature, et en particulier l'ensemble des processus d'achat de l'institution élyséenne faisait l'objet de reproches et de recommandations. Rappelons que le contrôleur n'est pas là pour relever ce qui marche bien mais pour pointer ce qui ne va pas. Coup de tonnerre dans un ciel serein, la Cour posait la question de savoir si les services de l'Élysée et en particulier le président de la République étaient tenus d'utiliser et de respecter le droit des marchés publics. On sollicita l'avis d'un conseiller d'État qui passait par là, lequel conclut à cette nécessité en interprétant une directive européenne obsolète...

En février 2010, Anticor déposait une plainte contre X pour « délit de favoritisme » en pointant les contrats existants entre l'Élysée et Patrick Buisson.

Dix mois plus tard, le parquet de Paris classa la plainte sans suite au motif que l'irresponsabilité pénale dont jouit le chef de l'État « doit s'étendre aux actes effectués au nom de la Présidence de la République par ses collaborateurs ».

Anticor déposa une nouvelle plainte mais avec constitution de partie civile cette fois-ci, qui oblige le doyen des juges d'instruction à désigner un de ses collègues pour mener une information judiciaire. Énorme surprise, Serge Tournaire fut choisi... Mais le parquet de Paris, dirigé à ce moment-là par François Molins, saisit la chambre d'instruction, qui annula l'ordonnance, considérant qu'une telle enquête pourrait être contraire à la Constitution. Anticor décida alors de se pourvoir en cassation. Nous avons vu au chapitre précédent le rôle trouble joué par Christiane Taubira dans le cadre de ses rapports étroits avec Anticor. La presse révélera en 2015 à quel point celle qui était devenue entre-temps garde des Sceaux s'était intéressée de très près à cette affaire[8], démontrant s'il en était besoin la réalité de l'opération politique.

On ne rentrera pas ici dans les détails juridiques nombreux qui caractérisent cette affaire et la conduite complètement partiale du dossier, mais il convient de rappeler la réalité des règles de droit qui auraient dû s'appliquer, et la façon dont elles ont été brutalisées pour d'abord porter un préjudice politique majeur à Nicolas Sarkozy puis pour sacrifier ses collaborateurs rapprochés. La procédure a fait l'objet d'une ordonnance de renvoi devant le tribunal correctionnel pour délit de favoritisme, détournement de fonds publics, dont la date a été fixée en octobre 2021.

Trois problèmes essentiels sont posés : tout d'abord, du fait de l'article 67 de la Constitution, était-il possible de poursuivre les collaborateurs du président de la République en exercice pour avoir obéi à ses ordres, et les prestataires pour avoir exécuté les commandes qui leur étaient passées ? Ensuite, l'Élysée, en la personne de Nicolas Sarkozy, était-il tenu d'appliquer les règles du droit de la commande publique pour l'achat de prestations directement politiques et nécessitant une confiance que seules les procédures de gré à gré permettaient ? Et enfin est-il possible de considérer les prestataires choisis

8. www.francetvinfo.fr/politique/christiane-taubira/plainte-de-buisson-contre-taubira-des-e-mails-embarrassants-pour-la-garde-des-sceaux_1167001.html

comme des receleurs du délit de favoritisme qu'aurait prétendument commis Nicolas Sarkozy ?

La première de ces questions sur la possibilité d'une procédure pénale sur ce point fut posée à la Cour de cassation, et à laquelle elle répondit par son arrêt du 19 mars 2012. Pour cela, il est nécessaire de revenir sur l'aspect factuel du problème. Nicolas Sarkozy, président de la République et protégé par l'article 67 de la Constitution, a décidé de s'adjoindre la compétence d'un certain nombre de conseillers et parmi eux en particulier de Patrick Buisson dans le cadre juridique de la fourniture de prestations et non pas d'emplois de cabinet. Toute autre présentation relève d'une parfaite mauvaise foi. C'est bien le chef de l'État qui a pris la décision et personne ne pourrait prétendre que quelqu'un la lui a imposée. Toute instruction portant sur les relations contractuelles existant entre l'Élysée et la société de Patrick Buisson devait nécessairement, pour élaborer une vérité judiciaire, porter sur ce fait incontournable. Et auditions, confrontations, perquisitions, écoutes téléphoniques, et investigations diverses devaient pouvoir être utilisées vis-à-vis du chef de l'État, ce qu'interdit précisément l'article 67. Le pourquoi du choix de ce prestataire et les conditions de celui-ci devaient nécessairement être clarifiés. Sauf à considérer, répétons-le, que les collaborateurs de l'Élysée, mis en examen dans la procédure, auraient de leur propre chef délibérément choisi Patrick Buisson et décidé des formes juridiques du contrat pour l'imposer à Nicolas Sarkozy. Il était par conséquent indispensable de connaître sa position et de recueillir son opinion, ne serait-ce que pour le respect des droits de la défense des personnes poursuivies, pouvant alors justifier grâce aux investigations le concernant qu'elles avaient obéi aux ordres de leur autorité hiérarchique. Il ne s'agissait en aucun cas d'étendre la protection de l'article 67 aux collaborateurs du chef de l'État et aux actes accomplis pour les besoins de son action politique. Mais afin de pouvoir apprécier les responsabilités des différents acteurs d'une chaîne hiérarchique, il est indispensable de connaître précisément les faits intervenus à tous les niveaux. Et en particulier ce qu'a décidé celui qui est situé au sommet de cette hiérarchie. Toute décision administrative est le fruit d'un enchaînement qui en fait une opération globale qu'il n'est pas possible de tronçonner en plusieurs parties. C'est pourtant ce que va se permettre la Cour de cassation.

Jetons un regard sur cet arrêt dont la lecture permet de comprendre dans quel piège vont tomber les protagonistes, cette décision constituant un feu vert donné au magistrat instructeur pour prendre les plus grandes libertés avec la rigueur juridique comme c'est devenu le cas systématiquement dès lors que Nicolas Sarkozy est directement ou indirectement en cause.

« 1/ alors qu'en ce qu'il pose une exception aux principes à valeur constitutionnelle de responsabilité et d'égalité devant la loi, l'article 67 de la Constitution qui confère une immunité au Président de la République ne peut être mis en œuvre au bénéfice d'autres personnes ; que la chambre de l'instruction a fait une fausse application de ce texte en en étendant le bénéfice aux proches collaborateurs du Président de la République. »

Ce n'était absolument pas l'enjeu, mais une façon de dire que l'immunité présidentielle est déjà démocratiquement discutable, et que si de plus des collaborateurs peuvent en bénéficier, c'est la fin de tout. Alors qu'il ne s'agissait pas d'exonérer les collaborateurs de l'Élysée par principe, mais de constater que l'information judiciaire sur les faits en cause, et qui devait avoir un caractère contradictoire, ne pouvait pas se dérouler normalement sans y impliquer le chef de l'État. Les collaborateurs agissaient évidemment sur ordre du président de la République, leur supérieur hiérarchique, et comment savoir ce que celui-ci avait ordonné sans le lui demander ? Le problème était très simple : pour mener des investigations sur certains agissements des collaborateurs, il était impératif d'inclure le chef de l'État dans la procédure. La question n'est pas de savoir si « l'immunité présidentielle » s'étend à ses collaborateurs mais s'il est possible de les juger sans impliquer le chef de l'État, ne serait-ce que par un simple témoignage, ce que l'article 67 rend impossible.

En réalité pour casser la décision de refus d'informer de la chambre d'instruction, la chambre criminelle censure deux vices de motivation dans l'ordonnance de la chambre d'instruction : l'extension de l'immunité du président de la République à ses collaborateurs et le refus d'instruire le recel de favoritisme.

L'attendu qui prononçait la cassation d'une ordonnance pourtant copieuse ne faisait que quelques lignes et en en déformait complètement le propos.

Que nous disait la Cour de cassation pour critiquer la décision ?

« Mais attendu qu'en se déterminant ainsi, en l'absence de tout acte d'instruction, par des motifs hypothétiques et inopérants, alors que, d'une part, aucune disposition constitutionnelle, légale ou conventionnelle ne prévoit l'immunité ou l'irresponsabilité pénale des membres du cabinet du Président de la République. »

La simple lecture de l'ordonnance de la chambre d'instruction démontre que ce n'était absolument pas son propos ni sa motivation. Très détaillée, celle-ci considérait que le statut du chef de l'État dans cette affaire précise ne permettait pas d'appliquer les règles impératives du procès pénal. Les obstacles objectifs, conséquences de l'immunité du seul Président, empêchaient un débat contradictoire dans les règles, ainsi que l'exercice des droits de la défense. Il n'était pas dit que l'immunité du Président s'étendait à ses collaborateurs mais la chambre d'instruction tirait les conséquences de cette situation juridique unique, en constatant l'impossibilité d'une procédure judiciaire régulière. Normalement, à la suite de cette cassation, l'affaire aurait dû être alors renvoyée à une autre chambre d'instruction, mais la Cour l'évitera par une astuce de procédure et le dossier redescendra directement entre les mains de Serge Tournaire qui saura en faire bon usage.

La question de fond qui lui était posée par cette affaire était donc celle de savoir si l'Élysée était soumis à l'application des règles de la commande publique pour l'achat de prestations à caractère directement politique fournies par Patrick Buisson et d'autres. La réponse est à notre avis négative pour toute une série de raisons qu'il n'est pas nécessaire de détailler ici, mais en livrant quelques explications relevant d'ailleurs du simple bon sens juridique. On sait depuis les compilations de l'empereur Justinien[9] au VIe siècle que la coutume est une des sources du droit avec la loi, la jurisprudence et la doctrine. C'est une règle issue de pratiques traditionnelles et d'usages communs consacrés par le temps. Depuis cent cinquante ans, la présidence de la République n'a jamais utilisé les procédures d'appel d'offres, ni appliqué

9. www.herodote.net/15_decembre_533-evenement-5331215.php

des règles de mise en concurrence. Usages qui ont persisté sous François Hollande et aujourd'hui sous Emmanuel Macron. Ensuite, imaginer une mise en concurrence pour le choix de prestataires aussi directement politiques que ceux du conseil articulé aux études d'opinion témoigne d'un manque de sérieux. Imagine-t-on une petite annonce dans le fameux *Bulletin officiel des annonces des marchés publics* disant que le président de la République cherche un conseil politique ? Et qu'ensuite celui-ci soit choisi après une procédure ouverte, sur la base de réponses à un cahier des charges ?

Mais admettons que l'Élysée soit tenu à une stricte application du Code des marchés : en ne l'appliquant pas, les collaborateurs de Nicolas Sarkozy qui ont passé des contrats avec les prestataires impliqués encourraient l'application de l'article 432-14 qui sanctionne le délit de favoritisme. Cette infraction datant du début des années 1990 a fait l'objet d'une abondante jurisprudence qui en a précisé les contours et exige aujourd'hui la volonté délibérée de ne pas respecter la réglementation en sachant que celle-ci est obligatoire. Comment peut-on prétendre sérieusement que les collaborateurs de l'Élysée incriminés savaient parfaitement qu'ils violaient le Code des marchés ? Personne dans les services et depuis plus de cent cinquante ans ne le faisait ! Cela n'a pas empêché le juge d'instruction de considérer que les collaborateurs de l'Élysée poursuivis avaient pris les décisions concernant le choix des prestataires de leur propre chef et en violant délibérément pour ce faire le Code des marchés publics incontestablement applicable. Ce qui permit de les renvoyer devant le tribunal correctionnel.

De la même façon, pour impliquer Patrick Buisson, prestataire privé, bénéficiaire de la commande, le juge d'instruction a utilisé la jurisprudence qui a créé de toutes pièces le « recel de délit de favoritisme », incriminant ceux qui ont bénéficié des marchés litigieux. Mais, comme pour toutes les infractions de recel, il est nécessaire d'établir que le receleur présumé connaissait l'origine frauduleuse de ce qu'il recevait. C'est-à-dire, dans l'exemple que nous décrivons, le contrat signé avec l'Élysée. De la même façon, l'instruction a considéré contre l'évidence que les prestataires incriminés savaient parfaitement que leur contrat était le fruit d'une violation volontaire des règles de la commande publique !

Cette affaire est particulièrement révélatrice de l'instrumentalisation de procédures pénales à visées politiques. La cible principale était bien évidemment Nicolas Sarkozy, et ses collaborateurs et prestataires se sont ainsi retrouvés otages d'une opération indirecte contre lui, mais frontale politiquement. L'agenda judiciaire a été soigneusement articulé à l'agenda politique, « l'affaire des sondages de l'Élysée » est devenue un feuilleton médiatique, les journaux amis régulièrement informés et fournis s'en donnant à cœur joie. On y retrouvait les mêmes acteurs, Anticor, le PNF, le juge d'instruction Serge Tournaire, la Cour de cassation, *Mediapart*, *Le Monde*, en attendant la 32e chambre du tribunal correctionnel de Paris...

Un des critères qui permet cette qualification d'opération politique réside dans le fait, pour la même période, qu'aucun autre fournisseur, y compris de prestations identiques à celles en cause, n'a fait l'objet de poursuites. Et pour les périodes suivantes, après l'arrivée à l'Élysée des grands moralistes que sont François Hollande et Emmanuel Macron, la présidence de la République a continué de s'asseoir gaiement sur la prétendue obligation de respecter le Code des marchés pour ses achats. Anticor n'était donc pas intéressé par la dimension juridico-morale de l'affaire, et sa plainte et sa présence comme partie civile active dans le déroulement de l'information témoignent de l'évident objectif politique : haro sur Sarkozy et ses amis. Le PNF quant à lui a défendu fermement l'existence de l'obligation des règles de la commande publique pour l'Élysée, mais est resté complètement inerte face à la multiplication antérieure et postérieure de ce qu'il considérait pourtant comme des infractions, dès lors qu'elles étaient commises par des collaborateurs de Nicolas Sarkozy.

Le caractère unique de la procédure intentée à l'encontre d'Emmanuelle Mignon, Claude Guéant, Patrick Buisson et autres ne poserait-il pas la question d'un comportement discriminatoire de la part d'Anticor et du PNF ? Or le Code pénal proscrit la discrimination politique et prévoit dans son article 432-7 des sanctions particulières dès lors que cette discrimination a pour conséquence d'entraver l'exercice d'une activité économique. Ce qui est très exactement le préjudice subi par les prestataires mis en cause.

Cette discrimination est plus qu'une évidence mais nous nous contenterons de deux exemples particuliers : le célèbre coiffeur à 9 895 euros par mois de M. Hollande n'a pas été poursuivi pour recel de favoritisme – or un service de coiffure semble plus susceptible de donner lieu à une mise en concurrence que le choix de conseillers politiques… Et, selon la Cour des comptes, la réalisation de la piscine démontable du fort de Brégançon à la demande d'Emmanuel Macron, n'a donné lieu à aucun marché public, car les collaborateurs du Président ont invoqué l'exception de sécurité – exception que Mme Houlette et M. Tournaire ont refusée à M. Buisson.

Le 22 juillet 2020, l'Observatoire de l'éthique publique présidé par M. René Dosière a publié un rapport intitulé *Marchés publics de l'Élysée : quand le droit de la commande publique s'invite (timidement) au Palais*, nous apprenant qu'aujourd'hui encore l'Élysée ne respecte pas le Code des marchés publics, et les méconnaissances étaient encore plus nettes de 2009 à 2019 inclus. Aucune de ces multiples violations des règles de la commande publique n'a pourtant donné lieu à une enquête de la part du Parquet national financier ou du parquet de Paris.

Une instrumentalisation politique de la justice, qui pourrait croire une chose pareille ?

L'invalidation des comptes de campagne 2012

À peine sorti de l'Élysée et délesté de son immunité présidentielle, Nicolas Sarkozy, redevenu citoyen ordinaire, fut l'objet d'un acharnement judiciaire constant. Les choses commencèrent immédiatement avec l'épisode relatif à l'invalidation de ses comptes de campagne par le Conseil constitutionnel présidé par un Jean-Louis Debré n'ayant jamais caché son aversion pour le Président sortant. Annulation qui fut suivie de péripéties politiques, administratives et judiciaires qui vont alimenter un feuilleton particulièrement délétère.

Dans le domaine du financement des campagnes électorales, la jurisprudence s'est, fort normalement, fait les dents sur les élections locales, par l'intermédiaire du Conseil d'État, suivi par le Conseil constitutionnel pour les élections parlementaires. La loi avait prévu de lutter, dans un souci d'ouverture de l'accès à l'élection, contre ce que l'on appelle « la prime au sortant ». C'est-à-dire qu'il fallait que le sortant puisse bénéficier de l'appui de sa collectivité d'origine. Le juge a toujours été extrêmement sévère dans l'application de ce principe. De deux manières, tout d'abord en considérant que toute intervention irrégulière de la collectivité d'origine du sortant constituait un « don interdit » par la loi, mais également en réintégrant les dépenses correspondantes aux comptes de campagne. Leur faisant ainsi facilement dépasser les plafonds. Le problème, jusqu'à présent, était que l'élection présidentielle, « la mère de toutes les batailles », avait été sanctuarisée. Quelques lampistes eurent des soucis, mais malgré parfois des irrégularités assez voyantes, les comptes des participants au second tour avaient toujours été validés.

Ceux qui tenaient les comptes de la campagne du Président sortant commirent quelques erreurs[10] dans l'évaluation de la répartition entre l'État et les dépenses propres au candidat, pour les déplacements du Président donnant lieu également à des événements électoraux. Ce fut le cas pour un meeting à Villepinte et un autre à Toulon tenu celui-là avant la déclaration de candidature du chef de l'État sortant. Erreur fatale, sur laquelle la Commission nationale va se précipiter pour rejeter les comptes du candidat Sarkozy. Le plafond était de 22,5 millions d'euros,

10. www.lejdd.fr/Societe/Justice/Comment-Nicolas-Sarkozy-a-ete-rattrape-par-ses-comptes-de-campagne-773315

le compte déposé se montait à 21,3 millions. Le rejet des pourcentages utilisés par les mandataires financiers aboutit à des réintégrations amenant le chiffre des dépenses à la somme de 22,9 millions, soit un dépassement d'environ 400 000 euros, soit un peu plus de 2 % du montant global autorisé.

Le Conseil constitutionnel chargé du contrôle juridictionnel de l'élection confirma prestement le calcul de la Commission nationale et invalida le compte. Petites causes, grands effets, Nicolas Sarkozy ne pouvait plus bénéficier du remboursement de ses frais de campagne à hauteur de 11 millions d'euros et devait s'acquitter d'une amende équivalente au montant du dépassement.

Compte tenu des éléments dont on dispose et de la faiblesse du dépassement, qui résultait manifestement il faut le souligner d'une erreur du mandataire financier, on pouvait se poser la question d'une volonté d'ajouter une faillite financière à la défaite politique que subissait Nicolas Sarkozy avec l'élection de François Hollande. Pour leur défense, les personnes qui tenaient la comptabilité et qui ont choisi les répartitions entre l'État et les comptes de campagne affirmaient qu'elles avaient pratiqué comme elles l'avaient toujours fait, dès lors qu'il s'agissait d'un candidat sortant. Et de toute façon, il faut noter que dépassement final constaté est d'abord et avant tout le fruit d'une décision de la Commission de changer autoritairement la répartition. Il n'est pas possible d'affirmer qu'elle n'a été prise que pour permettre le rejet du compte, aucun élément précis ne permet jusqu'à présent de le conforter. De la même façon, extrapoler à partir de l'inimitié existant notoirement entre Jean-Louis Debré, le président du Conseil constitutionnel qui prendra la décision d'invalidation, et Nicolas Sarkozy serait probablement excessif. Il n'empêche que le doute persiste et persistera longtemps.

À l'annonce des conséquences de la décision du Conseil constitutionnel, l'UMP lança alors ce que l'on appela par dérision le Sarkothon afin de faire face au remboursement aux banques des emprunts souscrits pour la campagne et de régler l'amende mise à la charge du candidat battu. Ce fut un incontestable succès puisque pas moins de 13 millions d'euros tombèrent dans les caisses de l'UMP. Les banques purent récupérer leurs mises, et Nicolas Sarkozy régler son amende et par conséquent, le problème était réglé.

Malheureusement pour lui, cette affaire fut au contraire comme un passeport pour une cascade d'ennuis judiciaires qui en seront la conséquence.

Le Sarkothon et le paiement de l'amende par l'UMP

Le succès de l'initiative du « Sarkothon » permit le remboursement des banques et laissait un excédent pour régler l'amende. Consulté, l'avocat historique de l'UMP, Philippe Blanchetier, spécialiste de ces questions, indiqua dans une consultation écrite qu'à son avis il n'y avait pas d'obstacle juridique à ce que l'UMP fasse le chèque directement au Trésor public. Avant de l'encaisser, celui-ci préféra cependant consulter la direction des affaires juridiques qui conclut de la même manière et donnant son feu vert pour ce paiement libératoire, le dossier était clos.

L'affaire de la pénalité proprement dite ne va commencer que plusieurs mois plus tard. Le scandale Bygmalion lancé par l'épisode original d'un avocat convoquant la presse à son cabinet pour une conférence au cours de laquelle il proclamait ses clients coupables provoqua un grand tintamarre. Et Jean-François Copé qui dirigeait l'UMP fut alors écarté de la direction du parti au profit d'un triumvirat d'anciens Premiers ministres.

Reportons-nous littéralement à ce que dit *Libération*[11] de la suite : « Quelques mois plus tard, l'arrivée du triumvirat Fillon-Juppé-Raffarin à la tête de l'UMP (devenue depuis Les Républicains) avait relancé l'affaire, les commissaires aux comptes du parti faisant part de leurs doutes sur les modalités du remboursement. Au cours d'un déjeuner mémorable

11. www.liberation.fr/politiques/2015/09/09/affaire-des-penalites-non-lieu-pour-nicolas-sarkozy_1378760

avec Jean-Pierre Jouyet, le secrétaire général de l'Élysée, François Fillon avait alors insisté sur cette affaire de pénalités. "C'est de l'abus de bien social. C'est une faute personnelle. Il n'y avait rien à demander à l'UMP, de payer tout ça", s'était ému l'ancien Premier ministre en demandant à son interlocuteur de "taper vite". Une information judiciaire est alors ouverte en octobre 2014 pour "abus de confiance", "complicité" et "recel". »

Certaines mauvaises langues iront jusqu'à affirmer que François Fillon aurait dûment chapitré les commissaires aux comptes qui n'avaient, semble-t-il, eu aucun état d'âme lorsque le règlement avait été effectué l'année précédente. Ils auraient alors obtempéré, semble-t-il sous une certaine pression, en transmettant un signalement au parquet.

François Fillon, outré d'être présenté comme une balance, poussa des hurlements, mais tout le monde savait à quoi s'en tenir.

Comme d'habitude, le parquet financier et les juges d'instruction du pôle du même nom s'étaient précipités. L'affaire pouvait se révéler intéressante, puisque les faits étaient simples et avérés. Restait à trouver la bonne qualification juridique et à saisir prestement le tribunal correctionnel. Le problème, étant que le vaudeville Fillon-Jouyet donnait à la procédure l'image d'une bien vilaine manœuvre. Et ce d'autant que, sur le fond, tous les juristes raisonnables reconnaissaient le caractère licite de ce règlement, couvert de surcroît par l'acceptation du ministère des Finances après consultation de ses propres services juridiques. Dont il aurait fallu sinon poursuivre les membres pour complicité en cas de renvoi devant le tribunal correctionnel.

Le plus ridicule était probablement la qualification d'« abus de confiance » puisque l'appel aux dons du Sarkothon avait précisément été organisé pour faire face aux conséquences du rejet des comptes de campagne. Parmi lesquels figurait le paiement de l'amende. Les souscripteurs savaient parfaitement à quoi ils participaient.

Diligentée par Renaud Van Ruymbeke et l'inévitable Serge Tournaire, nous assistâmes tout de même à une information judiciaire de grand style. Perquisitions, mises en examen multiples, auditions et confrontations bénéficiant à chaque fois d'une mise en scène médiatique[12]. La liste des cent trente-trois mille donateurs exigée par les magistrats consciencieusement épluchée, rien ne fut épargné aux protagonistes. Nicolas Sarkozy reçut évidemment une convocation, saluée à grand son de trompe par les médias, pour être mis en examen. Il semble que Renaud Van Ruymbeke mesura que l'acharnement commençait à se voir et que l'image de probité professionnelle à laquelle il tenait risquait d'être écornée

12. www.lexpress.fr/actualite/politique/lr/dans-les-coulisses-du-sarkothon_1675660.html

et il préféra laisser l'ancien chef de l'État sous le statut de témoin assisté. Avant de rendre quelques temps plus tard une ordonnance de non-lieu général. Le bruit court que cette décision exaspéra Serge Tournaire et provoqua une brouille sévère et sonore entre les deux hommes.

Nicolas Sarkozy pensait-il qu'il était enfin débarrassé des conséquences de la validation de son compte de campagne ? Serge Tournaire allait lui prouver le contraire.

L'affaire Bygmalion et l'implication de Sarkozy

L'affaire Bygmalion a donné lieu à une littérature judiciaire et médiatique abondante qui ne l'a pas rendue plus claire pour autant. On ne rentrera pas ici dans les labyrinthes tortueux qu'il faut emprunter pour essayer d'y comprendre quelque chose, simplement indiquer qu'*a priori*, en fonction des éléments juridiques dont on dispose, Nicolas Sarkozy n'a rien à y faire. Un certain nombre de personnes ayant participé à la campagne électorale de 2012 sont poursuivies pour des manipulations financières présumées concernant le financement de celle-ci et le tribunal correctionnel de Paris, saisi après le renvoi de Serge Tournaire seul signataire de l'ordonnance, aura à en juger en mars 2021.

Mais quelle est donc la place judiciaire de l'ancien président de la République dans ce dossier et pourquoi est-il poursuivi ? Après avoir été mis en examen, il s'est retrouvé dans la charrette et comparaîtra aux côtés des autres prévenus. Cette fois-ci pour une incrimination très peu connue : « Avoir dépassé le plafond des dépenses électorales fixé en application de l'article L. 52-11 du Code électoral. » Une fois de plus, Nicolas Sarkozy fait, en tant que justiciable, évoluer le droit dans des directions originales… Il faut savoir que cette incrimination ne figure pas dans le Code pénal, mais bien dans le Code électoral, en son article 113-1-3. Qui prévoit des peines maximales d'un an de prison et de 3 750 euros d'amende dont la faiblesse relativise la gravité de l'infraction. Cette incrimination dont nous ne savons pas si elle n'a jamais été utilisée est bien sûr issue de la loi de 1990 sur le financement public de l'activité politique. Nicolas Sarkozy est donc poursuivi pour le dépassement issu du redressement autoritaire effectué par la Commission nationale et pour rien d'autre.

Sur la base du rejet du compte, le Conseil constitutionnel a pris, le 4 juillet 2012, une décision entérinant l'invalidation et prononcé une amende – depuis réglée – à l'encontre du candidat. Or les décisions du Conseil constitutionnel sont opposables à tous les ordres de juridiction, ce qui veut dire que l'affaire a été jugée. Il y avait manifestement un problème d'application de la règle « *non bis in idem* » qui interdit de sanctionner deux fois pour les mêmes faits. Consulté dans le cadre d'une question prioritaire de constitutionnalité, le Conseil constitutionnel a considéré que rien ne s'opposait à ce doublon. Une deuxième observation s'impose : concernant le reste des incriminations – en nombre considérable – pour lesquelles l'instruction de l'affaire Bygmalion a été ouverte, Nicolas Sarkozy n'a jamais été poursuivi. Le bruit court encore une fois que ce point a fait l'objet d'un très lourd désaccord entre les trois magistrats instructeurs, Renaud Van Ruymbeke et Roger Le Loire, s'opposant très fermement à Serge Tournaire qui voulait impliquer Nicolas Sarkozy dans l'ensemble du dossier. Ce qui n'empêchera pas le PNF sous la signature d'Éliane Houlette dans son réquisitoire définitif de demander le renvoi de l'ancien chef de l'État devant le tribunal correctionnel pour des infractions pour lesquelles il n'était pas poursuivi.

Mais même sur ce reliquat concernant la répartition entre l'État et le compte de campagne des meetings de Toulon et de Villepinte, aucune preuve n'a pu être rapportée que le président de la République en exercice à l'époque, engagé dans une campagne harassante, avait lui-même décidé de la répartition litigieuse et donné l'ordre de l'inscrire comme telle dans les comptes. Mais qu'à cela ne tienne, quand il s'agit de Nicolas Sarkozy, certains pensent que la fin justifie les moyens.

L'affaire Bettencourt ou Jean-Michel Gentil le mal nommé

Jean-Michel Gentil est de ces magistrats dont il est difficile de connaître les véritables opinions politiques et à qui on prête par conséquent beaucoup. Le problème est que cette donnée n'a guère d'importance car l'on est en présence d'un des représentants du narcissisme judiciaire dont toute cette période a donné quelques jolis exemples. Entretenant des rapports parfois très élastiques avec les règles de procédure et quelques principes déontologiques pourtant essentiels[13], il semblait déguster avec gourmandise le qualificatif de justicier intransigeant que la presse lui accordait lorsqu'il participait activement à la chasse au Sarkozy. Ayant affiché en bonne place, paraît-il, dans son bureau un poster de Lucky Luke, il veillait à traiter les avocats comme des chiens et multipliait des initiatives procédurales inattendues ou carrément baroques. Le dossier se retrouva à Bordeaux à la suite d'un dépaysement ordonné par la Cour de cassation pour éviter au tribunal de Nanterre d'être agité

13. www.lepoint.fr/societe/exclusif-les-petites-cachotteries-du-juge-gentil-26-03-2013-1645780_23.php

par les règlements de comptes entre Philippe Courroye procureur réputé proche de Nicolas Sarkozy et Isabelle Prévost-Desprez chargée de l'instruction de l'affaire Bettencourt. Cette triste et classique affaire familiale où s'agitaient aigrefins, profiteurs, majordomes cupides, enfants intéressés autour d'un magot colossal appartenant à une personne très âgée. Le problème est que la chasse au Sarkozy battait son plein, et qu'il fallait absolument l'y impliquer, le tout dans une surenchère semi-hystérique et à l'aide de méthodes foulant aux pieds l'impartialité des procédures, le secret professionnel des avocats et même le simple bon sens. Jean-Michel Gentil n'hésita pas par exemple à faire convoquer par la police en commission rogatoire l'avocat de Nicolas Sarkozy pour lui demander de lui remettre son agenda ! Par ailleurs il ne voyait aucun inconvénient à ce que son épouse magistrate soit membre du parquet, autorité de poursuite dans le dossier Bettencourt, pas plus qu'en désignant son témoin de mariage comme expert. Ayant saisi l'agenda de Nicolas Sarkozy qu'il avait mis en examen contre l'évidence, il crut avoir trouvé une preuve irréfutable contre celui-ci avec la mention d'un rendez-vous avec Ingrid Betancourt. Les rumeurs racontent des coups de téléphone entre lui-même et la chambre criminelle de la Cour de cassation, qui lui aurait proposé de ne pas annuler sa procédure malgré de nombreux motifs en échange d'un non-lieu pour Nicolas Sarkozy afin d'éviter le ridicule d'un renvoi de celui-ci à l'audience. Le malheureux Éric Woerth ne put y échapper, qui dut subir six pénibles semaines d'audience pour finalement bénéficier de deux relaxes évidentes dès l'instruction. Qui mirent hors de lui Edwy Plenel, procureur acharné pendant tout le déroulement de la procédure, et qui, par dépit, inventa à cette occasion le concept juridiquement original « d'innocent coupable ».

Paul Bismuth à l'appareil

Une suite inattendue de l'affaire Bettencourt va être à l'origine de l'offensive judiciaire la plus violente dirigée contre Nicolas Sarkozy.

Celui-ci, désireux de communiquer librement avec son avocat usant ainsi d'une liberté fondamentale, et persuadé, d'ailleurs à juste titre, d'être sur écoute, avait décidé d'user d'un téléphone portable acheté sous le nom de Paul Bismuth. Précaution d'amateurs, puisque quelques recoupements de bornage permettaient d'éventer la supercherie. Effectivement les conversations entre l'ancien chef de l'État, leader de l'opposition politique, et son conseil faisaient l'objet d'écoutes judiciaires depuis plus de huit mois, dans le cadre d'une instruction concernant des soupçons d'un financement d'origine libyenne de la campagne de Nicolas Sarkozy en 2007. Instruction diligentée par l'inévitable Serge Tournaire déployant ce qui fut qualifié d'écoutes de type « filets maillants dérivants ». Les échanges personnels privés et professionnels de Sarkozy avec son avocat furent ainsi scrupuleusement enregistrés et transcrits pendant ces huit mois ! L'ancien Président avait introduit devant la Cour de cassation une procédure pour obtenir la restitution de son agenda saisi – illégalement – dans l'affaire Bettencourt. La transcription d'une conversation fit soupçonner l'ex-Président d'avoir tenté d'obtenir des informations auprès de Gilbert Azibert, ancien premier avocat général près la Cour de cassation, sur cette procédure. En contrepartie, Nicolas Sarkozy se serait engagé à soutenir le magistrat à obtenir un poste à Monaco. Ça y était, on le tenait, et commença alors un rodéo judiciaire géant mobilisant toutes les ressources de la procédure pénale, avec deux juges d'instruction, Patricia Simon et Claire Thépaut, particulièrement pugnaces compte tenu du caractère monstrueux du crime. L'accusation de corruption apparaissait aux professionnels passablement farfelue lorsque l'on connaissait le fonctionnement de la Cour de cassation, que l'on savait qu'elle avait finalement refusé la restitution de l'agenda, et qu'enfin Gilbert Azibert soucieux d'une fin de carrière ensoleillée à Monaco n'avait pas été nommé au poste dont on disait qu'il le guignait, celui-ci étant déjà pourvu.

On assista cependant à un déploiement de moyens considérables. Les deux magistrates, les « deux dames », comme les appelait Sarkozy, n'ont pas chômé. Parmi bien d'autres institutions, elles ont ciblé les magistrats de la chambre criminelle. Probablement soucieuses de savoir si ceux-ci avaient pu être approchés par Azibert, elles ont multiplié convocations et auditions, perquisitions, saisies d'ordinateurs, communication de fadettes et autres initiatives complètement disproportionnées. Ce zèle a créé, comme l'a rapporté *Le Canard enchaîné* avec gourmandise, une ambiance assez lourde au palais. On apprit à la lecture de l'hebdomadaire satirique que les magistrats auraient été cuisinés sur leur délibéré ayant abouti à leur décision de refus de restitution de l'agenda. Il est probable que les membres de la Cour de cassation se rappelant le texte de leur serment ont dû être interloqués par la méthode : « Je jure de bien et fidèlement remplir mes fonctions, de garder religieusement le secret des délibérations et de me conduire en tout comme un digne et loyal magistrat. » Ils savent que c'est un principe constitutionnellement protégé et connaissent le rappel du Conseil d'État du 17 novembre 2012 : « le secret des délibérations dans les assemblées juridictionnelles est un principe général du droit public français ; que ce principe a pour objet d'assurer l'indépendance des juges et l'autorité morale de leurs décisions ; qu'il s'impose, dès lors, à toutes les juridictions ». Les « deux dames » le savent probablement aussi, mais quand il s'agit de Sarkozy, on n'allait pas s'arrêter à ce genre de détails.

Le bruit court que les auditions dans le bureau des juges d'instruction ont été marquées par un sévère refroidissement climatique. Et, bien sûr, les magistrats de la chambre criminelle ont refusé de trahir ce secret. Qu'à cela ne tienne, on raconte qu'elles auraient alors réclamé la copie du rapport du conseiller rapporteur. Il s'agit de la synthèse du dossier soumis à la juridiction présentée par un conseiller à la collégialité pour lui fournir les éléments du débat nécessaire au délibéré. Les juristes attentifs savent que le rapport fait partie de ce délibéré, et qu'il est donc soumis au secret. La question est tranchée depuis longtemps, à la fois par le Conseil constitutionnel et par la Cour européenne des droits de l'homme. Mais puisqu'on nous disait qu'il s'agissait de Sarkozy ! Avec lui, le respect de la Constitution ne pouvait pas être au programme. On s'en tiendra à ces quelques exemples, toute l'instruction se passa en prenant moult libertés avec le droit et les principes, sous les regards bienveillants de la chambre d'instruction et de la Cour de cassation qui validèrent à peu près tout. L'affaire qui a été renvoyée devant le tribunal correctionnel caractérise jusqu'à la caricature l'instrumentalisation politique des procédures, mais peut-être cette fois-ci avec une différence. Les magistrats militants n'ont pas besoin d'ordres ni de consignes pour déployer un tel zèle. Preuves en sont les informations concernant cette affaire que la crise que traverse la magistrature nous révèle, à commencer par l'invraisemblable et fameuse enquête secrète diligentée par le PNF sous la direction d'Éliane Houlette contre toute une série d'avocats.

Le cadeau de départ de Serge Tournaire

Le 12 mars et le 28 avril 2012, *Mediapart* publiait des documents laissant supposer l'existence d'un versement de 50 millions d'euros à des fins de financement de la campagne présidentielle de Nicolas Sarkozy en 2007 de la part du régime libyen de Mouammar Kadhafi. Immédiatement et comme d'habitude, une information judiciaire fut ouverte et Serge Tournaire nommé pour l'instruire. Ce dossier complètement emberlificoté repose sur une construction brinquebalante à base de documents venus d'on ne sait où, de témoignages changeants et émanant de personnages interlopes, et au bout de six ans, le juge d'instruction n'était toujours pas parvenu à construire quelque chose de solide permettant de mettre en cause l'ancien chef de l'État. Tous les observateurs considérant que, malgré son acharnement, le dossier était complètement dans l'impasse[14]. On apprenait même que Serge Tournaire se serait permis des privautés avec la loi et l'impartialité en proposant des « deals » à base d'immunité judiciaire à des témoins en échange de témoignages à charge contre Sarkozy. Il faut lire ce que rapportait le journal *Le Point*[15] le 12 août 2019 : « Le beau-frère de Kadhafi a été interrogé en février dernier, à Tripoli, par le juge Serge Tournaire[16]. Comme le rapporte *Le Journal du dimanche*, cette clause d'indulgence a été explicitement évoquée lors de l'interrogatoire, mais n'a pas été retranscrite lors de la traduction. [...] Des mois plus tard, une seconde traduction de l'interrogatoire a permis d'avoir connaissance de cet échange. La phrase suivante a alors été écrite : "Le conseil de Senoussi insiste sur le fait que son client n'est pas impliqué [dans les] actes reprochés à M. Sarkozy et M. le juge d'instruction de lui expliquer que les autorités françaises n'ont aucun lien avec les actes de M. Senoussi et que celui-ci n'aura pas de comptes à rendre à ce propos." Une promesse qui lui permet donc de ne pas être inquiété alors qu'il s'est lui-même accusé du transfert de 7 millions d'euros pour

14. www.lepoint.fr/politique/l-affaire-sarkozy-kadhafi-dans-l-impasse-02-06-2019-2316426_20.php

15. www.lepoint.fr/justice/affaire-libyenne-l-accusateur-de-sarkozy-a-t-il-eu-un-traitement-de-faveur-11-08-2019-2329279_2386.php

16. www.lepoint.fr/societe/le-juge-tournaire-en-examen-25-07-2019-2326702_23.php

la campagne de Nicolas Sarkozy. » Cette information stupéfiante d'une démarche relevant de ce qui ressemble à de la subornation de témoins n'a jamais été démentie, et n'a eu absolument aucune conséquence, ni judiciaire, ni disciplinaire, ce qui en dit long sur l'acceptation de méthodes inadmissibles dès lors qu'il s'agit de Nicolas Sarkozy. Malgré le vide de son dossier[17], et devant quitter le pôle financier quelques mois plus tard, Serge Tournaire gratifia Nicolas Sarkozy d'une nouvelle garde à vue inutile de trente-six heures et d'une mise en examen pour corruption en forme de cadeau de départ. Aude Buresi, codésignée dans ce dossier, a donc repris l'instruction. On pouvait lui faire confiance pour qu'elle le fasse comme dans l'affaire Fillon, en toute objectivité, toute impartialité et à charge et à décharge comme la loi l'exige, évidemment.

À la mi-octobre 2020 Madame Buresi procédait à une interminable audition de Nicolas Sarkozy pendant près de quatre jours. Celle-ci portait essentiellement sur les déclarations de Ziad Takkiedine, depuis l'origine le premier accusateur de Nicolas Sarkozy. Toute l'accusation reposant sur les dires de ce personnage sulfureux de nationalité libanaise, à la réputation d'intermédiaire dans les contrats d'armement à l'export. À la suite de quoi, l'ancien président se

17. www.lejdd.fr/Societe/Justice/sarkozy-kadhafi-echec-au-juge-tournaire-3917047

vit notifier une nouvelle mise en examen sonore, cette fois ci pour : « escroqueries en bande organisée ». Le problème était que Ziad Takkiedine, avait été mis en cause dans l'affaire « Karachi », portant sur des rétro-commissions qui auraient financé la campagne présidentielle d'Édouard Balladur en 1995. Or beaucoup de rumeurs prétendaient qu'il avait décidé d'impliquer Nicolas Sarkozy pour bénéficier d'une certaine mansuétude dans celle-ci. Malheureusement ce fut un mauvais calcul puisqu'un jugement rendu en juin 2020, soit plus de 25 ans après les faits lui avait infligé une lourde condamnation à cinq ans de prison ferme. Le 12 novembre suivant on apprenait soudain que Takkiedine, depuis le Liban, avait changé son fusil d'épaule dans une interview, en mettant Nicolas Sarkozy hors de cause et en impliquant les manœuvres du juge Tournaire. La situation ainsi créée devenait gênante, jetant ainsi la lumière sur la faiblesse du dossier, sur l'attitude des magistrats instructeurs, ainsi que sur celle de Mediapart principal accusateur et fournisseur d'éléments inconsistants. L'ancien président sauta sur l'occasion, pour souligner l'incontestable acharnement dont il était l'objet depuis près de huit ans.

Bernard Tapie lui aussi cible indirecte

Le 13 juillet 2019 était prononcé le jugement qui relaxait Bernard Tapie des poursuites pénales dont il avait été l'objet, à la suite de l'arbitrage mettant fin à la procédure de vingt-cinq ans qui l'opposait au Crédit Lyonnais. C'était une très bonne nouvelle, car il s'était trouvé une collégialité de magistrats, en l'occurrence ceux du tribunal correctionnel de Paris pour refuser de poursuivre, à l'encontre de Bernard Tapie, ce qui n'était rien d'autre qu'une vendetta politique. Le courageux et juridiquement très solide jugement de relaxe rendu par la 13e chambre au profit des personnes poursuivies pour, excusez du peu, escroquerie en bande organisée ne faisait pas plaisir qu'aux seuls prévenus, mais également à tous ceux qui sont attachés à une justice impartiale et respectueuse du droit.

Une affaire simple

L'affaire Tapie, au départ assez simple, était l'histoire d'une escroquerie. Durant les années fric, des dirigeants du Crédit Lyonnais ou de ses filiales se sont servis de l'histrion Bernard Tapie pour réaliser un certain nombre d'acrobaties qui les ont enrichis en même temps que le soi-disant homme d'affaires. Énergique bateleur de talent, Bernard Tapie avait bénéficié de la complaisance de certaines élites et en particulier de celle du Parti socialiste. Cependant, les méthodes de ruffian utilisées par l'aventurier ont fini par trouver leurs limites professionnelles, financières, et judiciaires. C'est le moment qui fut choisi par les banquiers pour réaliser une dernière opération juteuse. Ils avaient aidé Bernard Tapie à racheter Adidas, entreprise emblématique d'équipements sportifs. Le morceau étant trop gros pour ses compétences, il ne s'en était guère occupé et il fut convaincu par la banque que le moment était venu de la vendre. Celle-ci se fit confier une mission de conseil et d'ingénierie financière pour y procéder. Elle proposa un prix de vente accepté par Bernard Tapie et prit en charge la recherche d'un acquéreur. Et c'est là qu'a commencé l'invraisemblable opération dont l'homme d'affaires a été la victime. Une société-écran fut discrètement créée par la banque dans un paradis fiscal, à laquelle le rachat d'Adidas fut proposé au prix conseillé à Tapie. Qui bien évidemment ignorait les liens de cette société avec sa propre banque conseil. Le problème, c'est qu'en parallèle le Crédit Lyonnais s'était engagé secrètement avec un autre preneur pour un prix bien supérieur. Une fois Adidas rachetée par la société-écran, celle-ci procéda à sa revente à l'acheteur final, encaissant évidemment la confortable plus-value ainsi dégagée qui vint s'ajouter aux honoraires de transaction qu'elle percevait déjà. En bon français, cela s'appelle une escroquerie, réprimée par l'article 331-1 du Code pénal. Tout ce petit monde aurait dû se retrouver devant une juridiction pénale avant de goûter à la paille humide des cachots. Rien de tel ne s'est produit, et lorsque Bernard Tapie, après avoir roulé tant de monde, s'est aperçu qu'il s'était lui aussi fait avoir, il demanda aux juridictions françaises de le restaurer dans ses droits. Là réside un autre scandale puisque vingt ans plus tard, après une collection considérable de rebondissements de procédure, aucune décision définitive n'avait été rendue !

L'homme d'affaires, soucieux de gagner du temps, obtint le soutien de l'État dirigé alors par Nicolas Sarkozy dans la mise en place d'une procédure d'arbitrage avec le Consortium de réalisation, outil mis en place pour liquider les actifs pourris du Crédit Lyonnais. Le principe en était légal, mais le résultat, compte tenu des sommes en jeu et de la personnalité de Bernard Tapie, fit beaucoup hurler. Et on pouvait aussi considérer que l'appui de Nicolas Sarkozy à l'organisation de cet arbitrage était une faveur, certains y voyant une contrepartie du soutien d'un Bernard Tapie toujours populaire à sa candidature à la présidence de 2007. Malheureusement, c'est cette faveur qui fut à l'origine de ses ennuis postérieurs, après l'arrivée au pouvoir de François Hollande. L'obsession de François Hollande et du Parti socialiste d'un éventuel retour de Nicolas Sarkozy allait déboucher sur une nouvelle et spectaculaire instrumentalisation politique de la justice. Bernard Tapie en fut l'otage mais la cible principale était évidemment l'ancien président de la République.

Le PNF et le Pôle d'instruction financier furent sollicités pour s'occuper du cas de Bernard Tapie. Avec pour objectif de faire constater judiciairement que l'arbitrage et la procédure qui l'accompagnait n'étaient qu'une opération « d'escroquerie en bande organisée ». On retrouvera les intervenants habituels, puisque les poursuites furent conduites par le parquet d'Éliane Houlette, l'instruction étant naturellement confiée à Serge Tournaire. Bernard Tapie et ses « complices » eurent droit au grand jeu que permet cette qualification. Ainsi qu'au classique et permanent lynchage médiatique en grand, organisé grâce aux violations habituelles et sélectives du secret de l'instruction. Au bout de plusieurs années, l'affaire fut renvoyée devant le tribunal correctionnel. Problème, l'audience était publique, le banc de la presse bondé et tous les journalistes purent commencer à percevoir le caractère artificiel de la poursuite. Hervé Temime[18], l'avocat de Bernard Tapie « qui s'était effacé durant les trois semaines de débats au profit de son client », plaida et, dans une implacable démonstration, « mit en pièces le dossier d'accusation ». La relaxe était inévitable, et l'opération politique visant indirectement Nicolas Sarkozy vola en éclats.

Le problème, c'est qu'en parallèle, le même pouvoir politique s'était arrangé pour mettre en cause

18. www.lemonde.fr/societe/article/2019/04/05/au-proces-tapie-me-herve-temime-met-en-pieces-le-dossier-d-accusation_5446029_3224.html

l'arbitrage sur le plan civil. Et c'est ainsi que la cour d'appel de Paris, avec une célérité tout à fait inhabituelle, l'annula et Bernard Tapie fut condamné à rembourser les sommes perçues à la suite de la sentence arbitrale ! Et l'on se retrouvait avec deux décisions contradictoires dans l'ordre juridique national, ce qui était quand même un bel exploit ! Il y avait deux raisons à cela, la première étant la suppression récente du principe : « le criminel tient le civil en état[19] », qui donnait aux décisions pénales la priorité sur les décisions civiles. La seconde est que toute la motivation des décisions civiles reposait sur l'existence d'une fraude prétendument établie par la procédure pénale, hypothèse dont tous les observateurs venaient de constater qu'elle ne tenait pas debout et surtout qu'un tribunal l'avait décidée. François Hollande et ses amis tellement persuadés que le tribunal correctionnel de Paris accepterait de prendre une décision politique ont ainsi contribué à créer une situation juridique inextricable. Complétée d'ailleurs par la pantalonnade du passage de Christine Lagarde devant la Cour de justice de la République, où elle a été reconnue coupable de négligence[20] pour n'avoir pas empêché l'arbitrage considéré comme un détournement de fonds publics. Or le tribunal correctionnel de Paris a précisément dit qu'il n'y avait

19. www.village-justice.com/articles/abrogation-partielle-adage, 2608.html

20. www.lemonde.fr/societe/article/2016/12/19/proces-lagarde-la-cour-de-justice-de-la-republique-tranche_5051038_3224.html

pas eu de détournement ! Nicole Belloubet, garde des Sceaux, comprenant qu'il valait peut-être mieux arrêter les frais, souhaitait que le PNF ne relève pas appel de la décision. Peine perdue, le parquet l'a quand même régularisée, et la décision de la cour d'appel[21] constituera une indication très intéressante concernant la volonté de la juridiction de s'abstraire des enjeux politiques.

21. www.capital.fr/economie-politique/bernard-tapie-sera-juge-en-appel-pour-escroquerie-a-lautomne-1371012

III. Emmanuel Macron
Président

Chapitre 9
L'affaire Fillon :
un coup d'État judiciaire ?

Parler aujourd'hui de l'affaire Fillon impose un préalable : sortir des débats et des discussions qui n'ont plus lieu d'être pour savoir si le candidat choisi par la primaire de la droite pour la représenter à l'élection présidentielle de 2017 a été victime ou non d'une opération politico-judiciaire concertée, afin de l'affaiblir pour l'écarter de l'accès à la présidence de la République qui lui était promis. Cette question est aujourd'hui tranchée, la réponse relevant de l'évidence, et tous ceux qui prétendent que tout s'est passé régulièrement, que la justice n'a fait que son travail et de façon impartiale, que les procédures se sont déroulées normalement, sont soit d'une mauvaise foi pyramidale, soit vivent au fond d'une caverne.

La raison des états d'âme d'Éliane Houlette en 2020

C'est la raison pour laquelle il faut revenir sur les états d'âme d'Éliane Houlette, patronne du PNF au printemps 2017, qui, avec une certaine ingénuité, avouait sous serment devant une commission de l'Assemblée nationale en juin 2020 que le pouvoir politique était intervenu directement et indirectement à tout moment dans la procédure déclenchée contre François Fillon au mois de février 2017.

Citons le texte de Marc Leplongeon publié dans *Le Point*[1] : « Et l'ancienne procureure de livrer son expérience personnelle dans l'affaire Fillon. Si Éliane Houlette a affirmé que la pression des journalistes était difficile à gérer – "Mais bon, ça, on peut s'en dégager, moi, je n'avais pas de contacts avec eux et je ne lisais plus les journaux" –, c'est surtout la "pression du parquet général" qui l'a marquée. Les demandes incessantes pour qu'elle fasse remonter les informations le plus vite possible sur les derniers actes d'investigation, des demandes qui lui étaient parfois adressées pour "les actes de la veille", et qu'elle devait synthétiser "avant 11 heures le lendemain [...] Les demandes de précisions, de chronologie générale

1. www.lepoint.fr/societe/affaire-fillon-l-ex-procureur-national-financier-assure-avoir-subi-des-pressions-17-06-2020-2380564_23.php

– tout ça à deux ou trois jours d'intervalle –, les demandes d'éléments sur les auditions, les demandes de notes des conseils des mis en cause… Les rapports que j'ai adressés, je les ai relus avant cette audition [devant la commission de l'Assemblée nationale, NDLR]. Il y a des rapports qui étaient circonstanciés, qui faisaient dix pages, précis, clairs, voilà", soutient la magistrate. Qui ajoute : "On ne peut que se poser des questions [sur ce qui est fait de ces informations, NDLR]. C'est un contrôle très étroit…" »

Relevons en souriant que la magistrate commence par prétendre qu'elle ne lit plus les journaux, ce qui est assez savoureux. Parce que, *Le Canard enchaîné* lançant l'affaire Fillon est publié le matin du mercredi 25 janvier 2017 provoquant quelques heures plus tard l'ouverture d'une enquête préliminaire par son propre parquet. Ce qui déclenche l'action publique, ce n'est donc pas une plainte, ou un signalement conformément à l'article 40 du Code de procédure pénale : c'est un article du journal satirique que la patronne du parquet prétend ne pas lire.

Pourquoi ces soudains tourments, et cette volonté de se justifier ? Peut-être parce que plus personne ne doute aujourd'hui des objectifs de l'opération judiciaire du printemps 2017. Mais il s'agit d'une opération aussi fondée sur des violations graves et répétées de la loi pénale permettant d'alimenter la campagne visant à disqualifier François Fillon, et c'est sur le PNF que pèsent les plus lourds soupçons.

Alors pourquoi ne pas essayer de les esquiver en pointant les collègues du parquet général dont on laisse entendre qu'ils auraient alimenté en informations le pouvoir politique en place ? Lequel pouvait ainsi les transmettre directement ou indirectement à la presse pour alimenter les lynchages médiatiques. Et notamment aux célèbres Davet et Lhomme, confidents officiels du Président de l'époque qui les rencontrait assidûment.

Dans des propos toujours rapportés par *Le Point*, Éliane Houlette pose ensuite le problème de l'ouverture de l'information judiciaire confiée au juge d'instruction du pôle financier, Serge Tournaire, fournisseur attitré de mises en examen à Nicolas Sarkozy :

« Éliane Houlette évoque également une réunion lors de laquelle on lui aurait demandé d'ouvrir une information judiciaire contre François Fillon, alors que les investigations avaient jusque-là lieu dans le cadre d'une enquête préliminaire. Selon nos informations, cette réunion s'est tenue le 15 février 2017 à Paris. "J'ai été convoquée au parquet général – j'y suis allée avec trois de mes collègues, d'ailleurs – parce que le choix procédural que j'avais adopté ne convenait pas. On m'engageait [*sic*] à changer de voie procédurale, c'est-à-dire à ouvrir une information judiciaire. J'ai reçu une dépêche du procureur général en ce sens", a-t-elle dit devant la représentation nationale. [...] Si Éliane Houlette assure avoir d'abord résisté – "Ce sera quand je l'aurai décidé et quand j'aurai des éléments pour le faire" –, elle avoue avoir finalement été elle-même rapidement convaincue qu'il fallait ouvrir une information judiciaire, ce qu'elle fera le 24 février 2017. »

Que voilà une noble attitude ! Traduction : je n'étais pas d'accord pour ouvrir une information judiciaire mais finalement je l'ai fait quand même. Eh oui, en février 2017, alors que François Fillon était encore en tête dans les sondages, il était nécessaire, à moins de trois mois du scrutin présidentiel, de faire quelque chose. Et comme celui-ci avait stupidement déclaré le lendemain de l'annonce de l'ouverture de l'enquête préliminaire que s'il était mis en examen, il ne se présenterait pas, il fallait saisir une perche aussi aimablement tendue : « ouvrons une information judiciaire, confions-la à un magistrat instructeur de confiance, et le tour sera joué ! » devait-on penser dans certains cénacles.

Ainsi Mme Houlette accuse le parquet général d'avoir fait pression pour l'ouverture de cette information, mais comme il semble qu'elle y ait quand même cédé et que ce n'est pas très glorieux, elle habille ça en disant « avoir été elle-même rapidement convaincue qu'il fallait ouvrir une information judiciaire ».

L'ancienne patronne du PNF ne semble nourrir aucun complexe pour dire à ce moment-là, au sujet des pressions, l'exact contraire de ce qu'elle avait affirmé dans une interview à *Marianne*[2] lors de son départ le 20 juin 2019 titrée : « Je n'ai jamais subi aucune pression ».

Un tel revirement, avec ces déclarations en forme d'aveu accompagnées d'accusations précises à l'égard de la procureure générale Catherine Champrenault, est manifestement dicté par la volonté de se dédouaner de sa responsabilité dans une opération politique qu'il n'est plus possible de nier. Ses attitudes face aux autres mises en cause dont elle sera ensuite l'objet le démontrent, elle n'a aucune envie de jouer le rôle de bouc émissaire.

Un examen de la chronologie de « l'affaire Fillon » permettra de mesurer à quel point, s'il s'agissait d'une initiative à caractère politique, les hauts magistrats ont accepté sans réticence d'y participer.

La surprise de la primaire LR, et le changement de cible

Aux élections européennes de 2014, le Front national[3], totalisant 24,86 %, arrive pour la première fois en tête d'une élection nationale devant

2. www.marianne.net/societe/je-n-ai-jamais-subi-aucune-pression-entretien-avec-la-procureure-qui-fait-tomber-fillon-et

3. https://fr.wikipedia.org/wiki/Rassemblement_national_(parti_fran % C3 % A7ais)

l'UMP[4] (20,81 %) et le Parti socialiste[5] au pouvoir (13,98 %). Dès ce moment-là, on savait que Marine Le Pen serait au deuxième tour à la présidentielle suivante et opposée au candidat de l'UMP, celui-ci étant assuré de l'emporter. C'était donc au premier tour qu'allait se jouer la mère de toutes les batailles électorales de la Ve République. Cela donna des idées à certains, à commencer par Alain Juppé qui y vit l'occasion de prendre une revanche sur la collection de défaites qui ont marqué sa carrière. Comme d'habitude, une presse amnésique s'enticha du « senior » et publia force sondages annonçant son triomphe. Comme d'habitude Alain Juppé se trompa, d'abord en ignorant son image de vieux politicien fourbu, et ensuite en passant son temps à donner des gages à la gauche en oubliant son camp. En laissant entendre qu'il pourrait prendre Emmanuel Macron, qui s'agitait déjà, comme Premier ministre. La préparation de la primaire de la droite à l'automne 2016 fit apparaître le caractère complètement illusoire de l'opération Juppé, et put faire croire au retour de Sarkozy. Concernant ce dernier, les magistrats et la presse se mirent alors au travail et se préparèrent à lui opposer un barrage judiciaire pendant la campagne électorale au début de l'année 2017, et il y avait suffisamment de dos-

4. https://fr.wikipedia.org/wiki/Union_pour_un_mouvement_populaire
5. https://fr.wikipedia.org/wiki/Parti_socialiste_(France)

siers sur le feu. Patatras, la « primaire de la droite » voyait plus de 4 millions de personnes se déplacer, et choisir François Fillon pourtant laminé dans les sondages quinze jours auparavant. La bourgeoisie des « lodens, Barbours », lassée d'un Nicolas Sarkozy tenu pour un parvenu, préférait voir quelqu'un de « convenable » à l'Élysée. Ce fut une surprise que l'arrivée de François Fillon dans l'arène, présenté comme un homme « sans qualité » mais qui avait pu mener une longue carrière politique. Qui l'avait vu multiplier les mandats, les postes de ministres et en particulier celui du Premier d'entre eux, pendant cinq ans, durée seulement dépassée par Georges Pompidou sous la Ve République. Et pourtant, il ne se révélera pas l'animal politique que sa carrière pouvait laisser penser. Et on constatera dans l'épreuve, qu'il n'était pas non plus équipé pour le combat présidentiel, comme sa défense calamiteuse face à l'agression médiatico-judiciaire du printemps 2017 l'a prouvé. On a découvert un homme très orgueilleux souhaitant vivre dans le luxe, mais ne disposant pas du caractère qui fait les grands fauves, celui qui permet de mener les batailles politiques pour arriver au sommet. François Fillon n'aime pas se battre, et cela en fit une cible facile.

Remarques « complotistes » : quand Macron a besoin d'un dernier coup de pouce

Le lancement de la fusée Macron fut une opération finalement d'assez longue haleine, minutieusement préparée, bénéficiant d'appuis financiers considérables, et du soutien de l'oligarchie qui mit sa presse au service de sa candidature. Mais rien n'était gagné au début de l'année 2017, et les sondages continuèrent à confirmer les commentaires entendus au mois de novembre[6] précédent selon lesquels la présidentielle était une élection à trois tours, dont le premier, à savoir la primaire de la droite, avait choisi le vainqueur. Il fallait régler ce problème. Et la stratégie médiatico-judiciaire probablement déjà imaginée pour contrer Sarkozy dut être repensée.

Il faut rappeler qu'Emmanuel Macron était aussi le choix de l'essentiel du Parti socialiste. Ce sont eux, de Jean-Yves Le Drian à Stanislas Guerini, en passant par Gérard Collomb, François Patriat, Richard Ferrand, Alain Richard, Christophe Castaner, Nicole Belloubet, etc., qui fourniront les gros bataillons des militants, des députés puis des ministres. À l'Élysée, le secrétariat général était toujours occupé

6. www.lefigaro.fr/vox/politique/2016/10/12/31001-20161012ARTFIG00264-marcel-gauchet-pourquoi-la-primaire-de-la-droite-laisse-les-francais-perplexes.php

par Jean-Pierre Jouyet, ancien ministre de Nicolas Sarkozy et parrain d'Emmanuel Macron à l'Inspection des finances. C'est la raison pour laquelle tout un dispositif mis en place par François Hollande était disponible avec ses collaborateurs de l'Élysée et le couple PNF-Pôle d'instruction financier qui se chargerait donc de la procédure, en bénéficiant du soutien de la hiérarchie judiciaire, des syndicats de magistrats, et de la presse amie. L'objectif n'était pas de faire condamner en urgence François Fillon, c'était matériellement impossible, mais de lancer de façon fulgurante les premières étapes de la procédure, d'organiser les fuites et le tintamarre médiatique, et mettre ainsi une pression insupportable sur le candidat de la droite. François Fillon ne décevra pas, commettant toutes les erreurs de communication possibles, les déclarations intempestives, et les initiatives à contretemps. Résultat : au mois de janvier, François Fillon caracolait en tête dans les sondages autour de 24 % des intentions de vote, Emmanuel Macron était à 16 %. Le 24 avril au soir, les scores respectifs étaient de 24 % pour Macron, et 20 % pour Fillon, troisième et éliminé du deuxième tour.

Ceux qui ont qualifié de « coup d'État » l'ensemble de l'opération politique organisée pour assurer l'arrivée d'Emmanuel Macron à l'Élysée ont été copieusement insultés et bien sûr traités de complotistes, l'accusation majeure pour tous ceux qui cherchent à identifier les intentionnalités humaines dans les événements. Cette qualification est pourtant opératoire, mais à condition de s'entendre sur le terme « coup d'État ». Il existe une citation extrêmement célèbre de Marx qui disait en parlant du coup d'État du 2 décembre 1851 de Louis Napoléon Bonaparte et le comparant au 18 brumaire de l'an VIII que : « tous les grands événements et personnages historiques se répètent pour ainsi dire deux fois [...] la première fois comme tragédie, la seconde fois comme farce ». Le problème, c'est que le coup d'État de Louis Napoléon fut une tragédie très meurtrière et, au contraire, le 18 Brumaire conserva à peu près les formes d'une arrivée légale au pouvoir pour le jeune général. L'opération Macron relève plutôt de cette catégorie, car si les règles furent contournées, brutalisées, parfois violées, et l'accès au deuxième tour, passeport pour la présidence, obtenu grâce à un raid judiciaire organisé délibérément et exclusivement dans ce but, une forme de régularité formelle a été respectée. Malheureusement, les conditions de cette arrivée à l'Élysée ont empêché la construction d'une réelle légitimité démocratique, dont la France depuis le début de la crise des Gilets jaunes et jusqu'à aujourd'hui paie le prix. Ceux des gens de justice qui ont accepté de participer à cette manipulation portent une très lourde responsabilité.

Une chronologie qui raconte tout

Nous n'allons pas revenir en détail sur le feuilleton chaotique qui a marqué la campagne électorale de l'élection présidentielle de 2017, on trouvera toutes les informations nécessaires dans l'ouvrage d'Hervé Lehman, *Le Procès Fillon*[7], ou même en se livrant à quelques recherches sur Internet où l'on trouve facilement l'essentiel des informations utiles. Nous nous intéresserons dans cette partie à l'aspect judiciaire de la séquence en revenant sur la chronologie de ce fulgurant début complètement atypique par rapport au déroulement normal et habituel des procédures pénales, et sur l'attitude de ces magistrats qui, par leur comportement, ont montré non seulement leur partialité, mais la volonté d'intervenir pour peser sur le processus électoral.

Le 25 janvier 2017 au matin, soit le même jour où l'enquête du *Canard enchaîné* est publiée, le PNF ouvre en fin de matinée une enquête préliminaire pour les chefs de détournements de fonds publics, abus de biens sociaux et recel de ces délits. Rien que les qualifications démontrent que le dossier est prêt et l'opération préparée de longue main. L'enquête est confiée à l'office anticorruption de la police (OCLCIFF) qui commence ses opérations dès le lendemain !

7. www.editionsducerf.fr/librairie/livre/18413/le-proces-fillon

Le 26 janvier, l'avocat de François Fillon se rend au PNF et déclare : « J'ai eu une rencontre avec les magistrats du Parquet national financier [...]. Nous sommes convenus de nous reparler aussi souvent que cela sera nécessaire. » Le 27 janvier, l'OCLCIFF auditionne Michel Crépu et Christine Kelly, journaliste et auteur de *François Fillon. Le secret et l'ambition* en 2007 et de *François Fillon. Coulisses d'une ascension* en 2017. Puis, le 30 janvier, Marc Ladreit de Lacharrière, propriétaire de la *Revue des deux mondes*, et le couple Fillon séparément. Être plus rapide, ce n'était pas vraiment possible, et cela continuait, le 31 janvier le président de l'Assemblée nationale, Claude Bartolone, le célèbre « Don Barto », cacique socialiste de la Seine-Saint-Denis, autorisait sans barguigner les enquêteurs de la police à pénétrer au Palais-Bourbon, siège de l'Assemblée nationale, pour y perquisitionner le bureau de François Fillon.

Le 2 février, six jours après l'ouverture de l'enquête, le PNF demandait aux policiers, d'étendre leurs investigations aux enfants du couple Fillon, eux aussi ayant travaillé auprès de leur père alors qu'ils étaient étudiants. Le 3 février, Éliane Houlette recevait les avocats de François Fillon qui persistaient dans une stratégie de connivence vouée à l'échec pour essayer d'obtenir un classement sans suite rapide !

Le 16 février, le Parquet national financier publiait un communiqué indiquant que « les nombreux éléments déjà recueillis ne permettent pas d'envisager, en l'état, un classement sans suite de la procédure ». François Fillon comprenant enfin la dimension politique de l'opération judiciaire déclarait alors s'en remettre « au seul jugement du suffrage universel » et confirmait que, contrairement à ce qu'il avait déclaré tellement imprudemment, lors du journal télévisé de 20 heures de TF1 le 26 janvier, il maintiendrait sa candidature à la présidentielle même s'il était mis en examen.

Le 24 février 2017, le Parquet national financier sollicitait l'ouverture d'une information judiciaire pour « détournements de fonds publics, abus de biens sociaux et recel, trafic d'influence et manquement aux obligations de déclaration à la Haute Autorité pour la transparence de la vie publique ». Litanie d'infractions que la presse gourmande et les adversaires politiques ne manquaient pas de relayer et d'agiter.

Les avocats de François Fillon toujours installés sur leur petit nuage déclarèrent pour leur part[8] « que l'ouverture d'une information judiciaire était la preuve que le parquet n'avait pas pu démontrer la réalité des infractions reprochées au candidat de la droite à l'élection présidentielle ».

Le 24 février 2017, c'est-à-dire le même jour que le réquisitoire introductif du PNF, le président du

8. www.lemonde.fr/affaire-penelope-fillon/article/2017/02/24/affaire-fillon-le-parquet-national-financier-ouvre-une-information-judiciaire_5085285_5070021.html

tribunal de grande instance de Paris, Jean-Michel Hayat, nommait Serge Tournaire comme premier magistrat instructeur, accompagné de deux autres juges d'instruction : Stéphanie Tacheau et Aude Buresi. Cette désignation au caractère politique évident, au regard de la personnalité des magistrats choisis, sera reprochée à Jean-Michel Hayat. Interrogé sur le sujet devant la commission d'enquête parlementaire, il fournira des explications embrouillées et considérées par le président de la commission comme étant un faux témoignage. Il avait justifié la désignation du chasseur de Sarkozy, arguant que c'était parce que Renaud Van Ruymbeke s'occupait déjà de nombreux dossiers concernant l'UMP. Auditionné le 2 juillet 2020, Jean-Michel Hayat[9] avait déclaré : « Je précise ici sous serment que je n'ai jamais désigné Serge Tournaire, sous ma présidence, dans un dossier concernant ou susceptible de concerner – je préfère employer cette expression-là – M. Nicolas Sarkozy. Jamais. » Et pourtant, au moment de l'affaire Fillon, confiée donc à Serge Tournaire, celui-ci enquêtait ou avait enquêté sur l'affaire du financement libyen de la campagne présidentielle de Nicolas Sarkozy en 2007, l'affaire des

9. www.lepoint.fr/justice/exclusif-fillon-sarkozy-et-le-juge-tournaire-la-bourde-sous-serment-d-un-haut-magistrat-09-07-2020-2383739_2386.php?utm_medium=Social&utm_source=Twitter&Echobox=1594297264#xtor = CS1-32- % 5BEchobox % 5D

sondages de l'Élysée, l'affaire Tapie et le Sarkothon, qui s'était soldé par un non-lieu en 2015.

Le 1er mars 2017, François Fillon et son épouse Pénélope reçurent leur convocation « aux fins de mise en examen ». Histoire de mettre un peu d'animation médiatique supplémentaire, leur domicile parisien était perquisitionné, leur propriété de la Sarthe le lendemain.

François Fillon sera mis en examen le 14 mars 2017 pour « détournements de fonds publics », « complicité et recel de détournements de fonds publics », « complicité et recel d'abus de biens sociaux » et « manquements aux obligations de déclaration à la Haute Autorité pour la transparence de la vie publique ».

Le 22 mars, Serge Tournaire, en grand équipage accompagné de huit policiers, passait la journée à Sablé-sur-Sarthe pour perquisitionner le domicile du maire Marc Joulaud, le suppléant de François Fillon, la mairie et les archives municipales. Marc Joulaud sera mis en examen le 24 mars pour « détournement de fonds publics en lien avec un emploi fictif ou surévalué », Pénélope Fillon le suivra le 28.

La phase initiale de la procédure pénale intentée contre François Fillon a donc duré quarante-sept jours. Pendant laquelle vont être diligentées pas moins de sept perquisitions, des dizaines d'auditions, des centaines de pièces saisies et dépouillées, plusieurs ordinateurs expertisés, etc. L'objectif de la disqualification de François Fillon étant atteint, le dossier va ensuite reprendre un rythme normal pour aboutir à une audience devant le tribunal correctionnel trois ans plus tard. Aucun professionnel de la chose judiciaire et habitué des procédures ne peut prétendre de bonne foi avoir connu une telle fulgurance initiale. L'auteur va se permettre de raconter une petite anecdote personnelle sur ce sujet qui établit que, dans le monde de la justice, il n'était pas difficile de prévoir dès le départ ce qui allait se passer. Il s'agit de la publication le 14 février 2017 sur un réseau social d'une petite saynète grinçante et humoristique[10] racontant un imaginaire déjeuner entre François Fillon et Nicolas Sarkozy. En pleine polémique sur l'enquête préliminaire, et alors même que le communiqué du PNF écartant avec précaution l'idée du classement sans suite n'était pas publié, l'auteur mettait dans la bouche de Nicolas Sarkozy l'annonce à François Fillon de la désignation de Serge Tournaire et de sa future mise en examen qui interviendra un mois plus tard. Il n'y avait pas là l'usage d'un quelconque don de divination, mais d'une simple déduction de bon sens par la connaissance du fonctionnement de ce système.

L'examen de la chronologie rend donc difficile la contestation de la thèse d'une opération poursuivant initialement d'autres buts que l'organisation sereine

10. www.facebook.com/714664811/posts/10155017387679812/

d'un débat contradictoire destiné à établir une vérité judiciaire définitive. Continuer à nier la réalité de l'opération politique et judiciaire visant à affaiblir la candidature de François Fillon relève désormais de la galéjade. Cela étant, les formes données à ce début de procédure tonitruant s'inscrivaient dans un contexte dont l'analyse permet également de caractériser la manœuvre.

Qui a vraiment tué le candidat Fillon ?

Ceux qui commenceront par répondre « lui-même ! » n'auront pas complètement tort, tant au regard de son rapport à l'argent et de ses mauvaises habitudes financières hélas trop partagées dans la classe politique, qu'à celui de son attitude et de sa stratégie de défense. Le tout marqué au départ par le classique sentiment d'impunité, la foudre ne pouvant tomber que sur les autres, mais aussi par une méconnaissance impressionnante des règles du combat politico-judiciaire. Véronique Jacquier, dans un ouvrage fort justement titré, *François Fillon, l'homme qui ne voulait pas être Président*[11], a pointé les traits de caractère qui permettaient de conclure que, malgré sa carrière politique fort longue, il n'était pas fait pour le combat présidentiel. Mais cela ne disculpe

11. www.vududroit.com/2019/04/francois-fillon-sans-caractere-pas-de-destin/

pas tous ceux qui auront joué un rôle dans le psychodrame du premier trimestre 2017.

L'équipe de Jean-Pierre Jouyet

Il y a d'abord tous ceux qui ne restèrent pas l'arme au pied après le résultat de la primaire de la droite du mois de novembre 2016 et préparèrent à leur façon la campagne électorale qui s'annonçait. Il n'est pas possible aujourd'hui de décrire précisément le comportement des uns et des autres, ni même de les nommer, mais simplement de formuler quelques hypothèses, à partir d'une évidence : depuis une vingtaine d'années, l'utilisation des affaires judiciaires est devenue un des outils privilégiés du combat politique. Et personne ne peut s'imaginer que la présidentielle ait pu y échapper. Le jour viendra peut-être où la vérité, historique cette fois, pourra émerger, mais le moment n'est pas encore venu. Nous sommes donc contraints de rester dans le domaine des conjectures, et il n'est pas question de porter des accusations sur la commission d'actes précis, simplement de relever un certain nombre de faits qui permettent de se poser beaucoup de questions et peut-être de se forger une conviction.

Ceux qui ont assisté à la nomination d'Emmanuel Macron au poste de ministre de l'Économie en remplacement d'Arnaud Montebourg se rappelleront le sourire radieux de Jean-Pierre Jouyet lorsqu'il l'annonça sur le perron de l'Élysée. Ce concentré de la haute fonction publique oligarchique était trop content du tour qu'il jouait à la France avec la promotion de son poulain qu'il eut sous ses ordres entre 2005 et 2007 à l'inspection des finances. La fusée était lancée, avec une mise en orbite prévue en mai 2017, soit comme Premier ministre d'un François Hollande reconduit, voire d'Alain Juppé, soit pourquoi pas Président. Cet objectif stratégique une fois défini, les différentes mises en œuvre tactiques furent de natures diverses. Avec, parmi elles, l'appui d'une partie de l'appareil d'État militant pour cette cause et s'appuyant sur la justice grâce aux outils organisés pendant le quinquennat Hollande.

Car comment croire que c'est par hasard, ou grâce à la sagacité de ses « enquêteurs », comme on appelle désormais certains journalistes, que la presse s'est trouvée alimentée d'un dossier complet comprenant des faits parfois vieux de 20 ans ? Comment penser que la descente de la police dans les locaux de l'Assemblée nationale, sans que le président Bartolone n'y trouve à redire, relève de l'improvisation ? Qui peut ne pas comprendre la nature du raid quand, comme hélas c'était prévu, quelques éléments choisis et tronqués du dossier couverts par un strict secret se retrouvent quasi instantanément entre les mains des « enquêteurs » du

Monde, habitués à ce genre de publication et par ailleurs confidents officiels du président Hollande[12] ?

Jean-Pierre Jouyet, secrétaire général de l'Élysée, avait su s'entourer, c'est le moins que l'on puisse dire. Il y avait Gaspard Gantzer, camarade de promotion de Macron à l'ENA, à qui ses fonctions permettaient d'être comme un poisson dans l'eau dans la presse parisienne. Les avait rejoints Pierre Heilbronn, énarque inspecteur des finances lui aussi, longtemps collaborateur de François Fillon, pour ensuite aller occuper la fonction de directeur général adjoint du cabinet de Michel Sapin. Il partit en juillet 2016 à la direction de la BERD, mais avant son départ, Jean-Pierre Jouyet avait recruté sa compagne Ariane Amson, nommée conseillère justice au cabinet élyséen[13]. Cette magistrate n'était pas énarque, mais, ô surprise !, arrivait directement du PNF.

La légitimation de l'opération par les magistrats

Chez les magistrats, ce sont bien évidemment ceux qui opéraient au sein du PNF, au parquet général, au Pôle d'instruction financier et à la présidence du tribunal de Paris qui sont concernés. Les origines de

12. www.lefigaro.fr/politique/le-scan/2016/10/19/25001-20161019ARTFIG00172--un-president-ne-devrait-pas-dire-ca-un-livre-10-polemiques.php

13. https://twitter.com/msieurlebaron/status/832854721958440960?lang=fr

ce déploiement de zèle, qu'il est difficile de contester, sont probablement de plusieurs ordres. Il y avait ceux qui assumaient leur sympathie pour le Parti socialiste et François Hollande, Emmanuel Macron étant considéré comme son successeur. Ceux qui étaient guidés par l'aversion pour un candidat considéré comme de droite catholique traditionnelle dont ils pensaient que l'élection serait mauvaise pour leur pays. Et ceux probablement les plus nombreux pour qui les rapports avec le monde politique sont des rapports de force dans lesquels il convient de s'imposer.

Mais ce qu'il est intéressant de relever à ce stade, ce sont les réactions du corps lorsque enfin François Fillon et ses amis comprirent ce qui leur arrivait et commencèrent à crier au complot. Les méthodes utilisées par le PNF d'abord, puis par les magistrats instructeurs, furent approuvées et légitimées, les critiques ou les réserves vouées aux gémonies. Beaucoup de monde fut mobilisé, mais nous ne retiendrons que deux interventions pour ce qu'elles avaient de significatif.

François Hollande avait fait preuve comme d'habitude d'un certain culot à l'occasion d'une conférence de presse, où il déclarait à propos des critiques[14] qui fusaient chez les soutiens politiques du candidat de la droite : « En tant que garant de l'indépendance

14. www.lepoint.fr/presidentielle/affaire-fillon-quand-francois-hollande-trouve-des-vertus-aux-juges-01-03-2017-2108558_3121.php

de l'autorité judiciaire, je tiens à m'élever solennellement contre toute mise en cause des magistrats dans les enquêtes et les instructions qu'ils mènent dans le respect de l'État de droit. » Une phrase qui fit grincer venant de celui qui avait dit dans le livre *Un Président ne devrait pas dire ça* : « Cette institution, qui est une institution de lâcheté… Parce que c'est quand même ça, tous ces procureurs, tous ces hauts magistrats, on se planque, on joue les vertueux… On n'aime pas le politique. » Et qui avait bravé la Justice, foulé aux pieds une instruction, deux décisions de cour d'assises et deux décisions de juridictions d'application des peines en accordant une grâce anormale à Jacqueline Sauvage.

Il s'attira une réponse cinglante avec le communiqué commun[15] du premier président de la Cour de cassation et de l'avocat général auprès de celle-ci, qui disait à propos de la justice : « Les uns prétendent qu'elle est instrumentalisée par l'exécutif. Celui-ci réplique qu'il soutient la liberté d'action des magistrats. En réalité, la Justice n'encourt pas plus les reproches outranciers qui lui sont faits qu'elle n'a besoin de soutiens d'où qu'ils viennent. » Sévère camouflet pour celui qui se croyait président de la République et par conséquent garant du fonctionnement des institutions, renvoyé à ses chères études. Et le communiqué poursuivait

15. www.courdecassation.fr/venements_23/derniers_evenements_6101/president_procureur_36279.html

avec cette phrase assez extraordinaire « Les magistrats suivent leur rythme en toute indépendance sous le seul contrôle des juridictions supérieures. » Évidemment, les magistrats du siège doivent agir en toute indépendance, mais celle-ci doit être le moyen de leur impartialité, et dans le traitement initial de Fillon on aurait du mal à la trouver. Et ensuite, si l'on suit les plus hautes autorités judiciaires, la conduite des procédures c'est chacun son rythme. Il y aurait donc les sprinters, les marathoniens, voire les adeptes des très longues courses comme dans « l'affaire de Karachi » avec ses vingt-cinq ans d'instruction. Il est parfaitement exact que les juges du siège agissent sous le seul contrôle de leurs juridictions d'appel et de la Cour de cassation. Mais c'est tout le problème de l'affaire Fillon, dès lors que l'objectif du sprint initial en pleine campagne électorale n'est pas la condamnation finale de celui-ci, mais de porter préjudice à sa candidature, il est évident que les « juridictions supérieures » ne peuvent pas intervenir, elles n'en ont pas le temps ! Ce petit chef-d'œuvre d'hypocrisie en forme de légitimation du raid a disparu du site officiel de la Cour de cassation.

Il y a eu ensuite la tribune signée par la présidente de l'Union syndicale des magistrats[16]. Le Syndicat de la magistrature était tombé comme d'habitude à

16. www.francetvinfo.fr/politique/francois-fillon/affaires-fillon/tribune-sans-justice-il-n-y-a-plus-de-democratie-ni-de-republique-la-reponse-de-l-union-syndicale-des-magistrats-aux-attaques-de-fillon-et-le-pen_2078815.html

bras raccourcis sur le monde politique en général et sur la droite en particulier. Ce n'était pas une surprise, c'est le cas à peu près depuis sa création, où partialité et refus de la séparation des pouvoirs dans les deux sens font partie des éléments constitutifs de cette organisation. Ce qui était intéressant avec l'intervention de Virginie Duval, la dirigeante de l'USM[17], syndicat présenté comme modéré, c'étaient la violence et l'arrogance du ton, les imprécations lancées à l'égard de la représentation nationale, le choix des mots témoignant non seulement d'une certaine perte de sang-froid, mais également d'une conception inquiétante de la place de la Justice dans la Cité. Diatribe qui plaçait le brûlot peut-être encore plus loin que le fameux « mur des cons ». Il n'y avait évidemment aucune réponse aux questions qui se posaient légitimement mais l'expression d'un sentiment de toute-puissance qui montrait où peuvent mener certaines dérives.

De façon péremptoire, la syndicaliste écrivait : « En réalité, les prétendus arguments procéduraux des uns ou des autres, souvent infondés, ne visent qu'à troubler l'électorat, à des fins purement politiciennes. » Il y avait tout de même un certain nombre d'universitaires, de professeurs de droit, d'avocats et des praticiens spécialistes, et pas seule-

17. www.francetvinfo.fr/politique/francois-fillon/affaires-fillon/tribune-sans-justice-il-n-y-a-plus-de-democratie-ni-de-republique-la-reponse-de-l-union-syndicale-des-magistrats-aux-attaques-de-fillon-et-le-pen_2078815.html

ment des soutiens politiques de François Fillon, qui s'étaient exprimés. En particulier sur le rythme ou sur quelques motifs d'illégalité qui semblaient peser sur les procédures intentées en particulier sur celles du parquet financier. Il y avait aussi un très joli renversement avec l'accusation proférée contre ceux qui s'interrogeaient sur toutes les étrangetés de la procédure de vouloir « troubler l'électorat à des fins purement politiciennes », ce qui ne pouvait en aucun cas évidemment être reproché ni à Éliane Houlette, ni à Catherine Champrenault, ni à Serge Tournaire, ni à Jean-Michel Hayat. Pas plus d'ailleurs qu'à ceux qui avaient transmis à la presse, en violation de la loi, des pièces tronquées couvertes par le secret de l'enquête. Et que dire de cette affirmation sur les « prétendus arguments procéduraux, souvent infondés » donnant l'impression que la messe était déjà dite sans attendre les décisions de la chambre d'instruction et de la Cour de cassation… ?

On y trouvait aussi ce qui constituait un sommet d'analyse juridique trompeuse : « ni la Constitution ni aucune loi ne prévoit – heureusement – ce que d'aucuns nomment une “trêve judiciaire” ». On pourrait répondre à l'imprécatrice que, lorsqu'on parle de la Loi, en termes généraux, on fait référence à l'ordre juridique global dans lequel se déploie le fonctionnement de la République française. Et non pas à la loi votée par le Parlement, par opposition aux décrets du Gouvernement. C'est ce que l'on appelle là aussi, d'un terme général, le « droit français ». Dont les sources, comme le savent les étudiants de première année, sont la loi, la jurisprudence, la doctrine et la coutume. L'ordre juridique que l'on appelle communément « la Loi » est l'articulation de tous ces éléments, parmi lesquels il existe des règles qui pourraient s'avérer littéralement incompatibles et que l'on s'efforce justement d'harmoniser. Et cette responsabilité incombe au juge. Or il existe un principe fondamental, ce que les publicistes appellent un « principe général du droit », qui est celui de l'indispensable sincérité du scrutin démocratique. Celle-ci est vérifiée par le juge administratif après chaque élection si nécessaire. Si des événements, des manœuvres, des initiatives ont pu altérer la sincérité du scrutin et modifier son résultat, la conséquence en est l'illégalité de l'élection et son annulation par le juge. Force était de constater dès la mi-mars 2017 que l'élection présidentielle 2017 était d'ores et déjà faussée. Tout ce qui s'était passé depuis un mois, cette intervention de l'État en faveur d'un candidat, la conduite des procédures judiciaires, le comportement des médias, avait indiscutablement « altéré » la sincérité du scrutin.

Pour permettre un débat politique serein et l'expression régulière du suffrage universel, surtout pour le scrutin le plus important de la Ve République, il appartenait au juge d'adopter une mesure et un tempo prudents, même en l'absence de texte express.

Et surtout pour des procédures pénales dont aucune ne présentait la moindre urgence. Oui, l'exigence de régularité du scrutin est bien au-dessus de cette volonté compulsive d'intervenir sans contrôle juridictionnel possible dans un processus fondamental. C'est si vrai que le législateur est lui-même intervenu sur des cas particuliers comme celui des chambres régionales des comptes, ces juridictions financières qui contrôlent les collectivités locales. Après une instruction contradictoire, elles produisent des rapports d'observation qui évaluent la gestion de la collectivité contrôlée au regard de sa qualité et de sa régularité juridique et financière. Ces rapports sont publics et figurent sur les sites internet des juridictions. Les oppositions et la presse en raffolent, mais en application de l'article L. 243-6, alinéa 2 du Code des juridictions financières, ils sont interdits de publication et de communication six mois avant les élections locales, pour éviter justement toute manipulation. Or les interventions des magistrats du PNF et du Pôle d'instruction ont été décisives dans l'élection d'Emmanuel Macron. Prétendre le contraire n'est pas sérieux.

Chapitre 10
Emmanuel Macron au pouvoir

L'arrivée d'Emmanuel Macron au pouvoir

L'arrivée au pouvoir d'Emmanuel Macron au poste principal de la Ve République est le fruit d'une assez extraordinaire manipulation. Qui a bénéficié de circonstances et d'un alignement des astres qui ne sont pas près de se reproduire. Une des causes profondes s'enracine en mai 2005 avec le référendum qui rejetait le projet de Traité constitutionnel européen. Le résultat fut un véritable défi lancé au bloc élitaire qui, dans toutes ses composantes, s'était mobilisé pour le oui. On sait ce qu'il en a été du respect de la souveraineté populaire avec la forfaiture de mars 2008 où François Hollande apporta à Nicolas Sarkozy les voix du Parti socialiste au Congrès sans lesquelles le forfait démocratique de la ratification du traité de Lisbonne n'aurait pas été possible. Le rejet de la classe politique s'en trouva renforcé, mais les Français jugèrent quand même bon (!), pour chasser un Sarkozy détesté, de porter à la présidence en 2012 le principal artisan de la trahison. On sait ce qu'il advint de ce mandat lamentable au bout duquel, comme le dit Emmanuel Todd dans *Les Luttes des classes au XXIe siècle*[1] : « François Hollande n'a même pas pu se présenter à l'élection de 2017. Il a été comme vomi par le pays. »

Compte tenu du score du Front national aux élections européennes de 2014, il fut dès lors évident que Marine Le Pen figurerait au second tour de la présidentielle 2017, son concurrent ayant toutes les chances de devenir Président. La haute fonction publique d'État choisit alors l'un de ses représentants pour être ce candidat et qui, proposé aux grands intérêts et oligarques français, fut adoubé par ceux-là qui le soutinrent en mettant tous leurs moyens à sa disposition. Le 23 avril, Emmanuel Macron, avec 16 % des électeurs inscrits, se retrouva qualifié pour le second tour où, présenté comme un rempart contre un fascisme imaginaire, il l'emporta facilement. On retrouvera les détails nécessaires de cet étonnant hold-up dans trois ouvrages que l'on recommandera ici : *Le Grand manipulateur – Les réseaux secrets de Macron* de Marc Endeweld[2] ainsi que *Opération Macron* d'Éric

1. www.seuil.com/ouvrage/les-luttes-de-classes-en-france-au-xxie-siecle-emmanuel-todd/9782021426823

2. www.youtube.com/watch?v=-FGHlHiFq8Y

Stemmelen[3] qui décrivent les méthodes assez stupéfiantes d'Emmanuel Macron et de sa bande ainsi que le formidable soutien financier et médiatique dont il a bénéficié de la part du Capital français. On ajoutera également pour l'analyse qu'il fait des spécificités politiques du bloc que le nouveau président de la République a su agréger autour de lui l'un des deux blocs décrits par l'ouvrage précédemment cité de Jérôme Sainte-Marie *Bloc contre bloc* dont nous utiliserons les deux concepts opératoires que sont ceux de « bloc élitaire » qui le soutient et de « bloc populaire » qui s'oppose à lui[4].

Mais bien sûr, la mise en orbite de ce satellite radicalement inconnu jusqu'alors n'aurait pas pu se faire sans l'opération judiciaire lancée au beau milieu de la campagne électorale contre le candidat de la droite que tout le monde donnait comme futur Président. Nous avons détaillé au chapitre précédent cet incroyable épisode[5] où des magistrats et des journalistes dévoyés ont prêté la main à une opération directement destinée à fausser la principale élection de la Ve République.

Et il n'est pas excessif de considérer que pour imposer Emmanuel Macron à la présidence de la

3. www.youtube.com/watch?v=Zki11KmW0l4

4. www.vududroit.com/2019/11/bloc-contre-bloc-la-lutte-des-classes-le-retour/

5. www.vududroit.com/2018/08/elections-presidentielles-2017-chronique-dune-curee-de-campagne/

République, une conjonction d'intérêts a bien organisé une forme de coup d'État. L'objection selon laquelle cette qualification ne pourrait être retenue parce que son élection serait extérieurement et formellement légale ne tient pas. D'abord historiquement il est des coups d'État incontestables mais qui ont respecté la légalité formelle, comme celui de Bonaparte le 18 brumaire par exemple. Ensuite parce que si l'on décortique un peu les conditions dans lesquelles cette élection présidentielle de 2017 s'est déroulée, il n'est pas excessif de considérer qu'elle est illégale. En rappelant qu'illégalité juridique ne veut pas dire nullité. C'est-à-dire que si l'on peut constater qu'une élection s'est déroulée illégalement, seul le juge régulièrement saisi peut le prendre en compte et prononcer les annulations et les sanctions nécessaires. Or, non seulement aucune procédure n'a été diligentée, mais certaines des institutions de contrôle ont tout simplement refusé d'accomplir leur mission, assurant au candidat Macron une protection opportune.

Pourquoi l'élection d'Emmanuel Macron serait-elle illégale ? Pour plusieurs raisons, que l'on n'exposera pas ici en détail mais en rappelant qu'en France il existe une réglementation stricte dans le Code électoral issu de la loi de 1990, et dont le respect impératif permet d'assurer la sincérité du scrutin. Ces règles concernent surtout le financement des campagnes et la communication en période électorale. Le financement de la campagne d'Emmanuel Macron a bénéficié d'apports des plus suspects, à commencer par l'utilisation des moyens de l'État et des collectivités locales au soutien du candidat[6], ce qui est radicalement prohibé. Il y a eu ensuite toute une série de contributions de particuliers qui, comme l'a relevé le député Marleix[7] dans l'affaire Alstom (voir chapitre 11), ressemblaient à des rémunérations de service et à de la corruption. Il y a eu également dans le domaine de la communication une invraisemblable et massive propagande de la presse audiovisuelle et écrite entre les mains des oligarques français, provoquant un déséquilibre majeur dans le débat démocratique et altérant ainsi la sincérité du scrutin.

Mais il y a plus. Ce qui relevait de la pure et simple promotion commerciale était non seulement interdit, mais les coûts que représentait ce déferlement auraient dû être réintégrés dans le compte de campagne d'Emmanuel Macron. Ce qui aurait fait évidemment exploser le plafond. Dans n'importe quelle élection locale, la constatation de telles infractions vaudrait aller direct vers l'annulation, l'inéligibilité, voire des procédures pénales. Et bien sûr, avec l'affaire Fillon, l'instrumentalisation grossière

6. www.vududroit.com/2020/01/classement-sans-suite-pour-le-financement-de-la-campagne-de-macron-a-lyon-mieux-vaut-en-rire/

7. www.lemonde.fr/societe/article/2019/06/05/affaire-alstom-ge-le-depute-olivier-marleix-entendu-par-les-enqueteurs_5471847_3224.html

de la justice à des fins qui n'étaient pas les siennes a décisivement contribué à l'altération de la régularité du scrutin.

On nous répondra, mais puisque c'est si clair, comment se fait-il qu'aucun contrôle n'ait pu jouer, que les autorités chargées de les opérer soient ainsi restées les bras croisés ? Tout simplement et clairement parce qu'elles ont complètement rallié la solution que représentait Emmanuel Macron. Les magistrats du pôle financier et les journalistes à la manœuvre pour disqualifier Fillon l'ont probablement plutôt fait pour écarter celui qui pour eux représentait l'horreur d'un candidat de droite catholique. Mais que l'arrivée de Macron à l'Élysée en soit la conséquence ne leur posait aucun problème, quand ce n'était pas leur souhait profond. Quant aux autres, Conseil constitutionnel et Conseil d'État, ce sont des amis du nouveau Président. Pour la Commission nationale des comptes de campagne, d'une pudeur de violette durant toute la période, les méchantes langues ont relevé l'augmentation copieuse[8] (57 % !) de la rémunération de son président dans les semaines qui ont suivi…

Alors même si on nous assène sur tous les tons les tautologies ineptes brandies sur les plateaux par

8. www.leparisien.fr/politique/grosse-augmentation-de-salaire-pour-le-president-de-la-commission-des-comptes-de-campagne-06-06-2018-7757034.php

les éditocrates et autres spécialistes autoproclamés : « Emmanuel Macron est légitime parce qu'il est légitime », cela se heurtera au mur des faits : les Français pensent et ressentent aujourd'hui massivement Macron comme illégitime parce qu'il est arrivé au pouvoir au terme d'un processus illégal et irrégulier. Comme nous l'avons vu, dans un système de démocratie représentative, la légitimité politique d'occuper un mandat et d'appliquer son programme nécessite que soient réunies deux conditions cumulatives. Tout d'abord une arrivée au pouvoir légale et régulière par un scrutin dont la « sincérité » ne peut être mise en doute. Ensuite, que cette arrivée bénéficie d'une reconnaissance sociale de la part des gouvernés. Il faut rappeler que l'existence de la première peut ne pas suffire pour garder la légitimité politique. Guy Mollet et ses amis l'ont appris à leurs dépens qui, portés régulièrement au pouvoir en 1956 et ayant amené la France au bord de la guerre civile, furent contraints de le céder à la légitimité du général de Gaulle. Qui s'empressa d'ailleurs de donner à sa prise du pouvoir le cadre juridique et légal indispensable. Parce qu'évidemment l'absence de la première condition, celle de la légalité nécessaire, entraîne *de facto* la disparition de la seconde.

La gouvernance d'Emmanuel Macron et la disparition de la séparation des pouvoirs

Mais ensuite, pour gouverner, toujours dans une démocratie représentative, même si l'on est régulièrement parvenu au sommet de l'État, il est également nécessaire de construire et de préserver continûment une légitimité qui doit être aussi celle de tout le dispositif dans lequel on exerce le pouvoir. C'est la deuxième branche de la légitimité et, de ce point de vue, le moins que l'on puisse dire, c'est que celle de Macron est étonnamment faible.

Rappelons quelques éléments de base de la démocratie représentative, système institutionnel minutieux et pragmatique qui doit organiser une domination de la majorité acceptée par la minorité. Quelles sont les conditions impératives de cette acceptation ? Tout d'abord, nous l'avons vu, que les représentants de la majorité prennent le pouvoir après une élection régulière dont la sincérité ne puisse être mise en doute. Ensuite que ce pouvoir ait une durée limitée, pour que ce qui a été fait durant le mandat puisse être remis en cause après l'élection suivante en cas de changement. Et enfin, que le pouvoir s'exerce dans un cadre strict qui est celui d'une Constitution et d'une organisation des pouvoirs publics qui prévoient séparation, équilibres et contrôles. Évitant ainsi les excès et validant en continu l'acceptation de la minorité battue lors du scrutin. Élaborée par Locke et Montesquieu, la théorie de la séparation des pouvoirs vise donc à séparer les différentes fonctions de l'État, afin de limiter l'arbitraire et d'empêcher les abus liés à l'exercice de missions souveraines. C'est cette organisation des pouvoirs publics qui s'applique chez nous depuis l'avènement de la IIIe République.

Et le constat s'impose, que de la même façon que son arrivée au pouvoir était passablement illégale et par conséquent illégitime, Macron exerce celui-ci dans un cadre qui n'a plus grand-chose à voir avec la légalité institutionnelle d'une démocratie représentative.

L'abaissement drastique de la valeur normative d'une Constitution réformée et déformée à tout bout de champ par ses prédécesseurs lui a ainsi permis de mettre en place un système à valeur de nouveau régime.

La catastrophe institutionnelle provoquée par l'adoption du quinquennat voulue par Jacques Chirac combinée avec l'inversion du calendrier décidée par Lionel Jospin a complètement transformé le pouvoir législatif en France. On avait beaucoup reproché à la Constitution de 1958 d'avoir trop renforcé le pouvoir exécutif et affaibli le pouvoir législatif après les excès du régime d'assemblée de la IVe République. C'était assez vrai, mais cela avait apporté, outre la stabilité, un nouvel équilibre dont les trois cohabitations ont démontré qu'il pouvait fonctionner. Cette réforme irresponsable de 2002 a provoqué la transformation de ce qui devrait être un pouvoir séparé en un outil technique donné au Président élu pour mettre en œuvre ce qu'il considère comme son programme. Les élections législatives de juin 2017 ont vu un taux d'abstention colossal de près de 60 % des inscrits. L'Assemblée nationale n'a donc plus aucune représentativité politique, sociologique, sociale, économique digne de ce nom. Deux exemples qui démontrent l'inanité du système : les ouvriers et les salariés d'exécution des services sont autour de 40 % de la population active de notre pays, ils ont… zéro représentant à l'Assemblée. Marine Le Pen, candidate du Front national à la présidentielle de 2017, a recueilli au second tour près de 11 millions des voix, et son parti dispose de… six députés, situation malsaine sur le plan démocratique. Alors certes, ce sont les abstentionnistes qui ont eu tort, comme les Français acceptant la forfaiture du référendum de 2005, élisant ensuite les artisans du forfait, et acceptant sans barguigner le coup d'État de mai 2017. Mais cette passivité, à laquelle la crise des Gilets jaunes a mis fin de façon très particulière, n'a pas pour autant donné à tous ces événements la moindre légitimité démocratique.

Une Assemblée nationale non représentative, ce serait déjà un très sérieux problème, mais avec sa composition, c'est une catastrophe. Parmi les députés de La République en marche (LREM), recrutés sur CV par Jean-Paul Delevoye (!), voisinent commerçants faillis, aventuriers, opportunistes sans principes, incompétents notoires, et quelques ahuris[9], voire hurluberlus dont la seule caractéristique est d'obéir au doigt et à l'œil aux gardes-chiourmes nommés par Macron pour les surveiller. Et les punir si jamais ils renâclent.

Ce Parlement croupion, humiliant pour la France, est fort utile à Emmanuel Macron qui l'a complètement enrégimenté. Il n'est que de voir comment sont fixés les ordres du jour, proposés des textes liberticides adoptés sans aucune discussion véritable, pour mesurer l'ampleur du désastre. Et si jamais le Sénat qui n'a pourtant aucun pouvoir directement normatif s'avise de rechigner, en totale violation de la séparation des pouvoirs, Macron lui-même suivi de ses éditocrates affidés se permettent de l'insulter comme on l'a vu au moment de la publication du rapport de l'enquête sénatoriale sur l'affaire Benalla[10].

Le constat est aujourd'hui sans appel : non seulement la France ne dispose plus d'un pouvoir législatif digne de ce nom, mais l'organe dévalué qui en tient lieu a été absorbé par le pouvoir exécutif.

9. https://twitter.com/Tancrede_Crptrs/status/1220693231219773441?s=20

10. www.vududroit.com/2019/03/benalla-et-role-du-senat-qui-sont-les-factieux/

Législatif et exécutif ne sont plus séparés dans le système Macron.

Le ralliement à l'exécutif des systèmes de contrôle

La question du « troisième pouvoir » se complique un peu en France dans la mesure où le « pouvoir judiciaire », le troisième de la trilogie de la séparation, s'exerce chez nous au travers de quatre ordres de juridiction : constitutionnel, judiciaire, administratif, financier, chacun par une forme de Cour suprême. Pourquoi faire simple quand on peut faire compliqué…

C'est le seul « ordre judiciaire », celui coiffé par la Cour de cassation, qui est qualifié dans la Constitution « d'autorité judiciaire ». Mais ce sont les quatre qui exercent chacun pour leur part la mission de contrôle global que l'on peut qualifier de « pouvoir judiciaire ». Lequel est là justement pour assurer les équilibres voulus par le principe de séparation des pouvoirs. Et c'est le ralliement de ces quatre ordres de juridiction au macronisme qui pose désormais un problème considérable.

Le Conseil constitutionnel

Cette juridiction prévue par la Constitution de 1958 est un organe chargé de vérifier la conformité avec la constitution des lois votées par le Parlement. Ce contrôle ne pouvait avoir lieu qu'avant leur promulgation, et ne pouvait être déclenché que par le président de la République, le président de l'Assemblée nationale ou le président du Sénat. Une réforme giscardienne avait élargi le pouvoir de saisine à soixante-quinze parlementaires. Une autre réforme absurde voulue par Nicolas Sarkozy permet désormais à tout citoyen de saisir le Conseil constitutionnel de recours contre les lois postérieurement à leur promulgation, faisant peser sur tout l'ordre juridique national un risque d'imprévisibilité du contenu de la loi et par conséquent une grande insécurité juridique. Depuis une trentaine d'années, le Conseil s'est malheureusement arrogé un pouvoir de contrôle très élargi sur la loi votée souverainement par les représentants du peuple français, et c'est ainsi qu'au travers d'une jurisprudence très abondante, un pouvoir législatif parallèle s'est progressivement mis en place au prétexte d'une défense des principes constitutionnels. Le problème étant que la question n'est plus d'apprécier la conformité d'une loi avec les principes qui organisent la République dont la protection est l'objet même d'une Constitution mais de vérifier sa compatibilité avec une espèce de fourre-tout appelé « bloc de constitutionnalité » dans lequel on a fini par mettre tout et n'importe quoi. Le législateur français est donc sous tutelle d'un organisme dont la composition est entre les mains du président de la République, du président de l'Assemblée nationale et du président du Sénat. La fin de la fausse alternance avec la fusion entre droite et gauche réalisée par Macron fait que le Conseil constitutionnel est politiquement très homogène, présidé par Laurent Fabius rejoint tout récemment par Alain Juppé remplaçant Lionel Jospin. Ils n'ont rien à refuser à Emmanuel Macron, digne représentant de la caste de la haute fonction publique d'État à laquelle ils appartiennent tous les deux. On imagine le danger pour la souveraineté du peuple en cas de véritable alternance. Pour l'instant, Emmanuel Macron n'a rien à en craindre et peut tranquillement continuer à faire adopter en cadence des textes fréquemment liberticides sans que cela perturbe ceux que l'on appelle à tort des « sages ».

Le Conseil d'État

Particularité française, le Conseil d'État coiffe l'ordre de juridiction chargé de juger et de contrôler la sphère publique. Les juridictions administratives apprécient la régularité des actes de l'exécutif de l'État central et des collectivités locales, en appliquant le droit administratif français, création en grande partie prétorienne, c'est-à-dire issu d'une jurisprudence interprétative abondante. Après avoir construit pendant près de deux siècles une certaine autonomie et ainsi conquis autorité et prestige, il semble malheureusement que le Conseil d'État y ait désormais renoncé. Cette institution est massivement composée de représentants de la haute fonction publique d'État issus de l'ENA (comme Édouard Philippe), qui en général ont fait des allers-retours avec les cabinets ministériels en fonction de l'alternance. C'est pour cela que, soit dans l'institution, soit dans ces cabinets gouvernementaux, ceux-ci ont été les fourriers de la confiscation de la souveraineté de la République au profit de l'Union européenne. Le Conseil d'État a été un artisan de l'imposition à l'ordre juridique français de tous les dispositifs nécessaires à l'instauration du néolibéralisme, en transposant en droit interne les concepts du droit européen et notamment celui qui nous corsète aujourd'hui dans le fameux principe de la « concurrence libre et non faussée ».

Mais ce qui est plus grave, ce sont ces décisions juridiquement très discutables rendues depuis quelques années par le Conseil d'État comme autant de services aux pouvoirs en place.

Il y a eu par exemple le très surprenant renversement de jurisprudence pour permettre à Bertrand Delanoë de faire au groupe Lagardère un cadeau de 160 millions d'euros de fonds publics avec la construction aux frais de la ville de Paris du stade Jean-Bouin. Un très étrange arrêt rendu en urgence en deux mois pour annuler une décision de la cour administrative d'appel ayant déclaré illégale la vente par Emmanuel Macron de l'aéroport de Toulouse à un consortium chinois. Et tout aussi récemment le refus d'interdire l'usage du lanceur de balles de défense (LBD). Sans parler de la protection systématique de la gabegie de l'État dans la gestion de la pandémie du Covid-19.

La Cour des comptes

Cette juridiction particulière contrôle normalement les comptes de l'État et coiffe elle aussi un ordre de juridiction où les chambres régionales des comptes ont en charge le contrôle des collectivités locales. La soumission de cet organisme à la secte de l'Inspection générale des Finances dont le repaire est à Bercy est notoire en particulier depuis la présidence du socialiste Didier Migaud nommé par Nicolas Sarkozy. Ses cibles sont en général celles que le pouvoir lui désigne. Et on peut lui faire confiance pour relayer toutes les obsessions sur les critères de Maastricht et sur le problème de la dette. En revanche quand il s'est agi de chiffrer la fraude fiscale, les collègues de François Hollande se sont dit incapables de le faire[11] ! On s'en tiendra là, inu-

11. www.francetvinfo.fr/economie/fraude/rapport-sur-la-fraude-fiscale-la-cour-des-comptes-se-dit-incapable-d-en-donner-une-estimation-globale-et-renvoie-la-balle-au-gouvernement_3727271.html

tile de charger une barque qu'Emmanuel Macron vient encore d'alourdir en nommant Pierre Moscovici au poste de président. Nomination qui illustre jusqu'à la caricature la façon dont il entend gouverner, assuré de la complaisance des organes de contrôle.

Nous avons voulu démontrer que sous Emmanuel Macron, il n'existe plus en France de réelle séparation des pouvoirs et de mécanismes d'équilibres et de contrôles. Le dispositif nécessaire à une démocratie représentative ne fonctionne plus. Il n'est donc pas excessif de considérer que les trois, voire les quatre pouvoirs (en comptant la presse), qui devraient être séparés, ont fusionné sous l'autorité et dans l'intérêt du chef de l'exécutif. Cette situation inouïe range la France dans la catégorie des pays où il n'y a pas de séparation des pouvoirs. La fusion du « bloc élitaire » qui a été réalisée par Emmanuel Macron a mis fin à la « fausse alternance » de deux blocs droite et gauche qui se succédaient au pouvoir depuis 1980. Les deux épiciers concurrents, se fournissant au même grossiste selon l'heureuse formule de Philippe Séguin, permettaient cependant un certain équilibre et, cahin-caha, cela préservait tout de même un minimum de séparation des pouvoirs. Cette époque est révolue.

L'autorité judiciaire

C'est bien le sujet principal de ce livre que le ralliement spontané de l'appareil judiciaire pénal, au projet et au système Macron. Qui ne peut et n'a pu se faire que par un dévoiement de l'institution, tant dans son organisation que dans son rapport au contrôle du respect de la loi. Répétons encore que le viol de la légalité par celui qui en est, en dernière instance, chargé de contrôler le respect est une corruption républicaine inacceptable.

La mise au service d'Emmanuel Macron s'est produite de quatre façons :

— l'instrumentalisation de la justice pénale à l'égard des opposants politiques, François Fillon, Marine Le Pen, Jean-Luc Mélenchon, et Gérard Collomb en savent quelque chose, nous y reviendrons ;

— la protection des amis du Président soit directement par des refus de poursuites, soit par une mansuétude grossière. D'Alexandre Benalla à Richard Ferrand, en passant par Muriel Pénicaud, Patrick Strzoda, Alexis Kohler, Ismaël Emelien, Lionel Lavergne, François Bayrou, Sylvie Goulard, etc. ;

— et le plus grave par la mise en œuvre sans aucun état d'âme d'une répression de masse sans précédent contre le mouvement social des Gilets jaunes qui a vu se multiplier procédures et gardes à vue illégales, procédures de comparutions directes abusives ayant abouti en un semestre à plus de 3 000 condamnations et à plus de 1 000 peines de prison ferme (!) parfois complètement absurdes. Cette violence judiciaire a été exécutée avec un zèle intraitable sans probablement avoir eu besoin d'être encouragée par le pouvoir en place. Le bas clergé judiciaire a accepté de jouer le rôle du garde-chiourme pour tenir le peuple en respect ;

— enfin, il y a l'autre catastrophe que cette violence policière totalement débridée dès lors qu'il s'agissait des mouvements sociaux, qui a stupéfait les observateurs étrangers, et dont des centaines de vidéos témoignent de l'intensité. Ce dévoiement gravissime n'a pu être possible que parce que la justice judiciaire, organe qui a la mission de contrôler l'usage du « monopole de la violence physique » par l'État, n'a pas voulu la remplir. Cette défaillance, si elle est essentiellement de la responsabilité de ces magistrats du parquet qui ont couvert à peu près systématiquement les excès, s'est aussi manifestée par le biais des peines infligées à ceux à qui il n'a pas été possible d'épargner la comparution devant le tribunal.

L'acceptation de son dévoiement politique par la justice est malheureusement très documentée aujourd'hui. Pour des raisons sociologiques, idéologiques, économiques et politiques, l'appareil judiciaire et la magistrature ont ainsi rallié le pouvoir macroniste et accepté d'être l'un des outils de la mise en œuvre de son programme. Et comme le démontrent toutes les enquêtes, la confiance de l'opinion publique dans cette justice en est très profondément affectée. Et pour longtemps.

Le point de vue de Jérôme Sainte-Marie

Après avoir vu comment s'est joué ce ralliement, se pose la question du pourquoi a-t-il été possible ? Comment s'expliquent la défaillance et l'abandon de leur mission de contrôler l'État et ceux qui le dirigent par ceux-là même qui en avaient le devoir ?

Nous avons demandé à Jérôme Sainte-Marie, dont on rappelle encore une fois l'ouvrage[12], son point de vue sur les raisons sociologiques, idéologiques et politiques qui l'ont permis.

Régis de Castelnau : Vous avez utilisé pour décrire l'ensemble des couches sociales qui soutient Emmanuel Macron et son projet le concept de « bloc élitaire ». Comment se définit-il ?

Jérôme Sainte-Marie : *Cette notion de bloc renvoie naturellement au « bloc historique » tel que défini par Antonio Gramsci. Il s'agit d'une alliance de groupes sociaux cimentée par une idéologie commune autour d'un projet de pouvoir. Emmanuel Macron incarne un tel projet, celui d'une réunification de la bourgeoisie, qu'elle soit de gauche ou de*

12. www.editionsducerf.fr/librairie/livre/18867/bloc-contre-bloc

droite, pour transformer la société dans le sens de ses intérêts, sous le haut patronage européen. Idéologiquement, la convergence du libéralisme économique et du libéralisme culturel est achevée. Écouter Emmanuel Macron, c'est lire du Jean-Claude Michéa, sinon que le premier se prévaut de ce que le second dénonce. Concrètement, le bloc élitaire est constitué de trois cercles : l'élite réelle, par son patrimoine, ses revenus, son statut – c'est le premier cercle du macronisme, le cercle étroit, sans doute moins de 1 %, des contribuables les plus fortunés et les principaux bénéficiaires des mesures fiscales et sociales prises sans tarder par Emmanuel Macron ; l'élite aspirationnelle, soit le monde des cadres et, dans une moindre part, des étudiants ou des nouveaux entrants que sont certaines personnes directement issues de l'immigration ; l'élite par procuration, et pourrait-on même dire par précaution, c'est-à-dire tous ceux, notamment parmi les retraités, qui s'abritent derrière le pouvoir de l'élite pour défendre leur situation. Politiquement, il tend au pouvoir maximal sur la société française. Donc on ne peut pas comprendre la réussite de ce projet macroniste si on répète le mantra gauchiste des « 1 % » contre les « 99 % », il s'agit de la coagulation d'intérêts sociaux bien plus vastes.

Régis de Castelnau : Pourquoi Emmanuel Macron est-il parvenu à mobiliser ce bloc élitaire à son profit ?

Jérôme Sainte-Marie : *Le macronisme n'est évidemment pas producteur de lui-même. Il a été préparé par la prise de conscience du caractère dysfonctionnel de l'opposition gauche-droite par ceux-là mêmes qui en profitaient. Durant longtemps, cette organisation de la vie politique était un excellent régulateur des passions démocratiques, mais l'émergence d'une troisième force populiste a changé la donne. Le pouvoir n'avait plus la force propulsive nécessaire pour mener les réformes exigées par l'Union européenne et les marchés financiers. Il a fallu penser à en élargir la base sociale et électorale, et pour cela sacrifier le jeu de plus en plus formel de l'alternance politique. Emmanuel Macron, révélé lors de la commission Attali, était une excellente formule, dès lors qu'Alain Juppé d'une part, Manuel Valls de l'autre étaient empêchés. Émanation de la haute administration comme de la haute finance, connaissant aussi bien les arcanes de l'appareil étatique national que les mécanismes du capitalisme mondialisé, le candidat d'En marche s'appuyait sur une armée de fonctionnaires, y compris judiciaires, et de cadres, y compris médiatiques, acquis à ses idées. La base de soutien du macronisme se confond largement avec l'encadrement de la société française. Ses « intellectuels organiques », pour parler comme Gramsci, sont partout et spontanément mobilisés.*

Régis de Castelnau : Mais en quoi cette mobilisation dont vous expliquez les raisons est-elle indispensable au projet d'Emmanuel Macron ?

Jérôme Sainte-Marie : *Emmanuel Macron a été un moment de dévoilement. Débarrassée des oripeaux de la « gauche » et de la « droite », la bourgeoisie règne sans intermédiaire, par elle-même et pour elle-même. Sa domination se révèle sans fard – l'analyse des résultats électoraux est parlante – ce qui est toujours une solution risquée. Du coup, si j'ose dire, tout le monde est sur le pont : face aux Gilets jaunes, par exemple, c'était la mobilisation générale, un peu sur le modèle de la garde nationale bourgeoise parisienne lorsqu'il a fallu écraser les quartiers populaires révoltés en juin 1848. Or Emmanuel Macron ne fait pas dans la demi-mesure. Le conflit social est sa justification, il le sait et il en joue. Il ne veut ni sans doute ne peut rien concéder. Ainsi, le 27 avril 2017, Emmanuel Macron, sachant qu'il est d'ores et déjà élu, n'attend pas le second tour, à la différence d'un Nicolas Sarkozy, pour fêter sa victoire. Il ne tend pas la main aux 76 % des électeurs qui n'ont pas voté pour lui. Dans un entretien publié le 3 mai suivant par* Le Dauphiné, *il expose sa détermination : « La France souffre plutôt de Présidents élus sur des ambiguïtés. Moi, j'ai tout annoncé et tout expliqué, je ne fais pas de faux compromis, je ne vais pas changer mon programme entre les deux tours dans le seul but de draguer des votes à gauche et à droite. Je suis élu pour réformer le pays,* *pas pour continuer le train des affaires. » Le futur président de la République assume de constituer une sorte d'avant-garde, justifiée dans son action non par le fait majoritaire, mais par une rationalité supérieure.*

De manière générale, Emmanuel Macron ne se préoccupe guère d'être minoritaire. Non seulement il mise sur le rejet du Rassemblement national, mais surtout il s'attache à démontrer son efficacité au « bloc élitaire » qui fonde son pouvoir. Cela place la société française dans une tension permanente, mais il compte sur les institutions de la Ve République pour permettre à un projet social impopulaire de s'imposer dans un cadre formellement démocratique. Dès le premier grand rassemblement d'En marche, le 12 juillet 2016, à la Mutualité, Emmanuel Macron a posé le cadre de son action. Durant son discours, il n'a de cesse de moquer les « ajustements » que les candidats de gauche ou de droite qualifiés pour le second tour d'une présidentielle sont amenés à faire pour emporter le pouvoir suprême. Il fallait en effet, dans l'ancien monde, prendre en charge une partie des aspirations des catégories populaires pour s'assurer une majorité. Ce n'est plus le cas. Face à ses partisans, Emmanuel Macron s'engage à ne rien accommoder, à ne pas composer, à ne faire aucun compromis, ni avant le premier tour, ni entre les deux tours, ni après la victoire. Comme il le souligne, la « fève de notre constitution », l'introduction en 1962 de l'élection du président de la République au suffrage universel, permet cette logique de retranchement dès lors que l'autre candidat qualifié pour le second tour est issu du Front national, ou bien désormais du Rassemblement national. Une telle affirmation avait le poids de l'évidence en 2017, ce qui n'est plus tout à fait le cas pour 2022.

Régis de Castelnau : L'instrumentalisation politique de la justice pénale, qui est, reconnaissons-le, une vieille histoire, que certains décrivent souvent comme le fonctionnement d'une « justice de classe », a tout de même pris des proportions surprenantes, en particulier dans la répression des mouvements sociaux. S'agit-il d'une réaction aux formes éventuellement vives d'opposition à la politique macronienne, ou plutôt du fonctionnement d'un système voulu et cohérent ?

Jérôme Sainte-Marie : *J'ai été frappé par les mots du président de la République prononcés le 8 mars 2019, lors d'une réunion du Grand débat national : « Ne parlez pas de répression ou de violences policières, ces mots sont inacceptables dans un État de droit. » Cette phrase, à l'étrange construction logique, dit le contraire de son intention apparente. Elle instaure un cadre de pensée opposé au libéralisme politique, lequel s'est construit sur la défense de* *l'individu face à l'emprise de l'État. Ces propos n'ont de sens qu'en ce qu'ils ne sont pas isolés. Toute la rhétorique macronienne visera à valoriser la coercition étatique au service des intérêts de la classe dominante. Il n'y a rien de très nouveau ici : le transfert massif de propriété qu'implique la libéralisation de l'économie, en substance la marchandisation de tout ce qui peut l'être, s'accommode très bien, et même justifie une contrainte policière et judiciaire renforcée. Les exemples historiques sont nombreux, il n'est pas nécessaire de les mentionner.*

En ce qui nous concerne, le phénomène des Gilets jaunes a été très pédagogique. Chacun était à sa place. L'extension du contrôle étatique sur la société a concerné les forces de l'ordre, bien entendu, mais aussi le fonctionnement de la justice et des médias. De par ma profession, j'ai été particulièrement sensible à la volonté de censure, notamment pour ce vaste forum qu'est Internet. Il me semble que les initiatives visant au contrôle de l'information sans cesse réitérées depuis le début du quinquennat sont à considérer moins comme des réactions aux événements que comme l'accomplissement d'un projet annoncé dès la campagne présidentielle. Cette forme de censure et son pendant répressif constituent des formules adaptées aux objectifs de transformation sociale poursuivis par le bloc élitaire.

Chapitre 11
La protection d'Emmanuel Macron

Comme nous l'avons fait dans les chapitres 8 et 9, nous ne reviendrons pas en détail sur le déroulement minutieux des affaires qui illustrent notre propos. Simplement rappeler ce qui s'est produit mais en fournissant des éléments de contexte, les règles juridiques qui auraient dû s'appliquer, quelques exemples d'attitudes caractéristiques permettant de valider l'hypothèse d'une protection d'Emmanuel Macron de la part des organes de contrôle. En soulignant que de tels mécanismes sont consubstantiels au projet et au système Macron d'un pouvoir minoritaire.

Des trois fonctions assignées à l'appareil judiciaire que nous avons identifiées, à savoir d'abord la protection d'Emmanuel Macron et de ses amis, les poursuites contre l'opposition ensuite, et la répression massive des mouvements sociaux enfin, c'est la première la plus importante. Car c'est celle qui permet de mettre à l'abri le système global de gouvernance macronien, et lui donne une grande latitude dans ses rapports avec l'application de la loi. C'est la raison pour laquelle ce chapitre et le suivant sont particulièrement copieux, l'accumulation des exemples finissant par faire sens.

Un système verrouillé par le haut, la nomination de Rémy Heitz

Nous avons décrit au chapitre 7 la construction par François Hollande de l'outil judiciaire lui permettant de mettre en œuvre l'instrumentalisation politique de la justice. Avec en particulier les deux faces de ce qui constitue une juridiction d'exception, le Parquet national financier couplé au Pôle d'instruction du même nom. Emmanuel Macron va profiter de la procédure de succession de François Molins nommé par Nicolas Sarkozy arrivant au bout de son mandat. François Hollande d'abord puis Emmanuel Macron n'avaient pas eu à se plaindre de quelqu'un pourtant présenté au départ comme proche de la droite. Son comportement au moment des débuts de l'affaire Benalla témoignait d'un souci de ménager le chef de l'État et son entourage. Nous en reparlerons lorsque nous examinerons les conséquences judiciaires des exploits de l'homme de main. Mais rappelons déjà son refus de délivrer un réquisitoire supplétif pour que l'on instruise sur les raisons de la disparition du fameux coffre de Benalla et évidemment sur ce qu'il y avait dedans. Au cours d'une perquisition absolument rocambolesque au domicile de celui-ci, grande première dans l'histoire judiciaire française, la police, constatant qu'elle ne disposait pas des clés, s'était retirée avant d'effectuer la perquisition ! Pour revenir et constater le lendemain que, ô surprise, le coffre avait disparu. Depuis, tout le monde se pose la question d'un air entendu : « Qui a embarqué le coffre et qu'y avait-il donc de si important dedans ? Et pourquoi tout cela n'a-t-il pas intéressé M. Molins ? »

Pour Emmanuel Macron il était donc indispensable de disposer à la tête du parquet de Paris d'un homme sûr. Une première procédure visant à la nomination du successeur s'était déroulée, trois candidats étaient sortis du processus, et il n'y avait plus qu'à choisir. En tête figurait le nom de Marc Cimamonti, procureur de la République à Lyon, que tout le monde voyait nommé. Malheureusement pour lui, il présentait un handicap insurmontable pour être choisi par la garde des Sceaux. Dans son affectation précédente, saisi d'une plainte pénale de l'opposition municipale lyonnaise contre Gérard Collomb à propos des dépenses de la ville pour la campagne présidentielle d'Emmanuel Macron, il avait commis le sacrilège d'ouvrir quelques mois auparavant une enquête préliminaire. Nous verrons au chapitre 13 comment cette procédure se terminera par un classement sans suite assez savoureux, mais en attendant pour le président de la République il était exclu de laisser un poste à ce point stratégique à quelqu'un dont on pouvait craindre la conscience professionnelle. Marc Cimamonti se vit proposer le poste prestigieux de la tête du parquet de la cour de Versailles qu'il accepta. Tout le monde pensait que le suivant sur la *short list* du ministère de la Justice serait adoubé, mais non, Emmanuel Macron refusa et exigea le lancement d'une nouvelle procédure, au cours de laquelle Rémy Heitz fit acte de candidature pour être prestement nommé. Le chef de l'État provoqua bien sûr quelques remous avec cette intervention directe de la présidence de la République, qui se révélait d'ailleurs être une grande première dans le fonctionnement de l'État. Mais il était clair que pour lui ce poste devait nécessairement être occupé par quelqu'un de sûr. Le système PNF-Pôle financier ne couvrait pas, du fait de sa spécialisation, toutes les possibilités judiciaires dont le nouveau pouvoir avait besoin.

Rémy Heitz ne décevra pas.

Promenade à Las Vegas

Dès le début du mandat d'Emmanuel Macron, la presse nous apprenait l'existence d'un léger problème mettant en cause la nouvelle ministre du Travail Muriel Pénicaud, pièce importante du dispositif macronien puisque chargée de terminer le chantier entrepris par François Hollande et Myriam El Khomri de destruction du droit du travail français pourtant fruit d'une construction séculaire.

Le contexte de l'affaire est le suivant : Emmanuel Macron, ministre de l'Économie en exercice mais qui a déjà décidé de se lancer dans la course présidentielle, pense brusquement qu'il lui est indispensable de se rendre au salon high-tech de Las Vegas pour y rencontrer un certain nombre de grands intérêts. Il a alors demandé à l'agence Business France, établissement public contrôlé par son ministère, de lui organiser la petite virée. Mais comme il y avait urgence, ceux qui étaient chargés de l'organisation du voyage ne vont pas s'embarrasser du respect de la loi.

Cela commence avec la signature fin 2015 par Business France[1], société publique de droit administratif dont Muriel Pénicaud[2] était la directrice, d'un contrat avec l'agence Havas sans avoir lancé au préalable une procédure de mise en concurrence pourtant exigée par la loi. La mission d'Havas était de planifier le déplacement du ministre de l'Économie au Consumer Electronics Show de Las Vegas, et

1. https://fr.wikipedia.org/wiki/Business_France
2. https://fr.wikipedia.org/wiki/Muriel_P%C3%A9nicaud

d'y organiser une soirée fastueuse pour que le déjà candidat à la présidence de la République puisse rencontrer les hommes d'affaires dont il souhaitait adoubement et contributions. Le tout représentait une somme supérieure à 400 000 euros. Deux violations grossières de la loi française sautent aux yeux, d'abord il s'agit manifestement d'une dépense électorale destinée à la promotion de la candidature d'Emmanuel Macron, ce qu'on appelle un « don interdit ». Et ensuite d'un délit de favoritisme puisque malgré l'obligation légale, le contrat n'a pas été précédé d'une procédure de mise en concurrence et signé de gré à gré. Des investigations ultérieures mettront également au jour un certain nombre de manipulations tout aussi illégales et établissant de façon difficilement réfutable qu'au sein de ces petites équipes, tout le monde savait tout. Le grain de sable sera fourni par le comptable public à qui l'ordonnateur de la dépense, Mme Pénicaud, a demandé de régler les factures dues à Havas. Celui-ci, dans le cadre du contrôle, non pas de son opportunité, mais de sa régularité formelle, refusa de les régler faute de marché public passé dans les règles. La patronne de Business France prétendra bien sûr par la suite que le règlement avait été stoppé à sa demande et, bien consciente du problème, demanda un audit externe de l'affaire afin de s'abriter derrière ses conclusions. Qui bien sûr pointeront l'irrégularité liée à l'absence d'appel d'offres. Ce qui permit de négocier une transaction avec Havas, de reconnaître l'irrégularité et de passer un protocole d'accord. Contournant ainsi le refus de règlement du comptable. Ce n'est donc probablement pas dans un souci de régularité, ou prise d'un remords moral, que Mme Pénicaud a lancé cet audit, mais parce qu'il lui permettait de régler le montant de la prestation d'Havas.

Cela étant, le rapport ne pointera pas moins de treize lourdes irrégularités et notamment « la mise en concurrence n'a pas eu lieu concomitamment entre les trois prestataires contactés », « le périmètre du marché à propos duquel les trois fournisseurs ont été consultés a semble-t-il été modifié », « l'absence de réservation de crédits budgétaires dans le budget French Tech 2016 ». Enfin « qu'il n'y a eu aucun bon de commande, aucun devis réalisé, aucun contrat signé, aucune facture ». Et enfin cette situation est susceptible « d'engager la responsabilité pénale (délit de favoritisme) des auteurs ». N'en jetez plus... La presse s'est fait l'écho de ces acrobaties, et avec beaucoup de précautions le parquet de Paris, prenant acte du refus du PNF de traiter le dossier, finit par ouvrir une information judiciaire au début du mois de juillet 2017.

Histoire de jouer la transparence avec une certaine ingénuité, Business France a publié alors un communiqué en forme d'aveu, confirmant avoir commis l'infraction.

« Il est apparu ultérieurement que, au vu des délais, le choix d'un prestataire capable de prendre en charge l'organisation de l'événement aux États-Unis et les actions de communication associées [...] avait été fait selon une procédure pouvant potentiellement être affectée d'irrégularité », a expliqué Business France. Potentiellement ???

Qu'il nous soit permis d'utiliser à nouveau l'argument d'autorité, l'auteur ayant enseigné la matière à l'université, longuement pratiqué, et écrit un certain nombre d'ouvrages et articles sur le sujet : pour lui, irréfutablement, il y a eu délit de favoritisme. Toute la question est de savoir qui l'a commis. C'est-à-dire qui a donné l'ordre de passer outre les règles impératives de la commande publique. Et c'est là où la situation d'Emmanuel Macron, ministre de l'Économie, autorité de tutelle de Business France et bénéficiaire de l'infraction, devient quand même un peu délicate. Qu'a-t-il dit à son chef de cabinet ? Qu'est-ce que celui-ci a demandé à la patronne de Business France ? Y a-t-il eu un entretien entre Macron et Pénicaud à ce sujet ? Poser ces questions, c'est évidemment y répondre. Tout ceci a été organisé à la demande du futur chef de l'État, par une personne qu'il connaît personnellement, et qui a eu plus que probablement des contacts avec le cabinet du ministre. Contacts au cours desquels elle a dû faire part du problème posé par la violation possible du Code des marchés et la commission d'un délit de favoritisme, puisque ce problème avait été porté à sa connaissance par ses collaborateurs de Business France. Comme en témoigne un mail saisi par les enquêteurs, dans lequel Fabienne Bothy-Chesneau, directrice de la communication de Business France, expliquait que : « Muriel, briefée par nos soins, ne fait rien. Donc elle gérera aussi quand la Cour des comptes demandera des comptes, ce ne sera pas faute d'avoir dit et redit. »

Dans une justice qui fonctionne normalement, quelques heures de garde à vue, quelques interrogatoires et confrontations dans le bureau d'un juge d'instruction permettent en général de mettre un peu d'ordre et d'y voir un peu plus clair. Malgré le scandale et les évidences, rien de tout ceci n'a été fait, et Mme Pénicaud a pu accomplir tranquillement sa mission de destruction du droit du travail français. Au cours de laquelle elle s'était d'ailleurs permis une saillie remarquable pour justifier cette besogne, n'hésitant pas à proférer : « On a un Code du travail qui n'est fait que pour embêter 95 % des entreprises. » Ah bon ? Et le Code des marchés et le Code pénal, ils sont faits pour embêter qui ?

Il serait difficile de prétendre que la décision tardive d'organiser un déplacement à visées politiques et électorales à Las Vegas n'a pas été le fait d'Emmanuel Macron. Qui a demandé à Business France, dirigée par une de ses proches, de l'organiser. Le caractère tardif de la décision posait le problème de l'impossibilité d'une mise en concurrence pour le choix de l'opérateur. Il n'est pas crédible pour ceux qui connaissent un peu le fonctionnement de la sphère publique sur ces questions que Muriel Pénicaud ne se soit pas inquiétée de ce sujet, sans qu'il y ait d'ailleurs besoin d'une interpellation par ses subordonnés. C'est la même chose pour le cabinet, et aussi pour le ministre. En tout cas il n'est pas envisageable non plus que cette question n'ait pas remonté toute la chaîne décisionnaire. Prétendre le contraire serait dénué de tout sérieux.

Ce scénario n'est pas un réquisitoire, pas plus qu'une accusation quelconque. Il est l'expression d'une conviction assise sur une connaissance précise des problématiques juridiques en cause. Mais la seule opinion qui compte, c'est bien évidemment celle du juge pénal. Et c'est bien là que nous avons un problème. Malgré les évidences, l'instruction suit un chemin paisible, la société Havas a été mise en examen en tant que personne morale, quant à Muriel Pénicaud, elle a conservé le statut de témoin assisté, ce qui veut dire que malgré le simple bon sens, les évidences, les aveux officiels de Business France et les témoignages accablants de ses collaborateurs, il n'existait pas d'indices « graves ou concordants » rendant vraisemblable le fait que Muriel Pénicaud ait su que la société qu'elle dirigeait s'asseyait gaiement sur le Code des marchés en commettant une série d'infractions pénales.

Comme tous les milieux professionnels, le monde judiciaire produit toute une série de rumeurs plus ou moins fondées, plus ou moins vérifiables, parfois savoureuses mais qui permettent fréquemment de savoir à quoi s'en tenir sur le fonctionnement de l'institution. Il existe une expression pour les qualifier : « les propos entendus dans les couloirs du palais », par référence aux anciennes « salles des pas perdus » dans lesquelles se croisaient magistrats, greffiers et avocats. Eh bien, en ce premier été post-élection d'Emmanuel Macron, les fameux couloirs bruissaient de la rumeur des ennuis qui attendaient Muriel Pénicaud. Naturellement sa mise en examen dans l'affaire de Las Vegas ne semblait faire aucun doute, mais également son implication dans un dossier encore plus lourd, celui de l'attribution suspecte d'un gros marché à la même agence Havas. Mauvaise pioche, il ne s'est rien passé, ces prévisions ne tenaient probablement pas compte de l'efficacité du système Hollande de protection des amis perfectionné par le nouveau Président. Et pourtant…

Nous allons à nouveau nous abriter derrière la presse et en l'occurrence *Le Canard enchaîné* qui, quelques jours après l'audition de Muriel Pénicaud par les juges d'instruction de l'affaire de Las Vegas, nous rapporte une histoire édifiante. L'article est intitulé : « Les troublantes cachotteries de Pénicaud sur un marché de pub à 13 millions d'euros ». Le texte raconte dans quelles conditions un marché assez considérable a été passé entre Business France et l'agence Havas dans un dossier nommé « Créative France » dont la recette totale pour l'attributaire se montait à 13,2 millions d'euros. Les magistrats instructeurs chargés du dossier « Las Vegas » se sont posé des questions sur les conditions de l'attribution du contrat et sur le respect des règles du Code des marchés publics dont on sait que la violation constitue le « délit de favoritisme ».

Lisons ce que nous raconte *Le Canard* : « Les juges ont été intrigués par les dénégations de Pénicaud, qui, lors de son audition du 22 mai, a affirmé "ne connaître personne chez Havas" – et surtout pas Stéphane Fouks, son vice-président. Or l'épluchage des boîtes mails saisies chez Havas le 20 juin 2017 réserve de savoureuses surprises. D'abord ce courriel, révélé par le palmipède. Le 4 juin 2015 en pleine procédure d'appel d'offres de Créative France, où Pénicaud écrit à sa secrétaire : "J'ai un rendez-vous secret avec Fouks, cela ne doit pas figurer à mon agenda et cela ne doit pas se savoir." [...] C'est à lui en tout cas que la future ministre, à la veille de l'audition des candidats retenus pour Créative, expédie le 3 juin 2015 ce courriel étrangement familier : "Stéphane, appelle-moi sur mon portable, c'est urgent !" Durant cette période, Muriel et Stéphane – qui ne se connaissent pas... – se tutoient, indiquent les enquêteurs, dans "de nombreuses conversations nocturnes" par mail. La victoire, décrochée le 23 juin 2015, vaudra à Fouks un vibrant hommage de l'équipe gagnante : "Merci, Stéphane, pour ton coup de main !" Enfin, en septembre 2015, Muriel demande à son non-ami Stéphane s'il peut trouver un job chez Havas à son neveu... » Tout cela sent le délit de favoritisme à cent kilomètres, voire également celui beaucoup plus grave de corruption avec l'embauche sollicitée. D'après *Le Canard* toujours, Muriel Pénicaud, dûment informée des soupçons des magistrats et de ce qui l'attendait lors de son audition, leur a rétorqué lorsqu'ils l'ont interrogée sur Créative France : « Ça n'entre pas dans votre saisine ! » Ce qui était parfaitement exact et a donc poussé les magistrats instructeurs à solliciter du parquet en la personne de François Molins un réquisitoire supplétif. Malgré plusieurs sollicitations, l'algorithme de Google n'a pas été capable de fournir la moindre référence médiatique sur les suites de cette demande, et de savoir si une information judiciaire avait bien été ouverte concernant l'affaire Créative France, comme le sollicitaient les magistrats instructeurs. François Molins et son successeur Rémi Heitz se seraient-ils endormis sur le dossier ?

Quant à l'affaire de Las Vegas, l'instruction serait, paraît-il, close, et Muriel Pénicaud n'aura pas à s'expliquer devant le tribunal correctionnel puisqu'elle n'est pas mise en examen. Pas plus d'ailleurs que ne sera examinée la question de savoir si ce déplacement était une opération électorale payée par l'État entraînant la commission des infractions de détournements d'argent public et de don politique interdit. Il semble bien que la justice a désormais une pratique lui évitant soigneusement de venir sur le terrain du financement politique, assurant à Emmanuel Macron une mansuétude particulière dans ce domaine.

Des comptes de campagne pleins de trous

Il n'est pas excessif de considérer que, pour imposer Emmanuel Macron à la présidence de la République, une conjonction d'intérêts a bien organisé une forme de coup d'État. L'objection selon laquelle cette qualification ne pourrait être retenue parce que son élection serait extérieurement et formellement légale ne tient pas. D'abord historiquement, comme nous l'avons déjà évoqué, il est des coups d'État incontestables mais qui ont respecté la légalité formelle, comme celui de Bonaparte. Ensuite parce que, si l'on décortique un peu les conditions dans lesquelles cette élection présidentielle de 2017 s'est déroulée, on peut en conclure qu'elle est illégale. En rappelant qu'illégalité juridique ne veut pas dire nullité. C'est-à-dire que si l'on peut constater qu'une élection s'est déroulée illégalement, seul le juge régulièrement saisi peut le prendre en compte et prononcer les annulations et les sanctions nécessaires. Or, non seulement aucune procédure n'a été diligentée, mais certaines des institutions de contrôle ont tout simplement refusé d'accomplir leur mission.

Nous renverrons au chapitre 2 qui expose la réglementation stricte contenue dans le Code électoral dont le respect impératif permet d'assurer la sincérité du scrutin.

Celles qui nous intéressent présentement sont celles relatives au financement des campagnes et à la communication en période électorale. Celui de la campagne d'Emmanuel Macron a bénéficié à l'évidence d'apports plus que suspects, à commencer par l'utilisation des moyens de l'État et des collectivités locales au soutien du candidat, ce qui est radicalement prohibé. Il y a eu ensuite toute une série d'apports de particuliers qui, comme l'a relevé le député Olivier Marleix[3], ressemblaient à des rémunérations de service et à de la corruption. Il y a eu ensuite dans le domaine de la communication une invraisemblable et massive propagande de la presse audiovisuelle et écrite entre les mains des oligarques français, provoquant un déséquilibre majeur dans le débat démocratique et altérant ainsi la sincérité du scrutin. Il y a plus grave.

3. www.lemonde.fr/societe/article/2019/06/05/affaire-alstom-ge-le-depute-olivier-marleix-entendu-par-les-enqueteurs_5471847_3224.html

L'affaire de Las Vegas évoquée plus haut aurait dû être traitée judiciairement non seulement par des poursuites pour délit de favoritisme, mais également par une procédure permettant de savoir si la dépense était rattachable à un intérêt public ministériel, ou si c'était plutôt une opération pour contribuer à la campagne électorale d'Emmanuel Macron. Nous aurions alors été en présence de dons interdits en matière politique pénalement réprimés. Voire pourquoi pas des détournements de fonds publics. Il ne s'est rien passé. Pas plus qu'après la polémique lancée sur les dépenses hôtelières exposées par le ministère de l'Économie pour des réceptions surtout utiles à la stratégie présidentielle du ministre.

Les parquets non pas n'ont pas bougé et, quand on le leur a demandé, ils n'ont pas eu beaucoup d'hésitations pour répondre : « Circulez, il n'y a rien à voir ! »

Nous prendrons comme exemple de cette attitude un classement sans suite décidé[4] (voir chapitre 11) par le procureur de Lyon, illustration assez parfaite de la façon dont on se débarrasse de choses pouvant s'avérer gênantes pour Emmanuel Macron. L'affaire était partie de la plainte de Stéphane Guilland, conseiller municipal Les Républicains, visant une initiative de la campagne présidentielle d'Emmanuel

4. https://fr.sputniknews.com/france/202001211042939698-financement-de-la-campagne-de-macron-a-lyon-lenquete-classee-sans-suite/

Macron à Lyon. Plainte qui relevait quatre chefs d'infraction : « détournement de fonds publics, abus de biens sociaux, recel de ce délit et financement irrégulier de campagne électorale ».

Les faits portaient sur l'organisation d'une réception électorale en présence d'Emmanuel Macron alors encore ministre, l'implication d'un cadre payé par la ville de Lyon dans la campagne, la location par la métropole d'une péniche pour une soirée de sympathisants, ainsi que l'utilisation par le candidat Macron de locaux parisiens loués par la métropole lyonnaise. En décidant de classer sans suite cette affaire, Nicolas Jacquet, le nouveau procureur de Lyon, a ainsi estimé qu'aucun « détournement de fonds publics n'a été caractérisé » et que « les infractions au Code électoral évoquées dans la plainte initiale ne sont pas constituées ». Penchons-nous sur ce cas d'école.

Avant d'examiner le contenu de cette décision, il convient de rappeler qu'à la suite de la plainte de l'élu, l'enquête avait débuté avant la démission de Gérard Collomb, très impliqué dans l'organisation de l'événement électoral, de son poste de ministre de l'Intérieur. Elle prit fin par un coup d'éponge très opportun à quelques semaines des municipales où Gérard Collomb était menacé. Comme on le sait, ce coup de pouce n'aura servi à rien. Il y a ensuite la concomitance de la nomination du procureur de la République Nicolas Jacquet au grade de chevalier de la Légion d'honneur[5] quelques jours avant de rendre ce qui ressemblait peut-être beaucoup à un service.

Les faits eux-mêmes faisaient apparaître quatre infractions possibles :

D'abord l'organisation par la métropole de Lyon dont Gérard Collomb était le président d'une réception de M. Macron ministre, alors qu'il était déjà en campagne électorale. La mise à disposition ensuite d'un cadre payé par la ville au service de cette campagne. Ensuite, toujours la prise en charge par la métropole des frais de location d'une péniche pour un rassemblement de sympathisants LREM pendant la campagne elle-même. Et enfin l'utilisation par le candidat Macron de locaux parisiens loués par la métropole.

La réponse du parquet sur le premier point fut vraiment savoureuse. L'organisation de cette réception est probablement un « don interdit d'une personne morale de droit public ». Il y en aurait même d'ailleurs deux puisqu'Emmanuel Macron utilisait comme très souvent les moyens de l'État pour sa campagne alors qu'il était ministre et la dépense exposée avec des fonds publics par la mairie était elle aussi un apport en nature. Le parquet estima que la visite du ministre en juin 2016 « était bien en lien avec ses fonctions et ne constituait pas une visite

5. www.le-tout-lyon.fr/legion-d-honneur-les-promus-11901.html

de pré-campagne même si l'affluence à la réception qui la concluait s'est révélée bien supérieure à celles d'autres visites ministérielles en raison semble-t-il de l'intérêt que pouvait alors susciter monsieur Emmanuel Macron ». Défense de rire !

Pour l'agent public payé par la métropole, mis à la disposition électorale d'Emmanuel Macron, on pense naturellement au « détournement de fonds publics ». Mais d'après ce que nous dit la presse, rapportant la motivation du parquet : « Si le chef de cabinet de Gérard Collomb Jean-Marie Girier a joué dès 2016 un rôle "certain" dans la campagne d'Emmanuel Macron, cela n'a pas été au détriment de son travail pour la Métropole, grâce à la très grande puissance de travail de l'intéressé. » Difficile cette fois-ci d'éviter le fou rire.

Le sketch continue pour la péniche destinée à recevoir des sympathisants « si elle a bien été réservée *via* un compte mail de M. Girier à la métropole, la facture de 996 euros a été réglée par En marche et figure dans ses comptes de campagne ». Fort bien, mais le problème qui se pose à cette occasion, est l'existence d'une importante remise. Accordée à qui cette remise ? À la métropole bien évidemment puisque c'est elle qui avait passé la commande. Le problème est bien celui là, car si accordée à la collectivité, cette importante remise ne posait pas de problème, en revanche toute remise à des candidats en campagne est un financement indirect et donc interdit. Et le montant qui doit figurer dans le compte est bien celui de la valeur commerciale sans remise. Donc le fait que la petite manipulation de M. Girier (commande par la ville et règlement de la facture par le compte de campagne) ait permis à LREM de bénéficier d'une remise constitue l'infraction pénale de don interdit.

Enfin, les conditions d'utilisation par En marche d'un local loué à Paris par la métropole sont assez obscures, mais il semble qu'il n'y ait eu qu'une seule utilisation pour une rencontre confidentielle entre les deux tours entre Emmanuel Macron et Alain Juppé. Si c'est le cas, cette fois-ci l'objection semble recevable. On aurait cependant aimé avoir des précisions sur l'utilisation prévue par la métropole de cet appartement parisien dont le bail a été par la suite résilié.

La vente de l'aéroport de Toulouse

Par un arrêt du 16 avril 2019, la cour administrative d'appel de Paris avait annulé l'opération de privatisation de l'aéroport de Toulouse pilotée par Emmanuel Macron alors ministre de l'Économie. Jetant un éclairage particulier sur une procédure de privatisation qui s'était déroulée dans de très étranges conditions.

Il convient tout d'abord de rappeler pourquoi la cour administrative d'appel de Paris a décidé d'annuler la procédure ayant abouti au choix du consortium chinois Casil pour la vente des actions de l'État dans la société qui gérait l'aéroport de Toulouse-Blagnac.

Initiée au départ par Arnaud Montebourg, alors ministre de l'Économie, cette procédure devait permettre de privatiser cet équipement important. Reprise ensuite par Emmanuel Macron, elle fut organisée par un appel à la concurrence et sur la base d'un cahier des charges tout à fait précis qui fixait les règles concernant la soumission de leur candidature par les opérateurs privés intéressés. Sous cette forme, cette procédure était une première, Bercy chargé du pilotage avait rédigé un cahier des charges par lequel le maître d'ouvrage (en l'occurrence l'État) déterminait les critères et le déroulement devant aboutir au choix. Les deux critères de sélection les plus importants exigés des candidats étaient la surface financière, et la capacité technique de gérer un équipement de cette taille. Rappelons qu'il s'agissait du quatrième aéroport français avec sept millions de passagers en 2014. Par conséquent, ce que l'on appelle l'*intuitu personae* du lauréat était l'un des éléments déterminants du dossier. La société choisie devait donc proposer une offre financière profitable, avoir les capacités d'y faire face et être capable professionnellement de gérer un tel équipement. C'est la raison pour laquelle pour ce genre d'opération, ce sont généralement des groupements d'entreprises qui soumissionnent. Les services de Bercy avaient mis en place un mécanisme en plusieurs étapes. À chacune d'entre elles, des candidats étaient retenus pour la suite alors que d'autres étaient exclus. Il était bien évidemment interdit aux candidats de changer leur équipe en cours de procédure. Eh bien, c'est pourtant ce qui s'est passé !

En septembre 2014, l'offre d'un consortium sino-canadien fut déclarée recevable. Les sociétés chinoises Shandong Hi-Speed et Freeman Pacific apportant la surface financière. Et la multinationale canadienne SNC-Lavalin, sa compétence aéroportuaire incontestable puisqu'elle gère déjà une quinzaine d'aéroports régionaux en France. Sur le papier, l'offre de la SNC-Lavalin apparaissait sérieuse. Catastrophe, en octobre la Banque mondiale décide de la placer sur sa liste noire pour des faits avérés de corruption, notamment en Libye. L'affaire continue encore aujourd'hui et éclabousse le Premier ministre canadien, Justin Trudeau, qui serait intervenu pour éviter des poursuites. Bref, la SNC-Lavalin devenant infréquentable dut se retirer en cours de procédure. L'offre initiale était donc devenue irrecevable, et la lecture du cahier des charges démontrait que le maintien du consortium chinois dans la procédure n'était pas possible. Plus de capacité technique avérée, la proposition devenait une simple offre financière portée par des spéculateurs n'ayant aucun projet industriel. Malgré cela,

Emmanuel Macron non seulement accepta cette participation irrégulière, mais c'est ce candidat pourtant juridiquement disqualifié qui fut finalement choisi ! Dans cette affaire, avec la rédaction du cahier des charges, la puissance publique avait donc défini des règles pour ensuite tranquillement les violer.

Toute une série de requérants, élus, riverains, associations, partis politiques et surtout syndicats ont chargé l'avocat Christophe Lèguevaques de saisir la juridiction administrative. De ce que l'on appelle un recours pour excès de pouvoir contre la décision du ministre. C'est ainsi que par un arrêt du 16 avril 2019, la cour administrative d'appel de Paris a constaté qu'en raison de cette grossière violation, la décision d'Emmanuel Macron de choisir le consortium Casil était illégale et l'a par conséquent annulée. Du fait de cette annulation, le choix de la société chinoise par le ministre de l'Économie de l'époque était censé n'avoir jamais existé. Par conséquent le contrat de cession et le pacte d'actionnaires signés par l'État français devaient être résolus.

Dans une urgence tout à fait inhabituelle, deux mois plus tard, le Conseil d'État s'est précipité pour réformer la décision de la cour d'appel et valider le choix du consortium chinois.

Et pourtant, tous les spécialistes reconnaissent que, sur le plan tant du respect du droit que sur celui de la simple morale, cette privatisation illégale aurait dû être annulée dans tous ses aspects.

Le comportement d'Emmanuel Macron dans toute cette affaire a tout de même été assez étrange. On commencera par rappeler les difficultés rencontrées par les différents protagonistes : la presse à obtenir les documents essentiels dont l'État refusait la communication, en les prétendants frappés de secret ! Il y avait notamment un incroyable pacte d'actionnaires révélé par le journaliste Laurent Mauduit, par lequel l'État acceptait de se lier les mains avec l'opérateur privé, pour une durée de douze ans sans contrepartie ! Ensuite, avec le retrait de SNC-Lavalin, la proposition chinoise était une simple offre financière portée par des spéculateurs n'ayant aucun projet industriel. Comme la suite l'a parfaitement démontré, aucun des investissements prévus n'a été engagé, et le conseil d'administration de la société exploitante de l'aéroport a systématiquement distribué sous forme de dividendes les profits réalisés, une délibération récente allant jusqu'à décider que tous les bénéfices réalisés seront distribués sous forme de dividendes et ce pendant cinq ans ! Et l'on a ensuite appris que quatre ans après son rachat et les promesses de développement, le consortium a mis en vente son acquisition toute récente en réclamant une plus-value de 400 millions d'euros. Tout ceci commençant à ressembler à du brigandage.

Le problème est que la décision prise par Emmanuel Macron était illégale pour n'avoir pas respecté les règles du cahier des charges. Et que c'est précisément cette violation qui a permis de remettre les actions de l'État dans la société aéroport de Toulouse-Blagnac au consortium chinois qui n'aurait jamais dû les recevoir. C'est ce qu'avait décidé la cour administrative d'appel de Paris avant l'intervention urgente du Conseil d'État. Et si l'on veut bien poursuivre l'analyse juridique, force est de constater qu'ès qualités de ministre de l'Économie, Emmanuel Macron s'est vu remettre des biens de l'État, à savoir des actions, pour qu'il les cède à un acheteur choisi après une procédure régulière. Ce qu'à l'évidence il n'a pas fait, pour les avoir cédées à quelqu'un qui ne devait et ne pouvait pas en devenir propriétaire. En bon français, cela s'appelle un détournement de biens publics. Très lourdement sanctionné par le Code pénal.

Car que nous dit son article 432-15 ? « Le fait, par une personne dépositaire de l'autorité publique ou chargée d'une mission de service public, un comptable public, un dépositaire public ou l'un de ses subordonnés, de détruire, détourner ou soustraire un acte ou un titre, ou des fonds publics ou privés, ou effets, pièces ou titres en tenant lieu, ou tout autre objet qui lui a été remis en raison de ses fonctions ou de sa mission, est puni de dix ans d'emprisonnement et d'une amende de 1 000 000 €, dont le montant peut être porté au double du produit de l'infraction. »

Le ministre de l'Économie Emmanuel Macron était une personne dépositaire de l'autorité publique, et il semble bien que cédant illégalement des actions au consortium Casil, il pourrait encourir le reproche d'avoir détourné des titres qui lui avaient été remis en raison de ses fonctions.

Protégé par son immunité présidentielle jusqu'à la fin de son mandat, Emmanuel Macron devrait rendre des comptes à l'échéance de celui-ci. Il y a très peu de chances de voir le PNF ou le parquet de Paris se saisir de cette question. Alors, peut-être, une association agréée du type Anticor ? Il faut préciser au passage que la décision qualifiée par beaucoup de complaisante du Conseil d'État validant la procédure ne constitue pas une cause d'exonération de responsabilité pénale.

L'affaire Alstom : brader un outil industriel stratégique en se servant au passage

Le propos n'aura pas l'ambition de décortiquer dans le détail un dossier particulièrement copieux et complexe, symptôme irréfutable de la crise multiforme que traverse notre pays du fait de la défaillance de ses élites pour qui l'intérêt national n'est plus un sujet. Il s'agit d'une affaire d'État, qui a vu un des fleurons stratégiques de l'industrie française passer entre des mains étrangères avec la complicité de la haute fonction publique avec son représentant aujourd'hui le plus emblématique, Emmanuel Macron, à la manœuvre. La connivence incestueuse et parfois frauduleuse de cette haute fonction publique avec les grands intérêts est à l'origine de la catastrophe. Un mélange d'amoralisme, d'incompétence, de pusillanimité, de cupidité, voire d'avidité, a poussé les différents acteurs, y compris au sein de l'exécutif, à agir contre les intérêts du pays. Emmanuel Todd – mais il n'est pas le seul – a relevé plusieurs fois et à juste titre la corruption des élites administratives françaises, le terme « corruption » étant utilisé non pas dans son acception pénale qui sanctionne l'achat de la décision publique, mais plutôt dans celle de « corrosion ». C'est-à-dire que la notion d'intérêt général et de service du pays a disparu au profit de la volonté de satisfaire les grands intérêts privés, en se servant au passage. À l'aide de plusieurs techniques, mais surtout du pantouflage qui est une véritable plaie de la haute administration, envoyant des énarques avides, après quelques années de service dans les ministères, dans la sphère privée pour y monnayer le capital relationnel accumulé au service de l'État. Avec aussi quelquefois des résultats calamiteux qui obligent celui-ci à éponger les dettes avec l'argent du contribuable, sans qu'en général les responsables de ces catastrophes, protégés par le corporatisme énarchique, aient à en souffrir. Sur cette affaire Alstom, nous allons juste proposer un éclairage sur la façon dont le « système Macron », fondé sur la servitude volontaire d'une partie de l'appareil judiciaire pénal, fait tout pour mettre le Président et ses amis à l'abri.

Les organes de presse ont consacré plusieurs dossiers complets à cette affaire, et on pourra utilement se reporter aux livres publiés sur le sujet comme celui de Frédéric Pierucci[6] victime des actes de piraterie économique des autorités américaines, ou celui de Jean-Michel Quatrepoint[7] parfaitement documenté. On conseillera également la lecture du rapport d'enquête parlementaire[8] réalisé par la commission présidée par le député LR Olivier Marleix.

Penchons-nous sur ce dernier document particulièrement instructif. Dans son avant-propos le président de la commission d'enquête est on ne peut plus clair concernant le bradage « d'une entreprise essentielle à la sécurité nationale et à la défense ». Qui poursuit : « Tout est toujours une question de point de vue : certains diront que du point de vue industriel, la vente d'Alstom à General Electric faisait sens. C'est possible, et l'on pourrait ajouter que

6. www.momox-shop.fr/le-piege-americain-l-otage-de-la-plus-grande-entreprise-de-destabilisation-economique-raconte-taschenbuch-M02709664070.html?variant=UsedAcceptable&gclid=CjwKCAjwh7H7BRBBEiwAPXjadrvlSO-amiVkxCSfU_xbkk8Gs2dl_Cb9tctP8PzZbQhiLFHf6Zf5AXhoCs-wQAvD_BwE

7. *Ibid.*

8. www.assemblee-nationale.fr/dyn/15/rapports/cepolind/l15b0897-ti_rapport-enquete

du point de vue des actionnaires elle ne fut pas non plus une mauvaise affaire. Mais ce que la loi protège, ce sont "les intérêts fondamentaux de la nation". À cet égard, au terme de six mois d'investigation, j'ai acquis la conviction qu'en autorisant la vente d'Alstom à GE l'État a failli à préserver les intérêts nationaux. » On gage que les oreilles d'Emmanuel Macron ont dû siffler.

Elles ont aussi dû siffler lorsque *Le Canard enchaîné* a publié un article sur l'affaire avec le sous-titre : « Pour le président de la commission parlementaire, qui a duré pendant six mois, Macron était à la manœuvre depuis 2012 ». Et l'on trouve dans un encadré les éléments suivants : « C'est en catimini qu'Emmanuel Macron, alors secrétaire général adjoint de l'Élysée, a supervisé le processus qui devait aboutir, en avril 2014, à la vente de la branche énergie d'Alstom à General Electric. Le rapport qu'il commande sur le sujet en octobre 2012 ? Son "supérieur", le secrétaire général de l'Élysée, Pierre-René Lemas, n'en a jamais entendu parler ! Qui plus est, Macron n'avait pas le droit de le commander, assure-t-il dans une lettre adressée le 5 avril à la commission d'enquête. Le président de la République lui-même (François Hollande) n'était pas au courant de l'opération que tramait son conseiller. Témoin l'indignation qu'il manifeste dans le livre-bilan de son quinquennat, "les leçons du pouvoir" (page 67) paru à l'automne 2020 : "Chose extraordinaire, l'État n'en avait pas été informé : nous étions devant un intolérable fait accompli." » Tellement intolérable que le président de la République l'a très bien toléré, et au contraire ouvert un boulevard politique sans précédent à l'auteur du fait accompli.

Peut-être que dans un autre contexte, lorsqu'Emmanuel Macron ne sera plus protégé par l'immunité présidentielle, cette affaire d'État donnera lieu au déballage, judiciaire ou pas, qu'elle mérite. En attendant, le système de protection pénale mis en place par Hollande, et que lui-même a perfectionné, a montré une fois encore toute son utilité.

Dans son avant-propos au rapport parlementaire déjà cité, Olivier Marleix fait part de son étonnement devant le montant des honoraires versés à l'occasion de cette opération :

« Enfin, le montant extravagant des honoraires payés par Alstom et GE dans le cadre de cette fusion amène à se demander où est la frontière entre conseil et influence sur la décision. La commission d'enquête a permis de mettre partiellement en lumière les moyens mis en œuvre par les deux entreprises pour accompagner cette fusion. Côté Alstom, on comptait dix cabinets d'avocats, deux banques conseils (Rothschild & Co, Bank of America Merrill Lynch) et deux agences de communication (DGM et Publicis). Côté General Electric, on comptait trois banques conseils (Lazard, Crédit Suisse et Bank of America), l'agence de communication Havas et de nombreux cabinets d'avocats. Le coût de l'opération pour Alstom s'est élevé à 262 millions d'euros dont une partie serait de la fiscalité et des taxes. »

Rappelons que l'État était l'actionnaire principal d'Alstom, et que l'autonomie de celle-ci dans la conduite de l'opération était quasiment nulle. Du côté d'Alstom, l'utilité du choix d'une telle équipe pléthorique, en particulier en cabinets d'avocats, et celle des montants astronomiques des rémunérations ne sautent pas aux yeux. En tout cas, cela a suffisamment contrarié le président de la commission d'enquête qui s'est livré à quelques recherches. Et, surprise, la plupart des bénéficiaires de ces largesses se sont retrouvés au premier rang des gros donateurs pour le financement de la campagne électorale d'Emmanuel Macron à l'élection présidentielle. Et Olivier Marleix de prononcer le vilain mot de « corruption », considérant qu'il serait souhaitable que des investigations judiciaires soient menées afin de savoir ce qu'il en est, et si des infractions ont été commises, que celles-ci soient poursuivies. Il a donc fait son devoir en appliquant l'article 40 du Code de procédure pénale : « Toute autorité constituée, tout officier public ou fonctionnaire qui, dans l'exercice de ses fonctions, acquiert la connaissance d'un crime ou d'un délit est tenu d'en donner avis sans délai au procureur de la République », et a transmis à celui du tribunal de Paris Rémy Heitz un courrier dans lequel il relatait les faits constatés susceptibles de recevoir une qualification pénale.

Tournons-nous une nouvelle fois derrière la presse et en particulier derrière un article du magazine *Marianne* du 27 septembre 2019[9] qui fournit un certain nombre de détails particulièrement révélateurs et en particulier les noms de ceux qui se sont véritablement goinfrés.

« Le président de cette dernière, Olivier Marleix (LR), a saisi le parquet de Paris en janvier dernier. Le PNF s'est saisi de sa plainte en juillet dernier. Le député a remarqué que l'on "peut retrouver dans la liste des donateurs ou des organisateurs de dîners de levée de fonds [pour En marche] des personnes qui auraient été intéressées" à la vente d'Alstom. Il estime, dans sa lettre de signalement, que, "s'il était vérifié, un tel système pourrait être interprété comme un pacte de corruption". D'après nos informations, cinq associés de chez Rothschild figurent parmi les premiers donateurs d'En marche. »

Le parlementaire n'a pas agi à la légère, les sommes en jeu sont considérables, et la question posée de l'existence éventuelle d'une corruption à l'occasion de l'élection présidentielle aurait mérité de la part

9. www.marianne.net/economie/la-liste-de-ceux-qui-ont-croque-dans-la-vente-d-alstom-general-electric

de l'appareil judiciaire soin et célérité. Ne soyons pas trop exigeants, mais sans aller jusqu'au rythme effréné des débuts de l'affaire Fillon, quelques diligences visibles auraient été bienvenues, permettant à la haute fonction publique judiciaire de donner un peu le change.

Malheureusement non, depuis l'envoi du signalement en janvier 2019, il ne s'est quasiment rien passé, et le dossier semble dormir paisiblement. Tout d'abord rappelons qu'Olivier Marleix avait adressé son courrier au procureur de Paris Rémy Heitz à qui il a fallu six bons mois pour réfléchir et finalement décider qu'il valait mieux transmettre le tout au PNF. Mi-2019, le président de la commission d'enquête parlementaire sera convoqué par des policiers de l'OCLCIFF pour… confirmer son signalement, et depuis plus rien. Il était évident dès le départ qu'une telle affaire aurait nécessité non pas une simple enquête du parquet, mais une instruction au pôle financier, or un an et demi après l'envoi de la lettre, le PNF n'a toujours pas bougé, et il y a toutes les chances que cela continue.

Une petite séquence s'est déroulée au mois de juin 2020 à l'Assemblée nationale à l'occasion de l'audition de Catherine Champrenault, procureur général à Paris, devant la commission d'enquête sur l'indépendance de la justice présidée par Ugo Bernalicis. Séquence qui en dit long sur la façon dont certains hauts magistrats entendent remplir leur mission, et le mépris que leur inspire la représentation nationale. Olivier Marleix lui pose une question à laquelle elle répond avec une arrogance sidérante. Le parlementaire a reproduit la séquence vidéo sur son compte Twitter[10]. Il interroge Mme Champrenault sur la différence de célérité entre le traitement de l'affaire Fillon après l'article du *Canard enchaîné* et l'absence totale de réaction concernant la procédure Alstom malgré un grand article du *Monde* faisant état de l'envoi au parquet de son signalement. La procureure fait mine de ne pas comprendre la question et le parlementaire se déplace pour lui remettre les documents en lui précisant qu'il s'agit bien de l'affaire Alstom. Et Mme Champrenault de répondre, méprisante : « Écoutez, là je ne peux pas vous répondre je n'ai pas mes 2 700 affaires dans la tête. » Madame la procureure de Paris n'est pas au courant d'un dossier qui implique le président de la République, qui inquiète tant les milieux d'affaires, pour laquelle tout le monde marche sur des œufs, et dont toute la presse parle régulièrement ? Elle veut nous faire croire que Rémy Heitz ne lui a pas immédiatement transmis le courrier d'Olivier Marleix, que ce n'est pas elle qui a pris la décision de transmettre le dossier au PNF ? Est-il possible

10. https://twitter.com/oliviermarleix/status/1278672183699673088?s=20

de se moquer du monde et de se déshonorer à ce point ?

Il faut protéger Emmanuel Macron, mais aussi ses amis, en tout cas ceux qui le sont restés et dont il a besoin.

Chapitre 12
La protection des amis d'Emmanuel Macron

Benalla : périmètres circonscrits, lenteurs, oublis, mansuétudes diverses

Comment raconter l'affaire Benalla ? Tellement de choses ont été dites, écrites, filmées sur ce qui est devenu un feuilleton où l'on voit un personnage, sorte de ruffian manifestement talentueux, commettre infraction sur infraction, bénéficier de complaisances, politiques et judiciaires, invraisemblables, et continuer à faire le pitre de façon provocante tout en poursuivant manifestement ses petits business troubles et lucratifs. On ne va donc pas rajouter à ce qui est devenu un véritable roman mais seulement essayer de décrire comment la justice a traité le réel de l'affaire Benalla. Pour ce que ce traitement démontre d'une volonté globale de préserver le chef de l'État en ménageant partiellement celui qui fut son homme de confiance.

Pour ceux que cela intéresse, un certain nombre de livres ont été publiés, y compris par Benalla lui-même, ainsi qu'une bande dessinée, d'ailleurs fort médiocre.

Tout a commencé le 18 juillet 2018 avec un article du journal *Le Monde* signé Ariane Chemin racontant une drôle d'histoire. Celle d'une espèce de « garde-du-corps-porte-flingue-conseiller » à l'Élysée auprès du chef de l'État et dont on apprenait qu'il jouait les nervis en allant casser du passant dans les rues de Paris. Faits corroborés par une vidéo montrant Alexandre Benalla profitant d'un temps libre pour revêtir les signes liés à la fonction de policier et passer à tabac les gens qu'il soupçonnait d'être des opposants à Emmanuel Macron. Sur le plan juridique, judiciaire et administratif, cette affaire était d'une gravité exceptionnelle, mais les faits survenus deux mois et demi auparavant n'avaient débouché que sur une simple mise à pied de quinze jours de l'apprenti milicien par les services de l'Élysée !

Ce simple petit exposé suffit à provoquer la surprise à la fois devant le comportement du « collaborateur », mais aussi devant celui de son patron administratif, le secrétaire général de l'Élysée Alexis Kohler, prenant une sanction absolument ridicule et se gardant bien d'accomplir les actes que lui imposait l'article 40 du Code de procédure pénale, c'est-à-dire de transmettre au procureur de Paris les informations dont il disposait. Dès le départ pour le juriste, c'était la partie la plus importante du scandale en ce qu'elle caractérisait le sentiment d'impunité de la petite caste qui entoure le chef de l'État.

Parce que la vision de la vidéo faisait apparaître dès le départ un florilège d'infractions, dont certaines à l'évidence très graves. Tout d'abord M. Benalla avait revêtu et porté des insignes (casque et brassard) tendant à le faire passer pour un policier dans l'exercice de ses fonctions. Premier délit prévu et réprimé par l'article 433-5 du Code pénal.

Ensuite, le même Benalla, affublé de son déguisement, avait exercé des violences contre des personnes visant à les faire passer pour des interventions des forces de l'ordre elles-mêmes. Violant ainsi lourdement les articles 433-12 et 433-13 du Code pénal qui interdisent de s'immiscer dans une fonction publique réservée à son titulaire, et de le faire en introduisant une confusion dans l'esprit du public, et notamment par le port de cet uniforme. Cela s'appelle en bon français une « usurpation de fonctions ». Le Code pénal n'est pas tendre pour ceux qui s'y essayent.

Il suffisait par ailleurs de poursuivre le visionnage pour constater que l'énergique collaborateur du Président avait exercé des violences illégitimes sur la personne de ces deux passants. Application de l'article 222-13 du Code pénal, le « policier » de circonstance avait bien commis les coups et blessures volontaires interdits par la loi. Le palmarès du paramilitaire 2.0 commençait à sérieusement s'étoffer.

Le tiers auteur de la vidéo dira qu'Alexandre Benalla l'aurait menacé s'il s'avisait de la diffuser. De la façon à la fois retenue et nuancée qui le caractérise, il lui aurait lancé : « Si tu la diffuses, je te crame ! » Celui qui a proféré cette menace a fait la démonstration que la violence physique ne lui faisait pas peur et qu'il en avait même un certain goût. C'est que la loi fait une distinction entre les menaces de violence et les menaces de mort. Le tarif du Code pénal pour les menaces de mort est plus élevé.

Devant le considérable scandale et les révélations qui se succédaient, il fallut se résigner à une réaction de la justice, une information judiciaire fut ouverte et Alexandre Benalla ainsi que quelques autres personnes furent mis en examen.

Concernant les violences de la place de la Contrescarpe, le faux policier était poursuivi dans un premier temps pour « violences en réunion n'ayant pas entraîné d'incapacité temporaire de travail », « immixtion dans l'exercice d'une fonction publique en accomplissant des actes réservés à l'autorité publique », « port et complicité de port prohibé et sans droit d'insignes réglementés par l'autorité publique », « recel de violation du secret professionnel » et « recel de détournement d'images issues d'un système de vidéo protection ». Son complice Vincent

Crase, salarié du parti présidentiel qui l'accompagnait armé d'un pistolet et participait aux rodéos, le fut pour « violences en réunion n'ayant pas entraîné d'incapacité temporaire de travail », « immixtion dans l'exercice d'une fonction publique en accomplissant des actes réservés à l'autorité publique » et « port prohibé d'arme de la catégorie B ».

Comme l'établirent d'autres vidéos par la suite, des faits strictement similaires s'étaient produits peu avant au Jardin des Plantes qui firent l'objet de plaintes des victimes, pour des incriminations exactement identiques. En cumulé, on arrivait déjà pour nos policiers amateurs à pas moins de seize infractions… Sans oublier la question de la complicité par fourniture de moyens dont auraient pu se rendre coupables tous ceux qui ont facilité la commission de ces délits. On pense notamment à un étrange personnage présent en permanence aux côtés des deux pieds nickelés, le policier Philippe Mizerski[1]. *A priori*, celui-ci a apporté son concours à la commission de quinze des seize infractions qui auraient été commises ce jour-là. Ce qui portait le compteur pénal à trente et un délits !

Passons maintenant à la chaîne administrative et aux exploits accomplis par ceux qui n'ont rien su refuser au prince. Et au sujet de certains des avantages

---

1. www.agoravox.tv/actualites/politique/article/benalla-crase-et-philippe-mizerski-77970

loufoques[2] à base de rémunérations exorbitantes, logement de fonction illégal, passeports diplomatiques et autres faveurs systématiquement accordées à Benalla, on pouvait relever la violation à plusieurs reprises de l'article 432-15 du Code pénal relatif au détournement de biens publics. Il y avait en tout trois infractions bien visibles, avec une collection d'auteurs dans la chaîne administrative. Il y avait eu aussi l'histoire de la violation du secret professionnel par trois hauts gradés de la police[3], détournant des vidéos de surveillance et les remettant à Benalla pour lui permettre de préparer sa défense médiatique. Les trois policiers ont été suspendus et mis en examen, pour deux infractions distinctes : violation du secret professionnel et détournement d'images issues d'un système de vidéosurveillance. Mais il y avait surtout la suite, car on voyait mal comment la crème des collaborateurs d'Emmanuel Macron pouvait échapper aux poursuites. Reportons-nous à l'imprudente interview[4] de Benalla sous magistère de Mimi Marchand au journal *Le Monde* le 27 juillet 2018.

Benalla y racontait tranquillement qu'un proche du Président avait visionné ces images dérobées par les policiers indélicats, pour qu'elles soient ensuite

---

2. www.vududroit.com/2018/07/macrongate-petit-roi-mepris-droit/

3. www.lesechos.fr/politique-societe/politique/0302013610864-affaire-benalla-les-trois-policiers-places-en-garde-a-vue-2193645.php

4. www.lemonde.fr/politique/article/2018/07/26/entretien-exclusif-alexandre-benalla-livre-ses-verites_5336090_823448.html

transmises à des militants LREM qui les utilisèrent pour les besoins de leur contre-feu propagandiste. Infraction de recel pour Ismaël Emélien et ses collaborateurs, et une nouvelle fois défaut d'application de l'article 40 avec un refus de signalement au parquet et de transmission à celui-ci des images. Un ban pour les artistes ! Compte tenu du nombre de personnes probablement impliquées dans cette opération de recel, difficile d'être précis sur le nombre d'infractions. L'aiguille du compteur des illégalités commises à l'occasion du rodéo de la Contrescarpe flirte cependant avec la zone rouge du surrégime en s'approchant dangereusement du chiffre de cinquante délits !

Alors, on nous dira que tout ceci a eu des suites judiciaires puisque des informations ont été ouvertes et les protagonistes principaux ont été mis en examen. Malheureusement, ces suites judiciaires ont connu quelques rebondissements et péripéties qui ne plaident pas en faveur de la thèse d'un traitement normal des dossiers concernant Alexandre Benalla et son environnement.

Commençons par l'épisode du placement en détention du garde du corps et de son acolyte Vincent Crase qui donna lieu à quelque chose ressemblant nettement à une pantalonnade. Lors de leurs mises en examen respectives, les duettistes s'étaient vu notifier un contrôle judiciaire leur interdisant de se rencontrer. Le 31 janvier 2019, *Mediapart* diffusait un enregistrement[5] d'origine inconnue établissant l'existence d'une rencontre entre eux et par conséquent la violation de l'interdiction judiciaire. Les juges d'instruction n'avaient d'autre solution que de les convoquer et de solliciter le juge des libertés pour qu'il prononce leurs mises en détention, seul moyen d'éviter leur concertation, puisqu'ils bravaient les interdictions prévues dans leur contrôle judiciaire. Sur décision inéluctable du JLD, le 19 février au soir Benalla et Crase goûtaient à la paille humide des cachots, non sans que l'on ait appris une nouvelle péripétie invraisemblable. Alexandre Benalla et Vincent Crase devaient attendre d'être présentés au JLD séparément et menottés, mais le jour de leur venue, ils furent placés dans un box commun, le temps d'attendre en papotant l'audience du juge des libertés ! La farce continua avec une décision de la cour d'appel qui, retrouvant le rythme du sprinter, annula huit jours plus tard l'ordonnance du JLD en prononçant la remise en liberté des duettistes.

À peu près au même moment, on apprenait l'existence de contrats signés[6] par Vincent Crase avec un oligarque russe Iskander Makhmudov, homme à la réputation sulfureuse, réputé proche de Vladimir Poutine et de la mafia moscovite. Plusieurs

5. www.liberation.fr/france/2019/01/31/contrat-russe-alexandre-benalla-rattrape-par-la-bande_1706702

6. www.lemonde.fr/societe/article/2019/02/11/les-deux-contrats-russes-de-benalla-se-sont-eleves-a-2-2-millions-d-euros_5422217_3224.html

éléments, et en particulier les enregistrements publiés par *Mediapart*, montraient qu'Alexandre Benalla s'était personnellement investi dans la négociation, alors qu'il travaillait encore à l'Élysée.

Tout ceci commençant à faire vraiment désordre, le PNF annonça l'ouverture d'une enquête préliminaire pour corruption sur la signature de ces contrats, dans laquelle serait en outre impliqué Chokri Wakrim, ex-membre des services spéciaux et compagnon de la commissaire de police alors responsable de la sécurité du Premier ministre. *A priori*, il ne s'est rien passé depuis cette annonce, le PNF semblant comme souvent prendre son temps.

Revenons avant de conclure sur un petit épisode survenu à la fin de l'année 2018 lorsque l'on apprit qu'Alexandre Benalla continuait à utiliser les passeports diplomatiques qui lui avaient été fournis lors de son passage à l'Élysée. Afin d'effectuer des déplacements d'affaires en Afrique et notamment de rencontrer quelques jours avant Emmanuel Macron le président du Tchad, Alexandre Benalla avait utilisé les documents restés en sa possession après son licenciement. Et faisait assez ouvertement, voire officiellement dans ses courriers, état de liens quasi organiques avec les services de l'Élysée. Interrogé par la commission sénatoriale d'enquête, le VRP de luxe fut contraint de reconnaître qu'il avait utilisé les passeports à vingt-trois reprises ! Le scandale battant son plein, Jean-Yves le Drian dut adresser un signalement au parquet de Paris pour la non-restitution des documents à son ministère qui les avait délivrés.

Le parquet sollicita l'ouverture d'une information judiciaire à l'occasion de laquelle Benalla fut mis en examen. Une première fois pour « usage public et sans droit d'un document justificatif d'une qualité professionnelle » puis pour « faux et usage de faux document administratif ». On apprenait le 4 septembre 2020 que le parquet avait requis[7] le renvoi en correctionnelle pour « faux », « usage de faux » et « utilisation indue de documents professionnels ». La poursuite pour l'utilisation indue ne souffre pas de discussions ou de commentaires, et l'infraction est reconnue par l'auteur. Celle pour « faux et usage de faux » est beaucoup plus intéressante. En effet, il aurait été souhaitable que l'on sache pourquoi Alexandre Benalla était en possession de ces passeports diplomatiques. Parce qu'il semble bien que ceux-ci lui aient été délivrés à la demande des services de l'Élysée. Pour quelles raisons et à quel titre ? Et pourquoi ne lui ont-ils pas été réclamés lors de son départ ? Personne ne semble avoir envie que l'on pose ces questions et pour cela il fallait que ce soit Alexandre Benalla seul qui porte la responsabilité. Alors le parquet lui reproche d'avoir bénéficié de la délivrance des passeports grâce à la falsification d'un

7. www.la-croix.com/France/Alexandre-Benalla-parquet-Paris-demande-proces-laffaire-passeports-diplomatiques-2020-09-04-1201112305

document, les collaborateurs d'Emmanuel Macron à l'Élysée n'y étant pour rien. Ce n'est pas l'avis de l'ancien garde du corps du Président qui réfute l'accusation d'usage de faux.

Comme les autres, le dossier de ce scandale, après des débuts tonitruants, dort paisiblement et n'a produit lui non plus aucune conséquence judiciaire, professionnelle, ou même politique, véritable. Ismaël Emelien et tous les autres collaborateurs de l'Élysée qui auraient pu être impliqués ont été soigneusement épargnés. Alexandre Benalla peut continuer à parader, à provoquer et à défier, et surtout à poursuivre ses petites affaires, à base de voyages à l'étranger avec des proches du Président[8]. Comme l'avaient souligné le premier président et le procureur général de la Cour de cassation au moment de l'affaire Fillon, la justice, c'est chacun son rythme. Il y a les sprinters et les marathoniens.

L'appréhension intermittente et tortueuse par la justice des faits qui se sont déroulés à l'occasion de ces incontestables affaires d'État jetant un éclairage trouble sur le système élyséen d'Emmanuel Macron, est assez révélatrice. Affaires sur lesquelles la commission sénatoriale d'enquête n'a pas pu aller très loin, ses moyens d'investigation étant finalement limités.

8. www.marianne.net/politique/alexandre-benalla-echange-avec-un-president-africain-en-presence-d-un-membre-de-l-elysee

Au contraire de ceux de la justice qui, à coups de périmètres circonscrits, lenteurs, oublis, mansuétudes diverses, a fait que l'affaire Benalla, même si elle connaissait un ou plusieurs épilogues procéduraux, relèvera de toute façon de la montagne – affaire d'État – accouchant d'une souris judiciaire.

La valse des faux témoins

L'importance du scandale Benalla fit apparaître que l'Élysée, pour des raisons politiques évidentes, craignait la vérité par-dessus tout. Mais l'opposition parlementaire soutenue par une presse gourmande voulait utiliser les prérogatives prévues par la Constitution donnant des pouvoirs d'investigation aux Assemblées et notamment par le biais des commissions d'enquête parlementaire. Malgré le caractère limité de leurs pouvoirs, il y avait là un réel danger pour Emmanuel Macron. Une commission fut mise en place à l'Assemblée nationale, les premières auditions faisant rapidement comprendre qu'il n'en sortirait rien, et la comédie s'arrêta rapidement. En revanche, celle constituée au Sénat put réaliser un véritable travail notamment par de nombreuses auditions pour ensuite rédiger et publier son rapport, avant de respecter ses obligations et de saisir le parquet du tribunal de Paris pour des faits susceptibles de recevoir des qualifications pénales, dont elle avait eu connaissance. Ce fut alors une levée de boucliers au sein de la majorité LREM qui témoignait de la peur de voir mis en cause l'entourage d'Emmanuel Macron.

Toute la Macronie, Édouard Philippe en tête, se précipita pour dénoncer ce respect de la Constitution pourtant présenté comme « une opération politicienne » et « une atteinte à la séparation des pouvoirs ». On ne reviendra pas sur tous les épisodes de cette mascarade pour retenir les déclarations comme autant d'énormités de Benjamin Griveaux, alors porte-parole du Gouvernement. Dont celle-ci mérite encadrement : « Nous sommes très attachés à la séparation stricte des pouvoirs dans notre pays. [...] Mais je trouve curieux que les Assemblées aient à se prononcer sur l'organisation du pouvoir exécutif. Si le pouvoir exécutif se prononçait sur l'organisation du travail des Assemblées, on crierait à la fin de la séparation des pouvoirs. »

Pour lui il était donc curieux que les Assemblées aient à se prononcer sur l'organisation du pouvoir exécutif. C'est pourtant ce que dit la Constitution dans son article 24 : « Le Parlement vote la loi. Il contrôle l'action du Gouvernement. Il évalue les politiques publiques. » L'article 51-2 indique explicitement que pour exercer leurs missions, les Assemblées peuvent constituer en leur sein des commissions d'enquête. Le porte-parole ne s'est pas arrêté en si bon chemin : « Si le pouvoir exécutif se prononnçait sur l'organisation du travail des Assemblées, on crierait à la fin de la séparation des pouvoirs. » Le problème est que c'est exactement ce que, là aussi, prévoit la Constitution, notamment avec la maîtrise par le Gouvernement de l'ordre du jour des Assemblées, maîtrise organisée par l'article 48 du texte.

Mais la volonté de disqualifier le travail de la commission sénatoriale était essentiellement due à la transmission par le bureau du Sénat d'un « signalement » au parquet de Paris. Et même s'il y avait plusieurs personnes appartenant à l'entourage du chef de l'État concernées par ce signalement, le bureau du Sénat ne faisait que son devoir. Rappelons en effet que les auditions devant les commissions d'enquête sont organisées par la loi et en application de l'article 6 de l'ordonnance du 17 novembre 1958, tout mensonge y est considéré comme un faux témoignage lourdement sanctionné par l'article 434-13 du Code pénal. Par conséquent, si la commission d'enquête a relevé des faits susceptibles de recevoir les qualifications prévues par le Code pénal, elle devait en informer le parquet, en application du texte de l'ordonnance qui dispose : « Les poursuites prévues au présent article sont exercées à la requête du président de la commission ou, lorsque le rapport de la commission a été publié, à la requête du bureau de l'Assemblée intéressée. » Dès lors que les faits étaient apparus suffisamment caractérisés, le bureau de la

Haute Assemblée avait compétence liée et le devoir d'en saisir le parquet.

Mais finalement, la petite troupe avait tort de se faire du souci : sous la direction de Rémy Heitz, le parquet de Paris veillait. La commission d'enquête du Sénat avait signalé les déclarations de Patrick Strzoda, directeur de cabinet du président de la République, d'Alexis Kohler, secrétaire général de l'Élysée, et du général Lionel Lavergne, patron de la sécurité du chef de l'État. Sans surprise, ils ont tous les trois bénéficié d'un classement sans suite, très brièvement motivé par un communiqué de Rémy Heitz, qui considérait que Patrick Strzoda avait certes pu faire à la commission des lois du Sénat une description incomplète des attributions d'Alexandre Benalla à l'Élysée, mais qu'il avait communiqué par la suite une note décrivant ces missions. S'agit-il d'une extension du fameux principe enseigné au catéchisme : « faute avouée est à moitié pardonnée » ? Toujours sans surprise, même décision pour Alexis Kohler et le général Lavergne. Les sénateurs n'avaient pas dû bien entendre.

La commission sénatoriale avait également relevé et signalé ce qu'elle considérait comme de faux témoignages concernant Alexandre Benalla, et Vincent Crase. Les concernant, le procureur a considéré qu'il n'était pas possible en raison des procédures pénales en cours les concernant d'apprécier la sincérité de leurs déclarations à la commission sénatoriale. Le signalement les mettant en cause fera donc l'objet d'un nouvel examen quand ces procédures seront terminées.

Retour au « rythme judiciaire » de la longue course…

Ferrand : les acrobaties immobilières du mutualiste breton

Avec Richard Ferrand aujourd'hui président de l'Assemblée nationale, nous avons eu un nouvel exemple permettant de constater que la justice sait être aux petits soins pour les amis du chef de l'État, et que ce sont toujours les mêmes qui dispensent ces soins.

Quelques jours après l'élection d'Emmanuel Macron, les ennuis commencèrent pour l'entourage du nouveau Président. Après avoir été l'instrument du déclenchement de l'opération médiatico-judiciaire organisée contre François Fillon, le *Canard enchaîné* voulut rapidement restaurer une impartialité mise à mal par l'accusation d'avoir été l'un des auteurs de l'assassinat médiatico-judiciaire de François Fillon. Ce fut en mettant en cause le député socialiste apostat, soutien de première ligne d'Emmanuel Macron, Richard Ferrand[9]. L'on y apprenait quelques infor-

9. www.francetvinfo.fr/politique/gouvernement-d-edouard-philippe/direct-epingle-par-le-canard-enchaine-le-ministre-richard-ferrand-parle-de-denonciations-calomnieuses_2204854.html

mations désagréables, concernant de petites opérations immobilières fructueuses à base de mélange des casquettes et de népotisme. Dans un premier temps, le caractère parcellaire de ce qu'on nous soumettait ne semblait pas si grave, alors, histoire de corser un peu les choses, on ajoutait que Richard Ferrand avait employé quelques mois son fils comme attaché parlementaire ! Comme les deux tiers du Parlement français, ce qui à l'époque était parfaitement licite mais après l'affaire Fillon et le raid judiciaire, il valait mieux continuer à prétendre que c'était quasiment un crime relevant de la cour d'assises.

Il faut dire que le député breton constituait également une cible intéressante, dans la mesure où, comme beaucoup d'autres, il s'était imprudemment lancé dans les cours de morale en promettant qu'avec LREM, en matière de probité, on allait voir ce qu'on allait voir. « Nous veillerons à ce que nos candidats aux législatives n'aient pas de conflits d'intérêts, et n'embauchent pas de membres de leur famille », avait-il lancé, dans un tweet martial à la saveur rétrospective le 23 février 2017. La suite de son affaire et les révélations des médias firent apparaître un personnage assez caractéristique de ceux pour qui la politique est un métier comme un autre, mais qui a le mérite de générer plein de petits à-côtés qui améliorent nettement l'ordinaire.

La grande presse prit le relais du *Canard* et le dossier commença peu à peu à se corser. L'immobilier et le crédit facile sont des moyens de gagner de l'argent sans beaucoup travailler, ce n'est pas une nouveauté. Le problème est que chaque jour amenait de nouvelles révélations préoccupantes sur les plans éthique et moral d'abord, juridique et judiciaire ensuite. Et sur ce dernier point en particulier, les positions du Parquet national financier et du parquet de Brest refusant obstinément de se pencher sur le dossier pour l'un et d'ouvrir une procédure pour l'autre commençaient à devenir intenables.

De quoi s'agissait-il ? Un avocat retraité pensant peut-être que ce statut lui permettait d'être relevé du secret professionnel avait fourni au *Parisien* toute une série d'informations assez croustillantes[10]. Ainsi la compagne de Richard Ferrand avait acquis un bien immobilier par l'intermédiaire d'une société civile en obtenant un financement bancaire de 100 %. La banque avait été particulièrement facile à convaincre puisque l'acheteuse présentait une promesse de bail de location de ce bien signée, avec comme preneur, les Mutuelles de Bretagne dirigées par le même Ferrand. Il n'y avait donc aucun risque pour l'organisme de crédit, assuré de la solvabilité de son débiteur, puisque les loyers courants permettaient le

10. www.leparisien.fr/politique/affaire-ferrand-le-temoin-et-le-document-qui-sement-le-trouble-29-05-2017-6993030.php#xtor = AD-1481423551

remboursement de l'emprunt. Par ailleurs le contrat prévoyait que le locataire (la mutuelle) prendrait à sa charge les travaux de rénovation de l'immeuble pour un montant de 186 000 euros ! Résultat, la famille Ferrand serait devenue propriétaire d'un bien d'une valeur importante sans avoir dépensé directement 1 euro et sans prendre le moindre risque. Cela n'était pas nécessairement illégal, mais malheureusement, dans son interview, l'ancien bâtonnier distillait quelques compléments qui jetaient un drôle d'éclairage sur la manipulation. La promesse d'achat du bien immobilier en question aurait initialement été signée par Richard Ferrand lui-même ! Et comportait une condition suspensive non pas, comme c'est habituel, d'obtention d'un financement bancaire, mais de la signature d'un bail avec les Mutuelles de Bretagne ! C'est-à-dire que l'acheteur était celui qui dirigeait la mutuelle et qui allait plus tard devenir le locataire ! Effectivement, Richard Ferrand était idéalement placé pour savoir quel était le type de locaux dont avait besoin la structure qu'il dirigeait. Le terme à la mode « conflit d'intérêts » trouve là une belle illustration. De plus, ladite promesse comportait également une clause de substitution, ce qui permit de la céder à la SCI constituée pour la circonstance et appartenant à sa compagne. À partir de là quelques questions commençaient à se bousculer dans l'esprit des suspicieux.

Tout d'abord, pourquoi les Mutuelles de Bretagne n'avaient-elles pas envisagé l'achat du local dont elles avaient besoin ? Était-ce dans leur intérêt de se contenter de louer au lieu, par une acquisition, d'augmenter la valeur de leur patrimoine ? Ensuite, qu'est-ce qui justifiait que ce soit les Mutuelles qui prennent en charge les 186 000 euros de rénovation ? Et comment expliquer la violation de notre vieil ami l'article 432-12 du Code pénal relatif à la prise illégale d'intérêts, c'est-à-dire au mélange des casquettes publique et privée ? Parce que si l'on comprenait bien, Richard Ferrand, personne privée, achetait un bien dont il cédait la promesse de vente à sa compagne, et ensuite, personne publique, signait un bail de location pour la mutuelle qu'il dirigeait. Richard Ferrand était-il une personne publique au sens de cet article du Code pénal au moment de la signature du bail de location pour sa mutuelle ? Il se trouve que oui puisque[11] les mutuelles de santé sont considérées comme remplissant une mission de service public. Sur le plan judiciaire, les choses étaient on ne peut plus claires, et on ajoutera même que le caractère grossier de l'opération faisait peser un lourd soupçon d'escroquerie vis-à-vis de la mutuelle, entraînant un enrichissement frauduleux de la compagne de Richard Ferrand.

11. https://blogs.alternatives-economiques.fr/abherve/2018/11/18/les-mutuelles-de-sante-poursuivent-une-mission-de-service-public

Celui-ci devra démissionner dès juin 2017 de son poste de ministre de la Cohésion des territoires dans le premier gouvernement d'Édouard Philippe, où il avait été nommé en remerciement des services rendus à Emmanuel Macron. En attendant que l'orage se calme, il fut exfiltré à la présidence du groupe LREM à l'Assemblée nationale. Pendant ce temps-là, se déroulait une partie de ping-pong entre le PNF et le parquet du tribunal de Brest.

À la suite de l'article du *Canard enchaîné*, l'association Anticor avait déposé plainte entre les mains du Parquet national financier et, sans surprise, celui-ci, ne s'estimant pas compétent, avait renvoyé la patate chaude au parquet de Brest. Où le procureur, considérant qu'il n'y avait pas matière à poursuite, décida fort prestement de classer le dossier sans suite[12]. Le problème est que l'association Anticor décida ensuite de poursuivre et déposa une « plainte avec constitution de partie civile » imposant la désignation d'un juge d'instruction, qui fut Renaud Van Ruymbeke au pôle financier de Paris. Le monde judiciaire parisien que l'on appelle « le Palais », dont nous avons déjà parlé, bruisse de nombreuses rumeurs, de propos de couloir, et de vérités inavouables, et ce qui suit doit donc être pris avec beaucoup de précautions. Au mois de juillet 2018,

12. https://france3-regions.francetvinfo.fr/politique/richard-ferrand?r=bretagne

Van Ruymbeke aurait envisagé de convoquer les époux Ferrand pour leur signifier une mise en examen. Fort opportunément informée, la défense de Ferrand sollicita en urgence un « dépaysement de l'affaire[13] ». Saisie de cette demande, la procureure générale de Paris, Catherine Champrenault, transmit immédiatement à la Cour de cassation une requête visant à dessaisir le pôle financier de Paris. Le motif avancé était savoureux : il aurait existé un possible conflit d'intérêts dû au fait qu'un magistrat parisien était membre de l'association anticorruption Anticor à l'origine de la procédure judiciaire. Savoureux d'abord parce que le risque de conflit d'intérêts était inexistant puisque le magistrat en question, parmi les cinq cent trente-six juges du siège du tribunal, était juge départiteur au conseil des prud'hommes et qu'il ne risquait pas de croiser Renaud Van Ruymbeke... Savoureux ensuite parce que lorsque les défenseurs de Patrick Balkany utilisèrent exactement le même argument à l'appui d'une demande de dépaysement, ils furent déboutés...

Il y avait donc urgence en juillet 2018, et la Cour de cassation décida de retirer le dossier à Renaud Van Ruymbeke et de confier l'instruction au tribunal de grande instance de Lille « afin de garantir l'impartialité objective de la juridiction saisie ».

13. www.europe1.fr/politique/affaire-richard-ferrand-la-cour-de-cassation-a-depayse-lenquete-a-lille-3743693

Motivation dont on imagine qu'elle a fait vraiment plaisir au magistrat ainsi dessaisi. Ceux qui pensent qu'il y avait urgence à mettre Richard Ferrand à l'abri ont l'esprit bien mal tourné…

De nouvelles rumeurs prétendirent que le juge d'instruction lillois qui venait d'être nommé avait la même opinion que Renaud Van Ruymbeke du dossier et aurait envisagé une mise en examen rapide. La rumeur, toujours elle, raconte que pour y parer, on eut l'idée de le flanquer de deux autres juges pour « permettre une instruction *collégiale* ». Finalement Richard Ferrand ne sera mis en examen qu'un an après, en septembre 2019 et, comme prévu, refusera de démissionner de son poste de président de l'Assemblée nationale. C'est pourquoi beaucoup posèrent la question de l'existence d'un lien entre toutes ces acrobaties judiciaires de retardement et le petit jeu de chaises musicales lié au départ du gouvernement de Nicolas Hulot à la fin du mois d'août 2018. Pour être remplacé par François de Rugy quittant alors la présidence de l'Assemblée nationale, le poste revenant à Richard Ferrand. Il est clair qu'une mise en examen pour escroquerie et abus de confiance avant ce scrutin lui en aurait probablement barré la route. Immédiatement après son élection au perchoir, il avait prévenu tranquillement qu'il ne démissionnerait en aucun cas s'il était mis en examen. En tout cas, force est de constater que Richard Ferrand n'est pas François Fillon et qu'il n'a pas à se plaindre de l'agenda judiciaire.

Macron aux petits soins pour Kohler

Alexis Kohler est secrétaire général de l'Élysée depuis l'arrivée d'Emmanuel Macron et il s'y est surtout signalé par sa gestion calamiteuse de l'affaire Benalla et sa triste prestation devant la commission d'enquête sénatoriale où son prédécesseur à cette fonction, Philippe Bas, lui fit une petite démonstration de ce que devait être le niveau du titulaire du poste. Mais depuis un moment déjà, Alexis Kohler est mis en cause, soupçonné d'avoir usé de ses responsabilités professionnelles à Bercy pour favoriser l'entreprise Mediterranean Shipping Company, dirigée par des membres de sa famille. Ou plutôt, s'il s'est trouvé en situation d'une prise illégale d'intérêts, lui ayant permis de se livrer à du trafic d'influence. Cette société, à l'époque propriété de Gianluigi Aponte, cousin d'Alexis Kohler, a mené dans les années 2010 des discussions permanentes avec les chantiers navals STX, dont l'État est actionnaire à 33 %, et a failli entrer au capital de l'emblématique société de Saint-Nazaire (Loire-Atlantique). Et ce pour « participer à l'équilibre de l'actionnariat » et éviter le « pillage » de l'entreprise française par l'italienne Fincantieri, pressentie pour la reprise, dont l'État français pilotait minutieusement le dossier. La question se posait de savoir si Alexis Kohler, qui avait suivi le dossier au cabinet du ministre de l'Économie de l'époque, était intervenu d'une façon ou d'une autre pour peser sur son issue, compte tenu de ses liens avec les dirigeants italiens. Le problème est aussi que ces liens n'étaient pas seulement familiaux, puisqu'il avait un temps travaillé pour le groupe MSC. Et avait également siégé au conseil d'administration de STX France entre 2010 et 2012 en tant que représentant de l'État ! Après avoir exercé des fonctions au sein de cabinets ministériels à Bercy jusqu'en août 2016, date du départ d'Emmanuel Macron du ministère de l'Économie, Alexis Kohler avait rejoint MSC Croisières au poste de directeur financier. Il sera nommé à l'Élysée en mai 2017 lors de l'élection d'Emmanuel Macron comme secrétaire général. Ces allers-retours finissent par poser de sérieux problèmes concernant le mélange des casquettes et une petite clarification n'aurait pas été de trop. Elle fut demandée au travers d'une plainte simple d'Anticor adressée au PNF. À peine arrivée à la tête du Parquet financier, le successeur de Mme Houlette enverra un message très clair concernant sa façon d'envisager le traitement des affaires mettant en cause les amis d'Emmanuel Macron. Avec un classement sans suite en août 2019 annoncé par un communiqué : « Après un an d'enquête, l'analyse des éléments recueillis par la brigade de répression de la délinquance économique (BRDE) de la direction générale de la police judiciaire ne permet pas de caractériser les infractions initialement suspectées. » Du fait de ce classement sans suite,

Anticor récupérait son pouvoir d'initiative et déposait alors une plainte avec constitution de partie civile pour obtenir l'ouverture d'une instruction. On apprit quelques mois plus tard plusieurs informations assez ébouriffantes sur la façon dont le PNF avait abouti à ce classement sans suite. Il apparaissait en effet que le chef de l'État en personne avait rédigé une lettre signée de sa main en forme d'attestation en faveur d'Alexis Kohler ! C'est complètement invraisemblable dans la mesure où l'immunité présidentielle fonctionne dans les deux sens. C'est-à-dire que la justice ne peut pas solliciter le Président, l'entendre ou lui demander un témoignage, mais il est évident que la réciproque est vraie et que l'application normale de l'article 67 de la Constitution interdit qu'il apporte son témoignage même sous forme d'attestation dans une procédure judiciaire en cours. L'établissement d'une fausse attestation est une infraction pénale prévue et sanctionnée par l'article 441-7 du Code pénal[14], et commise éventuellement par le président de la République, elle ne pourrait par définition être poursuivie. Sa valeur probante est donc nulle et elle est irrecevable. Que disait Emmanuel Macron dans cette attestation ? S'exprimant en tant qu'ancien ministre de l'Économie et supérieur d'Alexis Kohler, ce dernier ayant été son directeur de cabinet à Bercy de 2014 à 2016, il écrivait : « Je vous confirme que

14. www.legifrance.gouv.fr/codes/id/LEGISCTA000006149854/2020-09-26/

lors de ma prise de fonction de ministre [...], j'étais déjà informé de vos liens familiaux avec les actionnaires de contrôle de MSC, ainsi que de la volonté que vous aviez exprimée de rejoindre cette entreprise quelques mois plus tard. Vous m'aviez d'ailleurs formellement remis, au moment de votre entrée aux fonctions de directeur de mon cabinet, un courrier demandant à ne jamais avoir à traiter des dossiers et questions concernant cette société. » En langage courant cela s'appelle fournir un alibi. Alors imaginons le tollé si Nicolas Sarkozy étant Président avait fait de même en produisant des attestations pour mettre hors de cause les personnes poursuivies lors du procès de 2011 qui aboutira à la condamnation de Jacques Chirac et de quelques-uns de ses collaborateurs...

Le quitus pénal ainsi fourni par Emmanuel Macron va fonctionner puisque comme nous le raconte Franceinfo[15] : « Selon les informations recueillies par Franceinfo, en juin 2019, un premier rapport est rédigé par le commissaire de la brigade de la répression de la délinquance économique en charge de cette enquête, et il est accablant pour Alexis Kohler. Sauf que quelques semaines plus tard, le 18 juillet, le même commissaire écrit un nouveau rapport, définitif cette fois-ci, aux conclusions diamétralement opposées. Un rapport qui va pousser

15. www.francetvinfo.fr/politique/affaire/affaire-alexis-kohler/affaire-kohler-une-note-d-emmanuel-macron-pour-versee-au-dossier-pour-defendre-son-conseiller-seme-le-trouble_4020153.html

le PNF à abandonner les poursuites contre Alexis Kohler en août 2019. » L'attestation d'Emmanuel Macron a été produite par l'avocat de Kohler pour être versée au dossier le 1er juillet 2019. Nul doute qu'elle a produit l'effet escompté.

Une information judiciaire a été ouverte à la demande d'Anticor, on gage que cette fois-ci elle fera l'objet d'une surveillance soigneuse de la part de Catherine Champrenault parmi ses 2 700 dossiers.

Il faut sauver le soldat Bayrou... et ses amis

François Bayrou est un élément important du système Macron. Un relais essentiel dans le monde politique où le nouveau chef de l'État ne bénéficiait pas de beaucoup d'appuis en dehors de ces socialistes membres, en général peu connus, des anciens courants Rocard puis DSK qui ont fourni les gros bataillons socialistes du macronisme. Le maire de Pau, à la trajectoire politique opportuniste et ondoyante grâce à la maîtrise d'un petit parti centriste charnière, a réussi une carrière ministérielle honorable qui lui donnera des ambitions présidentielles. Deux fois candidat en 2007 et 2012, il ne parviendra pas à accéder au second tour. Le scrutin de 2017 le tentait et il fut d'abord un adversaire résolu d'Emmanuel Macron, avant de mesurer les chances de celui-ci et de changer de côté pour venir proposer ses services au jeune ambitieux.

Ce qu'il fit en contrepartie de promesses de postes ministériels pour lui et ses amis, avec en particulier la place Vendôme où il souhaitait être nommé pour y proposer une « grande loi de moralisation de la vie publique ». Ce ralliement fut fructueux, puisque le MoDem put faire élire suffisamment de députés aux législatives suivantes pour former un groupe à l'Assemblée nationale. Par ailleurs dans le premier gouvernement Philippe, nommé juste après l'élection dans l'attente du scrutin législatif, François Bayrou obtint le poste de garde des Sceaux, Sylvie Goulard celui de ministre des Armées et Marielle de Sarnez fut nommée secrétaire d'État aux Affaires européennes. Malheureusement, c'est à partir de ce moment-là que les ennuis ont commencé. Ses multiples changements de bord et ses ingratitudes successives ayant assuré à François Bayrou une solide quantité d'ennemis, on assista sans surprise à une campagne de presse dans les premiers jours de juin 2017 à propos d'une affaire très gênante.

Celle des assistants parlementaires du MoDem au Parlement européen portant sur des soupçons d'emplois fictifs concernant les dits assistants parlementaires des députés européens du parti. Dont les parlementaires étaient soupçonnés d'avoir employé ces collaborateurs pour servir directement le parti sans remplir leur mission d'assistance. Le Front national faisant lui-même l'objet d'une procédure judiciaire pour des faits identiques avait pointé pour sa défense les pratiques des députés MoDem. Mais il y avait quelque chose de beaucoup plus sérieux qui était ce que Corinne Lepage, élue au Parlement européen, avait raconté dans son livre *Les Mains propres. Plaidoyer pour la société civile au pouvoir*[16], paru en janvier 2015. Dénonçant le recours à des emplois fictifs au sein du parti centriste, elle écrivait ce texte meurtrier : « C'est ainsi que des assistants parlementaires servent en réalité le parti politique, et non le parlementaire… Lorsque j'ai été élue au Parlement européen en 2009, le MoDem avait exigé de moi qu'un de mes assistants parlementaires travaille au siège parisien. J'ai refusé, en indiquant que cela me paraissait d'une part contraire aux règles européennes, et d'autre part illégal. Le MoDem n'a pas osé insister mais mes collègues ont été contraints de satisfaire à cette exigence. Ainsi, durant cinq ans, la secrétaire particulière de François Bayrou a été payée… par l'enveloppe d'assistance parlementaire de Marielle de Sarnez, sur fonds européens. »

Et par ailleurs, dans le cadre d'une enquête administrative menée par l'Office européen de lutte antifraude (OLAF), Jean-Luc Bennahmias et Nathalie Griesbeck, eux aussi anciens députés européens MoDem, avaient été mis en demeure de rembourser respectivement 45 000 et 100 000 euros au Parlement européen pour le même genre d'irrégularités

16. https://www.lefigaro.fr/actualite-france/2017/06/20/01016-20170620ARTFIG00166-emplois-presumes-fictifs-au-modem-corinne-lepage-entendue-comme-temoin.php

dans l'emploi de leurs assistants. Devant l'ampleur du scandale, François Bayrou, Sylvie Goulard et Marielle de Sarnez durent quitter le navire gouvernemental mis en place par Macron postérieurement aux élections législatives.

On notera que pendant deux ans, alors que le Front national était sur le gril au pôle financier, et que la presse s'était fait l'écho à l'époque des propos de Corinne Lepage, Éliane Houlette, patronne du PNF, était restée parfaitement inerte, alors que depuis l'affaire Fillon on sait qu'elle peut avoir des réflexes extrêmement rapides. Elle ne bougera pas non plus face aux révélations de la presse et à la nouvelle actualité du livre de Mme Lepage.

C'est donc le parquet de Paris qui dut faire le service en juin 2017 et ouvrir une enquête préliminaire pour « abus de confiance » et « recel » de ce délit. Un peu plus d'un mois plus tard, le Pôle d'instruction financier était saisi de l'ouverture d'une information judiciaire. Et tout se calma, sans qu'aucune initiative procédurale sérieuse vînt troubler l'actualité, l'affaire quittant la une des journaux. Le choix du « rythme judiciaire » cher à l'ancien président de la Cour de cassation semblait s'être porté sur une paisible course de longue durée.

Cette tranquillité fut troublée à cause d'une initiative d'Emmanuel Macron témoignant d'un sentiment d'impunité et de sa confiance dans le système de protection judiciaire mis en place. Après avoir eu l'idée saugrenue de choisir Nathalie Loiseau comme tête de liste pour les élections européennes, il proposa Sylvie Goulard au poste de commissaire européen réservé à la France après le renouvellement du Parlement de juin 2019. Pour ce faire, il se mit d'accord, nous dit-il, avec la nouvelle présidente allemande de la commission, Ursula von der Leyen, le problème étant que cette nomination devait être approuvée par le Parlement, et que celui-ci fit connaître son avis en refusant cette candidature. Il y avait plusieurs raisons à cela, d'abord le fait que Sylvie Goulard avait laissé un très mauvais souvenir de son passage dans l'hémicycle, ensuite l'affaire « des emplois fictifs du MoDem » où elle semblait lourdement impliquée, et enfin la curieuse mission rémunérée autour de 13 000 euros par mois pour un total de 324 000 euros, accomplie au service de l'Institut Berggruen[17], un think tank américain de création récente. La rumeur faisait état d'une absence de prestation réelle, et d'un soupçon d'emploi de complaisance. Malgré l'intervention de Daniel Cohn-Bendit comme témoin de moralité, tous ces soupçons finirent par contrarier les eurodéputés compétents qui rejetèrent sa candidature et la France eut à subir un humiliant camouflet.

Emmanuel Macron fit savoir « qu'il ne comprenait pas » ce refus. Effectivement un Parlement qui fait

17. https://fr.wikipedia.org/wiki/Institut_Berggruen

son travail de contrôle et qui retoque la candidature d'une personne très peu appréciée en son sein, et qui emmène dans son sillage quelques solides casseroles, c'est tout à fait incompréhensible.

Sylvie Goulard se voyait ainsi débarquée une deuxième fois du système institutionnel macronien, avec peu de perspectives dans un avenir proche. Mais notons qu'elle l'était cette fois-ci avec à la clé un scandale européen d'envergure déclenché à l'extérieur de nos frontières et répercuté par la presse internationale. Est-ce sous cette pression que la procédure judiciaire fut réactivée ? Puisque quelques semaines plus tard, le 6 décembre 2019, elle était mise en examen pour « complicité de détournement de fonds publics » avec François Bayrou et quelques autres dirigeants du MoDem. On pouvait se poser la question de cette concomitance en relevant qu'il avait fallu cinq ans à la justice pour réagir à ce que l'on savait explicitement depuis la publication du livre de Corinne Lepage en janvier 2015. Et en constatant aussi que les mesures coercitives prises à l'occasion de l'instruction étaient sans commune mesure avec celles qui avaient frappé le Front national.

En tout cas, ces mises en examen n'ont pas empêché Emmanuel Macron d'honorer encore François Bayrou quelques mois plus tard en le nommant à la tête du « Haut-commissariat au plan » ressuscité pour lui. Manifestement le président de la République n'est pas trop inquiet de l'avenir judiciaire de son ami…

Les petits arrangements de Jean-Paul Delevoye

Jean-Paul Delevoye, entré en politique en 1974, a collectionné mandats et fonctions, étant successivement, dans le désordre, conseiller général, maire, député, sénateur, président d'intercommunalité, ministre, président de l'Association des maires de France (AMF), médiateur de la République, président du Conseil économique, social et environnemental, etc., à quoi s'ajouteront présidences et missions diverses. La plupart de ces activités ont été rémunérées et ont produit des retraites spécifiques. Jean-Paul Delevoye bénéficie donc d'un statut matériel probablement très confortable.

Membre du RPR devenu UMP, il le quittera en 2014 quand il n'eut plus besoin de ses investitures, pour rallier assez tôt Emmanuel Macron, pour lequel il présidera la commission qui devait choisir les candidats LREM pour les législatives de 2017. Donc si on peut considérer que c'est à Delevoye que l'on doit les parlementaires de la majorité élue en 2017, on ne lui dira pas merci pour leur assez étonnante médiocrité.

Haut-commissaire saison I

Le 14 septembre 2017, il est nommé en Conseil des ministres haut-commissaire à la réforme des retraites auprès d'Agnès Buzyn, ministre des Solidarités et de la Santé. Sous sa direction sera établi un rapport remis au Gouvernement et le 3 septembre

2019, près de deux ans plus tard, il est nommé haut-commissaire aux retraites, toujours délégué auprès d'Agnès Buzyn.

Dès cet instant, il faut se pencher sur le statut juridique de ce poste de « haut-commissaire », déjà utilisé assez largement par les IIIe et IVe Républiques et à qui Nicolas Sarkozy avait donné une nouvelle actualité avec la nomination en 2007 de Martin Hirsch haut-commissaire à la jeunesse. Le titulaire d'un tel poste devient à l'évidence « agent public », mais est-il membre du Gouvernement, et Jean-Paul Delevoye avait-il ce statut dès le 14 septembre 2017 ? Son décret de nomination est pris en application de l'article 13 de la Constitution, celui qui fait référence au pouvoir du président de la République de nommer aux emplois publics. La qualification de haut-commissaire est ambiguë, et les prérogatives et attributions de Jean-Paul Delevoye dès ce moment-là le rapprochent singulièrement d'un poste de ministre ou de secrétaire d'État. Et pour le moins, un certain nombre d'obligations qui s'imposent à ces derniers devraient lui être applicables.

Si tant est que l'on admet, ce qui mérite pourtant discussion, que Jean-Paul Delevoye n'était pas membre du Gouvernement entre le 14 septembre 2017 et le 3 septembre 2019, un certain nombre d'obligations liées à son statut indiscutable d'agent public pesaient quand même sur lui.

Or la presse nous apprit que le haut-commissaire était un étourdi. Il avait « oublié » dans sa déclaration d'intérêts à la Haute Autorité pour la transparence de la vie publique de mentionner qu'il occupait depuis 2016 le poste de président de l'IFPASS, institut de formation aux métiers de l'assurance qui revendique de former 8 000 personnes par an ! Ce qui veut dire que le haut-commissaire entretenait à l'évidence des rapports étroits avec le monde de l'assurance, dont chacun savait qu'il était particulièrement concerné par le projet d'Emmanuel Macron car, comme le disait le directeur général d'AG2R, approuvant la réforme des retraites, « celle-ci ouvre des perspectives pour les assureurs ». On s'en serait douté ! Pour toute défense, Jean-Paul Delevoye a prétendu que c'était une fonction « bénévole », ajoutant : « S'il y a incompatibilité, je vais rectifier cela et démissionner de ce mandat. » Certes, mais cette démission n'effaçait pas la faute commise depuis le 3 septembre 2017. Et dans le droit pénal français, cette faute s'appelle la prise illégale d'intérêts prévue et réprimée par l'article 432-12 du Code pénal que nous avons déjà rencontré à plusieurs reprises et qui réprime le mélange des genres. L'objectif poursuivi est d'éviter que les décisions prises par l'agent public, normalement dans l'intérêt général, puissent être soupçonnées de l'avoir été pour des raisons privées. Dès lors il sera difficile de nous convaincre que cette réforme n'est absolument pas entreprise pour ouvrir un marché de la retraite par capitalisation aux assurances privées. Le problème du haut-commissaire était que ce que réprime l'article 432-12 du Code n'est pas une intention mais une situation. Malheureusement pour lui, la situation pénale de Jean-Paul Delevoye s'est encore aggravée après le 3 septembre 2019.

Haut-commissaire saison II

Emmanuel Macron par décret du 3 septembre 2019 pris en application cette fois-ci de l'article 8 de la Constitution a nommé le déjà haut-commissaire… au poste de haut-commissaire, mais avec cette fois-ci de manière explicite le statut de « membre du Gouvernement », donc le statut de ministre avec les obligations qui y sont attachées. Et c'est là que la France apprenait que le nouveau ministre avait continué à percevoir des revenus privés de 5 300 euros par mois liés à un poste de « président d'honneur » d'un think tank nommé « Parallaxe ».

Situation assez stupéfiante puisque le cumul d'un poste de membre du Gouvernement est radicalement incompatible avec une fonction privée rémunérée. C'est tout simplement la Constitution de la République qui le dit dans son article 23 ainsi libellé : « Les fonctions de membre du Gouvernement sont incompatibles avec l'exercice de tout mandat parlementaire, de toute fonction de représentation professionnelle à caractère national et de tout emploi public ou de toute activité professionnelle. » Une ordonnance a prévu un délai de deux mois au nouveau ministre pour mettre de l'ordre dans ses affaires et renoncer à ses fonctions professionnelles privées.

On observera que, dans la sphère publique, tout le monde savait tout ça, et entendre Jean-Paul Delevoye qui a fait cette longue carrière politique, qui a été deux fois ministre, parler d'erreur ou de négligence est simplement risible. Le remboursement précipité des sommes perçues à ce fameux think tank n'y changera rien, l'infraction est constituée.

Penchons-nous un peu sur les conséquences juridiques de la situation créée par le comportement du haut-commissaire étourdi, qui suscite plusieurs questions. Il y a d'abord la situation postérieure au 3 novembre 2019, où Jean-Paul Delevoye a donc cumulé son poste de ministre en percevant la rémunération afférente, avec une fonction privée rémunérée qui impliquait évidemment un rapport de subordination avec des personnes privées dirigeantes de ce think tank. Cette incompatibilité est bien sûr impérative parce que le ministre ne doit avoir d'autre subordination que celle de l'intérêt public pour le service duquel il a été nommé. Et il n'est pas excessif de dire que depuis le 4 novembre 2019 Jean-Paul Delevoye est juridiquement démissionnaire de fait de son poste de haut-commissaire aux retraites. En application de l'article 8 de la Constitution, c'est le chef de l'État qui met fin aux fonctions des ministres, Emmanuel Macron aurait donc dû prendre acte de cette situation et mettre fin aux fonctions de Delevoye à compter du 3 novembre 2019. Toute autre attitude reviendrait à couvrir une infraction pénale particulièrement lourde. Celle prévue et réprimée par l'article 432-10 du Code pénal qui incrimine la concussion, c'est-à-dire le fait, par une personne dépositaire de l'autorité publique, de recevoir des sommes qu'elle sait ne pas être dues, à savoir la rémunération du haut-commissaire membre du Gouvernement. Et le directeur des services fiscaux aurait dû suspendre cette rémunération publique de Jean-Paul Delevoye et au passage émettre un titre de recette pour le remboursement par celui-ci des sommes indues perçues depuis le 3 septembre. Et puis bien sûr, on devait se poser la question de savoir en quoi consistait l'emploi privé à 5 300 euros par mois dans ce fameux think tank notoirement inconnu.

Face à toutes les révélations, Jean-Paul Delevoye fut contraint de faire une déclaration rectificative à celle qu'il avait déposée auprès de la Haute Autorité mi-novembre 2019 après son entrée au Gouvernement. La nouvelle comportait huit fonctions supplémentaires, dont la présidence passée du Conseil économique et social ou la fonction d'administrateur de la Fondation SNCF…

La barque du haut-commissaire était donc lourdement chargée mais sa démission postérieure est bien tardive, les remboursements d'opportunité ne changent rien à la situation. Bénévolat ou pas, démission ou pas, remboursement ou pas, déclaration rectificative ou pas, plusieurs sérieuses infractions pénales semblaient bien avoir été commises, au point d'ailleurs que devant l'ampleur du scandale, la Haute Autorité pour la transparence se sentit obligée de transmettre le dossier au parquet.

Le PNF s'est défaussé alors que sa compétence relevait de l'évidence, et c'est le parquet de Paris, celui de M. Rémy Heitz, qui a pris le dossier en charge pour une enquête préliminaire. Les questions méritaient clairement une information judiciaire confiée à un juge d'instruction, avec mises en examen de Delevoye et un véritable débat contradictoire. Le procureur de Paris ne l'a pas jugé nécessaire et l'enquête préliminaire se déroule très paisiblement. On peut supposer que l'ex-haut-commissaire rejoindra la cohorte fournie des Richard Ferrand, François Bayrou, Sylvie Goulard, Alexandre Benalla, Alexis Kohler, Ismaël Emelien et autres Strzoda, et n'ait pas trop de souci à se faire.

Il aurait été possible de poursuivre ce qui aurait alors ressemblé à une litanie, en parlant par exemple de Marlène Schiappa utilisant les services de son ministère pour la promotion de son livre, de Gabriel Attal briseur de grève se déguisant en facteur pour distribuer illégalement le courrier, des libertés prises par Françoise Nyssen avec le Code de l'urbanisme, des soucis fiscaux de Laura Flessel, du pantouflage d'Édouard Philippe entrant au conseil d'administration de la société Atos qui avait bénéficié d'une très grosse commande de l'État deux semaines avant son départ de Matignon. Non pas pour dire que toutes ces affaires et d'autres encore auraient mérité chacune un grand tintamarre médiatico-judiciaire, mais pour souligner à quel point les organes de contrôle et en particulier la justice pénale pratiquent méthodiquement le deux poids, deux mesures.

Nous allons maintenant le voir avec quelques exemples de traitement judiciaire de l'opposition politique en commençant par celui très particulier dont est l'objet le Rassemblement national (RN) ex-FN.

Chapitre 13
Répression de l'opposition :
le cas particulier de Marine Le Pen

Le traitement judiciaire sur mesure du Front national

Le Front national devenu Rassemblement national a toujours entretenu des rapports particuliers avec la justice. Il y eut d'abord la personnalité de son fondateur et dirigeant, multipliant les provocations qui lui assuraient une fréquentation assidue des prétoires essentiellement dans le domaine des infractions à la loi de 1881 sur la liberté de la presse. De « Durafour-crématoire » en « point de détail », il sera poursuivi pour une impressionnante collection d'infractions allant des provocations à la haine de toutes sortes, aux injures publiques et autres diffamations. Dans ce qui finit par ressembler à une routine, il récoltera beaucoup de condamnations mais également un certain nombre de relaxes, ce qui lui permettait de se présenter en victime dans les deux cas.

Dans une interview donnée en 2010, Lionel Jospin disait[1] avec beaucoup d'honnêteté : « Pendant toutes les années du mitterrandisme, nous n'avons jamais été face à une menace fasciste et donc, tout antifascisme n'était que du théâtre. » En septembre 2020, tout en maintenant son analyse sur la nature du RN, il n'écartait pas l'idée d'une victoire de Marine Le Pen en 2022[2]. L'arrivée de celle-ci à la tête du parti avec sa stratégie de dédiabolisation et les succès électoraux qu'elle rencontrait, a changé la donne. L'évidence de la solidité de sa base électorale populaire qui la voit rassembler 55 % des voix des ouvriers au premier tour, ce que le PCF même au temps de sa splendeur n'avait jamais fait, inquiète les couches moyennes, y compris dans leur partie résolument antimacroniste. Et comme la magistrature appartient sociologiquement à ces couches moyennes, l'aversion pour Marine Le Pen, nourrie aussi par la culture tenace d'un antifascisme d'opérette, y est très présente. Ce qui lui a assuré un retour remarqué dans le collimateur judiciaire.

Plusieurs procédures judiciaires la concernant ainsi que les dirigeants du parti sont en cours. Nous ne procéderons pas à l'examen détaillé de leur aspect

1. www.youtube.com/watch?v=9gwbHoQ7OE0
2. *Ibid:*

factuel, mais essaierons de pointer les éléments qui établissent que Marine Le Pen et son mouvement font l'objet d'un traitement judiciaire particulier dont les connotations politiques sont difficilement contestables.

L'affaire Jeanne/Riwal ou les effets pervers de la loi de 1990

Marine Le Pen avait créé « Jeanne », un micro-parti qui eut un certain nombre d'activités au moment des campagnes de l'élection présidentielle 2012 et des législatives qui ont suivi. Si l'on comprenait bien les explications rapportées par la presse tout au long de la procédure, il lui était reproché la mise en place d'un système particulier. Qui consistait à exiger des candidats souhaitant l'investiture du FN qu'ils achètent auprès du micro-parti un kit de campagne, et leur prêtait l'argent pour le faire. Le remboursement du prêt se faisant grâce au reversement des frais de campagne par l'État en application de la loi de 1990. Le fournisseur de kits était la société Riwal dirigée par un proche de Marine Le Pen. Pour la campagne présidentielle de 2012, ce micro-parti, grâce à cette ressource, avait prêté 450 000 euros à la campagne du Front national à un taux semble-t-il élevé de 7 %. Principal et intérêts constituent une dépense de campagne, qui doit être ensuite remboursée par l'État. Il y avait *a priori* deux problèmes, d'abord le prix exigé des candidats pour la fourniture du kit que certains considéraient comme surévalué, surcoût finalement à la charge de l'État dans le cadre des remboursements. Ensuite de la même façon, le taux élevé du prêt accordé à l'association de financement de la campagne présidentielle était lui aussi remboursé par l'État. Les comptes de la campagne de Marine Le Pen, approuvés par l'expert-comptable mandaté, furent déposés entre les mains de la Commission nationale qui les avait validés.

Deux ans plus tard, le 3 avril 2014, la Commission nationale se ravisait et procédait à un signalement au parquet à la suite duquel une information judiciaire contre X, confiée aux juges d'instruction Aude Buresi et Renaud Van Ruymbeke, était ouverte pour « escroquerie en bande organisée », « faux et usage de faux » concernant les activités financières du micro-parti Jeanne. L'année 2015 verra des mises en examen, distillées les unes derrière les autres et concernant un nombre important de membres de l'entourage de la présidente du FN. Dûment commentées par la presse disposant comme d'habitude des éléments relevant du secret de l'instruction. La dernière mise en examen concernant le trésorier du parti interviendra en septembre 2015.

C'est un an plus tard, le 5 octobre 2016, quelques mois avant l'élection présidentielle, que, reprenant totalement à leur compte les réquisitions du parquet, les juges d'instruction décidaient du renvoi de dix personnes physiques ou morales devant le tribunal correctionnel de Paris. Florian Philippot encore vice-président du FN[3] s'étonnera de ces coïncidences d'agenda : « En France, on juge les affaires de 2012 quelques mois avant l'élection présidentielle de 2017. » Marine Le Pen elle-même n'était pas poursuivie. Cependant elle ne perdait rien pour attendre et ce sont d'autres dossiers qui seront utilisées pour lui faire supporter une pression judiciaire pendant la campagne elle-même.

Mais, après sa défaite à la présidentielle, elle avait réussi son retour politique et à imposer le Rassemblement national comme premier parti de France aux élections européennes, devant celui du président de la République en exercice. Elle redevenait gênante et dès lors, au procès fixé au 6 novembre 2019 devant la 11e chambre du tribunal correctionnel de Paris, ce furent moins les gens assis sur le banc des prévenus que le parti lui-même qui fut la cible principale du parquet.

À l'occasion d'un réquisitoire de six heures, le dispositif fut présenté comme destiné à « détourner de l'argent public de manière systémique », les magistrats du parquet réclamant contre les personnes poursuivies des peines extrêmement lourdes

3. www.lopinion.fr/edition/politique/front-national-renvoye-en-correctionnelle-111610

mais surtout des amendes considérables contre le Front national lui-même. L'État qui avait jugé bon de se constituer partie civile demandait de son côté la réparation intégrale du préjudice qu'il prétendait avoir subi soit 11,6 millions d'euros de dommages et intérêts. L'opération apparaissait clairement, qui consistait à tenter de faire supporter à ce parti d'opposition un coût financier mortel, puisque dans le même temps les ressources publiques du RN avaient été bloquées dans une autre procédure par le même juge d'instruction que celui qui avait officié dans le dossier Riwal/Jeanne.

Par jugement rendu le 16 juin 2020, la 11e chambre refusa pourtant de rentrer dans cette voie. Un certain nombre des prévenus étaient condamnés, mais pour le Front national : l'amende réclamée par le parquet de 500 000 euros était finalement ramenée à 18 750 euros pour « recel d'abus de biens sociaux », le tribunal ne retenant pas l'accusation d'escroquerie. De la même façon, le préjudice de l'État fixé à 860 000 euros n'était pas mis à la charge du FN.

Les attachés parlementaires européens

Cette affaire porte sur le même problème que celle concernant le MoDem, et d'une certaine façon également l'affaire Fillon, celui de l'utilisation à des fins différentes de leur objectif proclamé des emplois d'attachés parlementaires. Nous utiliserons la notion d'« objectif proclamé » plutôt que directement une qualification juridique, car ce qui est en jeu, c'est la frontière qui existe entre les prestations qui doivent soutenir l'exercice de la mission *stricto sensu* des parlementaires et les activités politiques plus larges qui permettent précisément d'accéder à leurs responsabilités et de les nourrir. Rappelons ce que dit l'article 4 de la Constitution de 1958 : « Les partis et groupements politiques concourent à l'expression du suffrage. Ils se forment et exercent leur activité librement. » S'agissant des parlementaires élus, l'aide à leur travail permet l'accomplissement de leur mission et par conséquent l'expression du suffrage puisque dans une démocratie représentative, cette mission n'en est que la continuation. Il est clair qu'une telle approche ne devrait pas être la porte ouverte à tous les excès qu'on peut imaginer comme ceux qui consisteraient à employer comme attaché son épouse par ailleurs artiste peintre[4] sans que qui que ce soit ait entendu parler de ses prestations.

Quoi qu'il en soit, là aussi, le Front national fit l'objet d'un traitement particulier au travers de deux procédures, d'abord de la part du Parlement européen présidé par le social-démocrate allemand Martin Schulz, puis par les autorités judiciaires françaises.

4. www.liberation.fr/checknews/2018/09/07/l-epouse-de-bruno-le-maire-a-t-elle-beneficie-d-un-emploi-douteux-a-l-assemblee_1676481

C'est un courrier anonyme envoyé en 2014 qui amènera Martin Schulz à saisir en janvier 2015 l'OLAF qui va réaliser une enquête concluant à ce que 20 des 24 assistants des députés européens FN figuraient dans l'organigramme du parti. Ce qui faisait d'eux des permanents politiques et non des assistants techniques pour l'accomplissement des missions parlementaires. Notons au passage que le même Parlement sera beaucoup moins empressé concernant les « emplois fictifs » reprochés au MoDem dont on connaissait l'existence depuis le même mois de janvier 2015.

L' Assemblée européenne va alors demander à Marine Le Pen et aux autres députés concernés de rembourser des sommes considérables avant le 31 janvier 2017, à quelques semaines de l'élection présidentielle française. Marine Le Pen à qui on réclamait précisément 340 000 euros protesta vainement[5] : « Je ne me soumettrai pas à la persécution, à cette décision unilatérale prise par des adversaires politiques avec exécution provisoire en violation de l'État de droit, des droits de la défense, sans preuves et sans attendre que la justice, que j'ai saisie, ne se prononce au fond. » Ajoutant : « Les autres font pareil, voire pire, et depuis longtemps. Moi, on m'embête seulement pour des broutilles. » On sait

5. www.france24.com/fr/20170218-emplois-fictifs-fillon-ca-casse-le-pen-ca-passe

bien que la défense « les autres faisaient pareil » ne sert strictement à rien, étant au contraire souvent perçue comme la revendication de comportements illégaux.

Marine Le Pen, qui avait alors saisi le Tribunal de l'UE de l'annulation de la décision la concernant, fut déboutée et son pourvoi rejeté par la Cour de justice de l'Union européenne.

Le 15 décembre 2016, le parquet de Paris ouvrait une enquête préliminaire annoncée à grand son de trompe dans la presse, relayant bruyamment les chefs de poursuite à l'encontre de la candidate à l'élection présidentielle « abus de confiance », « recel d'abus de confiance », « escroquerie en bande organisée », « faux et usage de faux » et « travail dissimulé ». Elle était confiée à l'OCLCIFF puis très rapidement le parquet sollicitait l'ouverture d'une information judiciaire qui voyait la saisine du même magistrat que pour l'affaire Jeanne/Riwal, Renaud Van Ruymbeke flanqué cette fois-ci de Claire Thépaut.

Commençait alors, en pleine campagne de la présidentielle où Marine Le Pen était quasiment assurée d'être au second tour, un rodéo judiciaire de même nature que celui infligé à François Fillon, et poursuivant manifestement des objectifs similaires, affaiblir électoralement les opposants à Emmanuel Macron. Chaque initiative de procédure faisait l'objet d'un vaste déballage médiatique, la presse étant comme d'habitude informée avant les avocats des mis en cause. Face à cette instrumentalisation, Marine Le Pen ne va pas adopter la même stratégie connivente que François Fillon et, protégée par son immunité parlementaire, refusera de se prêter à ces mises en scène et de déférer à toute convocation en attendant la clôture du second tour des élections législatives prévu le 18 juin suivant.

Le 20 février 2017, nouvelle perquisition au siège du Front national à Nanterre.

Le 22 février 2017, convocation de Marine Le Pen pour être entendue à l'OCLCIFF.

Le 22 février 2017, Thierry Légier, garde du corps de Marine Le Pen, est placé en garde à vue.

Le 22 février 2017, Catherine Griset, chef de cabinet de Marine Le Pen, est mise en examen pour « recel d'abus de confiance ».

Le 3 mars 2017, convocation de Marine Le Pen par les juges d'instruction, en vue d'une possible mise en examen pour « abus de confiance ».

Le 6 mars 2017, Charles Hourcade, assistant parlementaire de l'eurodéputée frontiste Marie-Christine Boutonnet, est mis en examen.

Le 14 avril 2017, demande de levée de l'immunité parlementaire de Marine Le Pen.

Le 18 avril 2018, Thierry Légier est mis en examen pour « recel d'abus de confiance ».

Le 30 juin 2017, quoique protégée par son immunité de députée de l'Assemblée nationale qu'elle vient d'intégrer, Marine Le Pen défère à la convocation des magistrats instructeurs pour être mise en examen.

Alors bien sûr, à ceux qui pourraient être interloqués par un tel calendrier, le président de la Cour de cassation et le procureur général auprès de celle-ci viendraient probablement encore leur rappeler que la justice, « c'est chacun son rythme ». Quant à Virginie Duval, présidente de l'Union syndicale des magistrats, elle fulminerait probablement une nouvelle fois qu'aucun texte de loi ne prévoit de trêve judiciaire pendant la campagne de l'élection présidentielle. Nous pourrions alors lui répondre très respectueusement qu'il ne serait peut-être pas inopportun d'arrêter de se moquer du monde. Il n'est pas question ici de se prononcer sur le fond de ce dossier, et sur les responsabilités pénales éventuelles des personnes mises en cause. Il appartiendra aux juridictions du fond saisies d'en décider, et on l'espère de façon impartiale. Simplement, il est nécessaire de relever une fois de plus des interférences tellement criantes qu'elles font encourir aux magistrats chargés de la procédure le reproche d'une conduite politique de celle-ci. Malheureusement, la suite va montrer que comme pour Nicolas Sarkozy, dès qu'il s'agit du RN, la fin, c'est-à-dire l'affaiblir, justifie les moyens, c'est-à-dire des accommodements avec la légalité et les principes.

Frapper « la bête immonde » à la caisse

Tous les spécialistes des études d'opinion le disent, la base électorale de Marine Le Pen est très solide, et très peu sensible à la multiplication des scandales judiciaires qui concernent son parti. Aussi la tentation est grande de l'assassiner financièrement et c'est malheureusement celle à laquelle Renaud Van Ruymbeke et Claire Thépaut, couverts par la chambre d'instruction de Paris, vont céder.

D'une certaine façon, Marine Le Pen a été bien utile lorsque la stratégie dite « du castor » l'a transformée en repoussoir et permis l'élection d'Emmanuel Macron en mai 2017. Le problème est justement que son implantation est solide, et qu'elle pourra peut-être constituer pour le pouvoir en place un adversaire gênant, comme l'ont montré les élections européennes du printemps 2019.

La solution a été trouvée avec une nouvelle invention du couple des magistrats instructeurs de l'affaire des attachés parlementaires européens du FN.

Comme nous en avons déjà parlé, pour éviter le renouvellement des folies des années fric et juguler la corruption qui les accompagnait, le législateur a adopté en 1990 un système reposant sur trois principes : financement public des partis en proportion de leurs poids électoral, limitation des dépenses pour les campagnes et contrôle par une autorité administrative indépendante. En ce qui concerne le montant des sommes attribuées à chaque parti politique, celui-ci est calculé sur la base des résultats électoraux lors des élections législatives. Qui est le seul critère du calcul et le seul support juridique du versement. À partir du moment où vous êtes organisé en parti politique dans les formes prévues par la loi et que vous avez obtenu tel ou tel résultat électoral, l'État vous doit votre dotation. Mais pour des raisons qui leur sont propres, nos deux juges ont imaginé un scénario qui constitue un détournement de la loi.

Le Front national et certains de ses dirigeants font donc l'objet actuellement de poursuites, soupçonnés qu'ils sont d'avoir utilisé des attachés parlementaires européens à des fonctions directement politiques pour le parti lui-même. Jusqu'à présent, aucune décision de culpabilité n'a été rendue. L'affaire est à l'instruction depuis fin 2016 et on est loin d'un jugement définitif au fond. Certains se sont alors visiblement demandé comment affaiblir, voire tuer le Rassemblement national, dans la perspective de ce scrutin européen qui ne devait pas *a priori* lui être défavorable. L'idée qui a traversé l'esprit des deux magistrats du siège devant instruire impartialement à charge et à décharge a été d'utiliser un texte qui n'avait rien à voir avec la matière traitée à l'instruction, un texte destiné à lutter contre le grand banditisme ! En l'occurrence la loi du 27 mars

2012[6] relative à la confiscation des avoirs criminels. D'après celle-ci, il est possible de confisquer, avant une éventuelle condamnation, les avoirs de personnes poursuivies, dès lors que le caractère frauduleux de leur acquisition entretient un lien direct avec l'activité criminelle. Le meilleur exemple étant celui de l'argent du trafic de drogue ayant permis l'achat d'une voiture de luxe, qui pourra donc être saisie. C'est une mesure qui met en cause le principe de la présomption d'innocence et qui est donc très encadrée. Tout d'abord, cette possibilité n'est envisageable que pour certaines infractions, comme le précise la circulaire[7] d'application adressée aux parquets, et ensuite, l'ordonnance de saisie doit être motivée en particulier sur le lien étroit existant entre l'activité criminelle et l'acquisition du bien objet de la saisie.

À l'évidence, l'utilisation de ce texte destiné aux gangsters et aux caïds n'a rien à faire dans la procédure suivie au Pôle financier. L'éventuel « détournement de fonds publics européens », infraction pour laquelle les mis en examen sont poursuivis, ne figure pas dans la liste des infractions justiciables de la confiscation. Il n'y a ensuite, bien sûr, aucun lien direct entre ce détournement présumé et la dotation

6. www.legifrance.gouv.fr/affichTexte.do?cidTexte=JORFTEXT000025582235&categorieLien=id

7. www.textes.justice.gouv.fr/art_pix/JUSD1229412C.pdf

que l'État doit au RN, le seul support juridique de celle-ci étant ses résultats électoraux.

Il s'est tout de même trouvé deux magistrats pour prétendre à l'existence de ce lien direct entre le caractère éventuellement fictif des emplois d'attachés parlementaires européens et le versement de la dotation ! Avec le raisonnement suivant : les attachés parlementaires n'ont travaillé que pour le parti, ce qui reste pourtant à établir, et cela a permis au Rassemblement national, alors Front national, d'obtenir les résultats électoraux sur la base desquels est calculée la dotation ! Raisonnement abracadabrant, mais dont on devine l'objectif : porter un coup qu'on espère probablement mortel à un parti légal qui bénéficie de la confiance d'une partie importante des citoyens français. Malheureusement, cette manœuvre contre la liberté politique dans notre pays n'a guère suscité de réaction dans la sphère politique ou médiatique, si ce n'est des approbations ravies. Avec le Rassemblement national, la lutte contre le « fascisme » justifie tout. La chambre d'instruction statuant en appel sur cette décision en a validé le principe, se contentant de réduire le montant de la somme saisie.

Comment qualifier autrement un acte qui crée un précédent aussi dangereux ? Il suffirait donc que le PNF ou n'importe quelle association agréée saisisse un juge d'instruction pour des faits réels, anodins ou simplement imaginaires, pour que l'on puisse couper les vivres aux partis politiques qui gênent ? Les concurrents politiques qui se sont réjouis bruyamment de ce qui arrivait au RN auraient mieux fait de réfléchir un peu et de comprendre qu'ils pourraient bien se retrouver un jour sur la liste.

Il est tout à fait légitime pour qui le souhaite de combattre le Rassemblement national, mais cela doit se faire sur des bases politiques. Jamais avec des expédients liberticides mis en œuvre par ceux dont la mission fondamentale est pourtant de faire respecter de façon impartiale la loi et les libertés publiques.

Nous avions un nouvel exemple avec cette décision de saisie, de cette dérive, dont les affaires Sarkozy et Fillon ont été les aspects emblématiques, qui voit la justice non seulement accepter d'être instrumentalisée, mais le faire avec un zèle politique difficilement contestable. Malheureusement, concernant Marine Le Pen, il a fallu constater qu'il était encore possible de faire pire.

De l'importance de la libido de Marine Le Pen

Le 12 juin 2019, la presse annonçait le renvoi devant le tribunal correctionnel de Marine Le Pen, présidente du premier parti politique de France, comme venait de l'établir le résultat des élections européennes. Elle sera accompagnée sur le banc d'infamie par son collègue parlementaire, l'avocat Gilbert Collard.

Il existait donc en Europe un pays où le premier parti d'opposition, après avoir vu la quasi-totalité de ses dirigeants mis en examen, se multiplier gardes à vue, perquisitions et auditions multiples, ses ressources légales être saisies, sa présidente convoquée pour subir une expertise psychiatrique judiciaire, voyait celle-ci renvoyée devant les tribunaux pour un prétexte grotesque.

Et ce pays n'était pas la Russie de Poutine, la Hongrie d'Orbán, la Pologne d'Andrzej Duda ou un autre où les lépreux votent mal. Non, on ne rêvait pas, c'était bien la France d'Emmanuel Macron. Dans laquelle il devenait difficile de contester ceux qui affirmaient l'avènement d'une démocratie illibérale avec une partie de la magistrature décidée à veiller à la protection du pouvoir en place en apportant au passage sa pierre à la lutte contre un fascisme d'opérette.

Revenons sur le déroulement de cette histoire invraisemblable. En décembre 2015, Jean-Jacques Bourdin, interrogeant le politologue Gilles Kepel, avait trouvé astucieux d'établir un lien d'équivalence entre le FN et Daesh. Rendu furieux par l'insulte, Marine Le Pen et Gilbert Collard avaient surréagi[8]

8. www.ozap.com/actu/choquee-par-jean-jacques-bourdin-marine-le-pen-tweete-des-photos-des-atrocites-de-daesh/485592

et publié sur leur compte Twitter des photos d'atrocités de djihadistes accompagnées du commentaire « Daesh, c'est ça ! », avant de les retirer. Tous ceux qui soutiennent pourtant les politiques qui font monter le RN y virent une nouvelle aubaine judiciaire pour tenter de l'affaiblir. Le parquet de Nanterre fut saisi de l'horrible crime, et demanda rapidement l'ouverture d'une information judiciaire pour délit « de diffusion de message violent susceptible d'être vu ou perçu par un mineur », prévu à l'article 227-24 du Code pénal[9]. Plein de zèle, le magistrat instructeur, alors que sa procédure n'en avait nul besoin, sollicita la mainlevée de l'immunité parlementaire de Gilbert Collard qui lui fut refusée par le bureau de l'Assemblée nationale à majorité socialiste au sein de laquelle subsistaient quelques lambeaux de décence républicaine. Histoire d'être conséquent dans le combat judiciaire contre un fascisme imaginaire et d'apporter sa contribution à la stratégie du castor, les convocations de Marine Le Pen, dans une affaire qui ne présentait aucune urgence, furent évidemment envoyées pendant la campagne de l'élection présidentielle. La presse étant comme toujours informée avant les prévenus. Le Parlement européen n'eut pas les pudeurs démocratiques de l'Assemblée nationale française d'avant

9. www.legifrance.gouv.fr/affichCodeArticle.do?cidTexte=LEGITEXT000006070719&idArticle=LEGIARTI000006418096&dateTexte=&categorieLien=cid

le macronisme en accordant pour cette procédure la levée de l'immunité de la présidente du Rassemblement national.

Voilà pour les péripéties procédurales, mais qu'en était-il du fond au plan judiciaire ?

Il faut rappeler que les procédures utilisables pour la répression de l'article 227-24 du Code pénal que l'on souhaite appliquer à Marine Le Pen et Gilbert Collard relèvent, dans le Code de procédure pénale, du « titre XIX : De la procédure applicable aux infractions de nature sexuelle et de la protection des mineurs victimes ». Il faut lire attentivement dans l'article 706-47 du CPP la liste des infractions concernées par ce titre[10]. C'est édifiant. Tout ce qui relève de la protection de l'enfance y est détaillé et l'on perçoit à quel point les auteurs de ces faits font partie d'une humanité particulière que la justice, à juste titre, entend traiter de façon particulière. Pour être clair, c'est la criminalité des détraqués, des pervers, des psychopathes et autres dérangés. C'est la raison pour laquelle ont été prévues[11] pour ces gens-là, en plus de la peine, des obligations de soins. Et naturellement, pour savoir à qui on a

10. www.legifrance.gouv.fr/affichCodeArticle.do?cidTexte=LEGITEXT000006071154&idArticle=LEGIARTI000006577680&dateTexte=&categorieLien=cid

11. www.legifrance.gouv.fr/affichCodeArticle.do ; jsessionid = E4818B72F891CD3C7E721AFEAD3D5408.tplgfr34s_1 ? idArticle = LEGIARTI000021958720&cidTexte = LEGITEXT000006071154&dateTexte = 20170222

affaire, « les personnes poursuivies pour l'une des infractions mentionnées à l'article 706-47 du présent Code doivent être soumises, avant tout jugement au fond, à une expertise médicale. L'expert est interrogé sur l'opportunité d'une injonction de soins ». Tout ceci démontre l'absurdité de la qualification retenue par le parquet pour son réquisitoire introductif et appliquée par le juge d'instruction. Ne pas l'admettre relève tout simplement de la mauvaise foi.

Alors, le bon sens et l'honnêteté auraient exigé une ordonnance de non-lieu puisqu'en aucun cas Marine Le Pen et Gilbert Collard n'ont eu l'intention de commettre l'infraction de l'article 227-24 et scandaliser des enfants, et que par conséquent il n'y avait pas d'élément moral indispensable à la caractérisation de l'infraction. Ce ne fut pas le choix du juge d'instruction qui conserva cette qualification absurde, et fit convoquer Marine Le Pen chez un psychiatre assermenté afin que celui-ci se prononce, outre sur son état mental, mais aussi et surtout sur l'opportunité d'une injonction de soins. Parce que Marine Le Pen et Gilbert Collard pourraient se faire enjoindre de suivre un traitement inhibiteur de libido ! Le ridicule politiquement très gênant saute aux yeux, mais il s'est trouvé un magistrat instructeur pour considérer tout cela comme parfaitement normal et faire diligence. On pourra aussi compter sur un parquet intraitable pour prendre à l'audience des réquisitions demandant que soit appliquée à nos deux pervers enfin démasqués une peine complémentaire d'inéligibilité.

Aux élections européennes du printemps 2019, les résultats furent sans appel. Le RN était bien devant le parti d'Emmanuel Macron, bien que celui-ci ait utilisé sans aucune vergogne les moyens de l'État au profit de son parti, les organes de contrôle regardant comme d'habitude ailleurs. La gauche effondrée, Les Républicains incapables de sortir de leur crise, la thèse de Marine Le Pen meilleure ennemie de Macron, garantie de sa réélection, n'est plus aussi évidente, la présidente du RN pouvant devenir dangereuse. Alors, pourquoi ne pas continuer à tranquillement utiliser la technique qui a fait ses preuves et devenue désormais une très mauvaise habitude : l'instrumentalisation politique de la justice, avec la pression judiciaire infligée à l'opposition.

Parce que malheureusement, si Marine Le Pen et le Rassemblement national bénéficient de soins judiciaires particuliers, ils ne sont pas les seuls. Gare à ceux qui sont susceptibles de s'opposer au jeune Président.

Chapitre 14
Les poursuites contre l'opposition

Mauvaise surprise pour Gérard Collomb

Commençons cette revue des exemples qui, bien au-delà de l'affaire Fillon, caractérisent cette utilisation de la pression judiciaire contre les adversaires politiques par une « petite » affaire, qui démontre à quel point ce que nous décrivons fait système.

Gérard Collomb, maire socialiste de Lyon, fut l'un des premiers à déclarer sa flamme à Emmanuel Macron. Il en fut récompensé par le poste envié et majeur de ministre de l'Intérieur. Pour des raisons probablement multiples, mais parmi lesquelles le comportement autoritaire et désinvolte du Président vis-à-vis de lui et l'explosion de l'affaire Benalla ont dû jouer un rôle important dans sa décision, Gérard Collomb donna sa démission[1]

1. www.rtl.fr/actu/politique/demission-de-gerard-collomb-pourquoi-a-t-il-tenu-tete-a-emmanuel-macron-7795035092

au début du mois d'octobre 2018. Pour se faire ensuite photographier hilare le verre à la main dans un « bouchon » de sa bonne ville. Il fut rapidement rappelé à l'ordre et a dû comprendre ce qui l'attendait pour avoir manqué au monarque et en voulant poursuivre sa tâche de maire à la tête de la deuxième ville de France. Comme il cochait ces deux cases, il était nécessaire de lui notifier à nouveau les règles du macronisme en marche. D'abord, Gilles Boyer, fraîchement élu au Parlement européen, envoya à tous un message clair : « Un maire qui sera réélu avec l'apport de la République En Marche et du MoDem sera un allié du Président pour 2022, et un maire qui sera réélu sans leur apport sera un ennemi du Président pour 2022. » Relayé par Marlène Schiappa exposant ses rêves de parti unique[2]. Avec cet étrange message qui aurait parfaitement convenu à Xi Jinping : « Êtes-vous prêts à porter et défendre des idées, peu importe leur provenance, au service des Français ? Si oui, alors venez marcher avec nous. Nous ne serons pas d'accord sur tout : c'est ce qui fait (encore) la beauté du débat d'idées. Mais nous serons rassemblés sur une destination. »

Concernant Gérard Collomb et pour faire bon poids, histoire de bien confirmer qui était le patron,

2. https://francais.rt.com/france/62867-quelque-chose-totalitaire-socialistes-accusent-marlene-shiappa-parti-unique

on ajouta l'instrumentalisation de la justice, en lui infligeant un joli rodéo judiciaire accompagné de l'habituel lynchage médiatique.

Le mercredi 5 juin, *Le Canard enchaîné* faisait état dans ses colonnes de l'existence d'une enquête préliminaire visant le maire de Lyon et ouverte comme de juste par le Parquet national financier sous la qualification infamante de « détournement de fonds publics ». Le PNF avait été créé pour les affaires financières complexes, on put constater avec cette saisine qu'il était également compétent pour les histoires de cornecul et les secrets d'alcôve. Le jour même, par le plus grand des hasards, bien sûr, étaient menées des perquisitions par les policiers de l'Office central de lutte contre la corruption et les infractions financières et fiscales. Au domicile de l'ancien ministre de l'Intérieur, et dans les bureaux de la mairie centrale, dans le 1er arrondissement. Les gazettes dûment informées au préalable nous expliquaient que l'affaire était la résultante d'un « rapport provisoire » de la chambre régionale des comptes Auvergne-Rhône-Alpes, portant sur la gestion de la ville de Lyon entre 2014 et 2018. À ce stade, il faut apporter quelques précisions sur le déroulement et la portée de ces contrôles. Il s'agit de sortes d'audits réalisés par les magistrats de la juridiction financière des collectivités de leur ressort qui donnent lieu à des rapports définitifs portés à la connaissance du public. Mais il faut savoir que la procédure est secrète et se déroule en deux temps : tout d'abord une instruction non contradictoire qui débouche sur un rapport provisoire, qui doit être strictement confidentiel. Puis c'est postérieurement que la collectivité peut présenter ses observations et sa contestation des critiques qui lui sont faites dans le rapport provisoire. À la suite de ce débat avec échange de mémoire complet et d'audience est produit le rapport définitif qui lui est public. Naturellement, le rapport provisoire avait fuité, puisqu'on en retrouvait le contenu dans la presse, et il avait été, semble-t-il, transmis au parquet général de la Cour des comptes qui l'avait prestement renvoyé au PNF. Quel était donc le crime abominable commis par Gérard Collomb pour justifier cette descente des autorités judiciaires en grand équipage dans la capitale des Gaules ? Il aurait « fait bénéficier son ex-compagne de plusieurs emplois municipaux depuis plus de vingt ans », nous annonçait la presse. Comme Fillon alors ? Et il fallait bien chercher pour apprendre que la personne en question était fonctionnaire territoriale, auparavant non titulaire de catégorie C à partir de 1995, puis titularisée comme agent administratif en 2005. De 2005 à 2009, elle avait été successivement affectée dans deux mairies d'arrondissement puis, à partir de 2009 et jusqu'à 2015, chargée d'une activité d'accueil et d'information de proximité sur des projets urbains. Ah oui, mais non, il était important que Mme Houlette sache précisément si pendant ses vingt-trois ans au service de la commune, cette personne arrivait à l'heure à son travail, et n'en profitait pas pour bayer aux corneilles. Et le meilleur moyen de le savoir était évidemment de fouiller le logement personnel de Gérard Collomb, séparé de cette personne depuis plus de quinze ans.

Quelles étaient les raisons de ce rodéo pour une affaire retombée depuis dans un sommeil paisible ? Certaines méchantes langues prétendent qu'Emmanuel Macron est rancunier, d'autres qu'il y avait là la volonté d'aider David Kimelfeld, ancien proche de Collomb, passé à « En marche » et désireux de ravir à son ancien patron le poste de maire en 2020. Les deux ont probablement raison, et comme les protagonistes se sont joliment ridiculisés aux municipales de 2020, il n'est pour l'instant plus nécessaire de se donner du mal et le front a toutes les chances de rester calme. Mais gare, si les besoins s'en faisaient sentir, nous aurions alors l'arrivée des juges d'instruction militants du Pôle financier qui prendraient la suite avec diligence, les pièces tronquées arrivant sur les bureaux de journalistes amis, les gardes à vue, les interrogatoires, les perquisitions, la routine, quoi.

La douloureuse surprise de Jean-Luc Mélenchon

En ce mardi 16 octobre 2018 au matin, ayant appris l'annonce imminente du remaniement ministériel, nous étions palpitants, pleins d'impatience et d'espoir, attendant les décisions jupitériennes. Une fois celles-ci tombées, pourquoi ne pas faire un petit tour sur les réseaux, histoire de se détendre à la lecture souvent hilarante des commentaires, des parodies et des détournements saluant le nouvel épisode de la série *Macron fait des trucs*. Avec l'arrivée de Christophe Castaner dit Rantanplan au poste de premier flic de France, les humoristes numériques disposaient d'une mine d'or, on en riait à l'avance.

Et là, surprise, partout le visage de Jean-Luc Mélenchon tout ébouriffé, tout surpris et tout fâché. Par ce qui lui était tombé sur la figure à l'heure du laitier : une perquisition judiciaire en bonne et due forme[3]. La violence légitime de l'État exprimée par une sorte de cambriolage très matinal, où l'on rentre chez vous, dans votre intimité, pour tout fouiller, tout saisir. Vous avez juste le temps d'enfiler un slip, et si vous voulez prendre une douche, c'est en laissant la porte ouverte, histoire d'humilier un peu et de vérifier si vous n'en profitez pas pour dissimuler quelque chose.

---

3. www.francetvinfo.fr/politique/la-france-insoumise/jean-luc-melenchon-vise-par-une-perquisition-a-son-domicile-dans-le-cadre-de-deux-enquetes-preliminaires_2988421.html

Et pendant ce temps, les policiers ouvrent les placards, retournent les tiroirs, vérifient sous les lits, démontent les machines à laver, décousent les doublures de vos costumes, et saisissent vos ordinateurs devenus les objets les plus personnels qui soient. Lorsque c'est tombé sur Nicolas Sarkozy, tout le monde avait ricané, lui, c'était normal, en revanche quand c'est à vous que ça arrive, cela fait un drôle d'effet que ce sentiment de violence et d'arbitraire. Jean-Luc Mélenchon a alors constaté, stupéfait que c'était à son tour de passer au tourniquet, de subir le rodéo judiciaire que d'autres ont connu avant lui. Découvrant par la même occasion ce que sont la partialité et le dévoiement politique d'un haut appareil judiciaire qui ne voit aucun inconvénient à se transformer en outil à la disposition du pouvoir. Alors le patron de La France insoumise, extrêmement contrarié, adopta le registre de la dénonciation tonnante où il excelle. Première cible, évidemment, l'extrême droite qui n'y est pour rien, mais c'est un rituel. Exactement comme le roi Loth d'Orcanie dans la série *Kaamelott* avec ses citations[4] latines qui ne veulent rien dire mais font toujours de l'effet. Après ce sera le tour, tout aussi inutile, de la pauvre Nicole Belloubet, dont une légende urbaine prétendait à l'époque qu'elle était garde des Sceaux.

---

4. www.arretetonchar.fr/le-latin-dans-kaamelott/

Assez rapidement, il a été possible de comprendre que c'était « même motif, même punition » que le FN devenu RN[5]. La justice s'arroge le droit de contrôler la façon dont les partis d'opposition utilisent leur argent et leurs ressources, ce qui constitue une atteinte à leur liberté politique fondamentale. La loi de 1990 permet de contrôler les recettes, mais les dépenses, dès lors qu'elles restent conformes à l'ordre public, relèvent de la liberté des partis. Illustrons-le par un exemple : si Jean-Luc Mélenchon ou les dirigeants de La France insoumise décidaient d'utiliser l'argent de leur mouvement pour financer un trafic de drogue, il y aurait un problème. Mais si le même parti décide par exemple d'acheter un château pour son siège, ou bien de payer des prestations élevées à des fournisseurs, c'est son affaire et cela relève, répétons-le, de sa liberté politique.

Jean-Luc Mélenchon a alors pris conscience qu'avec ce pouvoir et la partie de l'appareil judiciaire qui le suit, la perquisition, comme la guerre, est la continuation de la politique par d'autres moyens. Alors le camarade a dû comprendre que ce n'était pas une bonne idée lorsqu'il avait applaudi quand Nicolas Sarkozy connut ces méthodes indignes et pris un air pincé sans dire grand-chose sur celles infligées à François Fillon. Quant aux ennuis judiciaires du RN, ses

5. www.vududroit.com/2018/07/juillet-2018-rude-semaine-libertes-chapitre-1er/

partisans et lui étaient au bord de l'ovation. Bien qu'il y eût, et il faut le rappeler, Clémentine Autain pour sauver l'honneur en refusant de voter la mainlevée de l'immunité parlementaire de Marine Le Pen dans l'affaire des photos. Elle au moins avait compris le pourquoi des demandes utilisées contre celle-ci. Mais elle fut bien seule.

Comme nous l'avons déjà dit, ce qui est en cause n'est pas ce qui pourra arriver à la fin des procédures si celle-ci advient un jour, mais bien la question de l'utilisation de la justice par des initiatives procédurales immédiatement médiatisées, prises en fonction des impératifs politiques du jour. Pourquoi croyez-vous, Jean-Luc Mélenchon, que la perquisition dont vous avez été l'objet est intervenue le jour de l'annonce du remaniement ? Pourquoi croyez-vous que les procédures concernant Nicolas Sarkozy durent pour certaines depuis vingt-cinq ans comme ce fut le cas pour l'affaire de Karachi ? Il faut à chaque fois vérifier le contexte politique dans lequel sont répercutés telle mise en examen, telle perquisition, tel scoop relayé par la presse amie, telle publication de procès-verbaux trafiqués, etc. Il y a toujours un Dieu caché : l'intérêt politique du pouvoir.

Et de ce fait, il ne servait à rien d'interpeller Mme Belloubet prétendument garde des Sceaux qui n'est là que pour mettre en œuvre les décisions du Château.

Tout le monde se rappelle l'outrance maladroite des réactions du leader de La France insoumise ne saisissant pas à ce moment-là que l'imprécation furieuse, registre où il excelle, n'était vraiment pas adaptée. Même s'il avait entièrement raison sur le fond en invoquant le caractère « sacré » de sa personne républicaine. Ses excès ont semblé le fruit d'une douloureuse surprise face à l'utilisation cynique de la violence d'État contre lui. Comment osait-on infliger à Jean-Luc Mélenchon, pourtant consacré « adversaire et non ennemi » par Emmanuel Macron sur le Vieux-Port quelques jours avant, le même traitement qu'à Sarkozy, Fillon et Le Pen ? Jean-Luc Mélenchon a alors, semble-t-il, compris qu'en matière de justice politique, la recherche de la connivence avec celui qui tient le manche est toujours vouée à l'échec, mais également que l'innocence ne protège de rien. Là comme ailleurs, seul compte le rapport de force, et privilégier la tactique au détriment de la défense des principes est toujours un très mauvais placement.

L'opération du 16 octobre avec ses 17 perquisitions simultanées n'a pas pu être organisée sans que non seulement le pouvoir exécutif soit au courant, mais ait pris lui-même la décision. L'expérience du fonctionnement de la machine judiciaire et le simple bon sens permettent de l'affirmer. Une opération de cette ampleur, le jour de l'annonce du remaniement, menée par le parquet mobilisant 100 policiers (!) et dirigée contre un des premiers partis d'opposition, sans que les services de la place Vendôme et notamment le garde des Sceaux soient au courant ? Sans que Mme Belloubet l'ait décidé en liaison étroite avec l'Élysée ? Une telle mobilisation policière sans que le ministère de l'intérieur ne soit au courant et ait donné son feu vert ? Cette présentation à base d'éléments de langage fournis par la macronie était simplement ridicule.

La perquisition a été fructueuse et le parquet, c'est-à-dire le pouvoir politique, est désormais en possession grâce aux saisies, de toutes les informations stratégiques du parti : fichiers d'adhérents, comptabilité, documents de réflexion, projets, etc. Le rôle politique du parquet qui était de récupérer tous les documents utiles concernant le parti d'opposition étant terminé, celui-ci a sollicité l'ouverture d'une information judiciaire et le dossier est désormais entre les mains de juges d'instruction. L'astuce est passablement grossière puisque d'après les informations dont on dispose, ladite instruction n'avance pas, personne n'a été mis en examen ou sous le statut de témoin assisté, ce qui veut dire que personne d'autre que le parquet, et bien sûr la presse amie qui accepte de jouer ce rôle-là, n'a accès aux éléments qui ont été saisis. La France insoumise est donc sous une menace en forme d'épée de Damoclès, c'est-à-dire qu'à tout moment on peut relancer le grand cirque médiatico-judiciaire contre Jean-Luc Mélenchon et ses amis. Le scénario étant toujours le même : un contexte politique qui le nécessite, des convocations diverses et variées adressées aux dirigeants et collaborateurs de La France insoumise. Soit pour des mises en examen spectaculaires avec des qualifications sonores, de celles qui enjolivent les manchettes, « escroqueries en bande organisée, détournement de fonds publics en réunion, blanchiment de fraude fiscale, etc. ». Soit pour des gardes à vue fatigantes dont les durées seront fonction des qualifications et pourront aller jusqu'à quatre-vingt-seize heures... Nouvelles perquisitions, bien sûr, chez les mêmes, avec des écoutes téléphoniques tous azimuts. La presse sera comme d'habitude scrupuleusement alimentée de copies partielles de procès-verbaux, de pièces de procédure de toute nature, de transcriptions trafiquées d'écoutes téléphoniques. Il est d'ailleurs probable que les interlocuteurs privilégiés soient déjà choisis. Et naturellement, comme d'habitude aussi, toutes les plaintes pour violation du secret de l'instruction (protégé, il faut le rappeler, par la loi) seront soigneusement rangées par le parquet avec les autres dans l'armoire prévue à cet effet, celle d'où, couvertes de poussière, elles ne sortent jamais.

Comme tout le monde, le patron de La France insoumise présente un ensemble de défauts et de qualités, et parmi ces dernières, il faut reconnaître la présence du talent, du courage et du goût du combat. À la suite de l'agression dont son partie et lui ont été les victimes, il a fait face et a semblé mesurer la nécessité, tant pour ses propres intérêts que pour des raisons de principes, de lutter contre ces dérives. Dans un premier temps, il a commandité la réalisation d'un documentaire intitulé : *Lawfare. Le cas Mélenchon*[6]. L'auteur a participé à la réalisation et tous les contacts qu'il a eus à ce moment-là avec Jean-Luc Mélenchon et son entourage démontrent que ceux-ci avaient complètement pris la mesure de la dimension politique de ce qui leur était arrivé. Histoire de profiter des emportements sonores de Jean-Luc Mélenchon, celui-ci fut poursuivi devant le tribunal correctionnel de Bobigny pour ses réactions face au raid judiciaire dont il avait été indiscutablement l'objet. Cette procédure ne fut qu'une triste pantomime dans laquelle le comportement de Jean-Luc Mélenchon et de ses amis, pour certains également élus de la nation, fut présenté par les avocats des parties civiles, dont Éric Dupond-Moretti, quasiment comme un crime contre l'humanité. Et les policiers abominablement traumatisés par le brouhaha et les bousculades n'hésitèrent pas à se présenter en victimes de quasi-atrocités. Le procureur y vit une insupportable mise en cause de la légalité républicaine et prononça des réquisitions demandant trois mois de prison avec sursis et 8 000 euros d'amende contre Jean-Luc Mélenchon. Il fut suivi par le juge du fond, qui s'aligna soigneusement sur ces réquisitions, symptôme s'il en

6. www.youtube.com/watch?v=W0Mbc5cksds

était besoin que cette procédure n'était destinée qu'à donner *a posteriori* une légitimité au rodéo qui n'en avait sur le plan politique et moralement absolument aucune. Les parties civiles furent quant à elles grassement « indemnisées ». Jean-Luc Mélenchon, réitérant son analyse et dénonçant à nouveau une opération politique, reçut la fatwa lancée à ceux qui s'opposent au système Macron : complotiste !

Malheureusement, les bonnes résolutions de Jean-Luc Mélenchon et de La France insoumise de refuser désormais l'instrumentalisation politique de la justice ont fait long feu.

Quelques jours après les avanies infligées à leur parti, quatre députés LFI, dont Ugo Bernalicis, n'ont vu aucun inconvénient à adresser au procureur du tribunal de Paris, un des tourmenteurs de leur parti, une lettre consternante d'obséquiosité connivente en réclamant des poursuites pénales contre... Alain Finkielkraut qui s'était maladroitement essayé au second degré dans un débat avec Caroline De Haas dans une émission télévisée. Le caractère étonnant et déplaisant de cette délation mais surtout d'une inconséquence politique consternante n'a, semble-t-il, gêné personne à La France insoumise. Le même Ugo Bernalicis a ensuite présidé une commission parlementaire sur « l'indépendance de la justice » qui a procédé à un certain nombre d'auditions et en particulier celles de trois hauts magistrats concernés directement ou indirectement par l'organisation du raid judiciaire contre

LFI. Les dépositions, outre qu'elles ont constitué une reconnaissance du caractère d'opération politique de la procédure intentée contre François Fillon pendant la campagne électorale, ont été également émaillées de déclarations entretenant des rapports très élastiques avec la vérité. Le problème est que les dépositions devant une commission parlementaire sont réalisées sous serment, et que toute altération de la vérité est pénalement considérée comme un faux témoignage. Juste un petit exemple : Jean-Michel Hayat prétendant n'avoir jamais nommé Serge Tournaire, le magistrat instructeur spécialisé dans la chasse au Sarkozy, dans un dossier susceptible de concerner l'ancien chef de l'État est quelque chose d'ahurissant dans la mesure où le président du tribunal de Paris l'a fait au moins cinq fois ! Bernalicis fit son devoir avec une transmission immédiate au parquet de ces possibles parjures[7]. Peut-être effrayé par sa propre audace, il s'est ensuite précipité chez *Libération* pour sauter à pieds joints dans la marmite du contresens attristant en reprenant par exemple à son compte la revendication d'indépendance du parquet, dont nous avons dit au chapitre 5 le danger liberticide : « Ugo Bernalicis souhaite que le parquet coupe le cordon avec l'exécutif pour devenir plus impartial et plus humain[8]. »

---

7. www.nouvelobs.com/justice/20201001.OBS34120/info-obs-le-depute-ugo-bernalicis-accuse-quatre-hauts-magistrats-de-temoignage-mensonger.html

8. www.liberation.fr/france/2020/08/12/la-justice-pourrait-etre-moins-soumise-et-disciplinee_1796674

Plus préoccupant encore, la démarche de Jean-Luc Mélenchon au moment de la nomination d'Éric Dupond-Moretti au poste de garde des Sceaux lors du remaniement ministériel du début du mois de juillet 2020. La semaine précédente, une indiscrétion publiée par *Le Canard enchaîné* révélait que le parquet de Paris avait ouvert une enquête pour « abus de confiance » et « recel » concernant La France insoumise. Quels étaient ces nouveaux problèmes judiciaires qui s'abattaient sur elle et son patron ? Celui-ci et quelques-uns de ses camarades ayant été condamnés à payer des dommages-intérêts aux pauvres malheureux policiers traumatisés par l'accueil furieux qu'ils avaient reçu le jour de la perquisition du 16 octobre 2018, il fallait régler les 2 600 euros pour préjudice moral aggravé par tête. Considérant que c'était son parti qui avait été visé lors cette descente de police, la direction de LFI, à l'issue de délibérations prises par les instances *ad hoc*, a décidé de prendre en charge non pas les amendes mais les dommages-intérêts (qui sont des créances civiles). Nouvelle énormité juridique que cette qualification d'abus de confiance et de recel mise en avant par le parquet pour justifier cette agression, puisque ce règlement était licite sans qu'il soit besoin de se lancer dans de longs développements juridiques, pour simplement rappeler que même la CEDH l'a validé. La manœuvre visant à intimider sautait aux yeux. Quelques jours plus tard, Jean-Luc Mélenchon a trouvé le moyen d'écrire une lettre ouverte au nouveau ministre de la Justice récemment nommé. À qui l'avait pourtant opposé une polémique assez brutale au moment du procès de Bobigny à base de conseil d'absorption de tisane pour se calmer. Dans ce texte, Jean-Luc Mélenchon[9] commence par oublier qu'en matière de justice, de politique, ou de guerre, seul compte le rapport de force. Que la recherche de la connivence est la dernière des choses à faire sauf à se trouver immédiatement en situation d'infériorité et, pire peut-être, de débiteur. Balançant par-dessus bord la thèse du *lawfare*, et de l'opération politique l'ayant concerné, il qualifie la nouvelle agression de « dysfonctionnement du parquet », en fait porter la responsabilité à Nicole Belloubet, en proposant un arrangement au nouveau ministre !

Était-il possible de faire pire ?

Achever François Fillon et justifier le raid

Trois ans après l'opération judiciaire du printemps 2017 contre François Fillon, le dossier est sorti d'un sommeil paisible pour aboutir à une très lourde condamnation de l'ancien candidat au mois

9. www.lexpress.fr/actualite/politique/melenchon-vise-par-une-enquete-ce-que-l-on-reproche-au-leader-et-aux-cadres-des-insoumis_2129708.html

de juin 2020. De quoi cette décision du tribunal correctionnel de Paris était-elle le nom ?

Comme souvent, on peut répondre en commençant par dire ce qu'elle n'est pas, c'est-à-dire une décision judiciaire normale rendue sur la base d'une vérité judiciaire incontestable rendue après une procédure régulière. Tout était gênant dans cette partie du long procès commencé en février 2017, à commencer par la date choisie trois ans après de fulgurants débuts, comme de bien entendu en pleine campagne électorale des municipales afin de gêner l'opposition LR hégémonique dans les communes. Il y a ensuite l'attitude du procureur représentant le PNF, affichant une goguenardise déplacée tout au long de l'audience, et prononçant des réquisitions exorbitantes, assorties d'une référence ridicule et ignorante à la pendaison des coupables de détournement de fonds publics sous l'Ancien Régime pour démontrer l'ampleur de la faute commise par François Fillon. Ces réquisitions, à la surprise des praticiens, réclamaient à peu de chose près le maximum de la peine prévue par les textes : le procureur de la République a requis à l'encontre de François Fillon une peine de cinq ans d'emprisonnement dont trois avec sursis, assortie d'une amende de 375 000 euros et de dix ans d'inéligibilité. Une peine de trois ans de prison avec sursis a été requise à l'encontre de Pénélope Fillon. En balayant d'un revers de manche tous les arguments juridiques de la défense pourtant forts solides pour certains, et en particulier ceux qui se déduisent du principe constitutionnel de la séparation des pouvoirs. Les réquisitions soutenues par Aurélien Létocart au nom du Parquet national financier étaient à la fois incohérentes et très cohérentes…

L'incohérence réside dans le fait qu'au regard du droit qui devrait trouver à s'appliquer dans ce dossier, il est clair que les demandes de cette autorité de poursuite entretiennent avec lui des rapports très lointains. Tant en ce qui concerne le support juridique de l'accusation que le quantum des peines réclamées. Pour attraire l'ancien Premier ministre devant le tribunal correctionnel, il a fallu brutaliser la loi et les principes. Celui de la séparation des pouvoirs qui met le législateur à l'abri des empiétements et des pressions de l'exécutif dont dépend le parquet, aurait dû prévaloir. Et le PNF n'aurait pas dû être, à ce point suivi dans la conduite de la procédure comme il l'a été par les juges du siège. Que sont les magistrats instructeurs, la chambre d'instruction de la cour de Paris et la Cour de cassation. Les chefs de poursuite utilisés n'auraient pas dû être ceux-là et pour plusieurs raisons. Répétons que si l'on respecte les principes d'interprétation restrictive en matière pénale, qui sont fondamentaux, le détournement de fonds publics reproché à François Fillon ne tient pas. Il y a ensuite le principe de liberté politique et d'immunité des parlementaires qui leur permet d'organiser librement leur mandat. Cela ne veut pas dire qu'ils peuvent faire n'importe quoi, mais le contrôle est alors effectué et les manquements sanctionnés par l'institution parlementaire elle-même. Relever ces caractéristiques ne rend pas pour autant François Fillon moralement séduisant, mais l'aversion que l'on peut avoir pour ce médiocre personnage ne justifiait pas que l'on prenne des libertés avec le droit et que l'on bascule dans l'arbitraire.

Et quand bien même aurait-on considéré les poursuites juridiquement fondées, le quantum des peines réclamées est sans commune mesure avec la jurisprudence habituelle. Et l'on rappellera encore une fois que les poursuites du PNF, l'institution sur mesure de François Hollande, sont à géométrie singulièrement variable. Que sont devenus le socialiste Bruno Le Roux ou l'ancien ministre socialiste Kader Arif par exemple ? *Quid* du cas de Bruno Le Maire, LR rallié, qui employait son épouse artiste peintre (!) comme assistante parlementaire… ? *Quid* également d'un véritable travail juridique relatif à cette question des fonctions d'assistants parlementaires puisque les trois quarts des parlementaires ont opéré de la même façon que François Fillon, employant pour des missions obscures conjoints, enfants, cousins et petits-cousins et, bien sûr, maîtresses. Tout ceci était d'une hypocrisie noire.

On pouvait ne pas être surpris que le PNF à l'origine du rodéo judiciaire du printemps 2017 ait souhaité valider son travail de l'époque en le justifiant par ce comportement excessif. François Fillon était un abominable criminel, et pour cela on avait eu raison de lui infliger un énorme lynchage médiatico-judiciaire, et si cela avait permis sa disqualification électorale et l'arrivée d'Emmanuel Macron au pouvoir, c'était strictement par hasard.

Mais ce qui est beaucoup plus regrettable, c'est que, malgré l'évidence de cette opération politique délétère, confirmée par les aveux d'Éliane Houlette et les déclarations de Catherine Champrenault, le juge du fond, par définition indépendant et impartial, ait jugé bon de suivre le parquet. En prononçant le 29 juin 2020 une décision conforme aux réquisitions, qui n'a pas d'autre sens que celui d'entériner le raid judiciaire ayant faussé l'élection la plus importante de la République, et permis ainsi l'arrivée d'un inconnu à l'Élysée. Le quantum des peines finalement prononcées par le tribunal n'a, lui non plus, rien à voir avec ce qui est habituellement pratiqué par la jurisprudence pour ce genre de dossiers. Sans parler des dizaines de parlementaires qui ont eux aussi employé leurs familles dans des conditions plus que troubles et qui dorment sur leurs deux oreilles, assurés de leur tranquillité puisqu'ils sont sur les bonnes cases de l'échiquier politique comme Bruno Le Maire, Richard Ferrand ou Bruno Le Roux. Les arguments juridiques reposant sur des principes fondamentaux ont été balayés, quasiment sans être véritablement réfutés. Et on peut tout à fait dire que François Fillon, jamais condamné, n'ayant pas fraudé le fisc, ni détenu des comptes secrets à l'étranger, blanchi de l'argent, a, dans ces conditions, été victime d'un traitement particulier. Avec manifestement un seul objectif : justifier la violence procédurale du printemps 2017, pour parer à l'accusation d'instrumentalisation de la justice.

Comme nous l'avons dit dans le chapitre 10, tout le monde savait qu'il s'agissait d'une opération savamment préparée et exécutée avec zèle par des magistrats parfaitement d'accord pour la mettre en œuvre. Durant trois ans, en dehors de quelques questionnements prudents et quelques contritions discrètes signées Davet et Lhomme[10] ou Marc Endeweld, tout le monde a fait semblant. Il n'est que de se rappeler l'absence totale de critiques dans la presse à la suite des réquisitions du Parquet national financier contre les époux Fillon, pourtant surprenantes de sévérité. Ou de se souvenir du silence gêné des journaux devant l'attitude scandaleuse du parquet qui, durant tout le déroulement de l'audience, n'a laissé aucun doute quant à son objectif : justifier la violence procédurale du printemps 2017. Par ailleurs parfaitement établie par les quasi aveux sous serment de l'ancienne patronne du PNF et de la procureure générale de Paris. Tout ceci mérite cependant un passage en revue des différentes réactions.

---

10. www.fayard.fr/documents-temoignages/apocalypse-les-annees-fillon-9782213712963

Le bal des hypocrites

Le réveil des LR

Les LR se réveillèrent d'un long sommeil sur cette question, alors qu'ils étaient parfaitement au courant depuis le premier jour de l'existence de l'opération visant à disqualifier leur candidat et à permettre l'élection d'Emmanuel Macron. Un mélange de lâcheté, d'envies d'aller à la soupe et d'aversion pour François Fillon a abouti à l'instauration d'un pieux silence, dont ils sont aujourd'hui sortis, sentant le chef de l'État affaibli et soucieux de continuer de redorer leur blason. Alors, bardés de fausse ingénuité, ils font semblant de découvrir la lune avec les déclarations d'Éliane Houlette, et enfoncent vaillamment des portes ouvertes.

Jean-Luc Mélenchon a compris

Pendant la campagne de l'élection présidentielle de 2017, Jean-Luc Mélenchon a donné tout son crédit aux fuites ciblées parues dans la presse sur l'enquête puis l'instruction de l'affaire Fillon. Ses partisans et lui n'hésitèrent pas à se servir de ces « informations » pour contrer leur concurrent LR. Comme nous l'avons dit, le patron de la France insoumise a changé son discours car, entre-temps, il a goûté à l'instrumentalisation politique de la justice en se faisant appliquer le même genre de traitement. Et à propos de Fillon et des révélations Houlette, le patron de la France insoumise a bien déclaré : « Il y a eu un effet de meute. Il est clair que sa liquidation politique a servi l'ascension de M. Macron. C'est de la grossière manipulation. » On ne saurait être plus clair.

Socialistes et éditocrates, Joffrin porte-parole

Il est nécessaire de faire un lot commun dans la description du comportement des socialistes et des journalistes soutiens indéfectibles d'Emmanuel Macron. D'abord parce qu'ils appartiennent au même monde et ensuite parce que ce sont eux qui ont été ensemble à la manœuvre. Les uns organisant et soutenant la manipulation, les autres la relayant dans un invraisemblable bombardement médiatique. Ils auraient du mal à prétendre qu'ils entendaient là soutenir Benoît Hamon, candidat officiel du PS ! Non : c'était bien Emmanuel Macron qu'ils voulaient. Le problème, c'est que les Français en ont fait l'expérience depuis et, allez savoir pourquoi, beaucoup rasent les murs. Mais pas Laurent Joffrin qui, comme d'habitude, se porte candidat dès qu'il faut afficher son ignorance et déployer sa mauvaise foi. Et comme à chaque fois, c'est un petit bonheur. L'ex-directeur de *Libération* défend bec et ongles la fable d'une justice indépendante et révèle en creux sa conception de la démocratie : « On parle d'instrumentalisation, de forfaiture, de cabinet noir et on regonfle le mythe d'une élection volée qui aurait privé un Fillon blanc comme neige de son ticket d'entrée à l'Élysée »

Il sait pourtant très bien que ce n'est pas le principe même d'une procédure à l'encontre de François Fillon qui pose un problème, mais la façon dont elle s'est initialement déroulée. Dont il ne dit pas un mot. Le caractère exceptionnellement fulgurant à ce moment-là, à un rythme qu'aucun avocat n'a vu dans sa carrière, à partir non d'un réquisitoire ni d'une plainte ou d'un signalement de l'article 40, mais d'un article de journal opportunément publié à quelques semaines du scrutin : tout cela ne le dérange en rien.

La violation de la loi sur le secret de l'enquête, probablement par des gens liés à celle-ci, magistrats ou policiers, pour que des pièces de la procédure habilement sélectionnées paraissent dans la presse avant même qu'elles soient cotées dans le dossier judiciaire, tout va bien pour Laurent Joffrin. Qui ne voit pas d'inconvénient que la loi devienne à géométrie variable, et que des fonctionnaires violent leurs obligations légales et par conséquent leur serment sous son nez.

Et apparaît à nouveau en creux l'argument, tant de fois entendu, d'une culpabilité affirmée concernant

François Fillon qui aurait justifié qu'on l'écarte de la course à la présidence dont il était le favori. Jolie conception de la séparation des pouvoirs que cette présentation des choses approuvant le déclenchement d'une procédure judiciaire ultrarapide et sa mise en scène dans un grand tintamarre médiatique illégalement organisé. Et pas non plus de problème que ce soient les procureurs qui désormais choisissent qui peut se présenter à l'élection la plus importante de la République. Dans une démocratie normale, c'est le juge du fond après un débat contradictoire dans le respect des règles qui peut décider d'infliger la peine complémentaire d'inéligibilité.

En revanche, Laurent Joffrin ne s'intéresse pas du tout à l'affaire Arif sur les conditions financières de la campagne de Hollande en 2012 qui dort paisiblement du sommeil de l'injuste depuis plus de six ans pas plus qu'à celle concernant Le Roux, Ferrand, Benalla, Bayrou, Goulard, Delevoye, Kohler, Emelien, El Guerrab, etc. Ceux-là seraient-ils dispensés de rendre des comptes ?

La défense de Fillon et « les magistrats en campagne »

Un des avocats de François Fillon vint nous dire, trois ans après, que pendant l'information judiciaire, il avait eu l'impression d'être devant non un magistrat instructeur, mais un militant. On veut bien le croire, mais il convient tout de même de s'interroger sur cette prise de conscience tardive. C'était en effet le même magistrat qui avait instruit la procédure diligentée à l'encontre de Nicolas Sarkozy pour le règlement par l'UMP en 2012 de l'amende fixée par le Conseil constitutionnel au titre du dépassement des comptes de campagne. À ce moment-là l'instruction totalement à charge et les mises en examen multiples du « magistrat militant » n'avaient pas beaucoup gêné François Fillon, alors à la tête de l'UMP, qui avait été les solliciter de Jean-Pierre Jouyet – secrétaire général de l'Élysée de François Hollande. Dites-nous monsieur Fillon, un « magistrat en campagne », dans un cas c'est bien, dans un autre c'est mal, c'est ça ?

Macron veut qu'on vérifie...

Emmanuel Macron quant à lui fit très fort. Annonçant à grand son de trompe qu'il avait saisi le Conseil supérieur de la magistrature pour vérifier « l'indépendance de l'enquête ». On avait bien entendu, Emmanuel Macron ne parlait pas « d'impartialité » mais « d'indépendance ». Mais bien sûr la procédure a été « indépendante », puisqu'il n'y a eu nul besoin de pressions sur Éliane Houlette pour qu'elle lance soigneusement, avec son enquête préliminaire, le premier étage de la fusée judiciaire anti-Fillon. Le juge d'instruction Serge Tournaire du

Pôle financier allumera le second, et ce sera suffisant pour sortir Fillon de la course et ouvrir un boulevard à Macron. Et nul besoin non plus d'instructions de la chancellerie ou de l'Élysée pour que Catherine Champrenault apporte tous ses soins à l'opération. La duplicité de cette annonce présidentielle fait sourire. On imagine après l'assassinat de Jules César aux ides de mars 44 av. J.-C., Brutus demander au Sénat romain de « vérifier » son innocence dans le complot.

Des magistrats un peu gênés

Il y eut enfin des magistrats, dont beaucoup étaient assez gênés, rappelant les grands principes, se réfugiant dans le déni, ou bien essayant une fois de plus de faire avancer la mauvaise cause de l'indépendance du parquet. Et puis, ceux qui accusent les copains, histoire de se défausser de leur responsabilité dans la manipulation du printemps 2017.

Ils ont dû être soulagés par le rapport de l'inspection générale des services judiciaires confirmant que selon ses investigations tout s'était bien passé et qu'il n'y avait aucun problème, suscitant un grand éclat de rire dans le monde judiciaire.

L'instrumentalisation politique de la justice pour disqualifier le favori de l'élection présidentielle de 2017 est une évidence depuis trois ans.

Les épisodes consécutifs aux déclarations sous serment de Mme Houlette devant la commission d'enquête de l'Assemblée nationale n'ont fait que confirmer ce que l'on savait déjà. Mais révèlent la nature du consensus qui avait tenu à jeter un voile pudique sur la manipulation antidémocratique du printemps 2017.

Les avocats, voilà l'ennemi !

Une des choses les plus attristantes lorsqu'on examine un peu dans le détail le processus qui a conduit à ce dévoiement politique que ce livre essaie d'analyser et de décrire, c'est le constat de l'effondrement de la culture des libertés publiques chez les socialistes, qui sont désormais toujours au premier rang pour y porter atteinte. Cette magistrature proche du Parti socialiste, et soutenue d'ailleurs par quelques avocats, est persuadée d'appartenir au Camp du bien, et trouve légitime d'utiliser l'arbitraire contre ceux qu'elle considère être ses ennemis. Dont malheureusement les avocats font désormais partie. Et la situation actuelle est de ce point de vue particulièrement préoccupante.

Se sentant investis d'une mission politique sacrée, ils vivent l'exercice des droits de la défense comme un obstacle à son accomplissement. On ne racontera pas ici les dizaines d'incidents graves qui émaillent désormais les rapports entre magistrats et avocats, pour revenir à nouveau à la question du secret professionnel mis en cause par les magistrats instructeurs qui usent systématiquement des perquisitions dans les cabinets d'avocats. Certains s'en sont fait une spécialité, et les ont quasiment systématisées. Comprenons-nous bien : il ne s'agit pas de considérer que les cabinets d'avocats doivent être des sanctuaires inviolables, et des mesures aussi extrêmes peuvent dans certaines conditions être justifiées. Dès lors qu'il existe des éléments graves et concordants permettant de penser que des avocats ont participé ou contribué à la commission d'infractions. Cela peut arriver, mais beaucoup des affaires politiques dont nous parlons dans cet ouvrage ont donné lieu à des perquisitions n'ayant pour but que d'intimider et d'entraver l'exercice des droits de la défense.

Nous avons examiné au chapitre 8 l'affaire relative au fameux Sarkothon à l'occasion de laquelle François Fillon avait tenté de mettre Nicolas Sarkozy en difficulté pour le règlement par l'UMP de l'amende mise à sa charge par le Conseil constitutionnel pour le dépassement du plafond des comptes de campagne 2012. Contre l'avis de ses co-saisis dont Renaud Van Ruymbeke, Serge Tournaire, tout à sa fixation contre Nicolas Sarkozy, pensait avoir trouvé la pépite qui allait permettre d'embastiller son gibier préféré. Il avait mis en examen un certain nombre de collaborateurs de l'UMP avec naturellement Nicolas Sarkozy en tête. Parmi eux figurait l'avocat du parti spécialiste de droit électoral, remplissant son office depuis plusieurs années à la satisfaction générale. Sollicité par la direction du parti pour savoir si le règlement au Trésor public directement par l'UMP de l'amende était licite, il émit un avis positif juridiquement documenté. Le même que celui de la direction des affaires juridiques de Bercy. Cette mise en examen fortement médiatisée était déjà catastrophique, mais il fallut y ajouter une descente en grand équipage parfaitement inutile à son cabinet, avec fouille des placards et des dossiers, saisie des ordinateurs, des téléphones portables, etc. Inutile parce qu'il n'y avait rien à saisir, l'avis avait été émis sur une consultation écrite à partir d'une recherche documentaire normale, mais inutile aussi parce que l'instruction se termina par, ce qui était son dénouement prévisible depuis le début, un non-lieu général. Mais qu'importe, le mal médiatique était fait.

Le deuxième exemple est celui de l'affaire Nioré[11] qui a agité les couloirs des palais de justice français. Vincent Nioré est un avocat du barreau de Paris, chargé pendant plus de dix ans par le bâtonnier de le représenter lors des perquisitions diligentées dans des cabinets d'avocats. Celles-ci sont juridiquement possibles, mais doivent se dérouler dans certaines conditions et en particulier ne porter que sur l'affaire concernée pour que tout le reste relevant du secret professionnel soit préservé. Et ce contrôle est

11. www.actu-juridique.fr/justice/affaire-niore-des-perquisitions-chez-les-avocats-sous-tres-haute-tension/

exercé par le représentant du bâtonnier. Pour Vincent Nioré, c'est un sacerdoce qu'il accomplit avec une fermeté et un courage reconnu par tout le monde. Malheureusement, ce qui était rare est devenu courant depuis quelques années, et ces visites domiciliaires relèvent pour certains magistrats instructeurs d'une pratique quasi systématique, et dont ils se sont fait une spécialité jubilatoire. Après l'une d'entre elles, à nouveau menée par Serge Tournaire au cabinet d'une avocate parisienne, les parties concernées, magistrats instructeurs, défense et représentant du bâtonnier, se sont rendues devant le juge des libertés où, comme fréquemment, les débats ont été assez vifs. C'est en effet à ce moment-là que ce juge du siège doit décider ce qui peut être saisi et ne pas l'être pour des raisons de secret professionnel. Dans son principe, et la mise hors de cause de l'avocate perquisitionnée en sera la démonstration, cette perquisition semblait abusive. Et Vincent Nioré a exprimé son exaspération en faisant référence à des expériences précédentes. Que n'avait-il osé ! Même si le juge des libertés ne releva rien de véritablement excessif dans les propos tenus, les magistrats instructeurs saisirent le procureur de Paris, la procureure générale et le président du tribunal qui, offusqués de cette résistance, réclamèrent une procédure contre l'insolent. L'audience s'est tenue au début de l'été 2020 devant la formation disciplinaire du barreau, et a débouché sur une relaxe prévisible, chacun convenant qu'il fallait s'en tenir là et essayer d'apaiser les rapports entre magistrats et avocats déjà trop dégradés. Mais pour ces magistrats qui n'aiment pas l'esprit de combativité animant ceux qui doivent assister à ces perquisitions pour y faire respecter le droit, cela ne pouvait en rester là. On assista à un étonnant acharnement manifestant la volonté de poursuivre la tentative d'intimidation. La procureure générale a fait appel de la décision de relaxe, et l'affaire sera rejugée devant une formation composée cette fois-ci uniquement de magistrats. Les protagonistes de cette offensive sont, par ordre d'apparition, Serge Tournaire, chasseur de Sarkozy, exécuteur de Fillon et donc perquisitionneur assidu des cabinets d'avocats, Aude Buresi, ancienne dirigeante du Syndicat de la magistrature, coexécutrice de Fillon, Rémy Heitz, le procureur de Paris choisi personnellement par Emmanuel Macron, Catherine Champrenault, procureure générale présentée comme très proche de Ségolène Royal et mise en place sur intervention de François Hollande, et enfin Jean-Michel Hayat, alors président du tribunal de grande instance de Paris, ancien membre du Syndicat de la magistrature et ami notoire des dirigeants socialistes.

Désormais au sein de cette gauche armée de cette supériorité morale auto-attribuée pensant incarner le Camp du bien, on n'aime pas les libertés publiques, et les avocats, naturellement complices, sont des délinquants en puissance.

L'île de la Réunion, petit laboratoire colonial

L'île de la Réunion est un département d'outre-mer très différent de ceux des Antilles. À la Martinique et à la Guadeloupe, la composition de la population est binaire. Deux communautés principales y vivent, rassemblant d'une part celle des descendants d'esclaves largement majoritaires et d'autre part celle des Blancs minoritaires, mais tenant en général les leviers économiques des deux îles. La Réunion est beaucoup plus diverse car s'y côtoient de manière relativement harmonieuse différents groupes, fruits de vagues d'immigration successives. Il y a bien sûr les Blancs, catégorie plus hétérogène qu'on ne croit où la misère peut être présente, les descendants d'esclaves également mais qui ne sont pas majoritaires, les Indiens importés après l'abolition de l'esclavage et se répartissant entre les « malbars » originaires de l'Inde continentale et les « z'arabs » venus des zones musulmanes, à quoi s'ajoutent des « tamouls » et une forte communauté chinoise surtout implantée dans les activités commerciales. Et bien sûr, il y a également beaucoup de métropolitains rassemblés sous le nom de « zoreils ». Tout cela fait un impressionnant kaléidoscope où tout le monde se rassemble pourtant dans un patriotisme républicain incontestable, qui vient se superposer à un fort sentiment d'appartenance réunionnaise. La vie politique y est très active, et les scrutins locaux bénéficient d'une participation plus qu'honorable. Les pratiques sont assez différentes de celles de la métropole et le clientélisme, voire le clanisme, y jouent un certain rôle. Tous les organes de contrôle administratif et judiciaire sont pour l'essentiel occupés par des métropolitains appelés ici des « goyaves de France », à l'autorité peu contestée.

Depuis l'arrivée d'Emmanuel Macron, la justice réunionnaise s'est mise elle aussi à pratiquer l'instrumentalisation des procédures à des fins politiques, mais à un tel niveau que l'on pourrait parler sans exagération de pratiques coloniales. LREM n'est pas implantée à la Réunion en tant que telle, mais un certain nombre d'opportunistes politiques ont abandonné leurs anciennes étiquettes ou simplement brutalement émergé afin de profiter de l'appui de Paris. En matière d'intervention de la justice contre leurs adversaires, rien ne leur est refusé.

Quiconque en effet consultait sur Internet la presse réunionnaise était frappé par la suractivité médiatique et judiciaire à l'approche des élections municipales 2020. La cartographie des élus dans le collimateur du combiné justice-média-réseaux sociaux doit peu de choses au hasard : elle reflète la guerre politique, qui oppose le président de la Région Réunion, ex-LR rallié à Emmanuel Macron, à une myriade d'adversaires centristes et encartés Les Républicains.

Un affrontement régi par des spécificités locales, où les étiquettes adoptées par les acteurs ne traduisent pas nécessairement des options idéologiques. Et également une géographie particulière qui fait que la Réunion à la fois région et département, peuplée d'un million d'habitants, ne comprend que 24 communes, en général de grande taille.

À la manœuvre donc, Didier Robert, actuel président de la Région Réunion, maître d'ouvrage de l'immense chantier de la « Nouvelle route du littoral », projet de plusieurs milliards d'euros.

Ce chantier, l'un des plus grands au monde, cristallise les intérêts de grands groupes du BTP, ce qui exerce une grande influence sur la vie politique locale. Plusieurs enquêtes judiciaires en cours, dont une menée par le Parquet national financier, portent sur divers aspects de ce grand chantier. Mme Houlette en personne avait fait le déplacement sous les cocotiers pour prévenir qu'on allait voir ce que l'on allait voir. On n'a rien vu du tout. Car si les enquêtes ont valu à M. Robert plusieurs perquisitions, malgré le temps qui passe, il n'en est rien ressorti. Manifestement le PNF prend son temps. Principale cible des manifestants lors de la crise des Gilets jaunes, M. Robert, étant politiquement affaibli, avait donc décidé de se porter candidat à l'élection municipale dans le chef-lieu, Saint-Denis de la Réunion, tenu d'une main de fer par le socialiste Gilbert Annette. Sa candidate Ericka Bareigts, alors députée, était rentrée quelques mois auparavant dans une médiathèque à l'occasion d'une manifestation.

Poursuivie pour une incrimination risible, elle fut condamnée en pleine campagne des municipales pour « violation de domicile ».

Dans le même temps, la « guerre des droites » oppose Didier Robert à plusieurs figures de la vie politique réunionnaise : la sénatrice Nassimah Dindar, qui fut quinze années durant la patronne du Conseil général, Michel Fontaine, maire gaulliste du Sud, patron de LR dans l'île, réélu sans discontinuer depuis 2001. Jean-Paul Virapoullé, maire de Saint-André, ancien grand rival de Paul Vergès et figure de la vie politique réunionnaise. Cyrille Hamilcaro, ancien maire UDI de Saint-Louis, ainsi que Richard Nirlo, maire de Sainte-Marie. Il s'agit là de communes qui comptent toutes entre 30 000 et 100 000 habitants.

Sans surprise, tous ces élus qui devaient avoir bien des désaccords politiques entre eux, ont cependant un point commun : ils sont en conflit avec le président macroniste de la région. Et tous ont fait l'objet de mises en cause judiciaires accompagnées de lynchage médiatique ou judiciaire à base de violations du secret de l'instruction. Depuis le début du mois de janvier 2020 et à l'approche des élections municipales, les mises en examen, perquisitions, gardes à vue, interrogatoires et annonces de jugements se sont multipliés de manière caricaturale. Ils fournissaient une cartographie assez précise des ennemis du président de la région. Ainsi, Nassimah Dindar, ciblée par divers procès au gré de l'aggravation de ses relations avec le président de la Région Réunion, se voit mise en cause dans une énième affaire de « prise illégale d'intérêt ». Sa citation devant le tribunal correctionnel lui fut adressée en pleine campagne des municipales.

À Saint-André, le président de la Région Réunion soutenait des candidats opposés à Jean-Paul Virapoullé, son grand rival. Le 6 février, l'un d'eux annonçait avant tout le monde, et avant même que l'intéressé ait reçu la moindre citation, la convocation de Jean-Paul Virapoullé devant le tribunal correctionnel, le 3 avril suivant ! Comme partout en France, les rôles des tribunaux sont surchargés, mais il s'est trouvé opportunément une date libre pour annoncer le procès pendant la campagne électorale. Quelques semaines auparavant, sur la même commune, une autre cible, Éric Fruteau, également candidat, faisait l'objet d'une garde à vue spectaculaire pour des marchés de communication conclus par la commune une dizaine d'années auparavant ! À Saint-Louis, l'ancien maire Cyrille Hamilcaro se représentait et partait favori. On apprit, toujours en février, son renvoi en correctionnelle pour un fantaisiste « exercice irrégulier de la fonction d'élu » en 2014 (!). Il y avait en effet urgence !

Et la comédie de se poursuivre, puisqu'à quelques jours du premier tour du 15 mars eut lieu une perquisition à la mairie de Saint-Benoît, considérée comme étant une de celles qui pouvaient échapper aux amis d'Emmanuel Macron. Dans le cadre d'une enquête préliminaire commencée en août 2016 c'est-à-dire quatre ans auparavant. À trois semaines du premier tour, il y avait là aussi une urgence particulière à ce raid judiciaire.

À Sainte-Marie, les fonctionnaires territoriaux reçoivent régulièrement des convocations pour être entendus par les gendarmes. Des collections de lettres anonymes arrivent opportunément entre les mains du procureur qui semble vouloir poursuivre à chaque fois. C'est ainsi que le maire Richard Nirlo, adversaire de Didier Robert, subit une forme de harcèlement judiciaire avec multiples gardes à vue d'élus et de fonctionnaires accompagnées de perquisitions annoncées dans la presse. Le dernier rodéo ayant eu lieu au mois de décembre 2019, à quelques semaines du premier tour. Et aujourd'hui encore, aucune information judiciaire, aucune mise en examen, et toujours ce sentiment désagréable qu'il s'agit en réalité d'alimenter les polémiques politiques.

Michel Fontaine, maire sortant de Saint-Pierre, principal adversaire politique de M. Robert à la Réunion, a eu droit pour sa part à un traitement médiatique particulièrement soigné. Qui démontre le rôle de certaines officines médiatiques dans les stratégies judiciaires mises en œuvre. Au mois d'octobre 2019, le site d'Edwy Plenel révélait une étrange affaire de bourrage d'urnes qui aurait eu lieu pendant les élections européennes, scrutin qui n'intéressait personne à la Réunion. Deux personnes auraient été filmées à leur insu plaçant 19 bulletins « Bellamy » dans une urne. Affaire complètement rocambolesque, la fameuse vidéo fleurant lourdement le montage. La scène était censée avoir été tournée en cachette, mais les bourreurs d'urnes rigolards étaient bien centrés sur l'image et à visage découvert ! Face au tintamarre déclenché et relayé par certains médias réunionnais avec une rapidité exceptionnelle, et malgré le ridicule, le parquet annonça l'ouverture d'une enquête préliminaire. Dans l'opinion d'une ville de 85 000 habitants, « l'affaire des 19 bulletins Bellamy » a fait rire. En pleine campagne électorale de février 2020, histoire d'entretenir le feu sous la marmite, *Mediapart*, manifestement décidé à « se faire » l'adversaire de l'ami de Macron, récidiva. On apprenait dans la presse réunionnaise que le média d'Edwy Plenel enquêtait sur des fraudes à l'élection de Michel Fontaine en 2014. Le journaliste affirmait l'existence de témoignages et de documents établissant la falsification de registres électoraux en faveur du maire de Saint-Pierre, au second tour de l'élection municipale de 2014. Mauvaise pioche, Michel Fontaine l'avait emporté au premier tour cette année-là, il n'y a pas eu de second tour ! Tout ceci apparaissait comme une manipulation, mais malgré ce bide aux allures de *fake news*, et le caractère dérisoire, l'« affaire » des bulletins Bellamy fut considérée comme tout à fait urgente par le parquet. Et, comme d'habitude au rythme d'un feuilleton bien scandé, il a fallu assister à quelques jours du premier tour aux gardes à vue et mises en examen de candidats sur la liste du maire sortant.

Dans un communiqué, la procureure, sans aucune intention politique évidemment, mais essayant de se donner une contenance, avait relevé « l'importance du processus de fraude ». Il est vrai qu'une vingtaine de bulletins, si tant est que l'infraction soit établie, étaient de nature à détruire la République… Surtout dans une élection européenne à 8 000 kilomètres de Bruxelles où il n'y a pas eu la moindre campagne et où 75 % des Réunionnais ne s'étaient pas déplacés.

Il est probable qu'Emmanuel Macron ne s'intéresse pas outre mesure à ce territoire lointain. Mais ceux qui veulent se réclamer de lui sur le plan local pour assurer leur carrière semblent bénéficier de l'appui de la justice avec l'importation sur ce territoire de méthodes semblables à celles utilisées en métropole.

Chapitre 15
La répression de masse des Gilets jaunes

Pour aborder la question de l'indubitable répression de masse mise en place dès le début du mouvement des Gilets jaunes, nous pensons qu'il est nécessaire d'avoir l'honnêteté de reconnaître au préalable une sympathie active pour celui-ci. En défendant la thèse de l'utilisation de la justice à des fins politiques, nous avons rappelé que les gens que nous considérions comme des victimes de l'arbitraire judiciaire n'étaient pas nécessairement des amis personnels, intellectuels ou politiques. Nos opinions, notre trajectoire de vie, et nos propres engagements ne nous entraînaient pas du côté de Nicolas Sarkozy, ni de François Fillon, encore moins du Front national, considérés depuis toujours comme des adversaires politiques.

Concernant les mouvements sociaux et en particulier celui des Gilets jaunes, la question se pose différemment. Le 17 novembre 2018, avec l'irruption de cet évènement dans le champ politique, voyant les couches populaires, les oubliés, les méprisés de la France périphérique, se redresser et prendre la parole fut une assez merveilleuse surprise. Comme Jean-Claude Michéa, Frédéric Lordon, Emmanuel Todd, Michel Onfray, Christophe Guilluy et tant d'autres, nous avons ressenti une solidarité spontanée avec ce peuple, accompagnée d'une certaine fierté de voir les Français se lever de cette façon. Aussi cette crise a-t-elle été vécue d'abord avec une exaltation bien compréhensible et très largement partagée. Mais il y eut aussi de la colère, celle qu'a rapidement inspirée la répression massive, arbitraire, violente, méprisante dont ces couches populaires furent victimes. Répression dont la justice et le corps des magistrats se sont fait les instruments zélés et sont les principaux responsables. Sur ce sujet, ce fut également une surprise mais très amère celle-ci, de voir les jeunes magistrats de base, préférant une fois de plus l'ordre à la justice et acceptant de se faire les gardes-chiourmes d'un pouvoir minoritaire et impopulaire.

C'est pourquoi, ce chapitre et le suivant ne reviendront pas en détail sur tout ce qui s'est produit sur les plans judiciaire et policier, mais donneront la parole à des observateurs, à des témoins ainsi qu'à des institutions, afin d'établir à quel point la justice française s'est mise au service du système Macron et a accepté sans difficulté la mission de tenir le peuple en respect.

Emmanuel Macron panique, les magistrats répondent tout de suite présents

Chacun sait aujourd'hui qu'Emmanuel Macron fut complètement pris au dépourvu par l'ampleur de ce qui se révéla être une révolte. Il y eut quelques jours de flottement qui aboutirent aux fameuses « concessions » du 10 décembre réclamées par les grands intérêts qui l'avaient porté au pouvoir. Puis ce fut la mise en œuvre de la seule réponse réelle à ceux qui s'exprimaient : l'utilisation de la violence, policière d'abord, judiciaire ensuite. Quelques semaines après le début du mouvement, le bilan en matière de libertés était déjà consternant. Dans le silence obstiné des organisations syndicales de magistrats, accompagné par les objurgations d'un certain nombre d'éditorialistes, un pouvoir aux abois instrumentalisait une répression judiciaire sans précédent depuis la guerre d'Algérie pour tenter de mater un mouvement social. Il y eut d'abord le ministère de l'Intérieur, mettant en place une stratégie de maintien de l'ordre poussant à la violence pour tenter de disqualifier ce mouvement. Et malheureusement ensuite, la magistrature acceptant de participer à ces dérives sur l'ensemble du territoire. Ce n'était plus seulement la haute fonction publique judiciaire se mettant au service d'Emmanuel Macron mais, aux quatre coins de l'Hexagone, parquets et juges du siège utilisant ensemble des procédures d'urgence pour punir et intimider.

Le 2 décembre, les chaînes de télévision diffusèrent une séquence filmée indécente où l'on voyait Nicole Belloubet garde des Sceaux et ancienne membre socialiste du Conseil constitutionnel se déplacer au parquet de Paris[1], un dimanche, pour cravacher les procureurs et vérifier qu'ils appliquaient bien les consignes répressives. Les images montraient des personnes ravies, absolument pas choquées par cette grande première dans l'histoire de la République et manifestement désireuses de complaire à leur patronne.

De tous les tribunaux remontaient des informations sur les interventions permanentes de la place Vendôme, voire de Matignon, y compris des instructions individuelles pourtant interdites par la loi, pour que les parquets basculent avec zèle dans la répression de masse. Ceux-ci, obéissants, firent procéder à des arrestations souvent préventives, par centaines en déférant également par centaines les prévenus devant les tribunaux. À l'aide de procédures de comparutions immédiates dans lesquelles, par des réquisitoires violents, ils requéraient des sanctions incroyablement lourdes. Et de façon consternante, la magistrature du siège accepta de rentrer dans cette

1. www.presseagence.fr/lettre-economique-politique-paca/2018/12/02/paris-nicole-belloubet-garde-des-sceaux-au-tribunal-de-paris/

logique en distribuant méthodiquement les peines réclamées. Au début du mois de janvier 2019 on pouvait déjà compter à plus de 5 000 arrestations, 1 000 condamnations, 350 personnes incarcérées sur la base d'incriminations parfois farfelues. Et avec des interprétations de la loi répressive souvent audacieuses pour ne pas dire plus.

Tel prévenu se retrouvait condamné à six mois de prison ferme pour avoir partagé un statut sur Facebook, tel autre à vingt-huit mois tout aussi ferme, par le tribunal correctionnel de Paris, sans avoir été défendu par un avocat. S'en plaignant à la présidente, il s'entendit répondre « que cela n'aurait rien changé » ! Il y eut des dizaines et des dizaines d'autres histoires similaires à faire froid dans le dos. Dans un département, le procureur et le préfet ne virent aucun inconvénient à organiser une conférence de presse commune pour menacer : « la justice sera impitoyable ! ». Et personne pour leur demander depuis quand était-ce les procureurs et les préfets qui jugeaient et décidaient que la justice serait impitoyable. Jusqu'à nouvel ordre, dans une démocratie, le préfet a la responsabilité du maintien de l'ordre, pas celle de rendre la justice. Dans tel autre, on apprenait que le procureur aurait organisé une forme de « Comité de salut public » chargé de fournir les charrettes, et on entendait que les juges du siège qui allaient juger étaient choisis sur la base du volontariat ! Naturellement les pressions se faisaient nombreuses contre les avocats qui tentaient de s'opposer à ces dérives et accomplissaient leur devoir. Gare à l'engagement, l'exigence ou la passion dans l'exercice de la défense, les plaintes du parquet s'abattaient immédiatement contre les récalcitrants. Et il y eut aussi, ce qui sera un des éléments majeurs de cette crise, le refus obstiné de se pencher sur la multiplication des violences policières, et sur l'usage incroyablement excessif de la force, dont de multiples vidéos donnaient de tristes exemples[2]. Cette impunité, manifestement délibérée et organisée, fut illustrée par l'exemple des violences filmées d'un officier de police se comportant comme une brute à Toulon. Le procureur ayant pourtant visionné les vidéos du commandant Didier Andrieux, permettant de constater parfaitement leur caractère inadmissible, avait pourtant trouvé le moyen de se déshonorer en refusant immédiatement toute enquête[3] au motif que le comportement du policier frappeur aurait été « proportionné ». Le préfet, gêné par l'évidence des débordements, avait, quant à lui fait son devoir et demandé une enquête de l'IGPN.

Le soutien des juridictions à cette stratégie de violence répressive donna des ailes aux ministres les plus déplorables multipliant les menaces comme quotidien-

2. www.liberation.fr/france/2019/01/11/gilets-jaunes-eclats-de-grenades-brulures-membres-arraches-retour-sur-82-blessures-graves_1702433

3. www.huffingtonpost.fr/2019/01/06/didier-andrieux-policier-filme-frappant-des-manifestants-a-toulon-sexplique_a_23635003/

nement Christophe Castaner[4], Benjamin Griveaux ou Marlène Schiappa, inventant une nouvelle définition de la complicité, et exigeant des arrestations préventives. Pendant que le Premier ministre annonçait le dépôt au Parlement de projets de loi liberticides afin de casser le mouvement social. Et pour illustrer l'ampleur du mal, nous citerons Mme Noëlle Lenoir, ancienne ministre et ancien membre du Conseil d'État et du Conseil constitutionnel, par conséquent juriste confirmée, qui déclarait dans un tweet : « que la justice doit être réellement faite par les tribunaux dont la responsabilité est immense pour restaurer l'ordre ». Et il n'y avait pas grand monde pour rappeler à cette aimable Versaillaise manifestement en panique que la mission de restauration de l'ordre est celle de l'exécutif. Pour les tribunaux c'est celle de la Justice dans le respect de la loi et des procédures.

Et se posait alors, lancinante, la question aux observateurs français et internationaux : comment le corps de la magistrature acceptait-il de devenir ainsi l'instrument de la violence d'un parti de l'ordre à ce point déchaîné ? Comment oubliait-il ainsi que la Justice se rend au nom du peuple français ? Il n'y avait personne pour sauver l'honneur, aucun procureur – dont la parole est libre à l'audience – pour refuser les ordres

4. www.vududroit.com/2019/01/gilets-jaunes-justice-rendre-justice-retablir-lordre/:/www.huffingtonpost.fr/2019/01/11/pour-christophe-castaner-ceux-qui-manifestent-la-ou-il-y-a-de-la-casse-annoncee-savent-quils-seront-complices_a_23640730/

de Belloubet ? Aucune juridiction à ce moment pour se rappeler que sa mission n'était pas de rétablir l'ordre mais de rendre la justice dans le respect de la loi, quoi qu'il arrive ? Ce choix n'a pas été fait, et cette décision laissera une trace profonde. Et nous garderons en mémoire ces propos du procureur du tribunal correctionnel de Nîmes se levant, armé de son mépris social, pour requérir, demander et obtenir l'envoi en prison d'un syndicaliste qui n'avait commis aucune violence : « plus le gilet est jaune, moins la matière est grise ».

Quand le procureur de Paris pratique la séquestration arbitraire

Le 30 janvier 2019, *Le Canard enchaîné*[5] publia une information selon laquelle Rémy Heitz, procureur de Paris, avait adressé à ses services une note par laquelle il donnait la consigne de procéder à des arrestations préventives illégales ! Dans cette note, il demandait le placement des personnes interpellées à l'occasion des manifestations en garde à vue et de les y maintenir même s'il n'y avait aucun motif juridique pour le faire, afin d'éviter qu'ils ne reviennent grossir les rangs des manifestants. Cette information fut complétée et précisée par la publication, sur

5. www.liberation.fr/france/2019/02/26/gilets-jaunes-les-consignes-de-la-discorde_1711697

le site « Allô Place Beauvau[6] » mis en place par le journaliste David Dufresne, d'un enregistrement de conversations entre policiers particulièrement significatif. Cet épisode est, d'une gravité exceptionnelle, puisque l'objectif était d'empêcher les gens d'exercer leur liberté constitutionnelle de manifestation. Nous apprîmes par la suite que cette pratique s'était généralisée à la France entière, ce qui en disait long sur la conception que professe Emmanuel Macron du respect des libertés publiques fondamentales et en particulier celles d'aller et venir et de manifester. Parce qu'à l'écoute de l'enregistrement, nous avions l'illustration des techniques utilisées sur ordre des magistrats du parquet. La garde à vue se fait toujours sous l'autorité du procureur qui est responsable de ses modalités. Ainsi, à la demande du parquet, la police arrêtait massivement des manifestants, pour les placer en garde à vue, et c'était seulement à ce moment-là que les fonctionnaires piochaient dans le Code pénal pour savoir quelles infractions utiliser pour justifier la rétention des personnes arrêtées. Vous, ce sera « dégradations », vous « rébellion », vous « jet de projectiles », c'est-à-dire le plus parfait arbitraire liberticide à la demande du procureur organisant ainsi de grossières violations de la loi. Toutes ces informations étaient publiques, et l'on pensait immédiatement au texte de l'article 432-4

6. www.davduf.net/alloplacebeauvau

du Code pénal : « Le fait, par une personne dépositaire de l'autorité publique ou chargée d'une mission de service public, agissant dans l'exercice ou à l'occasion de l'exercice de ses fonctions ou de sa mission, d'ordonner ou d'accomplir arbitrairement un acte attentatoire à la liberté individuelle est puni de sept ans d'emprisonnement et de 100 000 euros d'amende. » Il ne s'est naturellement pas trouvé un magistrat du parquet pour sauver l'honneur et ouvrir une enquête préliminaire sur ces agissements, ou demander la désignation d'un magistrat instructeur.

Quand les avocats s'inquiètent

Le 2 février 2019, un certain nombre d'avocats, en première ligne face à ce déferlement répressif, légitimement inquiets de ce qui se passait, lançaient un appel à l'opinion publique dont il est intéressant de rappeler les termes :

« Notre pays traverse une période de contestation inédite sous la Ve République depuis le 17 novembre 2018. De manière tout aussi inédite les juridictions, principalement pénales, sont particulièrement sollicitées afin de statuer, dans des conditions parfois discutables, sur la culpabilité ou l'innocence de justiciables qui, pour un grand nombre d'entre eux, n'ont jamais eu à connaître les instances judiciaires pénales ni même les services de police et d'enquête.

Les gardes à vue sont légion et ont lieu dans des conditions qui inquiètent nombre d'avocats, auxiliaires de justice mais aussi défenseurs des libertés publiques et individuelles. Par la présente tribune, nous, avocats signataires, entendons alerter quant au danger que constituent ces procédures faites, souvent, dans l'urgence et visant principalement à gonfler, souvent de manière artificielle, des chiffres qui seront annoncés par le ministère de l'Intérieur. En amont de toute poursuite, et sans décision judiciaire, nous avons pu constater la violation délibérée des droits de manifestants par des expulsions et délogements totalement illicites et en ayant recours à la force publique. Nous avons constaté des poursuites pour des motifs saugrenus tels que l'occupation illicite du domaine public alors que les personnes poursuivies n'avaient fait que stationner quelques minutes aux alentours d'un rond-point. Nous avons constaté dans certains commissariats ou gendarmeries que des avocats n'ont pas pu s'entretenir avec leur client gardé à vue en dépit de leur désignation. Certains encore ne sont pas tenus informés des suites judiciaires décidées par le seul parquet relatives aux personnes pour lesquelles ils doivent intervenir : soit de remise en liberté, soit de leur présentation devant un procureur de la République alors que l'avocat doit être averti de celles-ci. Pire encore, tant dans le cadre des auditions libres que des auditions durant les gardes à vue, nombre de "Gilets jaunes" indiquent que des enquêteurs les ont dissuadés du recours à l'assistance d'un avocat en arguant de ce que si l'avocat intervenait, ils seraient remis en liberté beaucoup plus tardivement. Nombre de personnes ont donc renoncé au droit essentiel de la présence d'un avocat à leurs côtés pendant leurs auditions, espérant ainsi une sortie plus rapide de garde à vue ou bien la clémence des services judiciaires. Il a pu être constaté ainsi des auditions hors présence d'un avocat dont les personnes contestaient par la suite le contenu. Nous tenons ici à rappeler que nombre de "Gilets jaunes" n'ont jamais eu à connaître auparavant la justice pénale. Après des enquêtes souvent rapides, des investigations réduites au minimum et des prolongations de garde à vue dites de "confort", les gardés à vue sont fréquemment déférés en vue de procédures de jugements rapides dites "comparutions immédiates". Ces procédures, où le mis en cause est jugé immédiatement après une garde à vue par définition éprouvante, sont habituellement réservées aux personnes ayant des antécédents judiciaires, pour des affaires relativement évidentes et relevant d'une gravité certaine.

Pour autant, s'agissant des "Gilets jaunes", nous avons pu voir ce choix procédural du parquet être mis en œuvre pour des affaires plus complexes, pour des personnes sans aucun antécédent et s'agissant d'affaires ne présentant pas la gravité habituellement retenue pour ce choix procédural (dégradations, outrages...). Le traitement rapide des affaires judiciaires des manifestants nous semble l'œuvre du désir des pouvoirs exécutifs de donner une réponse forte [...].

Cependant, il semblerait que certains magistrats ne s'émeuvent pas des consignes des pouvoirs publics et adhèrent à cette sévérité en prononçant des peines fermes avec mandat de dépôt, en ne tenant pas compte des critères habituels, notamment celui de la personnalisation de la peine et son adaptation au profil et aux faits reprochés et ce, alors que les mis en cause n'ont jamais été condamnés. De manière tout aussi fréquente sont mises en place des procédures de convocation par procès-verbal remis par les procureurs et donc plaçant les mis en cause sous contrôle judiciaire parfois de longs mois avant leur jugement. Ces contrôles judiciaires, très contraignants, portent parfois des obligations ayant des conséquences graves comme des interdictions de paraître dans certaines villes alors qu'il s'agit du lieu de travail des mis en cause, ou encore des obligations de soins, sans lien avec les faits reprochés ou même des interdictions de conduire tout véhicule alors que là encore sans lien avec les faits reprochés. Nous avons même pu constater une interdiction de quitter le domicile entre certains horaires ! »

Ce texte signé par plusieurs centaines d'avocats constituait un témoignage difficilement réfutable de ces faits inquiétants qui sont déroulés dans toute la France à l'initiative des juridictions pénales.

Quand Édouard Philippe revendique la catastrophe et se vante « de faire du chiffre »

Le caractère spectaculaire des violences policières et l'attitude de la justice inquiétaient donc non seulement les avocats, mais également les journalistes étrangers qui commençaient à s'émouvoir et se demandaient ce qui arrivait à la France. Malheureusement le pouvoir et ses soutiens non seulement approuvaient ces dérives, mais les revendiquaient.

Le mardi 12 février, le Premier ministre, Édouard Philippe, vint triomphalement à l'Assemblée nationale, y proclamer le premier bilan de sa répression : « Depuis le début de ces événements, 1 796 condamnations ont été prononcées par la justice et 1 422 personnes sont encore en attente de jugement [...], plus de 1 300 comparutions immédiates ont été organisées et 316 personnes ont été placées sous mandat de dépôt. » Ces chiffres ahurissants étaient non seulement assumés, mais revendiqués. Ils constituent bien la preuve que la seule réponse sérieuse du pouvoir à un mouvement social était celle d'une répression de masse. Le Premier ministre était tout fier d'avoir mobilisé l'appareil judiciaire depuis deux mois pour faire appliquer une justice d'exception.

Le 23 septembre 2019, le site d'information Bastamag[7] publia à son tour un bilan reflétant l'ampleur de la catastrophe. Selon le ministère de la Justice, plus de 3 000 condamnations avaient été prononcées à cette date, dont 1 000 peines d'emprisonnement ferme ! Et l'ensemble du territoire national était concerné. Début juillet 2019, environ 440 mandats[8] de dépôt avaient été délivrés sur l'ensemble du pays. Au sein de petits tribunaux, comme celui de Boulogne-sur-Mer, 44 dossiers liés aux Gilets jaunes avaient été étudiés entre novembre et juillet. Selon le procureur local, « la majorité concernait des personnes majeures qui n'avaient aucun casier judiciaire ». À Tarbes, 86 personnes avaient été poursuivies. Et à Paris, principal lieu des manifestations, le parquet avait engagé des poursuites contre 626 personnes, après presque 3 000 gardes à vue.

Répétons que le fait que la justice, avec parquets et juges du siège ensemble, ait accepté d'exécuter les ordres de l'Élysée et de la place Vendôme est une régression renvoyant des dizaines d'années en arrière. Et la revendication triomphale par Édouard Philippe de telles statistiques établissait deux choses : d'abord la vision instrumentale de la justice qu'à ce pouvoir, avec le mépris du droit qui la caractérise. Ensuite,

---

7. www.bastamag.net/gilets-jaunes-champs-elysees-justice-repression-condamnations-violences-police-loi-anti-casseurs-prison

8. www.streetpress.com/sujet/1568288596-en-prison-comme-440-gilets-jaunes-ils-racontent

que pour la mettre en œuvre, il disposait d'un outil judiciaire fiable qui ne lui fit pas défaut.

Témoignage d'Anne Dunan, avocate

Anne Dunan est inscrite au barreau de Toulon depuis dix-sept ans, elle a toujours eu une sensibilité militante l'amenant à ajouter à la défense de ses clients celle de certaines causes qui pouvaient la toucher, comme la laïcité et la liberté d'expression. Elle n'est pas engagée dans une organisation particulière, préférant s'investir dans la défense et la représentation de la profession d'avocat.

« **Comment avez-vous été confrontée au mouvement des Gilets jaunes. Était-ce par sympathie politique ? Ou bien est-ce la répression qui vous a décidée à vous mobiliser ?**

N'étant pas directement touchée par les causes initiales du mouvement (liées au coût de l'essence), je me suis pourtant tout de suite sentie proche de ceux qui lançaient ce mouvement et de leurs revendications plus générales. J'avais envie de comprendre ce qui poussait toutes ces personnes si différentes à avoir ce besoin impérieux de se faire entendre. J'y suis donc allée et j'ai été surprise de voir ces personnes, issues d'horizons très divers et qui donnaient corps à cette “classe moyenne” des statistiques, souvent silencieuse.

Je n’y ai pas vu une seule fois, jusqu’en janvier 2019, de réaction négative envers la police, j’ai même constaté que cette dernière apportait alors un soutien aux manifestants.

À quelques occasions, je me suis rendue sur les fameux “ronds-points” pour aller à la rencontre des gens qui avaient décidé de s’y installer et j’ai recueilli leurs histoires. Les relations, que ce soit sur les ronds-points ou en manifestations, étaient objectivement belles et touchantes, et j’ai été souvent émue par l’accueil, la solidarité et la bienveillance qui régnaient entre des personnes qui venaient de se rencontrer.

J’ajoute ici que j’y ai rencontré des personnes qui étaient elles-mêmes surprises de “descendre dans la rue” ou d’investir les ronds-points, car peu habituées de ce type d’action. Ils n’étaient pas énervés, vindicatifs ou violents mais réunis par une même volonté de faire entendre leur voix qu’ils considéraient comme inaudible, voire méprisée. Ils n’avaient souvent pas une connaissance pointue de la politique ni des institutions, peu d’entre eux déclaraient voter régulièrement.

À Toulon, les manifestations se sont longtemps passées sans heurts notables. C’est à partir du 5 janvier que les choses ont changé. J’y étais et j’ai donc été témoin direct de violences de la part de la police. Le cortège s’était élancé depuis peu. Il n’y avait aucun heurt. Lorsqu'arrivés au bout d'un boulevard, nous avons commencé à sentir une odeur de gaz lacrymogène, nous étions tous surpris. Et là, j'y ai vu des gens blessés, notamment, et cela, je ne peux pas l'oublier, une femme âgée, le visage stupéfait et souffrant, qui soulevait son pantalon pour examiner un très gros hématome sur sa jambe. La situation était parfaitement chaotique et confuse, mais il ressortait unanimement des réactions à la fois sidérées et choquées des gens autour de moi que ces violences policières leur semblaient incompréhensibles. Je recueillais alors des témoignages de ce qui venait de se passer. Les gens étaient dans une colère noire et tout autant choqués par la répression soudaine de la police, pour eux cette attitude subitement agressive relevait de la trahison.

Il faut ici savoir que jusqu'alors, notre cortège suivait un chemin habituel qui partait de la place centrale de la ville pour aller au bout de la ville (en direction de Marseille) et que les policiers nous laissaient sortir sur une sorte de tronçon menant à l'autoroute, appelé secteur Villevieille ; la circulation étant interrompue, cela ne présentait aucun danger manifeste. Ce 5 janvier, quelques policiers avaient décidé de bloquer ce passage habituellement emprunté par nous. Alors que des gens tentaient de passer, les policiers auraient "surréagi" et des violences ont éclaté. Il est clair que les policiers étaient trop peu nombreux mais il m'apparaît tout aussi clairement qu'ils ont été dans l'excès. La foule n'était pas hostile, je n'y ai pas vu de manifestants particulièrement vindicatifs ni agressifs. Les gens autour de moi étaient stupéfaits par l'attitude des policiers qu'ils considéraient alors pour l'immense majorité comme des alliés, voire des compagnons d'infortune, tout aussi maltraités économiquement qu'eux par le pouvoir en place.

Il n'y a, à ma connaissance, pas eu de heurts jusqu'à ce qu'à nouveau un incident se produise devant la gare de Toulon en fin de manifestation. Une fois encore j'y étais. Alors que des manifestants chantaient *La Marseillaise*, des policiers ont cru que certains voulaient envahir la gare et ont commencé à repousser très violemment les gens. De là, la situation a clairement dégénéré, cette partie de la ville est devenue incontrôlable. Des gens qui, la semaine précédente, manifestaient paisiblement se sont mis dans une colère noire en voyant les violences commises par la police.

Tout le monde allait dans tous les sens, dans des rues adjacentes, cherchant à rejoindre un ami, un proche, et les rues étaient complètement enfumées. Certains se réfugiaient dans des commerces, dans des halls d'immeubles. On est venu me chercher pour me dire que des manifestants étaient en train de se faire "boxer" par un policier en pleine rue. Je me suis rendue sur le lieu indiqué et j'ai vu des policiers embarquer ceux qui allaient devenir mes clients quelques jours plus tard. Tout le monde était choqué par la réaction des policiers… J'ai vu des gens qui n'avaient jamais manifesté de leur vie abasourdis par ces violences et réagir eux-mêmes par rage. Moi-même habituée des manifestations, je n'avais jamais vu ça et partageais ce sentiment de colère face à une injustice.

Le lendemain, je rencontrai le père de deux jeunes hommes, deux frères, qui avaient été interpellés la veille. Ce papa, qui avait travaillé toute sa vie pour l'État, ancien de l'Arsenal, un pied-noir au verbe méditerranéen mais respectueux et jovial. Rapidement, je liais sympathie avec lui. Il me racontait ses garçons, comment lui et sa femme les avaient élevés dans le respect. Il me jurait, lui qui était présent lors de leurs interpellations, qu'ils n'avaient rien fait, que le policier semblait être devenu fou, qu'il s'était rué sur ses garçons. Il me demandait de m'occuper d'eux, ce que j'acceptai avec plaisir.

Je me retrouvais donc leur avocat devant le juge d'instruction qui était saisi dans les jours qui suivaient. Cette affaire est toujours en cours et n'avance guère… En parallèle, je déposais une plainte au parquet de Toulon pour violences policières pour le compte de mes clients, puis n'ayant pas eu de retour dans le délai légal, je pouvais enfin déposer plainte avec constitution de partie civile. À cette occasion, le magistrat instructeur m'indiquait ne pas trouver trace dans les fichiers informatiques de ma plainte au parquet (préalable obligatoire à la recevabilité de ma plainte au juge d'instruction). Fort heureusement, j'avais un exemplaire tamponné par le greffe qui démontrait que le nécessaire avait été fait par mes soins… Peu de temps après, la magistrate en charge initialement de cette affaire était envoyée devant une autre juridiction laissant sa place à l'une de ses collègues. À ce jour, mes clients ont été entendus une seule fois lors de l'interrogatoire de première comparution. C'était en janvier 2019. Ils sont toujours sous contrôle judiciaire avec une interdiction de paraître à proximité de la gare [*sic*]… ma plainte suit aussi son cours… un cours particulièrement lent…

Pourriez-vous décrire quelques-unes des affaires que vous avez traitées (directement ou indirectement) en précisant les attitudes respectives à la fois des autorités policières, du parquet et des juges du siège ?

Outre l'affaire évoquée plus haut, toujours en cours d'instruction et sur laquelle, secret de l'instruction oblige, je ne peux pas m'étendre, j'ai défendu plusieurs "Gilets jaunes". J'illustrerai mon propos par deux cas précis dont j'ai eu à connaître.

Tout d'abord M. X :

Casier vierge, 58 ans, marié, qui a toujours travaillé jusqu'à ce qu'un accident de travail le rende invalide. Il était là le 5 janvier, près de la gare, il manifestait. Tellement choqué et en colère suite aux violences policières dont il avait été le témoin, il a jeté un objet dans un feu de poubelle. Identifié par caméra de vidéosurveillance, la police se rend chez lui quelques jours plus tard. Perquisition où l'on saisira ses vêtements et placement en garde à vue… On n'a pas cru bon de procéder comme habituellement par convocation en vue de son audition.

Il lui est reproché l'attroupement non autorisé et la dégradation. Lors d'une de ses auditions, on lui posera des questions sans lien avec les faits : "Appartenez-vous à un mouvement politique particulier ? […] Appartenez-vous à un groupe, en particulier Gilet jaune sur Facebook ? […] Avez-vous rejoint un groupe particulier de personnes lors de la manifestation ?", et enfin "Pensez-vous à nouveau participer aux prochaines manifestations ?".

La réponse de mon client à cette dernière question était alors "non". Évidemment, la garde à vue, la perquisition étaient passées par là…

En dépit de la reconnaissance par mon client des faits qui lui étaient reprochés durant son audition, le parquet ordonnait aux enquêteurs de procéder à une expertise psychiatrique. À quoi bon sinon pour accréditer la thèse selon laquelle les GJ sont des demi-débiles, emplis de hargne et de colère ?… Évidemment, l'expert notera que M. X est d'une intelligence normale, cohérent, calme, non impulsif, sans signe psychiatrique.

Prolongation de sa garde à vue et on l'interroge à nouveau au sujet de son appartenance à un groupe

Facebook de Gilets jaunes, sur les autres manifestations auxquelles il aurait participé... Le sort de la malheureuse poubelle brûlée semblant peu intéresser les enquêteurs.

Puis on le défère au parquet.

Je rappelle : 58 ans, casier vierge... Ce choix procédural n'est pas habituel... Le parquet lui remet une convocation par procès-verbal et, dans la foulée, saisi le JLD pour le placer sous contrôle judiciaire. Ce JLD entérine cette demande et lui interdit de se rendre au centre-ville de Toulon (lieu habituel des manifestations) et lui ordonne de "pointer" au commissariat une fois par semaine jusqu'à son jugement... Je rappelle, même si c'est redondant : 58 ans, casier vierge... Cette mesure restrictive de liberté n'est pas habituelle.

Le jugement interviendra plusieurs mois plus tard (j'avais dû, en effet, solliciter un renvoi puisque je n'avais pas eu copie des pièces pénales en temps utile) pendant lesquels le contrôle judiciaire sera maintenu...

À l'audience de jugement, je soulève et obtiens que le tribunal se déclare incompétent s'agissant de l'infraction de "participation sans arme à un attroupement après sommation de se disperser". En effet, il était impossible de convoquer mon client par procès-verbal pour cette infraction : dans sa hâte de répression, le parquet a omis de vérifier les textes. Quant à la dégradation de la poubelle :

coupable, quatre mois avec sursis, le parquet en réclamant six… Effarant… M. X n'a pas voulu relever appel… passablement dégoûté cette fois par la justice…

Évoquons maintenant la situation de M. Y.

M. Y a 52 ans, lui aussi un casier immaculé. Il est garde champêtre.

Le soir, il aime à exprimer son point de vue sur des sujets divers et variés sur sa page Facebook. Sur cette page, où il ne fait pas mention de sa profession, pas de photo personnelle permettant de l'identifier, un surnom et, en image de profil, un Gaulois réfractaire bien connu de bande dessinée. Impossible de savoir sauf à le connaître IRL quel est son nom ni quelle est sa profession.

M. Y est un Gilet jaune dans l'âme, il n'aime pas les injustices, il n'aime pas que les puissants se moquent des plus faibles. Et il l'écrit. Cette fois, ce n'est pas la police mais la gendarmerie locale qui s'empare de cette "affaire d'État".

Le 5 janvier 2019, de zélés agents de la police municipale de Bormes-les-Mimosas se rendent à la gendarmerie pour dénoncer les agissements séditieux de M. Y.

Sans désemparer, la gendarmerie se saisit de cette affaire et mène l'enquête. L'affaire est grave, selon eux, M. Y "tient des propos outrageants et menaçants envers les militaires de la gendarmerie. Il essaie d'intimider les forces de l'ordre et injurie plusieurs fois le président de la République". Je m'étonne que le parquet antiterroriste ne se soit pas saisi de l'enquête…

M. Y est donc passablement surpris de recevoir une convocation par ses collègues gendarmes. Aussitôt placé sous le régime de la garde à vue, on lui plaque sous le nez ses écrits dissidents. On lui reproche :

– outrage à une personne dépositaire de l'autorité publique ;

– menace de crime ou de délit contre les personnes ou les biens à l'encontre d'un dépositaire de l'autorité publique ;

– injure publique envers le président de la République par parole, écrits, images ou moyen de communication par voie électronique [les gendarmes n'ayant manifestement pas leur logiciel à jour s'agissant des infractions, celle-ci n'existant plus depuis 2013] ;

– acte d'intimidation envers un dépositaire de l'autorité publique.

M. Y, qui est aussi un fonctionnaire, tout comme nos gendarmes, est alors traité comme un traître à la Nation.

Commence alors une procédure tout bonnement surréaliste qui oscille entre le grand-guignol et Costa-Gavras au pays des gendarmes.

Placé en garde à vue, M. Y qui a très peur de tout perdre, notamment son travail qu'il exerce depuis plus de vingt ans, reconnaît qu'il est l'auteur des propos litigieux et tente de se trouver une excuse en disant que le soir quand il va sur Facebook, il boit et qu'il est en dépression.

On lui pose des questions de cet acabit : "Pourquoi avez-vous cette haine (!) envers les forces de l'ordre ?"

M. Y répond qu'il est lui-même assermenté et qu'il n'a aucune haine. Il précise qu'il était à Toulon le 5 janvier 2015 lors de la fameuse manifestation qui a dégénéré : "À Toulon je me suis fait gazer devant la gare alors que je ne faisais rien. J'ai été gazé car j'étais hors du circuit déclaré, c'est là que j'ai vu le commandant frapper une personne âgée."

Durant sa garde à vue, il sera interrogé plusieurs fois au sujet de ses propos. Sa femme sera interrogée, ainsi que son supérieur hiérarchique afin de déterminer si M. Y ne serait pas un insoumis réfractaire à l'autorité. Je rappelle ici que cela fait plus de vingt ans qu'il est fonctionnaire d'État…

Mais afin de démontrer que les propos de M. Y ont été dévastateurs, toute, je dis bien toute, la brigade de gendarmerie est aussi auditionnée pour faire état de son traumatisme et de son préjudice d'avoir été ainsi outragée par M. Y. Sont donc jointes à la procédure pas moins de onze auditions de gendarmes, s'auditionnant les uns les autres, à tour de rôle, pour affirmer leur souffrance… Au terme de sa garde à vue, déferrement, convocation par le parquet de contrôle judiciaire avec notamment obligation de soins...

Mais venons-en aux propos litigieux, qu'a donc bien pu écrire M. Y pour se retrouver dans une situation pareille ?

Exemples : "Alors en France tu t'appelles Benalla, tu frappes des femmes en public, tu ne risques rien, tu gardes ton indemnité de lieutenant-colonel, tes passeports diplomatiques... Par contre, tu as le malheur de mettre un gilet jaune et de jeter de la peinture sur des schtroumpfs [des gendarmes], tu prends deux mois ferme en comparution immédiate." Ou encore : "Petit support à deux GJ arrêtés et placés en garde à vue à la gendarmerie de Bormes... Accueil tendu par les locaux... On nous rappelle directement que le terrain de la gendarmerie étant un terrain militaire, toute intrusion entraînera l'utilisation des armes à feu. Vous imaginez un peu le bourrage de crâne qu'ils doivent subir pour en arriver là ? Menacer directement des prolos/retraités/chômeurs/artisans... et filer doux dans les cités... quel pays." Ou encore, faisant allusion à Emmanuel Macron dont la légende locale raconte qu'il a dû quitter le fort de Brégançon caché dans le coffre de sa voiture : "Tu parles d'une promenade, obligé de quitter son palais caché dans le coffre pour ne pas avoir à discuter avec les sans-dents... des mobiles, des départementaux, des commandos... et même la PM pour que sa seigneurie ne soit pas importunée...

Quel guignol… Vous imaginez le poids qu'il doit avoir face à des gens comme Poutine ou Trump ????? Une soupe de nouilles tout au plus… quant à l'autre *Prime Minister* qui fait le mariole genre je suis un boxer ??? Je lui ai serré la main, je peux vous dire qu'il est à peine au niveau pianiste dans les sports de combat." Et pour finir : "Dictature raclures, hé oh les schtroumpfs qui m'ont dit qu'emmener des enfants sur les points de blocage, c'était nul… Vous qui acceptez de répondre aux ordres de ce gouvernement de cons, ne vous plaignez pas si vous vous prenez des gnons dans la gueule de la part du peuple de France… Vous avez le choix de faire partie de ceux qui ont participé au Vél' d'Hiv' ou qui criaient vive Pétain."

En effet, ces propos méritaient vraiment une telle réponse pénale…

Pour ces propos, une garde à vue, un déferrement, un contrôle judiciaire pendant six mois…

J'arrivais à l'audience avec mes conclusions aux fins de relaxe que j'avais préalablement adressées au parquet et à la juridiction. Encore une fois, le parquet avait confondu vitesse et précipitation, tout à sa joie de défendre l'honneur des gendarmes et surtout du président de la République… Malheureusement, outre qu'il avait atrocement tronqué les propos de mon client dans la prévention, il se trompait complètement de qualification. En effet, si tant est qu'ils aient pu être répréhensibles, ces propos tenus publiquement relevaient de la loi de 1881 et non pas du Code pénal classique…

Or, impossible de faire juger quelqu'un pour des délits d'opinion par la voie procédurale choisie… Mais si la présidente semblait s'amuser de la maladresse procédurale du parquet, celui-ci n'était pas dans les mêmes dispositions d'esprit.

Le procureur s'est donc levé, pointant du doigt mon malheureux client en lui disant qu'il n'en resterait pas là, que c'était intolérable et qu'il allait le poursuivre autrement… ce à quoi j'ai répondu : "Mais sur quel fondement Monsieur le Procureur ? La loi de 1881 qui est la seule applicable ? Je suis au regret de vous rappeler que vous êtes largement prescrit…"

Déconfiture du parquet et pour deux gendarmes qui s'étaient même constitués partie civile.

En attendant, M. Y a eu beaucoup de mal à garder son travail, il a eu six mois de contrôle judiciaire, et il n'est plus allé manifester. Il a fermé son compte Facebook…

Je pourrais raconter d'autres affaires mais celles-ci (outre celle en cours à l'instruction) sont celles qui me semblent les plus intéressantes.

Dans la première on voit bien le rouleau compresseur procédural, la disproportion entre les faits et la machinerie judiciaire mise en branle. Dans la seconde, où l'on retrouve la même chose, s'y ajoute le ridicule. Le paroxysme d'une mise en mouvement de l'action pénale pour rien, sinon pour nourrir le fantasme de Gilets jaunes stupides, délinquants, alcooliques et dangereux. Une classe moyenne caricaturée à la nausée et écrasée par un pouvoir politique qui tient dans sa main services d'enquête et parquet. Il n'est pas inutile ici de rappeler les condamnations de la France pour absence d'indépendance du parquet. Nous en avons les illustrations parfaites avec un parquet tellement pressé de répondre aux attentes de l'État qu'il en oublie les règles les plus élémentaires de procédure pénale.

La justice a été utilisée comme bras armé d'un exécutif dépassé par une population courroucée. Le parquet a répondu présent et n'a pas manqué de jouer le rôle attendu. S'agissant des magistrats du siège, il reste encore des îlots d'indépendance et de liberté où le droit n'est pas piétiné.

MM. X et Y ne sont plus allés manifester. Ils ont eu peur, je les comprends. Le résultat est là. Les Gilets jaunes devaient être réprimés, ils l'ont été par tous les moyens possibles. »

Les réactions des organisations de défense des droits de l'homme

Devant les atteintes aux libertés publiques et la violence qui caractérisaient la répression d'un mouvement social, la presse internationale exprima sa surprise, et un certain nombre d'organisations firent part de leur émotion. Y compris le Conseil des droits de l'homme de l'ONU[9] présidé par l'ancienne présidente chilienne Michelle Bachelet qui réclamait une enquête sur « l'usage excessif de la force ». Il y en eut d'autres, nombreuses, mais nous retiendrons, pour son caractère récent et particulièrement détaillé, la publication à l'automne 2020 d'un rapport d'Amnesty International[10] auquel il convient nécessairement de se reporter. L'organisation y dénonce « l'acharnement judiciaire » contre les manifestants à l'occasion des mouvements sociaux qui se sont déroulés en France avec les manifestations des Gilets jaunes et celles ensuite en opposition à la loi sur les retraites.

GARDES À VUE, POURSUITES ET CONDAMNATIONS VISANT DES PERSONNES AYANT PARTICIPÉ AUX MANIFESTATIONS DES GILETS JAUNES ENTRE NOVEMBRE 2018 ET JUILLET 2019

On ne dispose pas de statistiques des gardes à vue et poursuites ventilées par infraction pénale.

	Dans toute la France	À Paris
Gardes à vue	11 203	3 393
Poursuites	5 241	847
Dont comparutions immédiates	2 043	555
Rappels à la loi	2 530	942
Affaires classées sans suite	2 260	1 327
Condamnations	3 204	s.o.

Source : ministère de la Justice (SG-SDSE SID/CASSIOPEE-Traitement DACG/PEPP). Statistiques recueillies entre le 17 novembre 2018 et le 12 juillet 2019 et mises à jour jusqu'au 13 novembre 2019.

9. www.liberation.fr/france/2019/03/06/gilets-jaunes-l-onu-reclame-une-enquete-sur-l-usage-excessif-de-la-force-le-gouvernement-replique_1713392

10. https://amnestyfr.cdn.prismic.io/amnestyfr/b8677a48-c72b-4b52-a21e-eb86ee0f26fb_AI_Rapport_Droit+de+manifester+en+France_FR.pdf

D'après Amnesty, qui ajoute aux procédures judiciaires devant les tribunaux les amendes sur procès-verbal extrêmement élevées qui furent infligées systématiquement par les forces de l'ordre entre 2018 et 2019, plus de 40 000 personnes ont été condamnées pour diverses infractions et délits sur la base de lois très vagues, et en contradiction avec les principes gouvernant le droit pénal. Sur 56 pages, l'organisation relève toutes les occurrences de cette répression judiciaire anormale au regard des standards internationaux auxquels la France a souscrit. Dans cette séquence, où l'arbitraire semblait devenu la règle, la responsabilité de l'autorité judiciaire apparaît extrêmement lourde, et en tout cas rien n'aurait pu se produire sans sa participation active.

Il fut pourtant un domaine où les parquets furent singulièrement inactifs, et les juges du siège, quand ils étaient saisis, pleins de mansuétude, ce sont les violences policières. Alors que le juge est celui qui est chargé du contrôle de l'usage de la violence légitime par l'État.

Chapitre 16
La protection judiciaire des violences policières.

L'auteur ne partage pas l'opinion selon laquelle la police républicaine ne serait qu'un instrument visant à faire tenir tranquilles les classes laborieuses considérées comme dangereuses par les dominants. Que ce soit la gendarmerie ou la police nationale, nous n'avions auparavant pas affaire à des corps n'ayant qu'une action de pure répression des couches populaires, et pratiquant un racisme systémique, comme le proclament certains. Et contrairement à ce que l'on entend souvent dans une certaine gauche mondaine, leurs membres ne bénéficiaient pas systématiquement d'une protection pour certains excès parfois incontestables. C'est la raison pour laquelle l'acceptation par les forces du maintien de l'ordre de ce dévoiement que fut cette répression violente des mouvements sociaux a pu constituer une surprise. Caractérisant une forme de trahison de leur raison d'être républicaine au profit du pouvoir minoritaire mis en place par Emmanuel Macron, qui laissera des traces profondes.

Une nouvelle stratégie de maintien de l'ordre : le choix de la violence

Très vite les observateurs des manifestations des Gilets jaunes à partir du 17 novembre 2018 ont constaté la mise en œuvre d'une nouvelle stratégie de maintien de l'ordre[1]. Reposant sur l'utilisation d'armes dangereuses, la recherche de l'affrontement, la technique des nasses, la complaisance vis-à-vis des casseurs, cette stratégie déboucha sur une litanie de violences policières, dont des centaines de vidéos rendaient compte.

Ce que certains qualifièrent de « militarisation du maintien de l'ordre[2] » fut peu relayé par les médias et nié par les pouvoirs publics. Et en particulier les chaînes d'information préféraient mettre en scène parfois de façon frauduleuse la violence des manifestants, et Emmanuel Macron lui-même affirmait dans une phrase devenue symbolique lors d'un débat : « Ne parlez pas de "répression" ou de "violences policières", ces mots sont inacceptables dans un État de droit. »

1. www.slate.fr/story/175260/manifestations-gilets-jaunes-police-doctrine-maintien-ordre

2. www.francetvinfo.fr/economie/transports/gilets-jaunes/gilets-jaunes-la-police-a-blesse-en-quelques-mois-autant-de-manifestants-quen-vingt-ans_3702693.html

En revanche, le suivi des réseaux devenus une source essentielle de réinformation permettait de se faire une idée de l'intensité de cette violence et de son caractère manifestement organisé et voulu.

Le journaliste David Dufresne a réalisé un travail de suivi et de compilation dont le bilan est vertigineux. Comme il l'indiquait lui-même un an après le déclenchement du mouvement : « La police a blessé en quelques mois autant de manifestants qu'en vingt ans[3]. » Tournons-nous une nouvelle fois vers l'organisation Amnesty International qui a publié en mai 2019[4] un documentaire filmé permettant de se faire une idée synthétique d'un phénomène étendu à toute la France et qui a frappé tous les observateurs français ou étrangers.

Depuis le début du mouvement des Gilets jaunes, le pouvoir, aidé et soutenu par les médias, a mis en scène une « violence des Gilets jaunes », dans le but évident de les disqualifier. Comme d'habitude, c'était une manipulation, non que le mouvement lui-même n'ait pas donné lieu à des débordements, mais il faut toujours se rappeler ce que disait Nelson Mandela : « C'est toujours l'oppresseur, non l'opprimé, qui détermine la forme de lutte. Si l'oppresseur utilise la violence, l'opprimé n'aura pas d'autre choix que de

---

3. https://www.francetvinfo.fr/economie/transports/gilets-jaunes/gilets-jaunes-la-police-a-blesse-en-quelques-mois-autant-de-manifestants-quen-vingt-ans_3702693.html

4. www.amnesty.fr/actualites/france-gilets-jaunes-histoire-dune-repression

répondre par la violence. Dans notre cas, ce n'était qu'une forme de légitime défense. »

On n'oubliera pas non plus celle de Bertolt Brecht : « On dit d'un fleuve emportant tout qu'il est violent. Mais on ne dit jamais rien de la violence des rives qui l'enserrent. »

Les premiers bilans, ceux des sept premières semaines, c'est-à-dire entre le 17 novembre et le 6 janvier, étaient déjà considérables. Deux mille personnes avaient été blessées et parmi elles figuraient au moins 93 blessés graves. Certaines avaient été éborgnées, d'autres encore défigurées ou avaient dû être amputées. Blessures essentiellement dues à des armes comme les lanceurs de balles de défense (LBD) qui ne sont plus utilisées par aucune autre police européenne, panoplie complétée par l'usage de grenades offensives et de grenades de désencerclement particulièrement dangereuses.

Dans le même temps, 5 339 personnes avaient été placées en garde à vue, après des arrestations en général particulièrement brutales à base de placage ventral exposant la personne immobilisée à des risques d'étouffement. Les victimes étaient pour la plupart des manifestants pacifiques ou même de simples passants. On vit apparaître l'usage des stratégies d'encerclement des foules, appelées « nasses », permettant de multiplier le nombre des arrestations. Que l'on pouvait ainsi en bon français qualifier de rafles.

La violence policière contre les mouvements sociaux est malheureusement une vieille histoire en France.

Écoutons ce que disait Éric Werner, philosophe suisse[5], en janvier 2019 :

« Ce qu'il y a de dangereux dans la situation présente, ce n'est pas seulement que beaucoup de choses, effectivement, dorment dans l'inconscient collectif : elles y dorment donc, et donc également sont prêtes, en toute occasion, à refaire surface. Les LBD, ou le retour du refoulé. Parallèlement aussi, on pourrait évoquer certaines attitudes et comportements, attitudes et comportements qui ne sont pas sans lien avec le racisme social aisément repérable chez nombre de représentants de la classe possédante au XIXe siècle. Car, on le sait, la haine de classe fonctionne dans les deux sens. Les dérapages à répétition du président Macron dans ce domaine le montrent bien. On les interprète volontiers comme des provocations, mais peut-être faudrait-il y voir surtout des lapsus, lapsus lui échappant sans qu'il y fasse trop attention. En cela même, d'ailleurs, d'autant plus significatifs.

La IIe République française, responsable des massacres de l'été 1848, était un régime faible, passablement brinquebalant même. Quatre ans plus tard, il cédera la place au Second Empire. Ceci explique sans doute cela. En 1871, rebelote. La France venait

5. www.vududroit.com/2019/01/violences-policieres-revanche-faibles/

de perdre une guerre, celle qu'elle avait elle-même déclenchée contre la Prusse. Le régime issu de cette défaite, une autre République, avait donc une revanche à prendre : revanche qu'elle prit sur sa propre population. Ce fut la "semaine sanglante" : 20 000 prisonniers passés par les armes. À défaut d'être capables de défendre le pays contre l'ennemi extérieur, les pouvoirs en place, en France, sont volontiers tentés de se refaire une santé aux dépens de l'ennemi intérieur : les gens qui ne sont "rien". »

Il y eut la violence policière contre les Gilets jaunes mais également contre tous les autres mouvements sociaux et en particulier contre celui qui concernait la réforme des retraites. Aux quatre coins de la France à nouveau, des caméras nous ont montré des forces de l'ordre utiliser sans aucun complexe une violence parfois sans frein faisant rejaillir sur l'ensemble du corps de la police un déshonneur qui mettra très longtemps à se dissiper.

Et il fallut de plus supporter à longueur de plateaux et de colonnes ceux qui se relayaient pour stigmatiser les violences des manifestants, et tout en restant muets sur les violences policières et leur intolérable bilan. Sous la pression des réseaux où circulaient témoignages des exactions et commentaires des médias étrangers, une partie de la grande presse nationale s'est enfin sentie contrainte de changer un peu son fusil d'épaule et de rapporter de façon beaucoup plus exacte ce qui se passait en réalité.

On accordera une mention spéciale au journal *Le Monde* commençant à se pencher honnêtement sur ces dérives[6] avec cet article au titre glaçant : « “Allez-y franchement, n’hésitez pas à percuter. Ça fera réfléchir les suivants” : le jour où la doctrine du maintien de l’ordre a basculé ». Mais il fallait encore supporter Laetitia Avia proférant sur *Mediapart*[7] devant un Plenel inerte cette vilenie : « Apportez-moi une violence constatée et je serai la première à la condamner. » Il n’était plus personne pour douter de l’existence de ces violences, pas plus que de leur caractère politiquement délibéré et organisé.

Le problème est que l’utilisation de cette répression policière débridée n’a pu s’accomplir que parce qu’elle se nourrissait d’un sentiment d’impunité poussant à la surenchère. Ce sentiment d’impunité était dû à la passivité de l’autorité judiciaire. Par ce que cette violence d’État sans précédent depuis la fin de la guerre d’Algérie se caractérise par ces excès policiers, mais surtout une justice refusant d’accomplir sa mission qui est également de contrôler l’usage de la violence légitime par la puissance publique.

6. www.lemonde.fr/societe/article/2019/12/07/8-decembre-2018-recit-d-une-journee-incandescente-ou-la-doctrine-du-maintien-de-l-ordre-a-change_6022042_3224.html?xtor=EPR-32280629-%5ba-la-une%5d-20191208-%5bzone_edito_2_titre_1%5d

7. www.vududroit.com/2019/12/violence-de-la-repression-contre-le-mouvement-social-la-justice-premiere-responsable/des%20m%C3%A9thodes%20dignes%20de%20milices%20de%20nervis

Comment en est-on arrivé là ?

Il est indispensable de rappeler une chose très simple : ceux dont ce contrôle des forces de police est la mission, ce sont les magistrats du service public de la justice. L'État peut utiliser la violence, c'est le cas par exemple lorsqu'il enferme quelqu'un entre quatre murs. Mais il ne peut le faire que dès lors qu'un juge en a décidé et s'est prononcé sur l'intensité de cette violence comme sur sa durée et les conditions de la détention. De la même façon, c'est lui qui est chargé de la protection des citoyens face aux excès possibles de ceux qui peuvent utiliser la violence légitime physique, c'est-à-dire les forces de police. Par conséquent tous ces excès dont le remarquable travail réalisé par David Dufresne[8] nous permet d'avoir idée de l'importance sont autant d'infractions sévèrement réprimées par le Code pénal.

La rédaction du Code pénal le démontre clairement, puisqu'il sanctionne spécifiquement les violences volontaires commises par une personne dépositaire de l'autorité publique. Ce sont les articles 222-7 et suivants du Code pénal[9]. Dont la lecture établit que les policiers bénéficient d'une protection particulière contre les agressions dès lors qu'ils sont en fonction,

8. www.davduf.net/alloplacebeauvau

9. www.legifrance.gouv.fr/affichCode.do?idSectionTA=LEGISCTA000006181751&cidTexte=LEGITEXT000006070719

mais également d'une incrimination aggravante qui leur est propre par l'article 222-13-7 : « Les violences ayant entraîné une incapacité de travail inférieure ou égale à huit jours ou n'ayant entraîné aucune incapacité de travail sont punies de trois ans d'emprisonnement et de 45 000 euros d'amende lorsqu'elles sont commises par une personne dépositaire de l'autorité publique ou chargée d'une mission de service public dans l'exercice ou à l'occasion de l'exercice de ses fonctions ou de sa mission. » Et la poursuite de la lecture de l'ensemble du dispositif montre que les violences volontaires comme le fait d'éborgner en visant la tête avec un LBD ou un lance-grenade[10] sont des crimes relevant de la cour d'assises ! Comment qualifier autrement que de « tentative de meurtre » l'attentat dont a été victime le malheureux Olivier Beziade[11], pompier volontaire bordelais, le 12 janvier 2019 ? Et il y a bien sûr aussi des violences volontaires moins importantes pour lesquelles, dans tous les articles du code, le fait qu'elles soient commises par des forces de l'ordre sont des circonstances aggravantes ! Ce sont donc bien les violences policières que le législateur a entendu réprimer particulièrement. Et c'est absolument fondamental, dans la mesure où il est impératif que cette autorisation

10. www.facebook.com/watch/?v=545346932698831

11. https://actu.fr/nouvelle-aquitaine/bordeaux_33063/bordeaux-gilets-jaunes-olivier-beziade-pompier-volontaire-bien-ete-touche-par-tir-lbd_28715368.html

d'usage soit strictement contrôlée afin de ne pas basculer dans l'arbitraire.

Il y eut d'ailleurs une particularité dans les débats autour des violences policières durant toute cette période. La plupart de ceux qui les condamnaient pointaient la responsabilité du ministre de l'Intérieur, de son chef installé à l'Élysée et bien sûr celle des forces de l'ordre. On parlait aussi beaucoup du rôle de l'IGPN comme organisme disciplinaire interne préposé à l'étouffement et à l'impunité. Mais très peu mettaient en cause les premiers responsables, ceux, magistrats des parquets et juges du siège, qui n'assuraient pas la répression de ces violences illégales. Et dont la mission était pourtant de protéger l'intégrité physique et les libertés des citoyens, à commencer par celles, constitutionnelles, de manifestation et d'expression. Or, c'est bien cette déplorable défaillance qui a permis au président de la République et à ses subordonnés de donner carte blanche à la violence des forces de l'ordre, dans le but avéré de réprimer, de brutaliser, d'estropier, d'intimider et d'empêcher la contestation de la politique voulue par un pouvoir minoritaire. Sans oublier non plus les 5 000 gardes à vue manifestement abusives, comme autant de séquestrations arbitraires couvertes par les parquets quand elles n'étaient pas directement organisées par eux.

Et l'on a malheureusement tendance à oublier la deuxième facette du pouvoir de répression de la justice pénale, caractérisée par ce refus obstiné du contrôle de l'usage excessif de la violence légitime. Sans ce contrôle, celle-ci devient alors, par nature, illégitime.

Cette défaillance ne troubla pas outre mesure le corps, comme le montrait l'intervention d'une dirigeante du Syndicat de la Magistrature venant benoîtement dire en décembre 2019[12] qu'elle avait peur d'aller aux manifestations à cause des violences policières. Elle avait entièrement raison, user de sa liberté constitutionnelle de manifestation était devenu désormais dangereux. Mais la syndicaliste ne semblait éprouver aucune gêne face à la défaillance de ses collègues dans la répression et la prévention de ces violences.

Malheureusement au moment du mouvement des Gilets jaunes, la réponse judiciaire qui était du devoir des magistrats compétents fut un désastre, fruit d'une défaillance majeure dans le fonctionnement de la justice française.

Quelques exemples significatifs

Sans faire la liste de tous les exemples qui documentent cette réalité, nous nous contenterons de revenir sur certains d'entre eux, caractéristiques de ces dérives.

12. www.facebook.com/watch/?v=1154495458088712

Tout d'abord cette séquence filmée en vidéo[13], où deux policiers en uniforme s'acharnaient brutalement sur un homme à terre. Elle a fait le tour des réseaux provoquant enfin le scandale politique que méritait ce genre d'agissements. On apprit que le parquet de Paris, contraint par le scandale, avait ouvert une enquête préliminaire. On rappellera cependant que l'enquête préliminaire n'est pas contradictoire et qu'elle est secrète. Qu'elle fut *a priori* confiée à l'IGPN transformée incontestablement pendant cette période en machine à étouffer et à blanchir.

Il y eut la triste affaire Caniço[14] avec la disparition et la mort d'un jeune homme après une intervention policière complètement disproportionnée. Malgré les efforts du préfet et du parquet, il fallut bien, compte tenu de l'émotion, ouvrir une enquête qui fut naturellement confiée à l'IGPN. Laquelle avait conclu contre l'évidence à l'inexistence de fautes commises par les forces de police. Devant les témoignages et les évidences, la justice fut contrainte d'ouvrir une information judiciaire confiée à deux juges d'instruction, qui sollicitèrent sur-le-champ leur dessaisissement[15], probablement

13. www.leparisien.fr/faits-divers/manifestant-frappe-par-des-policiers-a-paris-le-5-decembre-une-enquete-ouverte-06-12-2019-8211108.php

14. www.huffingtonpost.fr/entry/steve-maia-canico-igpn-version_fr_5d415060e4b0db8affb09bf8

15. www.20minutes.fr/societe/2576327-20190802-affaire-steve-maia-canico-deux-juges-instruction-nantes-demande-etre-dessaisis

soucieux de ne pas se trouver contraints d'impliquer les forces de police opérant dans leur compétence territoriale.

Autre exemple avec l'épisode qui s'est déroulé au Havre et filmé par deux jeunes garçons[16] assis dans leur voiture garée sur un parking. Deux policiers en furie se précipitent vers eux et malgré les objurgations des deux personnes qui n'opposent aucune résistance, ils dégradent violemment le véhicule et en extirpent brutalement les deux occupants. Les malheureux avaient oublié qu'il y avait un gilet jaune sur le tableau de bord ! Pour les policiers, cela autorisait probablement cette intervention violente et la mise en garde à vue des deux criminels. Il se trouva sans difficulté un membre du parquet local pour couvrir la garde à vue, et probablement pour justifier le tout, et les deux gamins se virent délivrer une citation en correctionnelle !

Revenons sur la fameuse affaire Geneviève Legay, du nom de cette personne âgée de 73 ans qui entendait manifester sa solidarité aux Gilets jaunes. Elle fut victime le 23 mars 2019 à Nice d'une charge violente et inutile des forces de l'ordre et se trouva sérieusement blessée. Au bout d'un an et demi, l'IGPN fut contrainte de reconnaître le caractère disproportionné de la charge de police à l'origine des blessures, et que la responsabilité du commis-

16. www.facebook.com/giletsjaunesinfos/videos/550557599121991/?v=550557599121991

saire Rabah Souchi, à la tête des opérations, était engagée. Perdant une occasion de se taire, Emmanuel Macron avait cru utile[17] de donner des leçons à la victime en la considérant irresponsable et lui conseillant la sagesse. On apprit quelques jours plus tard que le procureur qui avait couvert les forces de l'ordre reconnaissait « avoir menti pour protéger le Président[18] » ! Triste exemple de la conception que certains ont de leur mission de justice.

Et quand certains policiers étaient confrontés à des poursuites pour se retrouver devant le juge du siège, force fut de constater qu'ils n'avaient pas grand-chose à craindre. Comme le démontre l'affaire de ce CRS photographié en train de lancer un pavé en direction des manifestants et comparaissant devant le tribunal en novembre 2019[19] dans une mise en scène grandiloquente. Il était le premier et le seul, plus d'un an après les débuts du mouvement, à être ainsi jugé, le premier et le seul à cette date parmi 372 affaires dont l'Inspection générale de la police nationale a été saisie depuis le début du mouvement des Gilets jaunes. La peine fut de deux mois de prison avec sursis, sans inscription au casier judiciaire.

---

17. www.leparisien.fr/faits-divers/manifestante-blessee-a-nice-macron-lui-souhaite-prompt-retablissement-et-sagesse-25-03-2019-8038944.php

18. www.liberation.fr/france/2019/07/24/affaire-legay-le-procureur-de-nice-a-menti-pour-proteger-macron_1741848

19. www.lexpress.fr/actualite/societe/justice/proces-du-policier-lanceur-de-pave-une-decision-pas-encore-rendue-mais-deja-critiquee_2108338.html

Terminons l'exposé de ces quelques exemples en revenant sur la triste affaire Beziade, du nom de ce pompier volontaire proprement abattu le 12 janvier 2019 par un tir tendu de LBD dans une rue de Bordeaux et dont la vidéo circulant le soir même sur les réseaux provoquait l'indignation. Il faut prendre connaissance du dossier établi par le journal *Le Monde* qui pointe la violence subie, la responsabilité des forces de l'ordre, de leur commandement, et les conséquences tragiques pour la victime. L'enquête vidéo du *Monde* révèle comment ce manifestant a été la cible d'un tir de LBD 40 dans la tête alors qu'il ne présentait aucune menace, mais aussi d'un jet de grenade de désencerclement non autorisé. Dans un premier temps, le procureur et le préfet tentèrent de colmater. Puis devant le scandale[20] furent contraints de saisir l'IGPN pour le préfet et, pour le procureur, d'ouvrir une enquête confiée… à l'IGPN. Un seul policier a été mis en examen. Le préfet s'appelait Didier Lallement et a bénéficié d'une belle promotion de la part d'Emmanuel Macron puisqu'il est devenu préfet de Paris.

20. https://www.lemonde.fr/police-justice/article/2020/01/08/un-policier-mis-en-examen-apres-la-grave-blessure-d-un-gilet-jaune-a-bordeaux_6025166_1653578.html

Le préfet Didier Lallement peut tout se permettre

Traité, paraît-il, de « nazi » par Alain Juppé[21] alors maire de Bordeaux et soutenu par Jean-Pierre Chevènement, voilà un homme qui multiplie les efforts pour donner l'image du garde-chiourme sans état d'âme, ce qui semble parfaitement lui convenir.

Filmé le 16 novembre 2019, au lendemain d'une manifestation ayant dégénéré place d'Italie, il révélait tranquillement la vérité d'un moment politique dans tous ses aspects. Répondant à une dame pacifique lui disant être Gilet jaune, il n'hésita pas, lui, le haut fonctionnaire pourtant tenu à une neutralité républicaine de bon aloi, à proférer cette phrase de guerre civile : « Nous ne sommes pas dans le même camp, madame[22]. » Le tout en déployant une démarche chaloupée et un air martial voulant probablement convaincre qu'il n'était pas là pour plaisanter, mais bien pour réprimer, intimider, et empêcher l'usage de la liberté constitutionnelle de manifestation. À ceux qu'Emmanuel Macron lui a désignés comme ennemis : « la foule haineuse ». Une petite visite sur les réseaux permettait et permet toujours de trouver un florilège de ses différentes interventions où alternent déclarations martiales, coups de menton

21. www.liberation.fr/direct/element/quand-alain-juppe-parlait-du-prefet-lallement-comme-dun-nazi_109594/

22. www.youtube.com/watch?v=9hE8OFdlqvc

et rodomontades. Le préfet de police de Paris dont le prédécesseur débarqué avait été jugé trop respectueux des libertés publiques y fait preuve d'une certaine franchise : il est là pour brutaliser.

Au début du confinement mis en place pour lutter contre la pandémie du Covid-19 et que les Français acceptèrent avec abnégation, il se permettra de les insulter[23] : « Ceux qui sont aujourd'hui hospitalisés, ceux qu'on trouve dans les réanimations, ce sont ceux qui, au début du confinement, ne l'ont pas respecté, c'est très simple, il y a une corrélation très simple. » Était-il possible de faire pire ?

Le 16 novembre 2019 étaient organisées des manifestations commémoratives du premier anniversaire du déclenchement du mouvement social des Gilets jaunes. L'une d'entre elles, la plus importante, devait se dérouler place d'Italie à Paris. Le préfet de police[24] donnait une conférence de presse alors que la manifestation était déjà commencée. Révélant dès ce moment un petit aperçu de la façon dont il concevait le rôle de préfet de la République chargé du maintien de l'ordre. Il existe depuis le début du mouvement un slogan classique des Gilets jaunes : « On est là, on est là ! Même si Macron ne le veut

23. www.lemonde.fr/societe/article/2020/04/03/le-prefet-de-police-didier-lallement-contraint-de-s-excuser-apres-un-derapage-sur-les-malades-du-covid-19_6035482_3224.html

24. www.francetvinfo.fr/economie/transports/gilets-jaunes/video-gilets-jaunes-la-situation-est-parfaitement-sous-controle-assure-le-prefet-de-police_3705961.html

pas, nous, on est là ! » Didier Lallement jugea intelligent de lancer de façon provocatrice « Nous aussi, nous sommes là, et nous serons toujours là », confirmant ainsi sa conviction du nécessaire affrontement brutal avec une partie du peuple français.

Une journée particulière

Il faut revenir sur le scénario de cette journée particulière pour illustrer l'inertie totale de la justice devant toute une série d'excès illégaux commis sous la responsabilité du préfet de police.

Tout d'abord, Didier Lallement avait autorisé une manifestation place d'Italie dont le départ était prévu à 14 heures. On pouvait déjà s'étonner du choix de cet endroit, notoirement couvert de chantiers et donc garni d'une floraison de matériels utilisables et d'importantes réserves de projectiles à utiliser par les casseurs en cas d'affrontements. Le maire du 13e arrondissement s'en était ouvert[25] auprès de la préfecture de police et par conséquent du préfet, en vain. Ensuite, il y avait sur cette place un monument commémoratif militaire d'une certaine importance, dont la profanation était un risque évident.

25. www.francetvinfo.fr/economie/transports/gilets-jaunes/gilets-jaunes-j-avais-signale-a-la-prefecture-que-la-place-d-italie-accueillait-des-chantiers-regrette-le-maire-du-xiiie_3706915.html

Ensuite toujours, Didier Lallement fit entourer cette grande place circulaire d'un important cordon de policiers. Les forces de l'ordre laissèrent la place se remplir, et en particulier ne prirent aucune mesure pour filtrer l'arrivée de manifestants dont l'allure et la tenue démontraient qu'il s'agissait de casseurs n'ayant rien à voir avec les Gilets jaunes. Avant même le départ de la manifestation, une « nasse » était en place et se produisit ce qui était prévisible ou peut-être d'ailleurs prévu, le déclenchement d'incidents, de violences et de prises à partie par des éléments « incontrôlés » que l'on avait laissés s'infiltrer. Le tout sous le regard gourmand des télévisions à l'affût.

Ensuite toujours, Didier Lallement ordonne à ce moment l'utilisation des gaz lacrymogènes, des grenades GLI-F4, et des LBD. Journalistes et manifestants pacifiques en sont victimes. Panique et confusion s'installent sur la place que les manifestants pacifiques cherchent à quitter, ce qui est rendu particulièrement difficile par la nasse des forces de l'ordre.

Enfin, Didier Lallement déclare alors, que la manifestation autorisée étant devenue attroupement violent est en conséquence interdite ! Cette décision administrative ne peut pas être sérieusement portée à la connaissance des manifestants déjà sur la place. Du fait de l'interdiction soudaine et inconnue, les personnes pacifiques présentes vont se retrouver sans le savoir dans la situation de « participation à une manifestation interdite », contravention punie d'une amende de 135 euros. Le préfet de police prétend avoir fait installer par les forces de l'ordre un « canal d'évacuation » pour permettre de quitter la place. Dans la confusion, celui-ci était très difficile à trouver, et par conséquent un grand nombre de participants fut verbalisés, d'autres interpellés, et une multitude empêchés de sortir[26]. Et naturellement, pendant ce temps, les « casseurs » purent s'en donner à cœur joie sous l'œil des caméras, sans que les forces de l'ordre ne fassent de gros efforts pour les en empêcher, voire les interpeller, comme l'ont constaté de nombreux témoins.

Se pose évidemment la question de la composition de ces fameux groupes qu'on prétend incontrôlés parce qu'incontrôlables. Cela ressemble fortement à une plaisanterie, lorsque l'on connaît les moyens de la police et l'utilisation historique des provocateurs dans les mouvements sociaux. Laisser casser pour effrayer le bourgeois et disqualifier un mouvement est une très vieille histoire. Beaucoup d'observateurs posèrent la question de l'utilisation dans les manifestations de policiers appartenant aux brigades anticriminalité (BAC), fonctionnaires sans uniforme, dont le maintien de l'ordre n'est pas le métier et qui adoptaient systématiquement des comportements suspects[27]. Il n'y a rien de complotiste là-dedans, car n'oublions pas

---

26. www.bfmtv.com/societe/gilets-jaunes-place-d-italie-on-est-tombe-dans-un-guet-apens-de-la-prefecture-lance-besancenot-1807334.html

27. www.liberation.fr/checknews/2019/11/17/acte-53-des-gilets-jaunes-des-policiers-se-sont-ils-fait-passer-pour-des-membres-du-black-bloc_1763871

ce que nous ont révélé l'épisode Benalla et la présence dans les manifestations de civils armés et présentant les signes extérieurs d'appartenance à la police...

Le scénario du 16 novembre place d'Italie était suffisamment suspect pour qu'il soit permis d'envisager la possibilité de provocations destinées à disqualifier et criminaliser le mouvement des Gilets jaunes. Ce ne serait ni la première fois, ni la dernière. Le comportement habituel du préfet de police et son attitude ce jour-là peuvent nourrir une lourde suspicion. Et il aurait été naturel que la justice, dont c'est le devoir, se saisisse des infractions parce que le moins que l'on puisse dire, c'est qu'il n'en manquait pas.

« La mise en danger délibérée de la vie d'autrui (article 223-1 du Code pénal) » tout d'abord, et qui est relative aux décisions prises par le commandement de la préfecture de police exposant manifestants, simples passants et policiers à des risques graves. L'interdiction brutale de la manifestation au moment où elle devait commencer et sans que les participants ne puissent le savoir constitue une violation d'une règle de sécurité, telle qu'indiquée dans le texte. L'interdiction d'une manifestation doit obéir à des motivations de sécurité publique, et non pas le contraire comme cela semble avoir été le cas.

« Complicité de dégradations volontaires de biens publics » (article 322-1 du Code pénal) ensuite. Pour avoir laissé les vrais casseurs ou les faux détruire le monument commémoratif de la campagne d'Italie.

Cela méritait un examen attentif, parce que soit le préfet de police avait mal dirigé ses troupes et n'a pas été capable de protéger le monument, soit c'est complaisamment que ces dégradations ont été ou organisées ou favorisées, et dans ce cas c'est de la complicité.

« Violences volontaires par autorités publiques » (articles 222-9 à 222-13 du Code pénal[28]). Ensuite toujours, compte tenu des blessures subies par des personnes manifestement pacifiques ou des journalistes[29], et dont la gravité fut provoquée par un usage disproportionné de la force, une procédure aurait été nécessaire pour savoir ce qui s'est passé. Quels étaient les ordres et qui étaient les auteurs de ces violences ?

« Atteinte à la liberté par séquestration arbitraire effectuée par autorité publique » (article 432-4 du Code pénal). Il s'agissait là de ces interpellations abusives et de ces gardes à vue illégales et sans motif visant à intimider, dissuader et punir tous ceux qui pensaient encore que la République française avait toujours une Constitution avec la liberté fondamentale de manifestation. Pour ces séquestrations, c'est-à-dire ces gardes à vue illégales, le fait qu'elles soient ordonnées par un agent public était là aussi une circonstance aggravante.

---

28. www.legifrance.gouv.fr/affichCodeArticle.do?idArticle=LEGIARTI000006417617&cidTexte=LEGITEXT000006070719&dateTexte=20020101

29. www.liberation.fr/checknews/2019/11/17/qui-est-le-journaliste-blesse-au-visage-pendant-l-acte-53-des-gilets-jaunes_1763883

On pense aussi aux « délits de concussion » de l'article (432-10 du Code pénal) qui réprime le fait de percevoir en l'occurrence des amendes dont on sait qu'elles ne sont pas dues. Résumons : la manifestation était autorisée et les gens qui s'y sont rendus et se sont installés sur la place d'Italie le savaient. La décision d'annulation brutale ne pouvait dans ces circonstances être connue ou prévue des participants. À aucun moment les personnes verbalisées dans le périmètre et autour de la place d'Italie ne peuvent avoir su qu'ils participaient à une manifestation interdite. Condition indispensable pour qu'ils aient commis l'infraction. Mais il y a plus, on ne sait rien des formes prises pour cette interdiction ce qui est encore plus grave, car pèse ainsi sur elle la suspicion d'un « acte inexistant[30] » privant de base légale tous les procès-verbaux. Didier Lallement devait le savoir, mais tout à sa frénésie de répression, il a probablement passé outre. Faisant percevoir à ses agents des sommes qu'il savait ne pas être dues commettant ainsi le délit de concussion.

Alors, qui pouvait se pencher sur ces faits pour identifier les responsabilités pénales ou disciplinaires ? Le parquet de Paris, et son procureur, qui auraient dû enquêter face à cette lourde suspicion d'infractions graves commises par des agents publics

30. www.lgdj.fr/l-inexistence-en-droit-administratif-9782296124196.html

comme celle de la blessure infligée au jeune homme éborgné ce jour-là[31].

Hélas, le titulaire du poste est précisément celui qui, choisi par Macron lui-même, a organisé les fameuses « gardes à vue préventives » des Gilets jaunes[32]. Et apporté un soin particulier à la mansuétude judiciaire dont[33] bénéficient les amis du Président. Il ne s'est donc rien passé, ce qui nous amène à le penser probablement dans le même camp que Didier Lallement. Il ne fut malheureusement pas le seul, et ce refus massivement partagé, de remplir leur mission, pourtant essentielle, de contrôle de l'utilisation de la violence légitime par l'État, constitue pour les magistrats concernés, une défaillance majeure.

31. www.liberation.fr/checknews/2019/11/19/manu-le-gilet-jaune-blesse-par-une-grenade-lacrymogene-samedi-a-perdu-son-oeil_1764244

32. www.lemonde.fr/societe/article/2019/11/16/un-an-apres-le-debut-du-mouvement-la-colere-des-gilets-jaunes-places-en-garde-a-vue-preventive_6019399_3224.html

33. https://fr.reuters.com/article/idFRKCN1TS20V-OFRTP

Conclusion : bilan et premières réformes urgentes et indispensables

Le ralliement et son triptyque

Nous nous sommes efforcés dans ce livre d'établir et de documenter une thèse, celle du ralliement de la justice devenue autonome, au pouvoir politique incarné par Emmanuel Macron. Ce ralliement est à notre sens le fruit d'un processus d'émancipation engagé il y a une trentaine d'années qui s'est déroulé en trois phases.

Qui vit tout d'abord le choix de l'indépendance, par le corps des magistrats vis-à-vis du pouvoir politique auquel on lui reprochait auparavant d'être soumis. Profitant de la catastrophe morale des années fric et de celle de la corruption de la décision publique comme outil principal de financement des partis, il a mis la classe politique sous pression. Soutenue par l'opinion publique et faisant alliance avec la presse, la justice a également été favorisée par les conséquences de la crise économique, aggravant le creusement des inégalités, et faisant apparaître les privilèges des hommes publics comme insupportables. Ceux-là étaient alors confrontés à leur impuissance politique dans le contexte de la mondialisation néolibérale, et privés de la plupart des compétences souveraines de l'État français au profit de l'UE. Ils ont alors poursuivi le vain espoir de reconstruire la confiance disparue. En se lançant dans une surenchère quasi masochiste de production de textes répressifs toujours plus contraignants qui ont aggravé leur exposition à la foudre judiciaire en alimentant la prospérité du slogan « tous pourris ! ». Ce fut d'abord le temps des magistrats vedettes, justiciers et autres chevaliers blancs.

Puis, dans une deuxième phase, vint celui des militants accompagnant une politisation vers la gauche de ce corps, fruit d'une certaine homogénéité sociologique, des conditions particulières du recrutement et d'une présence syndicale ayant glissé vers des formes d'activités directement politiques. Le deuxième mandat de Jacques Chirac à la présidence de la République et surtout celui de Nicolas Sarkozy virent prospérer l'instrumentalisation de la justice. Celle-ci devenant un outil privilégié d'intervention en ces temps de disparition des grands clivages idéologiques. La présidence de François Hollande marque une étape importante dans la mesure où c'est lui qui a mis la dernière main à la construction de cet outil permettant l'utilisation politique systématique de la justice pénale. Nicolas Sarkozy, profitant de son passage au ministère de l'Intérieur, s'était plutôt reposé sur l'appareil policier pendant son propre mandat présidentiel. François Hollande va s'appuyer sur l'appareil judiciaire.

La troisième phase est celle du ralliement de la magistrature à la personne et au projet d'Emmanuel Macron. Pour des raisons d'intérêts de classe et d'intérêts de corps, les magistrats ont rejoint le « bloc élitaire » qui l'a porté au pouvoir. Avec cette particularité d'avoir directement participé, avec le lancement de « l'affaire Fillon » dans les conditions que nous avons décrites, à sa qualification pour le deuxième tour, sésame suffisant pour entrer à l'Élysée.

Mais la justice ne s'est pas arrêtée en si bon chemin, et sans qu'il soit besoin d'interventions particulières, d'ordres ou de consignes systématiques, elle s'est mise spontanément à la disposition du nouveau Président. En assurant les fonctions déterminantes d'un triptyque particulier : protection d'Emmanuel Macron et de ses amis, acharnement judiciaire contre ses adversaires, et répression de masse des mouvements sociaux d'opposition à la politique du pouvoir.

Quand la magistrature se cabre : « Qui t'a fait roi ? »

La crise de l'automne 2020 a vu l'ensemble de la magistrature, au travers de ses organisations syndicales et de très nombreuses assemblées générales de juridictions, se cabrer et s'opposer à Emmanuel Macron. Au contraire de ce que l'on pourrait penser, le refus bruyant de la nomination d'Éric Dupond-Moretti comme garde des Sceaux ne vient pas infirmer cette analyse.

On aurait pu en effet s'interroger sur les raisons du président de la République motivant le choix de l'avocat médiatique très impopulaire chez les magistrats, et se demander s'il n'avait commis là une erreur tactique.

Le problème posé à Emmanuel Macron réside dans le fait que, pour différentes raisons, il a pensé nécessaire de traiter l'inquiétude de l'opinion publique face à l'insécurité. Mais aussi sa défiance vis-à-vis de la justice et la magistrature, considérées comme trop politisées. Cela explique la nomination de Gérald Darmanin à l'Intérieur, chargé des rodomontades contre l'insécurité et des démonstrations d'affection aux forces de police. Et « en même temps » celle d'Éric Dupond-Moretti installé place Vendôme pour le spectacle dans le rôle du « gentil flic » compensant les coups de menton du ministre de l'Intérieur. Cette décision s'est pourtant révélée problématique car vécue par la magistrature comme une provocation et surtout un rappel à l'ordre. Et avec le refus de cette nomination, on a vu se produire quelque chose d'assez étonnant de la part d'un corps qui passe pourtant son temps à revendiquer son indépendance au nom de la séparation des pouvoirs. Comme trop souvent, certains magistrats ont oublié que cette séparation marche dans les deux sens et n'a pas hésité à contester la nomination du garde des Sceaux, prérogative relevant pourtant du seul pouvoir exécutif.

La magistrature a répondu de façon en fait assez claire à ce qu'elle a vécu comme un affront avec un message en forme de « Qui t'a fait roi ? ». Comme celui lancé à la face d'Hugues Capet par Adalbert de Périgord refusant de lever le siège de Tours. C'est concrètement le sens des deux initiatives procédurales spectaculaires organisées mi-octobre 2020.

Ce fut tout d'abord, au lendemain d'une intervention télévisée majeure du chef de l'État concernant la gestion de la pandémie du Covid-19, un rodéo judiciaire géant avec les cinq perquisitions simultanées des ministres de Macron à leur domicile privé. La perquisition, qui est un acte d'instruction particulièrement violent, était en la circonstance techniquement inutile à ce stade dans ces dossiers, et elle n'a pu être organisée et réalisée qu'avec l'appui de la haute fonction publique judiciaire. Laquelle dirigeait la révolte de l'ensemble du corps des magistrats contre la nomination d'Éric Dupond-Moretti et la volonté de celui-ci de voir certains d'entre eux rendre des comptes.

Il y eut ensuite la nouvelle mise en examen de Nicolas Sarkozy, après trois jours d'audition marathon dans un dossier parfaitement creux, et qui dure depuis neuf ans.

Le message était clair mais surtout essentiel. Il était celui du rappel que la magistrature dispose d'une autonomie politique et que son ralliement au système Macron n'était pas une mise à la disposition de sa personne, mais à l'ordre social qu'il représente. Celui du rappel aussi, de qui dispose véritablement de la violence légitime, et entend dans ce domaine ne rendre de comptes à personne.

La France se trouve ainsi dans une situation institutionnelle très particulière et qu'il serait dangereux de laisser perdurer. Comme nous l'avons vu, avec le quinquennat et l'alignement des calendriers électoraux, le pouvoir législatif a été absorbé par le pouvoir exécutif. L'Assemblée nationale élue en juin 2017, simple chambre d'enregistrement, en donne une image caricaturale. Le ralliement de la justice à l'exécutif, que nous avons décrit, a complété la fusion pratique des trois pouvoirs qui, en application de l'article 16 de la Déclaration des droits de l'homme et du citoyen, devraient pourtant être séparés.

Protégé par ce système, le pouvoir d'un Emmanuel Macron pourtant incontestablement minoritaire dans le pays est ainsi à l'abri. Et ce pouvoir peut se déployer sans obstacle, comme le montre la gestion de la pandémie du Covid-19 qui s'effectue dans un cadre juridique inventé pour la circonstance, et marqué en grande partie par l'arbitraire. Mais, de façon paradoxale, l'autonomie non pas institutionnelle mais politique dont bénéficie aujourd'hui le système judiciaire crée une situation de dépendance pour l'exécutif. D'abord pour Emmanuel Macron lui-même, comme en témoigne le rappel à l'ordre, notifié à celui-ci à l'automne 2020. Mais aussi crée un problème plus grave encore par la menace que tout cela fait peser sur le fonctionnement démocratique des institutions de la République. En effet, on peut légitimement craindre que le poids politique dont dispose désormais la justice pénale soit utilisé pour fausser la prochaine élection présidentielle. Le précédent de l'affaire Fillon est là pour en rappeler la possibilité. Et personne ne devrait être surpris si, pendant la période qui conduit au scrutin, des candidats dangereux au plan électoral pour Emmanuel Macron et son système se trouvaient brutalement confrontés à des procédures pénales médiatisées.

On connaît la citation attribuée à Richelieu : « Donnez-moi six lignes écrites de la main du plus honnête homme, j'y trouverai de quoi le faire pendre. » Sans aller jusque-là, mises en cause spectaculaires, violations répétées du secret de l'instruction, utilisation des médias moutonniers, François Fillon et les Français sont bien placés pour savoir que cela peut arriver, et fausser une élection. Il y a également la crainte d'interventions judiciaires postérieures à une victoire électorale qui aurait vu l'arrivée au pouvoir d'un camp considéré comme néfaste à ses intérêts de classe et de corps par la magistrature. Qui, ayant tourné le dos à ses devoirs d'impartialité et de neutralité, céderait à la tentation de regagner dans les prétoires ce qui aurait été perdu dans les urnes. Nous n'en sommes pas là, mais l'Histoire nous enseigne que ce risque existe et ce qui se passe actuellement en Amérique latine, notamment au Brésil, en Bolivie ou en Équateur, en est une preuve récente.

Réformes ou rupture ?

À l'évidence, il y a des mesures urgentes à prendre pour restaurer l'autorité et la légitimité de la justice manifestement contestées dans la France d'aujourd'hui. Toutes les accusations ne sont pas justifiées loin de là, mais cette situation de défiance repose très souvent sur des griefs fondés. S'ils veulent retrouver la confiance du peuple français, les magistrats vont devoir accepter des réformes désormais nécessaires. Et dont on peut proposer dès maintenant quelques directions.

D'abord instaurer la séparation radicale des fonctions du parquet et du siège, indispensable à la disparition de la confusion corporatiste entre l'autorité de poursuite et le juge. Les procureurs ne devraient plus être des magistrats et redevenir des fonctionnaires inscrits dans un système hiérarchique soumis au pouvoir exécutif. Séparation radicale veut dire suppression des passerelles et des allers-retours permettant de passer d'un statut à l'autre.

Ensuite, consolider l'indépendance des juges du siège et leur inamovibilité, assorti d'une exigence de neutralité et d'un devoir de réserve renforcé. Ces mesures impliquent naturellement la suppression du syndicalisme dans la magistrature du siège, de telles organisations de défense catégorielle glissant fatalement vers la politisation et l'affrontement avec les autres pouvoirs séparés. Sans oublier l'encadrement strict du pantouflage politique, non pour priver les magistrats du siège d'accès à des fonctions électives, mais afin que celles-ci ne soient pas le moyen de faire fructifier un capital construit dans l'exercice des fonctions de justice.

Ensuite toujours, une réforme du Conseil supérieur de la magistrature dans sa composition et ses prérogatives. Afin de prendre en compte la demande exprimée de toutes parts de la mise en œuvre d'une responsabilité des magistrats dans l'accomplissement de leur mission.

Enfin, la réforme de la formation avec l'élargissement des recrutements au tour extérieur pour permettre le brassage social, et éviter le corporatisme particulièrement négatif dans le système judiciaire. Rappelons en effet que le principe même du double degré de juridiction impose aux magistrats des cours d'appel une totale liberté de critique des décisions rendues par les instances inférieures. Or le corporatisme professionnel souvent enraciné dans la formation commune, est trop souvent un facteur qui parasite l'expression de cette liberté.

L'auteur est parfaitement conscient du caractère sacrilège de ces quelques propositions parmi bien d'autres, et ne se fait guère d'illusions sur la façon dont elles seront reçues. À commencer par ceux qui, dans les mondes politique et médiatique, profitent de ce système et de ses dérives. Et aussi, de façon plus normale et compréhensible, par les magistrats à qui il serait nécessairement demandé des sacrifices et des remises en cause.

Il y a pourtant une véritable urgence car il faut prendre garde à l'acuité de cette crise majeure et au fait que, citoyens d'une république qui se veut démocratique, nous avons tout à craindre de la défiance qui s'est installée et de la perte de légitimité pour l'institution judiciaire qui en est le fruit. Et au contraire tout à gagner à retrouver la conviction que les décisions de justice sont bien rendues « au nom du peuple français » et non pas en fonction des convictions politiques ou idéologiques de leurs auteurs.

Achevé d'imprimer en janvier 2021 chez CPI (160846)
Dépôt légal : novembre 2020